Ayla Güler Saied
Rap in Deutschland

Kultur und soziale Praxis

Ayla Güler Saied (Dr.) ist Lehrbeauftragte an der Universität zu Köln sowie an der Fachhochschule Bielefeld. Ihre Forschungsschwerpunkte sind kritische Migrationsforschung, Cultural Studies und Rassismus.

Ayla Güler Saied

Rap in Deutschland

Musik als Interaktionsmedium zwischen Partykultur und urbanen Anerkennungskämpfen

[transcript]

Drucklegung mit freundlicher Unterstützung der Rosa-Luxemburg-Stiftung.

Bibliografische Information der Deutschen Nationalbibliothek
Die Deutsche Nationalbibliothek verzeichnet diese Publikation in der Deutschen Nationalbibliografie; detaillierte bibliografische Daten sind im Internet über http://dnb.d-nb.de abrufbar.

Umschlaggestaltung: Sandra Lanni
Umschlagabbildung: © Shutterstock
Lektorat & Satz: Ayla Güler Saied
Druck: Majuskel Medienproduktion GmbH, Wetzlar
ISBN 978-3-8376-2251-5

Gedruckt auf alterungsbeständigem Papier mit chlorfrei gebleichtem Zellstoff.
Besuchen Sie uns im Internet: *http://www.transcript-verlag.de*
Bitte fordern Sie unser Gesamtverzeichnis und andere Broschüren an unter: *info@transcript-verlag.de*

Danksagung

An erster Stelle danke ich meinen Interview-PartnerInnen, ohne die dieses Buch nie zustande gekommen wäre.

Danke auch an meinen Erstgutachter Prof. Dr. Wolf Dietrich Bukow für die Unterstützung, insbesondere in der End-Phase.

Andre Weber, Lissy Heimann, Sven Rütten, Dominik Rudnitzki, Philipp Eisenlohr und JinA danke ich für den „Mental-Support" – Katharina Eisenlohr für das Korrekturlesen.

Erika Schulze, Gerda Heck, Sonja Preißing und Elli Jonuz – Danke für die fachliche Unterstützung und die Freundschaft.

Nabaz Saied danke ich für die Eröffnung anderer Sichtweisen. Emine und Malik Güler dafür, dass sie immer für mich da sind.

Mein ganz besonderer Dank gilt Sandra Lanni, Claudia Levent und Norbert Finzsch.

Last but not least nicht zu vergessen, die besten Kinder der Welt: Dilan und Cihan.

Inhalt

1 Einleitung

„Hip is the Knowledge and Hop is the Movement: HipHop Culture is eternal."
KRS ONE: HIPHOP LIVES

Rap-Musik in Deutschland wird seit seiner Entstehungsgeschichte stark auf ethnische Kategorisierungs-Praktiken reduziert. Trotz der Pluralisierung der Lebensstile, in der die sogenannte Herkunftskultur belanglos geworden sein müsste (vgl. Bukow/Llaryora 1988), wird in diesem Kontext Ethnizität als treibender Motor genutzt, um eine künstliche Differenz in der Präsentation von Rappern mit und ohne sogenannter Migrationsgeschichte herzustellen. Somit werden gesamtgesellschaftliche Konzepte im Umgang mit sogenannten Migrantinnen in der Rezeption von Rap-Musik aktiviert, wodurch eine Reproduktion von defizitorientierten und kulturalisierenden Diskursen entsteht, die letztendlich im Prozess des *Othering* münden. Um diese Perspektive zu verdeutlichen, möchte ich ein aktuelles Beispiel aufgreifen, in dem diese Praktiken zum Ausdruck kommen.

Im November 2011 erhält der Rapper Bushido[1] den Integrations-Bambi des Burda Verlages. Im Jahr 2010 erhielt an gleicher Stelle der Fußball-Nationalspieler Mesut Özil den Integrations-Bambi. Ein Fußballer und ein Rapper, die beide in der Bundesrepublik Deutschland geboren sind, erhalten einen Preis

1 | In der vorliegenden Analyse beziehe ich mich nicht auf Bushidos Rap-Karriere an sich, in der er oft als homophob, sexistisch und gewaltverherrlichend aufgefallen ist. Zu seiner Nominierung für den Integrations-Bambi haben sich Schwulen-und Lesbenverbände in der BRD kritisch geäußert und es entstand eine große Debatte darüber, dass Bushido keine vorbildhafte Funktion einnehmen könne. An dieser Stelle hätte meines Erachtens die Integrations-Debatte an sich kritisiert werden müssen, und nicht, ob Bushido als Vorbild dienen kann oder nicht. Er wurde nicht für seine Musik ausgezeichnet, sondern für seine vermeintliche Integration, sozusagen als lebendes Beispiel dafür, dass „auch Migranten in Deutschland etwas erreichen können".

für vorbildliche Integration in die deutsche Gesellschaft. Mesut Özil ist deutscher Staatsbürger, sonst könnte er nicht für die deutsche Nationalmannschaft spielen, und Bushido ist Sohn einer deutschen Mutter und eines tunesischen Vaters. Er ist bei seiner Mutter aufgewachsen. Die beiden Männer haben ihre Sozialisation in Deutschland durchlaufen und werden durch den Preis für ihre vorbildliche Integration ausgezeichnet, was ein Widerspruch in sich ist. Diese vermeintliche Ehrung setzt die Manifestierung eines machtvollen Diskurses voraus, da ansonsten die Ironie dieser Auszeichnung im Vordergrund stehen würde. Zwei Aspekte sind bei diesem Beispiel von Bedeutung, die den Inhalt der vorliegenden Dissertation betreffen. Zum einen der Umgang mit Menschen, die seit Generationen Teil dieser Gesellschaft sind und selbstverständlich hier leben. Zum anderen sind es die Felder, in denen Raum für eine Repräsentation geboten wird. Es ist nicht dem Zufall geschuldet, dass ein Sportler und ein Musiker mit vermeintlichem Migrationshintergrund ausgezeichnet wurden. Die Repräsentation von sogenannten Migranten findet auf einem sehr engen Terrain statt und fokussiert und reduziert sie damit auch gleichzeitig auf körperliches und musisches Talent, was meines Erachtens eine stereotype rassistisch konnotierte Repräsentation darstellt. An dieser Stelle steht nicht die Frage im Vordergrund, ob der Integrations-Bambi oder der Bambi im Allgemeinen eine wichtige Relevanz hat oder von gesellschaftlicher Bedeutung ist, vielmehr steht die Frage im Raum, weshalb Mesut Özil beispielsweise nicht als Fußballer und Bushido nicht als Rapper ausgezeichnet worden sind. Die Kategorien Sport und Musik hätten an dieser Stelle das tatsächliche Arbeitsfeld von Özil und Bushido repräsentiert. Ihr vermeintlicher Migrationshintergrund diente in diesem Kontext dazu, sie als Andere zu definieren, die sich in eine imaginierte deutsche Gesellschaft integrieren. Dieses mediale Beispiel steht exemplarisch für die Repräsentation von Menschen mit sogenannter Migrationsgeschichte in der Bundesrepublik Deutschland. Aziza A., eine langjährige Rapperin und Sängerin aus Berlin, die ich für die vorliegende Dissertation interviewt habe, sagte in diesem Zusammenhang: „Ich kenne eine Schauspielerin und die hat mal einen ganz schönen Satz gesagt. Die hat gesagt: Wir sind in Deutschland erst mal von Beruf Türke. Dann sind wir Schauspieler oder Musiker oder Sänger oder Rapper. Hier in der Türkei kräht kein Hahn danach. Hier bin ich einfach nur Rapper. Nichts anderes."

Die vorliegende Dissertation fokussiert aus dieser Perspektive die Entwicklung der HipHop-Szenen in der BRD und die Repräsentations-Diskurse, in denen Rapper und Rapperinnen mit und auch ohne sogenannte Migrationsgeschichte rezipiert werden. Die Arbeit ist ein interdisziplinär angelegtes Forschungsprojekt, das aus unterschiedlichen Perspektiven und mit diversen Methoden einen Paradigmenwechsel in der bundesdeutschen HipHop-Forschung bedeutet. Das Forschungsparadigma der *Cultural Studies*, das die Wechselwirkung von Macht, Identität und Kultur analysiert, ist hierbei ein Instrument gewesen, um bisherige, teils kulturrassistische Thesen zu dekonstruieren, um ihnen somit neue Konzepte von Zusammenleben und Zusammenwirken in postmodernen, globalisierten Gesellschaften entgegenzustellen. Mit ihrem massenindustriellen Erfolg ist die HipHop-Kultur, die vorher einem kleinen Kreis von Aktivisten vorbehalten war, ein stark umkämpftes Terrain geworden, insbesondere was die Repräsentation von ethnischer Herkunft und sozialen Zuschreibungen und Geschlechter-Konstruktionen im HipHop selbst als auch in seiner Rezeption betrifft. Was in den Jahren der medialen als auch wissenschaftlichen Darstellung von HipHop, vielmehr jedoch dem Rap, verloren gegangen ist, ist das Bewusstsein für das, was HipHop einmal war: Party-Musik. Seine ausschließliche Reduzierung auf eine subversive Form des Widerstands berücksichtigt nicht die Entstehungs-Kontexte und Fakten, unter denen HipHop seine Anfänge in den USA nahm. Zwar ist HipHop die erste Kultur, die in der *post-segregated era* entstanden ist und ist somit als urbane Kultur dadurch politisch, da sie öffentlich war.[2] Die öffentlichen Räume, die während der *Jim Crow era* für Schwarze und Weiße Bürger getrennt waren, erfuhren durch den HipHop eine Aneignung. Der Rap, der oftmals per se als das adäquate Ausdruck und Widerstandsmedium von Minoritäten dargestellt wird, entwickelte sich jedoch erst relativ spät im Gegensatz zu den übrigen Elementen des HipHop und bestand anfangs lediglich aus einfachen Reimen, die dazu dienten, die B-Boys und B-Girls zum Tanzen zu animieren. Ähnlich sieht die Rezeption als Minderheiten-Widerstands-Kultur außerhalb der USA aus, wenn beispielsweise in der Bundesrepublik Deutschland HipHop beziehungsweise Rap als das ultimativ adäquate Ausdrucksmedium für marginalisierte Jugendliche aus der sogenannten migrantischen Unterschicht dargestellt wird, obwohl auch in der BRD der Rap das letzte Element war, das von Jugendlichen eine Aneignung erfuhr. Die Zuschreibung als Minderheiten-Kultur ist eng mit politischen Diskursen und Ereignissen in der Bundesrepublik Deutschland verknüpft, dies ist einer der Gründe, weshalb HipHop oftmals mit sogenannten Migrantenjugendlichen assoziiert wird. HipHop in der Bundesrepublik Deutschland war in der Tat die erste Jugendsubkultur, in die in hohem Maße auch sogenannte Migrantenjugendliche involviert waren. Dass daraus dann eine Minderheiten-Kultur konstruiert wurde, in der der vermeintlichen ethnischen Herkunft in der Fremd-Repräsentation mehr Aufmerksamkeit gewidmet wurde als der Kunstform selbst, verwundert nicht, wenn man sich die Etikettierungs-und Zuschreibungs-Praxen vergegenwärtigt, mit denen sogenannte Migrantenjugendliche konfrontiert werden, selbst wenn sie in der dritten Generation in der Bundesrepublik Deutschland leben und sich selbstverständlich als Teil der Gesellschaft sehen, wie Kutlu von der Microphone Mafia zum Ausdruck bringt: „Ich hatte

2 | Vgl. Finzsch (1999: 557)

eine sehr schöne Kindheit und Jugend in Köln–Flittard und hab mich immer als 'ne ‚kölsche Jung' angesehen."[3]

Sie werden zu multikulturellen Objekten degradiert und die ethnische Zugehörigkeit erscheint in diesem Zusammenhang als unentrinnbarer Fluch, auf den sie aus einer nationalstaatlichen Perspektive immer wieder reduziert werden, selbst wenn sie sich wie Kutlu selbstverständlich in lokale Kontexte verorten und als dazugehörig definieren. Durch die Erhebung und komparative Analyse von biographisch-narrativen Interviews, die ich im Laufe der Forschungsarbeit mit Rappern unterschiedlicher Generationen in der BRD erhoben habe, ist eine Geschichte entstanden, die jenseits der gängigen stereotypen Etikettierungs-und Zuschreibungs-Praxis liegt. Hierbei ist deutlich geworden, dass die Konstruktion einer migrantischen Unterschicht Teil der rassistischen Ethnisierungs-Praxis ist. Die automatische Verknüpfung von Migranten und marginalisierten Quartieren dient der Aufrechterhaltung des Mythos über vermeintliche Bildungsverlierer und bildungsferne Schichten. Die von mir erhobenen Interviews sprechen jedoch eine andere Sprache und belegen, dass sogenannte Jugendliche mit Migrationshintergrund dieselben Erfahrungen teilen, die Diskriminierungen hinsichtlich der Herkunft ihrer Eltern erfahren haben, ganz gleich, ob sie einen Bildungsaufstieg aufweisen oder nicht und unabhängig davon, ob sie in einem marginalisierten Quartier leben oder nicht. Es ist der Erfahrungshorizont, der diese Jugendlichen verbindet und nicht ihre vermeintliche ethnische Zugehörigkeit. Dass diese gelebte Normalität in der HipHop-Kultur zum Ausdruck kam, war aus dieser Perspektive logisch, für die Medien und auch für wissenschaftliche Analysen jedoch ein Grund, HipHop als Minderheiten-Kultur zu rezipieren. Multikulturalität wird meistens mit Segregations-Tendenzen in Verbindung gebracht, wenn beispielsweise Stadtquartiere einen hohen Anteil an Bürgern mit Migrationsgeschichte aufweisen. Diese Zuschreibungs-Praxis hat auch vor der HipHop-Kultur nicht halt gemacht, sondern hat kontinuierlich zu ihrer Manifestierung beigetragen. Mit meiner empirischen Studie möchte ich diese verfestigten Zuschreibungen dekonstruieren und ihnen die Selbst-Repräsentationen der Rapper und Rapperinnen, die ich interviewt habe, entgegensetzen.

Kapitel 1 fokussiert die Entwicklung des HipHop in den USA. Schwerpunkt bilden hierbei der historische Rückblick auf die Entstehungskontexte innerhalb der HipHop-Kultur als auch die hegemonialen Verortungen von HipHop, insbesondere mit dem medialen Auftreten des Gangster-Rap. Ein weiterer Schwerpunkt ist die Dekonstruktion des Widerstands-Mythos, der HipHop per se subversives Widerstands-Potenzial zuschreibt. Zum dritten werden die Geschlechter-

3 | Kutlu Yurtseven. Each one teach one. Online Link: http://www.migration-boell.de/web/integration/47_1924.asp.

Konstruktionen im HipHop fokussiert und in einen gesamtgesellschaftlichen Zusammenhang gestellt. Trotz zahlreicher weiblicher HipHop-Aktivistinnen wird auch heute wie selbstverständlich HipHop als Männerdomäne rezipiert.

Kapitel 2 behandelt die Entstehungsgeschichten der HipHop-Kultur in der Bundesrepublik Deutschland. Hierbei steht insbesondere die Selbst-und Fremd-Repräsentation von Rappern mit sogenannter Migrationsgeschichte und Schwarzen Rappern im Vordergrund. Auch hierbei werden die Repräsentations-Praxen in einen gesamtgesellschaftlichen Zusammenhang gestellt und insbesondere die Ära nach der Wiedervereinigung von West-und Ostdeutschland in die Analyse mit einbezogen. Dabei liegt der Fokus insbesondere auf der Kategorisierung der Rap-Musik in Deutsch-und Oriental-HipHop und ihrer Protagonisten nach den Pogromen von Rostock, Mölln, Solingen und Hoyerswerda.

Kapitel 3 beinhaltet eine Analyse des Migrations-Diskurses in der Bundesrepublik Deutschland, wobei der hegemoniale Umgang mit der multikulturellen Stadt und dem urbanen Zusammenleben als Bezugsrahmen dient. In einem weiteren Schritt werden Ethnisierungs-Prozesse und Rassismus-Diskurse mit einbezogen, um die hierarchische Einordnung von Rappern mit sogenannter Migrationsgeschichte im HipHop in einen gesamtgesellschaftlichen Kontext verorten zu können. Der Bezug auf den Ghetto-und Parallelgesellschaften-Diskurs innerhalb der Migrations-und Konfliktforschung ist insofern Teil des theoretischen Kapitels, als dass diese Diskurse in der Rap-Musik zentraler Bezugspunkt sind, wenn das multikulturelle Zusammenleben in der Rap-Musik selbst rezipiert wird.

Kapitel 4 beinhaltet das Forschungsdesign der empirischen Untersuchung und legt die Methoden dar, die zum Einsatz gekommen sind. Neben der *Grounded Theory* als Forschungs-und Auswertungsmethode stelle ich in diesem Kapitel das narrative Interview nach Fritz Schütze vor. Da ich in meinen Interviews die Lebensgeschichten meiner Interviewpartnerinnen fokussiert habe, beziehe ich mich an dieser Stelle auch auf Elemente der Biographieforschung.

Kapitel 5 widmet sich der Vorstellung der InterviewpartnerInnen, wobei die retrospektive biographische Rekonstruktion im Mittelpunkt steht. Die Bildungsverläufe nehmen hierbei eine zentrale Position ein.

Kapitel 6 befasst sich mit der komparativen Analyse und Interpretation der empirischen Daten. Hierbei stehen die Kategorien, die sich aus der komparativen Analyse ergeben haben, im Zentrum der Darstellung und verdichten sich am Ende zu einer Kernaussage im Sinne der Grounded Theory.

Kapitel 7 beinhaltet abschließend die zusammenfassende Darstellung der Hypothese, die auf der komparativen Analyse des empirischen Materials beruht. Die Conclusio fokussiert Forderungen und Konzepte nach einem erweiterten politischen und in zweiter Linie pädagogischen Paradigmenwechsel, die eine gleichberechtigte Teilhabe und den Zugang zu gesellschaftlichen Funktionssystemen zum Ziel haben. Jenseits einer paternalistischen und kulturalisierenden Praxis besteht dringender Handlungsbedarf, die ethnischen Kategorien, die mit defizitären und homogenisierenden Zuschreibungen einhergehen, zu dekonstruieren und durch Konzepte zu ersetzen, die Selbstbestimmung, selbstbestimmte Selbstverortung und eine Selbst-Repräsentation und Selbst-Bezeichnung zum Ziel haben.

2 HipHop: Vier Elemente für eine Kultur

„Ich bin es leid, nicht mehr geduldig, HipHop zu verteidigen, doch es ihm schuldig / und so widme ich auch meinen letzten Reim der Kultur. / Und sie wird niemals nur Musik sein./ HipHop wird niemals nur Musik sein, / denn HipHop ist kein Musikstil sondern Sprechgesang./ Nur ein Teil der Kultur. / B-Boys nur ein Teil der Kultur. / Graffiti nur ein Teil der Kultur. / Und ich erkläre den Krieg, / jedem Journalisten, der in seinem Artikel schrieb / HipHop wäre Rap / und der Depp den Punkt verfehlt, /wenn er in seinem HipHop Bericht nur MCs aufzählt, / das Umfeld übersieht,/ das den Rap umgibt.“[1]

Die HipHop-Kultur entstand 1974 in den New Yorker Ghettos Harlem und der Bronx, als „The Incredible Bongo Band“ den Hit „Apache“ von Cliff Richard *coverten*[2]. In diesem Kontext werden auch die Last Poets oft als Vorreiter des Rap rezipiert. Ende der 1960er Jahre trugen sie ihre Gedichte mit politischem und gesellschaftskritischem Inhalt als *Spoken word poetry* vor. Begleitet wurde diese Art von Sprechgesang von Percussions. Der Name der Last Poets geht auf den gleichnamigen Roman des südafrikanischen Poeten/Schriftsteller und politischen Aktivisten gegen die Segregation in Südafrika, Willie Kgositile, zurück, der mit dem Titel darauf anspielte, dass die letzten Poeten in der Revolution von der Generation der Waffen abgelöst würden. Zu den „Vorreitern“ zählen in diesem Kontext auch Gil Scott-Heron und die Watts-Prophets. Chuck D, Rapper der Crew Public Enemy, verdeutlicht jedoch in einem Interview mit Mark Dery:

„The thing about the Last Poets and Gil Scott-Heron is that they were into a jazz-type approach, doing poetry over a beat. When Rap music came along, it was poetry over a beat too, but in time. More important than the Last Poets or Gil Scott-Heron, to us, was James Brown. His record, ‚Say It Loud, I'm Black and I'm Proud‘ had the most

1 | Cora E., Nur ein Teil der Kultur. 1994

2 | Covern ist die Neueinspielung eines Musikstücks, wobei dieses anders arrangiert wird.

impact because it was danceable and yet you still thought about it. What really influenced me and other rappers was guys like Kool Herc, Afrika Bambaataa, Grandmaster Flash, Eddie Chebba, and D.J. Hollywood, because they kept the rhythm happening, you know what I'm saying? They rocked the groove, and the groove was funk and soul, which is different from jazz.“ (Dery 2004: 412)

Gil Scott-Heron, der unter anderem den legendären Song „The revolution will not be televised (... The revolution will be live)“ verfasste, sah sich selbst nicht als Wegbereiter für den HipHop an. Zu seinem Tod im Mai 2011 schrieb Ben Sisario in der New York Times:

„Mr. Scott-Heron often bristled at the suggestion that his work had prefigured rap. „I don't know if I can take the blame for it," he said in an interview last year with the music Web site The Daily Swarm. He preferred to call himself a „bluesologist“, drawing on the traditions of blues, jazz and Harlem renaissance poetics.“ (28.05.2011)

Dennoch wird bei der Rezeption der HipHop-Entstehungsgeschichte der Mythos weiter reproduziert, dass Heron oder die Last Poets als musikalische Vorbilder fungierten. Insbesondere ist diese Form der Lesart anzutreffen, wenn sie mit afroamerikanischen Traditionen der *oral culture* in Zusammenhang mit der HipHop-Kultur adaptiert werden. Wenn von HipHop als Kultur die Rede ist, so dient dies als Oberbegriff für die vier Elemente: Rap, Deejaying, Graffiti und Breakdance, die von Afrika Bambaataa im Rahmen der Zulu Nation zusammengeführt wurden. Vielen ist nicht mehr bekannt, dass HipHop eine Kultur ist. Durch den enormen Erfolg der Rap-Musik sind die übrigen drei Elemente, auf die ich in den folgenden Kapiteln eingehen möchte, in den Hintergrund gerückt. Parallel dazu ist es von Bedeutung, auf die politischen, sozialen, ökonomischen und gesellschaftlichen Dimensionen der 1970er Jahre der USA einzugehen, da diese in engem Zusammenhang mit der HipHop-Kultur stehen. An dieser Stelle möchte ich vorwegnehmen, dass HipHop als eine Party-Kultur begann. Die oftmals als genuine Widerstands-Kultur rezipierte HipHop-Kultur von Minoritäten resultiert daraus, dass dem Rap die größte Aufmerksamkeit gewidmet wird, obwohl der Rap das letzte Element war, das sich entwickelte. Zwar ist der Rap kommerziell gesehen das erfolgreichste Glied innerhalb der HipHop-Kultur, doch bis dahin war es ein langer Weg. Nicht nur aus diesem Grund ist der historische Rückblick auf die Entstehung der HipHop-Kultur notwendig, einerseits um die als genuine Widerstands-Kultur eingestufte These kritisch zu beleuchten, andererseits um die sozialen, politischen und gesellschaftlichen Umstände kontextualisieren zu können, die viel wichtiger sind als der Blick auf eine vermeintlich homogene Gruppe von Schwarzen Unterschicht-Jugendlichen. HipHop, so wie er heute vielen Menschen weltweit ein Begriff ist, entstand in den 1970er Jahren in den USA. HipHop ist hierbei jedoch nicht aus dem Nichts aufgetaucht, sondern seine Entwicklung beziehungsweise Entstehung knüpft historisch an weit zurückliegende Traditionen afrikanischen und afroamerikanischen Ursprungs an, die historisch und sozial bedingt sind. Gleichzeitig sind bei der Entstehungsgeschichte des Rap die urbane Deindustrialisierung und die damit einhergehende Marginalisierung[3] der afroamerikanischen und hispanischen *Communities* entscheidend für das Entstehen dieser Kultur gewesen. Rap leitet sich vom englischen Verb *to rap* ab, was wiederum erzählen und sprechen bedeutet. Die Ursprünge des Rap reichen zurück in die Sklavenzeit (vgl. Kage 2002).

HipHop, der in den 1970er Jahren in den New Yorker Ghettos entstand, war also nichts Neues, wie die Medien es darstellten, sondern ein Crossover bereits bestehender Stile, Traditionen und politischer Bewegungen sowie Ausdrucksformen. HipHop bewegt sich in der Tradition der *oral culture* und greift als solche auf deren Stilmittel zurück. Die *griots* waren beziehungsweise sind wandernden Historiker in afrikanischen Kulturen, die durch die orale Kultur und mit einer Trommel ausgestattet Geschichten und Lieder der jeweiligen Kulturen erzählen beziehungsweise singen und so zu ihrem Fortbestehen beitragen. Die Griots waren aber mehr als das, weil sie auch als politische Berater zu Rate gezogen wurden. Die Parallele zum Rap ist hierbei eindeutig, weil Rap-Musik nichts anderes ist als gereimter Sprechgesang. Die Trommel der Griots ist in diesem Wirkungszusammenhang ein sehr wichtiger Faktor, da sie wie die *Drumbeats* und *Breakbeats* der DJs den Sprechgesang untermalt und rhythmisch begleitet. Griots tanzten auch zu ihrer Musik, genauso wie es in der frühen HipHop-Kultur der Fall war, als HipHop eine Live-Performance war. Die B-Boys beziehungsweise B-Girls waren diejenigen, die zu dem von den DJs kreierten Breakbeats tanzten. Des Weiteren greift der Rap auf rhetorische Stilmittel afrikanischer beziehungsweise afroamerikanischer Kultur zurück: dem *Signifying*. Das *Signifyin(g)*[4] ist ein prägnantes Stilmittel im Rap: Genau das nicht zu sagen, was eigentlich gemeint ist, also Aussagen verzerrt oder umgekehrt beziehungsweise übertrieben, darzustellen, wie es beim *Boasting* der MCs wieder zu finden ist, wenn die eigenen Eigenschaften und Fähigkeiten in übertriebenem Maße hervorgehoben und überhöht werden. Eine andere Form des *Signifying* ist es, Wörtern eine andere Bedeutung zu geben. Im HipHop-Kontext ist dies an zwei verschiedenen Stellen explizit zum Ausdruck gekommen, die auch zentrale Themenkomplexe in der Rap-Musik abdecken: An erster Stelle ist dies die Umdeutung des Begriffs *N****r* im Kontext von Rassismus und Marginalisierung, an anderer Stelle lässt sich dies an Geschlechter-Beziehungen beziehungsweise Konstruktionen feststellen, wenn Rapperinnen den negativ

3 | Auf diesen Aspekt verweist Tricia Rose in „Black Noise" und verdeutlicht damit, dass Rap nicht nur eine Fortführung afroamerikanischer Traditionen ist (Rose: 1994).

4 | Der Buchstabe „G" ist hier in Anlehnung an Henry Louis Gates eingeklammert, weil er in der Umgangssprache nicht mit gesprochen wird.

konnotierten Begriff *Bitch* dahingehend umdeuten, dass eine Bitch eine selbstbewusste, starke Frau ist, die sich selbstbestimmt definiert und auch so handelt.

Henry Louis (Skip) Gates Junior, der sich intensiv mit dem Signifying beschäftigt hat, hebt hervor: „The Afro American tradition has been figurative from its beginnings. How could it have survived otherwise? [...] Black people have always been masters of the figurative: Saying one thing to mean another has been basic to black survival in oppressive Western cultures." (1990: 6)

Wie schon vor der Rap-Musik waren der Jazz, der Blues, Funk und die Soul-Musik und auch die kirchliche Gospel-Musik von Elementen geprägt, die im HipHop lediglich modifiziert und als Crossover aller bis dato präsenten Musikstile inszeniert wurden. Die improvisierte Inszenierung des Jazz und Blues ist in der Rap-Musik ebenso wiederzufinden wie Samples aus Funk-und Soul-Stücken. Der interaktionistische Charakter zwischen Publikum und den HipHop-Crews erinnert stark an den *Call and Response*-Charakter der Gospel-Musik und der Schwarzen kirchlichen Predigt. Daneben finden sich Elemente der *Black-Power*-Bewegung in Form afrozentrischer Inszenierungsformen wie beispielsweise von Public Enemy oder aber auch von Queen Latifah wieder. Die Rückbesinnung auf eine gemeinsame Abstammungsgeschichte, die in Afrika liegt, wurde nicht erst durch Rapper erfunden, sondern stellt lediglich eine modifizierte Form von bereits Dagewesenem dar. „The black rhetorical tropes subsumed under signifying would include ‚marking', ‚loud-talking', ‚specifying', ‚testifying', ‚calling out' (of one's name), ‚sounding', ‚Rapping', and ‚Playing the dozens'." (Gates 1989: 52)

Tricia Rose, die in ihrer Dissertation „Black Noise" die Entstehungsgeschichte von HipHop mit der Deindustrialisierung der postmodernen New Yorker Bronx verknüpft, gelingt es dadurch, die Perspektive zu eröffnen, dass HipHop beziehungsweise Rap nicht nur eine Adaption von bestehenden afrikanischen und afroamerikanischen (oralen) Traditionen ist, sondern vielmehr eine Synthese zwischen der *oral culture* der Afroamerikaner und den neuen technologischen Kommunikationsmedien der 1970er Jahre. Rose ordnet die HipHop-Kultur in einen Kontext, der sich in ihren Augen als Erneuerung auszeichnet: „HipHop style is black urban renewal." (Rose 1994: 61) Die HipHop-Kultur ist zu einer Zeit entstanden, welche geprägt war von Deindustrialisierung und der damit einhergehenden Zerstörung von bestehenden sozialen Netzwerken der Schwarzen Communities. Die Bronx, die als der Geburtsort des HipHop gilt, ist nach wie vor das Beispiel für das Großstadt-Ghetto schlechthin. Der Mythos des Ghettos dominiert bis heute die Erzählungen über die HipHop-Kultur. Selbst in der Bundesrepublik Deutschland, wo es lediglich imaginierte Ghettos gibt, wird diese Erzählung revitalisiert, insbesondere wenn es sich um die konstruierte Verknüpfung von HipHop im Kontext einer Minderheiten-Kultur handelt.

Die HipHopper haben Künstlernamen, die ihre Fähigkeiten in ihrem Element und ihre Anschauung zum Ausdruck bringen. Diese Form der Selbstbezeichnung hat jedoch auch einen politischen Charakter, da sie eine Art der Selbstdefinition und somit auch Selbstbezeichnung darstellt. Public Enemy, die beispielsweise als die ultimative Polit-Rap-Gruppe gelten, haben sich nach einem Song-Titel von James Brown benannt, der in den Drogen den öffentlichen Feind festmachte. „As in many African and Afrodiasporic cultural forms, hiphop's prolific self-naming is a form of reinvention and self-definition. Rappers, DJs, graffiti artists and breakdancers all take on hiphop names and identities that speak to their role, personal characteristics, expertise, or ‚claim to fame'." (Rose 1994: 36)

LL Cool J (Ladies Love Cool James), Queen Latifah, EPMD (Eric and Parrish Making Dollars) stehen and dieser Stelle exemplarisch für die Selbstbezeichnung von MCs. Die Künstlernamen der DJs beschreiben ihre technischen Fähigkeiten: Grandmaster Flash, DJ Spinderella, DJ Cut Creator. Bei den Breakdancern ist es ähnlich beschaffen, auch hier dienen die Namen als individuelles Kennzeichen, dem eine Beschreibung der Fähigkeiten zu Grunde liegt, wie beispielsweise Crazy Legs, Frosty Freeze und Mr. Wiggles. Der DJ und die Graffiti-Kultur waren die ersten Elemente, die sich unabhängig entwickelten. Dennoch wird mit HipHop meistens Rap in Verbindung gebracht, obwohl dieses Element sich erst als letztes entwickelte und modifizierte. Um die historischen Entstehungsbedingungen und Zusammenhänge rekonstruieren zu können, möchte ich die einzelnen Elemente vorstellen und in einen historischen Zusammenhang der sozialen, politischen und ökonomischen Kontexte der Entstehungszeit stellen, in denen die Anfänge der HipHop-Kultur zu verorten sind.

2.1 DJing und Graffiti

> „See, Rap comes from the idea of a deejay working a party."
> CHUCK D[5]

Der DJ (Discjockey) ist derjenige, der auf der HipHop-Pyramide ganz oben steht, wenn man sich die Konstellation bildlich vorstellen würde. Die 1970er Jahre, die von der Disco-Welle geprägt waren, stehen in engem Zusammenhang mit den Discjockeys der HipHop-Kultur. Filme wie beispielsweise Saturday Night Fever mit John Travolta verdeutlichen den damaligen Zeitgeist. Während es für die traditionellen oder konventionellen DJs jedoch üblich war, Musikstücke übergangslos ineinanderfließen zu lassen, um die Tanzeinlagen des Publikums nicht zu unterbrechen, standen für die HipHop-DJs andere Maßstäbe im Vordergrund. Der DJ war es, der Musikstücke verschiedenster Musikstile inein-

5 | Zitiert in: Dery (2004: 412)

ander mischte oder durch das Vor-und Zurückdrehen der Schallplatten neue, ungewohnte Klänge kreierte. Das Deejaying war der erste musikalische Teil, der sich in etwa zeitgleich zum, aber unabhängig vom Graffiti entwickelte. Graffiti, das künstlerische Ausdrucksmittel, entwickelte sich in den späten 1960er Jahren. Graffiti war die künstlerische Form, sich in der Öffentlichkeit zu platzieren und auf sich aufmerksam zu machen. Graffiti entwickelte sich ebenfalls in den New Yorker urbanen Ghettos. Rivalisierende Straßengangs markierten so ihr Territorium und hierbei wurden Konflikte, die vormals in physischer Gewalt ausgetragen wurden, in *Style Wars*[6] transformiert, in Graffiti-Battle. Hierbei wird auch die Interaktions-Praxis des gesamten HipHop widergespiegelt. Graffiti diente nicht bloß dazu, ein Bild zu malen, sondern war darauf ausgerichtet, sich selbst und seine Kunst in die Stadt einzuschreiben, so dass beispielsweise Züge durch die ganze Stadt das Bild eines Writers transportierten, das jedoch nicht ohne Antwort blieb. Somit ist auch hier der *Call and Response*-Charakter wiederzufinden, der jedoch auf bildlich-künstlerischer Ebene stattfindet und nicht wie im Rap verbal zum Ausdruck kommt. Angefangen mit Namenszeichen beziehungsweise Abkürzungen wie Taki183, entwickelte sich daraus eine ausdifferenzierte Kunsttechnik, die mit zum Teil dreidimensionalen Bildern (*Pieces*) und ausgefeilten Schriftzügen nicht mehr nur in der HipHop-Kultur zu Hause ist. Die Darstellungen reichten von Namenszügen bis hin zu Cartoon-Figuren. Graffiti im Zusammenhang mit HipHop wird meistens mit Taki183 alias Demetrius, Sohn griechischer Einwanderer, rezipiert. Jedoch war er erst in den Anfängen der 1970er Jahre aktiv, als er an Häuserwänden das Kürzel Taki183 hinterließ. Taki war die Verniedlichung des Namens Demetrius und die Zahl 183 stand für die Straße, in der er lebte. Ein Artikel in der New York Times aus dem Jahr 1971 ging diesem Phänomen nach. Jedoch war Graffiti schon Ende der 1960er Jahre in New York und Philadelphia zu beobachten und entwickelte sich innerhalb einer Dekade zu einer ausdifferenzierten Kunst, die heute weltweit anzutreffen ist. Anfangs wurden die Tags mit dicken Markern angebracht, wobei im Laufe der Zeit für komplexere und größere Flächen Sprühdosen benutzt wurden, daher stammt auch der Name *Sprayer* für Graffiti-Künstler. Von den *Bubbles*, die an die Blasenschrift in Comics erinnern, bis zu *Blockbustern* als große Blockdruckbuchstaben und *Pieces* – den großen Wandbildern – hat Graffiti, das erstmals auf statischen Gebäuden, wie Häuserwänden und Straßenschildern angebracht wurde, sich durch das Anbringen auf Zügen und Straßenbahnen symbolisch verselbständigt und repräsentiert damit globale Großstädte, die seit jeher durch Mobilität und Hybridität geprägt sind. Wie auch die übrigen Elemente der HipHop-Szene hat Graffiti seine eigenen Sprachcodes, die für unbeteiligte Außenstehende schwer zu verstehen sind: *E2E*, zum Beispiel, was *End to End* bedeutet und sich auf das Graffiti auf

6 | Style Wars weckt Assoziationen an das Kino-Epos Star Wars „Krieg der Sterne".

einem öffentlichen Transportmittel bezieht, dass von einem Ende zum anderen Ende an gesprayt ist. Oder *T2B Top to Bottom*, womit ein Graffiti gemeint ist, dass die gesamte Höhe eines Waggons einnimmt. Ein *Whole Car* bezeichnet ein *Piece*, das sich über einen gesamten Waggon erstreckt und *Whole Train* ist das Besprühen aller Waggons eines U-Bahnzuges oder Zuges. Zwei Aspekte kommen dabei zusammen; einerseits verewigt sich der Künstler, und andererseits tritt er in Interaktion sowohl mit anderen Künstlern als auch mit strukturellen sowie rechtlichen Rahmenbedingungen. In diesem Kontext ist nicht zu vergessen, dass Graffiti seit jeher kriminalisiert und illegalisiert wurde. Der Kampf der New Yorker Verkehrsbehörde MTA (Metropolitan Transport Authorithy) damals und der Standpunkt der Deutschen Bahn (vgl. KSTA, 4.11.2011) heute, die Graffiti als Vandalismus beziehungsweise als Straftat einordnen, zeigen Parallelen auf, in der zum Einen die Privatisierung des Öffentlichen Raums zum Ausdruck kommt, und zum Anderen wird hierbei deutlich, wie stark umkämpft öffentliche Räume trotz androhender Strafe bleiben. Damit wird aber auch sichtbar, dass HipHop eine Kultur ist, die draußen gelebt wird. Dies gilt nicht nur für Graffiti, sondern auch für die übrigen Elemente. Die frühen *Block Parties* fanden draußen statt, und die DJs der ersten Stunde zapften sich ihren Strom für ihre Soundsystems und ihr technisches Equipment aus den öffentlichen Stromsäulen- und Netzen ab. Zu den ersten DJs Anfang der 1970er Jahre zählten Kool DJ Herc, der ebenfalls Graffiti-Künstler war, Afrika Bambaataa und Grandmaster Flash:

„Kool DJ Herc. Afrika Bambaataa. Grandmaster Flash. Old school, you say? Hell, these three are the founding fathers of hip-hop music – the progenitors of the world's dominant youth culture. For them, hip-hop is not a record, a concert, a style of dress or slang phrase. It is the constancy of their lives. It defines their past and affects their view of the future." (George 2004: 45)

Sie waren es, die das Fundament für die gesamte HipHop-Kultur erschufen. Durch *Samples*, *Breakbeats* und das *Scratchen* entwickelten sie etwas Neues, wobei sie jedoch auf bereits Bestehendes zurückgriffen. Dies war der Funk und Blues der frühen 1920er Jahre, ebenso wie Jazz, R 'n' B, Soul, Punk, Gospel, Rock, Disco und jamaikanischer Raggamuffin. Zu den technischen Errungenschaften beziehungsweise Innovationen der DJs gehörte unter anderem das *Samplen*. Hierbei wurden Segmente von anderen Songs oder Geräuschkulissen oder beispielsweise auch Ausschnitte aus politischen Reden in einen bestehenden Song integriert. Der *Scratch* entsteht durch das Vor-und Rückdrehen der Schallplatten, wobei der *Backspin* die Technik ist, die Platte zu einem Segment der Platte zurück zu drehen und dadurch Repetitionen zu erzeugen. Clive Campbell aka Kool DJ Herc, Sohn jamaikanischer Einwanderer, etablierte das Soundsystem nach dem Vorbild seiner jamaikanischen Heimat. Er emigrierte im Alter von zwölf Jahren im Jahre 1967 von Kingston nach New York. Erstmals spielten die frühen DJs die gängigen Disco-Songs der damaligen Zeit. Kool DJ Herc, der sich anfangs auf Reggae beschränkte, musste jedoch feststellen, dass die Hörer seiner Musik damit nichts anfangen konnten und wechselte zum Mainstream der damaligen Zeit, der Disko-Musik. Durch das Einsetzen des Plattenspielers als Musikinstrument eröffneten sich Möglichkeiten der oben genannten Techniken. Kool DJ Herc, einer der HipHop-Pioniere, war bekannt für das lauteste und größte Soundsystem weit und breit. Sein Name Herc ist die Abkürzung für den griechischen Helden Herkules, die DJ Herc aufgrund seiner Körpergröße zugewiesen bekam, sein Soundsystem erhielt auf Grund seiner überdimensionalen Größe den Zusatz Herculords. Er bemerkte, dass die Menge begeistert davon war, wenn er instrumentelle Ausschnitte von Songs verlängerte, das sogenannte *Beatjuggling* nutzte und somit tanzbare Phasen kreierte.

Joseph Saddler aka Grandmaster Flash perfektionierte den Breakbeat und war derjenige, der den Plattenspieler als Musikinstrument einsetzte und nach eigenen Worten das tat, was ein DJ nicht tun darf: Das Vinyl anfassen. „Flash" gilt als der *Scientist oft the mix*. Das *Cutting*, das zum Beat parallele Einspielen von Tracks, das *Backspinning* – die Platte wird zur Wiederholung eines bestimmten Abschnitts schnell rückwärts gedreht und das *Phasing*, bei dem durch die Verringerung der Geschwindigkeit eines der beiden Plattenteller ein Phaseneffekt erzeugt wird, gehen ebenfalls auf Grandmaster Flash zurück. Grand Wizard Theodore war es, der den *Scratch* eher durch „Zufall" erfand.

„I used to come home from school and go in my room and practice a lot and this particular day I came and played my music too loud and my mom was banging on the door and when she openend the door I turned the music down but the music was still playing in my headphones and she was screaming ‚If you don't turn the music down you better turn it off' and I had turned down the speakers but I was still holding the record and moving it back and forth listening in my headphones and I thought ‚This really sounded (like) something (special) ... interjecting another record with another record.' And as time went by I experimented with it trying other records and soon it became scratching." (HipHop Slam 2001)

Die Interviewsequenz steht meines Erachtens exemplarisch für die Tatsache, dass die HipHop-Pioniere der 1970er Jahre bei der Rezeption der HipHop-Kultur Teil einer rassistischen Unterschichtungs-Praxis wurden. Die Tatsache, dass HipHop in den urbanen Ghettos von New York entstand, war ein Grund, den Protagonisten kulturelles und ökonomisches Kapital abzusprechen und sie per se einer Unterschicht zuzuordnen, ohne im Einzelnen die individuellen Lebensumständen der Künstler zu beachten. Robin D.G. Kelley kritisiert in diesem Zusammenhang zu Recht, dass die Unterschicht von Forschern mit konstruiert wird, da der so konstruierten Unterschicht eine homogene Essenz zugeschrieben werde, die mit der Realität und Lebenswelt dieser Menschen divergiert.[7] Anstatt die Perspektive also auf die vermeintliche Unterschicht zu richten und damit Menschengruppen zu konstruieren, möchte ich den Blick auf agierende Subjekte richten, die maßgeblich an der Entwicklung der HipHop-Kultur beteiligt waren. In diesem Zusammenhang sollten auch eher die strukturellen Rahmenbedingungen in den Blick genommen werden, anstatt die Leidtragenden des staatlichen Rückzugs zu stigmatisieren. Afrika Bambaataa, der als *Godfather of HipHop and Master of Records* gilt, weil er einen weit gefächerten Musikgeschmack hatte und Platten der verschiedensten Musikrichtungen auflegte, war ein weiterer Wegbereiter für die HipHop-Kultur. Er war es auch, der die Kunst des Coverns vertiefte und präzisierte, indem er Ausschnitte verschiedener Platten aus einem Set von zwei Plattenspielern miteinander mischte. Afrika Bambaataa war ein New Yorker DJ und Gründer der *Zulu Nation*. „Africa Bambaataa hat die Battle-Kultur von HipHop als Möglichkeit erkannt, dem Teufelskreis zunehmender Gewalt in den Armenvierteln von New York zu entkommen." (Loh/Verlan 2000: 58) Bambaataa war Mitglied der Jugendgang *Black Spades* und erlebte mit, wie sein bester Freund auf der Straße erschossen wurde. Daraufhin gründete er die Zulu Nation, die anfangs eine lose Breakdance-Gruppe war und einfach *The Organisation* hieß. Ihre Mitglieder waren die *Zulu Kings* und *Zulu Queens*. Erst später wurde die Zulu Nation zu einem breiten, internationalen Bündnis, dessen Devise *Peace, Unity, Love and Fun* war, wie auch ein gleichnamiger Song von James Brown und Afrika Bambaataa aus dem Jahr 1984 heißt. Um den Einheits-und Gleichheitsgedanken im HipHop deutlich zu machen, möchte ich darauf hinweisen, dass Africa Bambaataa Cora E.[8] aus Deutschland zur Zulu Queen und Torch von Advanced Chemistry zum Zulu King krönte.

„While labels and clubs have come and gone, the Zulu Nation merged from the Bronx River Community Center into a collective with adherents around the world." (George 2004: 45) Afrika Bambaataa, der sah, dass durch das Gangleben so viele junge Menschen starben, nutzte den *Battle* als Möglichkeit, Konflikte gewaltfrei beziehungsweise kreativ zu lösen. Wenn zwei Menschen oder Crews in Streit gerieten, dann sollte der Konflikt mit den Waffen des HipHop ausgetragen werden: Mit dem Mikrofon (Synonym für Waffe) – also Rap,

---

7 | Siehe Kelley (2004: 119-137).

8 | Im Jahr 2000 sagte Cora E. bezüglich der Zulu Nation: „Es ist schön, wenn es noch Leute gibt, für die die Zulu Nation wichtig ist, da sie sich etwas herausziehen können. Ich war auf Zulu Nation Anniversaries und war teilweise sehr enttäuscht. Nach der zwanzigsten Anniversary fuhr ich nach Hause und musste feststellen, dass es wahrscheinlich nicht das ist, wofür ich es hielt. Was die erzählten, war nicht das, was ich glaubte. Ich fühlte mich als Weiße dort sehr gedisst." (Krekow/Steiner 2000: 300)

Breakdance, Deejaying oder Writing. Die treibende Kraft hinter der HipHop-Kultur war von Anfang an der Battle-Charakter, der bis heute erhalten geblieben ist. Neben den vier künstlerischen Elementen gilt Knowledge als das fünfte Element im Hip-Hop. KRS One ist wohl der bekannteste Verfechter dieser Bewegung. Neben Afrika Bambaataa steht er für die positive Energie im HipHop, die zwar durch den Battle-Charakter geprägt ist, jedoch das Ziel der Gewaltlosigkeit verfolgt. Der Battle-Charakter steht meines Erachtens symbolisch für den Wettbewerb im Kapitalismus. Tricia Rose, die die Entstehung der HipHop-Kultur eng verknüpft mit der Deindustrialisierung der postmodernen Gesellschaft, sieht im HipHop die Möglichkeit, für Schwarze und hispanische Jugendliche dem Abbau von konventionellen Arbeitsstellen zum Trotz, eigene Arbeitsplätze zu schaffen, wo es durch die Technisierung der Arbeitsgänge nicht mehr möglich war, gelernte Berufe auszuüben.

„All of these artists found themselves positioned with few resources in marginal economic circumstances, but each of them found ways to become famous as an entertainer, by appropriating the most advanced technologies and emerging cultural forms. HipHop artists used the tools of obsolete industrial technology to traverse contemporary crossroads of lack and desire in urban Afrodiasporic communities." (Rose 1994: 35)

Der Battle-Charakter des HipHop ist also ebenfalls an der Schnittstelle zwischen dem Abbau von staatlichen sozialen Maßnahmen einerseits und dem Entstehen beziehungsweise Entwickeln von alternativen Konzepten andererseits anzusiedeln. Für viele HipHopper haben sich Möglichkeiten entwickelt, die ihnen durch den urbanen Zerfall einerseits und durch die rassistischen Unterschichtungs-Praxen andererseits nicht möglich gewesen wären. Es war eine aus Eigeninitiative entstandene Kultur: Der Unterschied zwischen allen anderen Schwarzen Musikstilen und der HipHop-Kultur ist, dass HipHop als erste Kultur in der *Post-Segregated Era* entstanden ist. Damit war HipHop eine Politik des Sichtbar-Werdens. Die Züge, U-Bahn-Hallen, Straßenecken und Hausflure, die mit Graffiti-Tags und Bildern markiert waren, waren eine Art der Visualisierung und der Selbst-Positionierung. Die urbanen *Block Parties,* auf denen HipHop-Jams in ihren Anfangszeiten stattfanden, sind ebenfalls in diesem Kontext anzusiedeln. HipHop war eine öffentlich gelebte und praktizierte Kultur, und das Öffentliche war auch das Politische daran.[9] Die *Jim Crow Ära,* die von der *Seperate but Equal*-Doktrin geprägt war – ein Widerspruch in sich, wie sollte etwas gleichberechtigt sein, wenn es einseitig separiert wurde – war durch die Trennung von öffentlichen Räumen gekennzeichnet. Durch die Praktizierung von HipHop im öffentlichen Raum fand eine Aneignung

9 | Finzsch (1999: 557)

von Räumen statt, welche vormals nicht unbegrenzt zugänglich waren. Dies ist ein zentraler Punkt, wenn man HipHop unter dem Aspekt des subversiven Potenzials untersucht, jedoch die oftmals vertretene These, Rap-Musik sei per se ein Medium für Widerstand gewesen, ist mit den historischen Fakten nicht zu vereinbaren, da am Anfang der Rap nicht in dem Sinne vorhanden war, wie es Mitte der 1980er Jahre der Fall gewesen ist. Die DJs und die B-Boys und B-Girls sowie die Writer waren diejenigen, die sich zuerst inszenierten. Der MC (*Master of Ceremony*), wie der Rapper am Anfang hieß, hatte lediglich die Rolle, die *B-Boys* und *B-Girls* zum Tanzen zu animieren und in die Live-Performance mit einzubeziehen.

2.2 Dancing to the beat: B-Boys and B-Girls

> „The first real breakers were the gang members of Black gangs in the Bronx in the late 60s, early 70s.These guys did a dance called the Good Foot, from James Brown's record of the same name. The Good Foot was the first freestyle dance that incorporated moves involving drops and spins and resembled the beginning of breaking." (Holman 2004: 36)

Die *B-Boys* und *B-Girls* waren diejenigen, die zu der von den DJs kreierten Musik tanzten und ihren Körpern neue Ausdrucksmöglichkeiten verliehen. Durch akrobatische Tanzeinlagen geprägt, ist der *Breakdance* eine enorm sowohl körperliche wie auch sportliche Leistung, die sehr viel kontinuierliches Training verlangt. *Breakdance* ist ein *Crossover*, hier kommen verschiedenste Tanzstile, Elemente aus der Zirkus-Akrobatik und Bewegungsabläufe aus Kampfsport und Selbstverteidigungsarten wie Kung-Fu/Karate und Capoeira zum Ausdruck. (vgl. Friedrich/Klein 2003: 33) Daneben kommen Elemente aus dem Bodenturnen – wie beispielsweise der *Backflip* (Rückwärtssalto) zum Einsatz. *Breakdance* spiegelt somit Facetten von Pantomime, Robot-Dance und Kampfsport wider. Auch Elemente aus dem brasilianischen Capoeira, das von Sklaven in Brasilien als alternative Kampfform entwickelt wurde, um sich in Notsituationen gegen die Gewalt der Sklaventreiber wehren zu können, wird im Breakdance aufgegriffen. Da Waffen und Kämpfe für Sklaven verboten waren, entwickelten sie diese subversive Form des Kampfs, die nicht als solche reklamiert wurde, sondern als Tanzform praktiziert wurde, in der sich auch akrobatische Elemente, wie der Radschlag wiederfinden. Die Tanzformen sind jedoch stark verknüpft mit dem technologisierten und mechanischen Fortschritt der damaligen Zeit. *Locking, Popping* beziehungsweise *Electric Boogaloo* sind ebenfalls Stile, die innerhalb des HipHops von *B-Boys* und *B-Girls* eingesetzt wurden und sich an der Westküste entwickelten. Der tänzerische Aspekt im HipHop ist durch seine nonverbale Kommunikation gekennzeichnet, da er mit Bewegungen, Gestik und Mimik agiert, im Gegensatz zum Rap, dessen Artikulationsmedium die Sprache ist. Dennoch hat der Tanz eine kommunikative beziehungsweise interaktionistische Komponente, da der Tanz nicht nur für sich selbst steht, sondern auf das Gegenüber abzielt und auch Elemente einer Ansammlung zeitgenössischer technischer Entwicklungen mit einbezieht, und damit eine Interaktion zu den technischen Errungenschaften seiner Entstehungszeit herstellt, wenn beispielsweise Bewegungen inszeniert werden, die an die mechanischen Bewegungsabläufe eines Roboters erinnern. Wie bei allen anderen Elementen des HipHops steht auch beim *Breakdance* der Battle-Charakter im Vordergrund. Wer ist der bessere Tänzer, wer tanzt die kompliziertesten und waghalsigsten Figuren, wer hat die beste Choreographie zu bieten, wer kann in kürzester Zeit die gefährlichsten *Moves* auf einem kleinen Fleckchen Tanzfläche inszenieren. Hierbei geht es auch darum, den Gegner bloßzustellen, weshalb pantomimische Aspekte, die das Gegenüber dar- und bloßstellen sollen, in den Tanz integriert werden. Die Darstellung des Gegenübers als alte gebrechliche Person, als Baby oder als unbeholfene Person, waren und sind theatralische Inszenierungen des Gegenübers, die ihn und seinen Tanzstil bloßstellen sollen und mit einer Überhöhung der eigenen Fähigkeiten einhergehen. In Zusammenhang damit standen häufig auch obszöne Bewegungen oder Gesten, welche die sexuelle Leistungsfähigkeit des Gegenübers ins Lächerliche ziehen sollten. Üblicherweise ist der Breakdance in einem Battle folgendermaßen gegliedert: dem Eintritt in den Kreis folgt das *Footwork*, der durch das Einfrieren von *Power Moves* im *Freeze* seinen Höhepunkt erreicht und dem abschließenden Austritt aus dem Kreis. Zum Footwork zählen all jene Bewegungs-und Schrittabläufe im Breakdance, die den Tänzer auf den Rhythmus einstimmen. Der Höhepunkt eines Musikstücks, der im Breakbeat liegt, jenem Teil des Songs, der durch das Verlängern der *Instrumentals* eines Musikstücks zustande kommt, ist der Part, der die *B-Boys* und *B-Girls* auf den Höhepunkt ihrer tänzerischen Einlagen hinführt, dem *Freeze*. Das Einfrieren oder Verharren in einer bestimmten Position, ist der zentrale Höhepunkt im Breakdance. Im *Freeze* wird die Zeit gestoppt und der Tänzer mimt eine alternative Identität: als Tier, Powerfigur, alte oder gebrechliche Person, als Baby usw. Der Fantasie sind hierbei keine Grenzen gesetzt. Diese Art des Verharrens geht auf den Wettbewerbs-Charakter der gesamten Hip-Hop-Kultur zurück. Das Überhöhen (*boasting*) der eigenen Person oder das *dissen* (abgeleitet vom englischen Wort *disrespect)* des Gegenübers sind nicht nur Stilmittel, die sich im lyrischen Ausdrucksmedium, dem Rap widerspiegeln, sondern auch im tänzerischen Teil der HipHop-Kultur. Nelson George liefert eine eindrückliche Beschreibung des *Breakdance*:

„Each person's turn in the ring was very brief – ten to thirty seconds – but packed with action and meaning. It began with an entry, a hesitating walk that allowed him to get in step with the music for several beats and take his place ‚on stage'. Next the dancer ‚got down' to the floor to do the footwork, a rapid slashing, circular scan of the floor by sneakered feet, in which the hands support the body's weight while the head and torso revolve at a slower speed, a kind of syncopated sunken pirouette, also known as the helicopter. Acrobatic transitions such as head-spins, hand spins, shoulder spins, flips and the swipe – a flip of the weight from hands to feet that also involves a twist in the body's direction – served as bridges between the footwork and the freeze. The final element was the exit, a spring back to verticality or a special movement that returned the dancer to the outside of the circle." (George 1985: 90)

So gesehen ist Breakdance eine Verschmelzung verschiedenster Tanz-, Kampfsport und-Akrobatikarten. Durch Migrationsbewegungen und die damit einhergehende Globalisierung sowie durch die Entwicklung technologischer Kommunikationsmedien sind verschiedenste Elemente im HipHop zusammengekommen und weiterverbreitet worden: Kung-Fu und Karate-Elemente, die durch Bruce Lee verkörpert wurden und in Breakdance-Elementen weiter zum Ausdruck kamen und in denen Bewegungsabläufe aus der Tierwelt adaptiert werden, Capoeira, das durch Migrationsbewegungen in den USA adaptiert wurde und ebenso im Breakdance weiterlebt wie die zur damaligen Zeit technischen und mechanischen Elemente der B-Boys und B-Girls, die Roboter-Bewegungen und die Imitation von Superhelden.[10] Nicht zuletzt haben die globalen Vermarktungs-und Verbreitungsmaschinerien von Bild und Tonmaterial dazu beigetragen, dass die HipHop-Kultur sich weltweit ausbreiten konnte. Ohne Filme wie Wildstyle, Stylewars und Beatstreet hätte die HipHop-Kultur sich nicht in diesem Maße ausbreiten können.

„Ich muss zugeben, hätte es die Medien nicht gegeben, / führte wahrscheinlich auch ich ein anderes Leben./ Doch Stylewars, Beatstreet und Wildstyle /zeigten B-Boying, Graffiti und Rap zum gleichen Teil. / So lehrten sie von Anfang an den Zusammenhang / der Dinge, für die HipHop immer nur als Überbegriff stand. /Und ich hab sie stets in einem Atemzug genannt, / hat man sich mit der Frage: Was ist HipHop, an mich gewandt." (Cora E. Nur ein Teil der Kultur, 1994)

10 | Zu detaillierten Beschreibungen und dem Crossover diverser Tanzstile siehe: Banes (2004); Holman (2004)

2.3 RAP ALS LETZTES ELEMENT

> „Throw your hands up in the sky / and wave 'em' round from side to side / And if you deserve a break tonight / Somebody say alright! / (Allright) Say ho-oo! /(Ho-oo!) And you don't stop / Keep on, somebody scream! / (Owwwww!) Break down."

Kurtis Blows Single „Breaks" steht an dieser Stelle exemplarisch für die Lyrics der frühen Rap-Lyrics, als der MC, der *Master of Ceremony*, ein Animateur war und seine Rolle darin bestand, die Crowd zum Tanzen zu bringen. Der Rapper, der innerhalb einer Crew agierte, war einfach nur dazu da, mit einfachen Reimen und Versen das Publikum zu unterhalten und zum Tanzen zu animieren. Gleichzeitig wurde damit eine Interaktion zwischen den Personen auf der Bühne und jenen vor der Bühne hergestellt. Die frühen HipHop-Partys oder Block-Partys, wie sie genannt wurden, hatten also keinen Konzert-Charakter, sondern das Publikum war Teil der Show. Es partizipierte an dem Geschehen auf der Bühne, und die Musik-Performance war keine einseitige Angelegenheit, wo der Künstler produzierte und die Zuhörer nur konsumierten. Die Musik wurde kreativ verwertet und in den Körpern der Tänzer ästhetisch dargestellt. Die *B-Boys* und *B-Girls*, die mit dem Rhythmus des DJs und dem Takt der Beats selber Teil der Musik wurden, waren auf den frühen Partys ein genauso wichtiger Bestandteil wie die DJs selber. Schließlich wurde die Musik für die Crowd gemacht und nicht nur um der Musik willen. Das Publikum, das durch die neuen Techniken der DJs so fasziniert war und ihm beim Scratchen und Mixen zuschaute und daraufhin das Tanzen vergaß, wurde durch den MC sozusagen dazu aufgefordert, die Musik tänzerisch zu begleiten. Die Rap-Musik, die weltweit einen enormen Erfolg verbuchte, war so gesehen das letzte Glied innerhalb der HipHop-Kultur. Ihre Ursprünge liegen ebenfalls in New York und entwickelten sich neben dem DJing. Die Rapper priesen in rhythmischen Sprechgesängen die Fähigkeiten ihrer DJs und feuerten die Tanzenden mit einfachen Sprüchen wie „Put your hands in the air" oder „I say Hip: and you say Hop: Hip(Hop): Hip(Hop)", an. Später präzisierten sie ihre Rhymes, erweiterten und vertieften die Stilmittel, die prägend für den Rap sind. Die frühen HipHop-Crews bestanden aus mehreren Mitgliedern und waren Netzwerke. Rose führt das Zustandekommen der *Crews* und *Posses* darauf zurück, dass durch die Destrukturierung der Stadt ein Leck[11] entstand, das einerseits durch den Zusammenhalt in den Crews ausgeglichen wurde und andererseits durch die Einbindung der technischen Errungenschaften der damaligen Zeit. Durch

11 | Rose (1994: 35)

das Streichen von sozialen, staatlichen Maßnahmen war schon vorher im Zusammenschluss als Gangs eine Reaktion auf den Zerfall von sozialen Netzwerken und Nachbarschaften zu Stande gekommen. Der erste kommerziell erfolgreiche Rap-Song war von der *Sugarhill Gang* und hieß „Rappers Delight". Dieser Song war ein reiner Party-Song und hat mit der mit Rap-Musik in Verbindung gebrachten Ästhetisierung von Widerstand nichts gemeinsam.

„I said a HipHop, / Hippie to the hippie, / The hip, hip a hop, and you don't stop, a rock it / To the bang bang boogie, say, up jump the boogie, / To the rhythm of the boogie, the beat. / Now, what you hear is not a test – I'm rappin' to the beat, / And me, the groove, and my friends are gonna try to move your feet. / See, I am Wonder Mike, and I'd like to say hello, / To the black, to the white, the red and the brown, / The purple and yellow. But first, I gotta Bang bang, the boogie to the boogie / Say up jump the boogie to the bang bang boogie, / Let's rock, you don't stop, / Rock the rhythm that'll make your body rock. / Well so far you've heard my voice but I brought two friends along, / And the next on the mic is my man Hank, / C'mon, Hank, sing that song!"[12]

Sylvia Robinson, die Besitzerin von Sugarhill Records, war somit die erste Frau, die als HipHop-Produzentin genannt werden kann. Dieser Rap, überwiegend ein Partysong, verkaufte sich über zwei Millionen Mal und war der kommerzielle Wegbereiter für die kommende Rap-Musik, weil durch den kommerziellen Erfolg die Medien und auch die Plattenindustrie auf den Rap aufmerksam wurden. DJs der ersten Stunde wie Grandmaster Flash sagten hierzu:

„I was approached in '77. A gentleman walked up to me and said, We can put what you're doing on record. I would have to admit that I was blind. I didn't think that somebody else would want to hear a record re-recorded onto another record with talking on it. I didn't see it. I knew of all the crews that had any sort of juice and power, or that was drawing crowds. So here it is two years later, and I hear To the hip-hop, to the bang to the boogie and it's not Bam, Herc, Breakout, AJ. Who is this?" (George 2004: 52)

Nach Rappers Delight, der als reiner Party-Song rezipiert wurde, kam 1982 „The Message" von *Grandmaster Flash and the Furious Five* auf den Markt, der Rap-Musik auf ein anderes Level hob. Von der reinen Party-Musik war erstmals ein Song entstanden, der die Großstadt-Szenerie zum Inhalt hatte. In „The Message" rappte der MC *Melle Mel* über die Lebenssituation in den *suburbs*. Erstmals war ein Rap entstanden, der die politischen und gesellschaftlichen Missstände anprangerte und authentisch über die urbanen sozialen und politischen Zustände beziehungsweise Missstände aus Sicht der Betroffenen selbst berichtete. Die jun-

12 | Sugarhill Gang, Rappers Delight. 1979

gen Ghetto-Bewohner artikulierten aus ihrer eigenen Perspektive den urbanen Zerfall und positionierten sich als Beobachter und Erzähler in diesem Szenario:

„Broken glass everywhere. / People pissing on the stairs, you know they just don't care. / I can't take the smell, I can't take the noise no more, / got no money to move out, I guess I got no choice. / Rats in the front room, roaches in the back. / Junkies in the alley with a baseball bat. / I tried to get away, but I couldn't get far,/ 'Cause a man with a tow-truck repossessed my car [...] Got a bum education, double-digit inflation. / Can't take the train to the job, / there's a strike at the station. / Don't push me cause I'm close to the edge, / I'm tryin' not to lose my head. / It's like a jungle sometimes it makes me wonder, / how I keep from going under."[13]

Oftmals als sozialkritischer Song rezipiert, ist „The Message" dennoch eine optimistische Konnotation inhärent: „It makes me wonder, how I keep from going under" steht an dieser Stelle exemplarisch für den Charakter von HipHop, der nicht zwangsläufig destruktiv sein muss, wie er oftmals, insbesondere im Kontext von Gangster-Rap, rezipiert wird.

Prägnant für den Rap sind die kodierten, umkehrenden und überspitzten Aussagen, die im Sprechgesang zum Ausdruck kommen, vor allem bei der Inszenierung der eigenen Person, und die für Außenstehende nur schwer zu dekodieren sind. Rap ist ein immer wechselnder *Slang*, sein Haupt-Kommunikationsmedium ist die Sprache. Henry Louis Gates bezieht sich im Einstieg in „The Signifying Monkey" auf Esu Elegbara, den göttlichen *Trickster* der *Yoruba Mythologie*, der geprägt ist durch seine Fähigkeit zu vermitteln. Er ist ein Vermittler zwischen der göttlichen und menschlichen Welt, weshalb er hinkt, da er mit einem Bein in der göttlichen und mit dem anderen in der menschlichen Welt verankert ist. In seiner bildlichen Darstellung ist er mit zwei Zungen und zwei Mündern dargestellt, dies ist eine Metapher für den *Double-voiced*-Aspekt, den Henry Louis Gates in seiner Analyse hervorhebt. Der Autor begründet eine schwarze Literaturkritik aus der *black vernacular tradition* heraus und verdeutlicht, dass die *Black literature* in den USA eine autonome Entstehungsgeschichte hat. Die Sklaven, die auf ihrer Reise die *Middle Passage* durchlebt haben, haben mit sich auch Traditionen in die Neue Welt gebracht, die in diese adaptiert wurden. Die Fabel des „Signifying Monkey", die als Nachfolger Esu Elegbaras in der afroamerikanischen Diaspora gilt, dient im Weiteren dazu, die Meisterhaftigkeit auf der Sprachebene zu verdeutlichen. Der Affe, der den stärkeren Löwen dadurch austrickst und beleidigt, indem er indirekt ist, ist *The figure of figures*. Der Affe benutzt hierbei den Elefanten, der körperlich dem Löwen überlegen ist, um selbst den Löwen zu beleidigen.

13 | Grandmaster Flash& The Furious Five, The Message. 1982

„There hadn't been no shift for quite a bit /so the Monkey thought he'd start some of his signifying shit /It was one bright summer day /the Monkey told the Lion, 'There's a big bad burly motherfucker livin' down your way.' /He said: ‚You know your mother that you love so dear? /Said anybody can have her for a ten-cent glass of beer'." (Zitiert in: Toop 2000: 39)

Gates fokussiert in seiner Studie den Aspekt der Intertextualität zwischen den Werken verschiedener afroamerikanischer Autoren. Diese Form der Intertextualität ist in der Rap-Musik genauso anzutreffen, weil HipHop-Künstler durch ihren Rap in ständigem Dialog stehen und sogenannte *AnswerSongs* jene Form der Intertextualität unterstreichen. Gates konstatiert, dass:

„These variations on Esu Elegbara speak eloquently of an unbroken arc of metaphysical pre-supposition and a pattern of figuration shared through time and space among certain black cultures West Africa, South America, the Caribbean, and the United States. These trickster figures all aspects or topoi of Esu, are fundamental, divine terms of mediation: as tricksters they are mediators, and their mediations are tricks." (Gates 1989: 6)

Dieser Aspekt findet sich ebenso in der *Call-and-Response*-Praxis des HipHop wieder, die in der Gospel Musik und den Spirituals der Sklaven etabliert wurde. Ein weiterer in der Rap Musik wieder zu findender Diskurs, der oftmals vernachlässigt wird, ist die Religion. Martin Lüthe analysiert in seiner Studie „We missed a lot of church, so the music is our confessional" die Dialektik von Rap und Religion und verdeutlicht, auf welchen Ebenen beide Aspekte einander bedingen. Der *Call-and-Response*-Aspekt im frühen HipHop beispielsweise geht auf die Form der schwarzen Predigt zurück, bei der Priester und Zuhörer in Interaktion zueinander stehen, was ebenso schon im Jazz der Harlem-Renaissance wieder zu finden war.[14] Die Zusammenhänge von Rap und *Breakdance* sind ebenfalls unter diesem Aspekt zu verstehen. In westafrikanischen Kulturen gehören Tanz und Gesang zusammen. Dies war auch während der frühen Jahre des HipHop der Fall und verdeutlicht somit den Zusammenhang zwischen religiösen Ritualen und dem Rap. Die Trommel, das wichtigste Instrument der afrikanischen Religionsrituale, steht hierbei in Verbindung zu den *Drumbeats* der DJs. HipHop ist so gesehen die zeitgemäße und moderne

14 | Die Harlem-Renaissance hatte ihre Blütezeit zwischen den beiden Weltkriegen und bezeichnet die Zeit der schwarzen literarischen und künstlerischen Bewegung. Schriftsteller, die diese Zeit u.a. prägten sind Richard Nathaniel Wrights, James Weldon Johnson; Claude Mc Kay, Langston Hughes, Nella Larsen und Zora Neale Hurston. Zu den bekannten Musikern dieser Zeit gehören u.a.: Louis Armstrong, Ethel Waters, W.C. Handy.

Adaption verschiedenster Einflüsse und Bereiche. Trotzdem beziehungsweise gleichzeitig ist er somit auch ein Glied in der Kette dieser Traditionen. Tricia Rose fokussiert und modifiziert diese These, indem sie die technischen Errungenschaften des 20. Jahrhunderts mit einbezieht: „Rap is a complex fusion of orality and postmodern technology." (1994: 85) HipHop war anfangs eine *Face-to Face* Interaktion zwischen MC und Publikum. Durch die Medialisierung in Form der Musikvideos ging dieser Aspekt immer mehr verloren. In seiner unmittelbaren Anfangszeit war HipHop eine Live-Performance. Publikum und Akteure standen in direkter und lebendiger Interaktion. Die Block-Partys, auf denen Publikum und Künstler zusammentrafen, waren gekennzeichnet von Gemeinsamkeit, weil die DJs diejenigen waren, die die Masse zum Tanzen brachten, die MCs die Masse anfeuerten und ihre DJs priesen und die *B-Boys* und *B-Girls* diejenigen waren, die zu der Musik breakten. Die *Graffiti-Writer* waren die diejenigen, die auf die nächste Party aufmerksam machten, wenn sie die Flyer entwarfen oder auf Block Partys ihre Zeichnungen in ihren *Black Books* verglichen. Die frühe HipHop-Kultur war gekennzeichnet durch Kollektive. Als Beispiele hierfür dienen Grandmaster Flash & The Furious Five, The Cold Crush Brothers oder The Fantastic Five oder aber auch die Rocksteady Crew und die New York City Breakers – die wohl unbestritten weltweit legendärsten Breakdance-Crews.

Im Jahr 1983 veröffentlichte die Gruppe Run-DMC ihre erfolgreiche Single „It's Like That / Sucker MCs". Damit wurde die Kommerzialisierung des HipHop und gleichzeitig die Fokussierung auf den Rap bestimmt. Damit einhergehend rückten die künstlerischen Formen wie der Breakdance, Graffiti und das Deejaying immer weiter in den Hintergrund. Dies hatte auch zur Folge, dass: „Rapper's who'd recorded before Run – as had such notable acts as Grandmaster Flash& The Furious Five, The Fearless Four, The Teacherous Three, The Cold Crush Brothers, and The Sugarhill Gang – were suddenly Old School." (Adler 1991: 5) [15] Durch die Vereinnahmung des Rap durch die Musikindustrie und durch den Erfolg in der Inszenierung in den Musikvideos erlebte der Rap eine Transformation von der Live-Performance zur *mediated narrative*.[16] Stand anfangs eine *Face-to Face*-Interaktion in Form der *Call-and-Response*-Praxis im Fokus von HipHop-Künstlern und dem Publikum, so änderte sich dies dahingehend, dass die Musik zur Konsumware in Form von Platten, CDs und Musikvideos wurde. Die Rapper waren nicht mehr Animateure, sondern Erzähler. Während der 1980er Jahre entstanden Gruppen wie Public Enemy und die zum Gangster-Rap zählenden Künstler wie Ice-T und NWA (Niggaz with Attitude)

15 | Zitiert in: Dimitriadis (2004: 427)

16 | Siehe: Dimitriadis (2004)

In den 1980er Jahren zeichnete sich auch ein Bezug zum *black nationalism*[17] ab. „Communication itself became most important as Public Enemy envisioned an Afro-American Community that could be linked together through postmodern media-technology." (Dimitriadis 2004: 428) Chuck D von Public Enemy war es, der den Rap als „CNN for black people" bezeichnete. 1987 rief KRS One *(Knowledge Reigns Supreme Over Nearly Everyone)* gemeinsam mit anderen Rappern die *Stop the Violence*-Bewegung ins Leben, die auch heute noch fortgeführt wird. Jedoch „erweckt diese Tradition verständlicherweise viel weniger Aufmerksamkeit der Medien, da zerstörerische Gewalt mehr Sensationsmeldungen ermöglicht, die den Interessen und Erwartungen dafür empfänglicher Verbraucher entgegenkommen." (Shusterman 2004: 5) Der gleichnamige Rapsong „Stop the Violence" richtet sich an *Black by black violence* und warnte beziehungsweise forderte dazu auf, die Glorifizierung und Ausübung der Gewalt zu stoppen:

„We gotta stop the violence. / 'Cause real Bad Boys walk in silence. / When you're in a club you come to chill out. / Not watch someone's blood just spill out. / That's just what these people want to see. / Another Race fight endlessly. / You know we're bein' watched, you know we're bein' seen. Some wish to destroy the scene called HipHop. But I won't drop, not I or Scott La Rock. / Well here is the meaning we bring today. / HipHop will surely decay. / If we as a people don't stand up and say. / Stop the Violence! Stop the Violence!"

Der *Conscious-Rap* entwickelte sich zeitgleich zum *Gangster-Rap*. Jedoch blieb der kommerzielle Erfolg dem Gangster-Rap bestimmt. MCs wie KRS One agieren aus dem Untergrund: „Don't wait for your company's promotion staff / promote yourself with your own cash / but this might mean ya' can't buy gold / ya'might have to put that on hold."[18]

Die Plattenfirmen, denen es nicht nur darum ging, Musik zu verkaufen, sondern auch Images zu vermarkten, trugen ihren Teil dazu bei, rassistische Stereotype über Schwarze Männer aufrechtzuerhalten, was insbesondere durch den Erfolg des Gangster-Rap zum Ausdruck kommt. Gruppen wie Public Enemy, die ihre Attitude stark an die Black Power-Bewegung knüpften und Soulgrößen wie James Brown rezipierten, konnten einen enormen Erfolg für sich verbuchen.

17 | Zur ausführlichen Kritik von Rassismus und Nationalismus im HipHop siehe: Jacob (1994) Der Autor arbeitet heraus, dass die Unterstützung des schwarzen Befreiungskampfes teilweise mit falschen Solidaritätsbekundungen einhergehe, weil im Rap ebenso Rassismen produziert würden. Jacob bezieht sich hierbei insbesondere auf den Antisemitismus der Gruppe Public Enemy und die „blinde Zerstörungswut" der Los Angeles Riots, weil hierbei auch die „koreanische Community" erheblich zu Schaden gekommen war, die eigentlich mit dem Fall Rodney King nichts zu tun gehabt hätte.

18 | KRS One, How Not to Get Jerked. 1997

Durch ihr militantes Auftreten, gekoppelt an eine sehr starke politische Botschaft, erschufen sie etwas Neues, das auf Bestehendes zurückgriff und auf großen Zuspruch stieß. Ihr erstes Album erschien 1987 und hieß „YO Bumrush the Show!" Im Jahr 1988 erschien das Album „It Takes a Nation of Millions to Hold us Back" und zwei Jahre später „Fear of a Black Planet".

Durch den Erfolg von De La Soul, einem Trio, dass sich 1987 formierte und aus Long Island, New York, stammte, folgten andere Gruppen, die ebenfalls wie De La Soul afrozentrische Lyrics als Konzept aufgriffen und die zu dem *Native Tongue*-Flügel gezählt wurden: A Tribe Called Quest, Queen Latifah, Brand Nubian und später die aus dem Süden der USA stammenden Arrested Development. Die *Golden Era* des Rap wird in den Zeitraum datiert, als Gruppen wie Public Enemy, Run DMC die eben genannten Erfolge verbuchten, die weit über das hinaus gingen, was die Regel in der damaligen HipHop-Szene gewesen war. Sie reichte von Mitte bis Ende der 1980er Jahre und war auch der Zeitpunkt, als Jugendliche in Europa, speziell in Deutschland und Frankreich, von der HipHop-Kultur in ihren Bann gezogen wurden. Public Enemy spielt hierbei wohl eine zentrale Rolle, was die Politisierung und damit auch die Attitude vieler früher HipHopper in Deutschland betrifft.

2.4 Das Urbane als das Zentrale

Die Entstehungsgeschichte des HipHop ist eng verknüpft mit der Ghettoisierung[19] der New Yorker South Bronx. Durch den Bau des *Cross Bronx Expressway* Anfang der 1960er Jahre, einer vierspurigen Autobahn, die „mitten durch das Herz der ärmsten und am dichtesten bevölkerten Wohngebiete der Bronx" (Rose:1997: 149) führte, begann der Zerfall von urbanen Strukturen in dem ehemals gut vernetzten Arbeiter-Quartier. Der Masterplaner Robert Moses, der für den Cross Bronx Expressway verantwortlich war, ließ für die Realisierung des Projekts mehrere hundert Wohn-und Geschäftshäuser abreißen. Rose konstatiert hierzu:

> „Like many of his public works projects, Moses's Cross-Bronx Expressway supported the interests of the upper classes against the interests of the poor and intensified the development of the vast economic and social inequalities that characterize contemporary New York. The newly ‚relocated' black and Hispanic residents in the South Bronx were left with few resources, fragmented leadership, and limited political power." (Rose 1994: 31)

19 | Im Jahr „1997 erhielt die Bronx den All American City Award für vorbildliche Stadtentwicklung und ziviles Engagement – allerdings relativ unbemerkt von der Weltöffentlichkeit, von Medien und Stadtforschern." Mattausch (2011: 49)

Die Bronx, die im Kontext von HipHop immer als Rahmen für die sozialen, ökonomischen und politischen Umstände herangezogen wird, dient auch heute noch als das Paradebeispiel eines innerstädtischen Ghettos, selbst wenn die Stadtstrukturen längst wieder hergestellt wurden und das Ghetto sozusagen nur noch ein imaginiertes ist. Der Bezug auf die New Yorker South Bronx der späten 1960er Jahre und 1970er Jahre ist jedoch dennoch wichtig, um einerseits die Kontexte, unter denen HipHop (dennoch) entstand, zu beleuchten und andererseits Parallelen ableiten zu können, die das Lokale zum Globalen transformiert haben. Nichts ist für die Inszenierung und Visualisierung in der Rap-Musik beziehungsweise HipHop-Videos so zentral wie der Bezug auf das urbane Quartier und die ebenfalls visualisierten Bilder der (zerfallenden) urbanen Großstadt. In dem Musikvideo zu „The Message" von Grandmaster Flash and The Furious Five sind die Künstler vor leer stehenden und ausgebrannten Häuserkomplexen zu sehen und lehnen sich somit an das Lokale, um globale Aspekte von weltweiter mit der Postmoderne einhergehenden Deindustrialisierung und urbanem Zerfall aufzuzeigen. Die New Yorker Bronx, New York selbst und Nordamerika im Allgemeinen waren schon immer von Mobilität und Migration geprägt gewesen. Anfang des 20.Jahrhunderts kam es zu großen Migrationsbewegungen von Afro-Amerikanern vom Süden der USA in den Norden. Der ökonomisch aufstrebende Norden war für viele ein Anziehungspunkt. Bis in die 1950er Jahre war die New Yorker Bronx ein beliebtes Wohnviertel. Durch den Bau des Expressway mitten durch die Bronx wurden nicht nur Gebäude, sondern auch Arbeitsplätze, soziale Netzwerke und bestehende Strukturen zerstört. Durch die wirtschaftliche Misslage und durch den Rückzug des Staates zogen die Menschen, die es sich leisten konnten, aus der Bronx weg. Die Ärmsten, meistens Schwarze und hispanische Bürger, verblieben und sahen sich mit Strukturen konfrontiert, die die Medien als „Amerikas Dritte Welt" bezeichneten. Die HipHop-Kultur, die vom Battle-Charakter geprägt war, ist die Transformation von Gang-Strukturen in künstlerische Kollektive, wenn man so will. Hieran anschließend möchte ich zum Gangster-Rap, der in Los Angeles unter ähnlichen Umständen, jedoch zeitlich verschoben stattfand, Bezug nehmen.

2.5 GANGSTER-RAP

> „We can't let the media define this for us. Some one says it's got hardcore beats and talkin' about Bitches sucking dick, that's hardcore. Then some persons say that Jazzy Jeff & The Fresh Prince are soft, it's not HipHop. It is HipHop. It's just another form. It's about experimenting and being open."
> KOOL DJ HERC[20]

Der *West Coast Style*, wo der Gangster-Rap geografisch anzusiedeln ist, ist geprägt durch das Einspielen von *heavy funk samples* von Soul-und Jazzkünstlern wie George Clinton, Rick James, Ohio Players, Sly Stone und James Brown. Die Texte der Rapper sind im Gegensatz zu dem in New York geprägten Stil deskriptiver, wobei der Rapper die Perspektive des Erzählers oder Beobachters und damit gleichzeitig die des Reporters einnimmt. Um die Relationen des Gangster-Rap zu den sozialen, politischen und ökonomischen Kontexten in seiner Geburtsstadt Los Angeles nachzuzeichnen, ist es wichtig, auch hierbei auf die Entstehungszusammenhänge und die daran geknüpften Traditionen zu blicken. Die *Blaxploitation*-Filme[21] der 1970er Jahre gelten hierbei als ein Anknüpfungspunkt. Im Folgenden werde ich auf die viel weiter zurück liegenden Aspekte der damaligen politischen und sozialen Situation in Los Angeles zurückkommen, dem Ort, an dem der Gangster-Rap entstand.

> „Für den Gangster Stil (inkarniert durch den West-Coast Rapper Ice-T, dessen 1992 erschienenes Album OG für Original Gangster steht und ein weiteres ‚Return of the Real' betitelt ist,) bedeutet die Wirklichkeit des Rap hingegen Zuhälterei, Drogenhandel, Leben auf großem Fuß und Gangstermord. Durch das Verwischen der Grenzen zwischen Kunst und Leben sind die Risiken des Rap hoch. Gewalt kann nicht auf eine rein fiktionale, vom Leben hermetisch abgeriegelte ästhetische Zone begrenzt werden." (2004: 5)

lautet die vernichtende Kritik von Richard Shustermann. Die Argumentation von Shusterman ist nicht außergewöhnlich, so wird in diesem Kontext häufig der Gangster-Rap als binäre Opposition zum Conscious-Rap konstruiert und von dieser Perspektive aus für den moralischen Zerfall verantwortlich gemacht, wo es an dieser Stelle wichtiger wäre, die sozialen, politischen, ökonomischen und

20 | Zitiert in George (2004: 45)

21 | Blaxploitation ist aus den Begriffen Black und Exploitation (Ausbeutung) zusammengesetzt

gesellschaftlichen Machtverhältnisse zu fokussieren. Der Gangster-Rap erhielt weltweit mediale Aufmerksamkeit. Hierbei bestimmen kontroverse Diskussionen den Mainstream. Erstmals erhielt Gangster-Rap mediale Aufmerksamkeit mit dem Erscheinen des Albums „OG" von Ice-T. Die Gangster-Rap-Szene in Los Angeles entwickelte sich parallel und unabhängig zu der Szene in New York bereits in den Jahren 1985 / 1986, also lange Zeit vor der Erscheinung oben genannten Albums im Jahr 1991. Diese Zeit war geprägt von der Deindustrialisierung der 1980er Jahre mit der Schließung von Flugzeug-und Aluminium-Fabriken und der damit einhergehenden Verschlechterung der Lebenssituation der Schwarzen Ghetto-Bewohner. Der wirtschaftliche Abstieg war gekennzeichnet durch die Arbeitslosigkeit: 1982 betrug die Arbeitslosigkeit in *Watts*, Los Angeles, 50 Prozent. Die Jugendarbeitslosenquote im gesamten Bezirk Los Angeles lag bei 45 Prozent. Mit der Arbeitslosigkeit einhergehend war der Verlust der Kaufkraft (vgl. Finzsch: 1999: 552).

Ice-T war der erste (OG) *Original Gangster*. Danach kamen NWA (*Niggaz with Attitude*). Die Aufmerksamkeit der Medien und auch der Politik zog der Gangster-Rap aus Los Angeles bezeichnenderweise allerdings erst auf sich, als 1992 die *Los Angeles Riots* ausbrachen, nachdem Rodney King, ein afroamerikanischer Bürger, am 3. März 1991 von vier weißen Polizisten brutal zusammengeschlagen worden war und daraufhin die Polizisten am 29. April 1992 von einer überwiegend Weißen Jury freigesprochen wurden. Dies alles geschah zu einer Zeit, als „der Wegfall von Maßnahmen der aktiven Sozialpolitik, die massiven Versuche der Deregulierung und der Rückzug des Staates (hatte) aus den Bereichen der sozial verantwortlichen, aktiven politischen Gestaltung, aus Jugendlichen schwarze Kriminelle werden lassen." (Finzsch 1999: 554)

Der Polizeiapparat war darauf ausgerichtet, Kriminalität zu managen und gesellschaftlich Unerwünschte (Ebd.) unsichtbar zu machen, indem er sie in Gefängnisse und in die Todeszellen verbannte. Diese Form des gesellschaftlichen und sozialen Ausschlusses in eine totale Institution in Form des Gefängnisses ist die schlimmste vorstellbare Form der Exklusion. Hierbei war auch keine Resozialisierung vorgesehen, die auf das Leben nach der Haft vorbereite. Letztlich zielte diese Art des gesellschaftlichen, sozialen und politischen Ausschlusses darauf ab, weite Teile der männlichen schwarzen Bevölkerung in den Ghettos zu entrechten. Begreift man den Rap als Form von Widerstand, so stellt sich die Frage nach den Mechanismen, gegen die er sich richtete. Der Gangster-Rap hatte seine Zeit, als die Droge Crack ihren Einzug in das Ghetto fand und somit für einige Ghettobewohner vermeintlich die Möglichkeit bot, den Teufelskreis der Arbeitslosigkeit und Armut zu durchbrechen. Crack war auch die Möglichkeit, einen gewissen Machtstatus innerhalb seines Reviers zu erreichen und somit das Vakuum der Arbeitslosigkeit und damit einhergehenden Ohnmacht und Mittellosigkeit zu füllen. Die Folge war, dass in Los Angeles und auch in New York *War Zones* entstanden. Die Reaktion der Polizei war eine repressive Haltung und eine „Unter-Generalverdacht-Stellung“ der gesamten *Black Community*. Als dann die Rodney King misshandelnden Polizisten von einer überwiegend Weißen Jury freigesprochen wurden, kam es zu den *Los Angeles Riots*. Sklaverei, rassistische Segregation und Ethnisierung von Kriminalität und die dazugehörige harte Repressionspolitik und Exklusionsmechanismen erzeugten eine Menge angestauter Wut und Frustration. Der Glaube an einen nicht-rassistischen Justiz-und Polizeiapparat war schon lange verloren gegangen oder war nie entstanden, wie folgender Song „Fuck the Police“ von Ice Cube verdeutlicht:

„Peace?! don't make me laugh! / Every killer cop goes ignored / They just send another nigger to morgue / A point scored. They could give a fuck about us /They'd rather catch us with guns and white powder / They'll kill ten of me to get the job correct / To serve, protect, and break a nigga's neck [...] You want to free Africa / I'll stare at ya' / Cause we ain't got it too good in America / I can't fuck with'em overseas / My homeboy dies over kee's [kilos of cocaine].“[22]

Die Lyrics von Ice Cube verdeutlichen die polizeilichen Gewaltanwendungen. Der Song „Cop Killer“ von Ice-T sorgte für großen Wirbel, weil er in dem Song angeblich zur Gewalt gegen Polizisten aufrief. Jedoch werden hierbei die Tatsachen verdreht. Der Song „Fuck the Police“ war in dem Moment eine Antwort auf Rodney Kings brutale Behandlung durch die Polizei, die tatsächlich stattgefunden hatte. Der Song „Cop Killer“ von Ice-T jedoch, wurde schon im Jahre 1991 geschrieben, also ein Jahr bevor es zu den Los Angeles Riots kam und bevor Rodney King misshandelt wurde. Ice-T prangerte schon dort die brutale Polizeigewalt an. Er drehte den Spieß um, indem er sagte:

„Better you than me. I got my brain on hype. / Tonight'll be your night. / I got this long-assed knife, and your neck looks just right. / My adrenaline's pumpin'. / I got my stereo bumpin'. / I'm 'bout to kill me somethin' / A pig stopped me for nuthin' / Fuck the police! / Fuck the police! / Fuck the police, break it down. / Fuck the police, yeah. / Fuck the police, for Darryl Gates. / Fuck the police, for Rodney King. Fuck the police, for my dead homies. / Fuck the police, for your freedom. / Fuck the police, don't be a pussy. / Fuck the police, have some mothafuckin' courage. / Fuck the police, sing along.“

Ice-T und alle anderen frühen Gangster-Rapper könnten also als Propheten angesehen werden, weil sie die Missstände beklagt und vorausgesagt hatten. Jedoch wurden die Lyrics für die *Los Angeles Riots* verantwortlich gemacht. Der Song dient hier hervorragend als Beispiel für die Dialektik von Kriminalisierung

22 | Ice Cube, Endangered Species-Tales from the Darkside. 1990

und Stigmatisierung im Umgang mit männlichen afroamerikanischen Männern und dem Rap. Ice-T hatte diesen Song mit seiner Speed Metal Band *Body Count* publiziert, der Song hatte mit HipHop nichts zu tun:

„There is absolutely no way to listen to the song Cop Killer and call it a Rap record. It's so far from Rap. But, politically, they know by saying the word Rap they can get a lot of people who think, ‚Rap – Black-Rap – Black-Ghetto', and don't like it. You say the word rock, people say, ‚Oh, but I like Jefferson Airplane, I like Fleetwood Mac – that's rock.' They don't want to use the word Rock & Roll to describe this song." (Ice-T in: Rose 1994: 130)

Ice-T distanzierte sich in Interviews davon, ein Polizeikiller sein zu wollen. Er habe lediglich die Absicht, polizeiliche Gewalt sichtbar und bewusst zu machen. Dies ist ihm gelungen, denn für viele afroamerikanische Männer begann und endete die Gewalt nicht mit der Misshandlung Rodney Kings. Dieses Mal hatte nur zufällig ein Mensch seine Videokamera dabei und konnte die Ungerechtigkeit dokumentieren, die für viele afroamerikanische Männer eine alltägliche Erfahrung darstellte. Gangster-Rapper wie Ice-T, aber auch Ice Cube, haben ihre Pseudonyme in Anlehnung an *Iceberg Slim* (Robert Beck) gewählt. Dieser war ein Zuhälter, und nach mehreren Gefängnisstrafen sagte er der Zuhälterei ab und widmete sich stattdessen dem Schreiben. Sein erster autobiographischer Roman hieß: „Pimp – The Story of my Life", und erschien im Jahr 1969. Die Glorifizierung des *Pimp* im Gangster-Rap geht unter anderem hierauf zurück. Misogynie und Homophobie sind ebenfalls im Gangster-Rap anzutreffende Diskurse, die häufig den Blick der Kritiker auf sich ziehen.

„Die explizit sexistischen, zur Gewalt aufrufenden Texte des Gangster-Rap gingen auf die baaadman tales des späten 19. und auf den Blues des frühen 20. Jahrhunderts zurück, stellen also Teile populärer schwarzer Kultur dar und sind keinesfalls von Rappern neu erfunden worden." (Finzsch 1999: 555) Durch die damit einhergehende Medialisierung wurden Diskussionen rund um Rap und die inhaltliche Authentizität entfacht, wer realen HipHop repräsentiert und wer nicht. „Nothing is more central to Rap's music video narratives than situating the Rapper in his or her milieu and among one's crew or posse." (Rose 1994: 10)

Dies bedeutet wiederum, dass den kommerziell erfolgreichen Rappern ein minimaler Spielraum verblieb, die Videoproduktion zu beeinflussen oder gar zu bestimmen. Neben der Frage um die Authentizität der Rapper sind auch Themen wie Homophobie, Gewaltverherrlichung und offener Sexismus ins Blickfeld der Öffentlichkeit als auch der Politik geraten. Die Kritik an dem Gangster-Rap aus der Black Community ist die, dass Gangster-Rapper *Minstrelsy* betreiben würden. Blackfaces waren Figuren in den *Minstrel Shows*, die von Weißen gespielt wurden, die sich die Gesichter mit Kohle schwarz malten und mit Klischees des Schwarzen Mannes das Weiße Publikum bedienten. Gleichzeitig spiegelt sich auch hierbei der Diskurs um rassistische Zuschreibungen wider. In „Fly-Girls, Bitches and hoes: Notes of a HipHop Feminist" thematisiert die Autorin Joan Morgan, dass die misogynen und gewaltverherrlichenden Inhalte im Rap eine Maskerade sind, und dass HipHop für viele Schwarze Männer eine Arena bietet, ihren Schmerz zu artikulieren:

> „When brothers can talk so cavalierly about killing each other and then reveal that they have no expectation to see their twenty-first birthday, that is straight-up depression masquerading as machismo [...] The seemingly impenetrable wall of sexism and machismo in Rap music is really the mask worn both to hide and to express the pain. HipHop is the only forum in which young black men, no matter how surreptitiously, are allowed to express their pain at all." (Morgan 1995: 153)

Gleichzeitig fallen schwarze Künstler eher der rassistischen Zensur zum Opfer, denn Sexismus ist keineswegs ein nur im Rap anzutreffendes Phänomen. „Even as Rappers achieve what appears to be central status in commercial culture, they are far more vulnerable to censorship efforts than highly visible white rock artists." (Rose 1994: 3) Der Erfolg, den der Rap auf kommerzieller Ebene durchläuft, kommt auch deswegen zu Stande, weil „In fact, many black musics before Rap (e.g., the blues, jazz, early rock 'n 'roll) have also become American popular music precisely because of extensive white participation; white America has always had an intense interest in black culture." (Ebd.: 5)

Wichtig ist hierbei der Fakt, dass zwar Weiße Kinder und Jugendliche zu den Hauptkonsumenten des Gangster-Rap zählten, dies aber auch darauf zurückzuführen ist, dass erstens das Weiße Amerika schon immer Interesse an Schwarzen Künstlern als Entertainer hatte, weil diese keine Konkurrenz für den eigenen Musikmarkt bedeuteten. Zum Anderen ist die Rebellion von Jugendlichen gegen das eigene Elternhaus sicherlich ein weiterer Faktor, der hierbei eine Rolle spielt, wobei dieser Faktor bei Schwarzen Jugendlichen genauso der Fall sein kann und nicht zwangsläufig der Identifikationsfaktor mit den Schwarzen Rappern und ihren Erfahrungen im Mittelpunkt stehen muss. Bei all den Diskussionen und Diskursen rund um das Thema HipHop beziehungsweise Rap darf nicht aus dem Fokus geraten, dass HipHop an erster Stelle Kunst ist. Gangster-Rapper nutzen in ihren Lyrics, wie vorher schon beschrieben, Aspekte des *Playing the dozens* oder *toasten* und die *baadmaan tales* des 19. Jahrhunderts. Dadurch, dass es die Rap-Musik in den amerikanischen Mainstream geschafft hat, sind diese folkloristischen Traditionen sichtbar und hörbar geworden, die sich ansonsten innerhalb der Jugendlichen auf den Straßen der Ghettos abgespielten, so wie beim *Playing the dozens* in den 1960er Jahren. Und das Ghetto mit seinen Problemen hat sich dadurch auch im Bewusstsein der Mehrheitsgesellschaft platziert. Dass das Ghetto und das Gangleben der Gangster aber als faszinierender Ort angesehen werden, obwohl in der Musik die Problematik des Ghettolebens zum Ausdruck kommt, ist dem voyeuristischen Interesse der Mehrheitsgesellschaft zuzuschreiben. Auf dieses Interesse stießen in den 1970er Jahren auch schon die Blaxploitation-Filme, die ein weiterer Anknüpfungspunkt insbesondere des Gangster-Rap sind. Die mit den Blaxploitation-Filmen einhergehende Inszenierungsform von Männlichkeit ist nur eine der diversen Traditionen, die Rap-Künstler in ihrer Inszenierung in Rap-Videos aufgreifen. Der Film „Sweet Sweetback badaaass song" aus dem Jahre 1971 des Regisseurs Melvin van Peeble hat ein Genre in der Filmlandschaft geschaffen, in dem afroamerikanische Darsteller erstmals im amerikanischen Kino zu sehen sind, ohne eine den Weißen unterwürfige und unterlegene Rolle zu verkörpen. In dem Film „Sweet sweetback badaaass song" stirbt der Protagonist, ein Anti-Held, der keinem anderen außer sich selbst vertraut, nicht einen frühzeitigen Tod, sondern überlebt trotz seiner sexistischen und gewaltvollen Handlungen. Hier wird die Sexualität in der Darstellung zur bis dahin stattfindenden Desexualisierung von afroamerikanischen Darstellern in Hollywood Filmen überspitzt und mit dem Klischee der Hypersexualität des afroamerikanischen Mannes abgerechnet, indem diese explizit inszeniert wird. Dies wird auch sichtbar durch die glorifizierende Inszenierung vom Gangstern, Zuhältern und Drogendealern in Rap-Videos. HipHop ist zu einem Milliardengeschäft avanciert. Durch den Gangster-Rap sind, wie bereits erwähnt, kontroverse Diskussionen zustande gekommen, die sich einerseits um die Frage des Schwarzen Mannes als Opfer von Rassismus und damit einhergehender Polizeigewalt drehen und andererseits die Frage aufwerfen, ob Schwarze Männer innerhalb der *Black Community* nicht selber Teil des sexistischen und patriarchalen Systems sind, die Frauen im Allgemeinen ausbeuten, unterdrücken und diskriminieren. Wahrscheinlich bedingt das eine das andere, denn Rapper, die in ihren Rap-Lyrics sexistische Inhalte transportieren, tun dies aus einer Gesellschaft heraus, die selber auch sexistisch und rassistisch ist. Der Unterschied hierbei ist einfach der, dass die Weiße Mehrheitsgesellschaft den Mainstream bestimmt und damit auch die Schwarze Musik, indem sie diese verbietet oder Musiker vor Gericht stellt, wie beispielsweise die Mitglieder der Rapgruppe 2Live Crew. Diese wurden aufgrund ihres Albums „As nasty as they wanna be" erstmalig in der Geschichte der USA aufgrund von obszönen Textinhalten inhaftiert. Entscheidend war hierbei jedoch, dass Schwarze Künstler aus dem Weißen Mainstream, den Weiße definieren, herausfielen[23]. Die 2Live Crew wurde 1990 freigesprochen, sie mussten ihre Alben jedoch mit dem Sticker mit dem Hinweis *Parental Advisory – Explicit Content* kenntlich machen. Sascha Verlan konstatierte in diesem Kontext:

23 | vgl. Finzsch (1999: 560)

„Ganz anders erging es da Luther Campbell mit seinem Label Luke Skywalker. Als er nach ersten Erfolgen seiner 2 Live Crew begann, außerhalb der bestehenden Netzwerke der Musikindustrie Millionenprofite zu erwirtschaften, da bekam er die geballte Macht des Systems zu spüren: Gerichtsverhandlungen (die Texte der Two Live Crew seien obszön)." (Loh/Verlan 2000: 43)

Bei allem Respekt vor Verlans Solidaritätsbekundungen, die Texte sind obszön, und es ist wichtig, die Dinge beim Namen zu nennen, ohne sie zu verharmlosen. Die bestehenden Machtverhältnisse müssen dabei zwar immer mitgedacht werden und auch, inwiefern derartige Texte eine *self-fullfilling prophecy* darstellen, was die Konstruktion vom hypersexuellen und misogynen Schwarzen Männern betrifft. Bestehen bleibt dennoch der Fakt, dass (Schwarze) Frauen diskriminiert und dominiert werden.

„It's true, you were a virgin until you met me / I was the first to make you hot and wetty-wetty / You tell your parents that we're goin' out / Never to the movies, just straight to my house / You said it yourself, you like it like I do / Put your lips on my dick, and suck my asshole too / I'm a freak in heat, a dog without warning / My appetite is sex, 'cause me so horny."[24]

Rapper Ice-T spielte in diesem Kontext bewusst mit dem Klischee des hypersexuellen Schwarzen, wie beispielsweise in „Straight up Nigga", wo er sich überspitzt als *White woman's dream* darstellte, indem er sich explizit des Stereotyps eines hypersexuellen Schwarzen Mannes bediente: „I'm loud and proud, / Well endowed with the big beef. / Out on the corner, I hang out like a house thief. / So you can call me dumb or crazy / Ignorant, stupid, inferior or lazy / Silly or foolish. / But I'm badder and bigger / And most of all / I'm a straight up Nigga." In „One less Bitch" von NWA wurde explizit zum Mord an Frauen aufgerufen:

„She had the biggest ass that you ever seen /In fact she was like medusa / Her titties fully grown / A look and your dick turns to stone yea / Keepin on mind that she was the kind that would find the time to get mine / Because she knows I'm not to be fucked with / She ain't crazy / Fuckin with Dre should be pushin up daisies / She was the perfect hoe but what do you know / The Bitch tried to gag me / So – I had to kill her / Yeah, straight hittin' / Now listen up and lemme tell you how I did it / Yo, I tied her to the bed / I was thinking the worst but yo I had to let my niggaz fuck her first yeah / Loaded up the 44 yo / Then I straight smoked the hoe / cause I'm a real nigga, but I guess you figure / I was soft and she thank me / Coughed to the boss and got tossed / One less Bitch you gotta worry about."

24 | The 2 Live Crew. Me so horny, 1989

Während einerseits die Stimmen laut wurden für ein Boykott, gab es die andere Seite, die den Standpunkt vertrat, dass Sexismus, Gewalt, Rassismus und Homophobie im Allgemeinen aus der Gesellschaft bekämpft werden müssten. Durch die kurz aufeinander folgenden Ermordungen von 2Pac Shakur und Notorious B.I.G. in den 1990er Jahre Jahren wurde der Krieg West-Coast vs. East-Coast konstruiert. In den USA entbrannte eine bis dato nicht erlebte Flut an Diskussionen rund um die Themen Misogynie und Gewaltverherrlichung, die mit Gangster-Rappern in Zusammenhang gebracht wurde und sogar das FBI aktivierte, um gegen den explizit artikulierten Sexismus, die Narrationen über Gewalt und den vermeintlichen Aufruf zum Polizistenmord von Künstlern wie Ice-T vorzugehen. Gewalt im Allgemeinen, aber auch die Polizeigewalt, waren jedoch auch im *East-Coast-Rap* präsent, da auch hier die Alltagsprobleme in den Lyrics artikuliert und analysiert wurden. Die Produktion von Boogie Down Productions zeigt Scott La Rock und KRS One mit Waffen und Patronen auf dem Albumcover, das den Titel „Criminal Minded" trägt. Das Album ist aus dem Jahr 1987, dem Jahr in dem auch Scott La Rock ermordet wurde. Das Album „By all means Necessary", ebenfalls von Boogie Down Productions aus dem Jahr 1988, zeigt KRS One, wie er mit einer Waffe vor einem Fenster mit Vorhang steht und die Straße beobachtet. Der Titel des Albums ist in Anlehnung an Malcolm X gewählt, der damit meinte, dass die Selbstverteidigung der schwarzen Bürger mit allen nötigen Mitteln geschehen müsse, zur Not auch mit Gewalt. Die Inszenierung des Album-Covers ist als eine Reinszenierung von Malcolm X zu lesen, der in gleicher Position vor einem Vorhang stehend fotografiert wurde. Damit verdeutlicht sich einerseits die Dialogkultur von Rap zu allen anderen Schwarzen Bewegungen wie auch, dass Konstruktionen wie Gangster-Rap oder Conscious-Rap den Diskurs begrenzen und folglich Künstler lediglich ein enger, essentialistischer Handlungs-Raum zugewiesen wird.

2.6 HipHop-Kritik

Die Rap-Musik hat weltweit kontroverse Diskussionen in Bezug auf Misogynie, Homophobie und Gewaltverherrlichung ausgelöst. An dieser Stelle ist wichtig hervorzuheben, dass der Sexismus und die Gewaltverherrlichungen, die im Rap auftauchen, nicht von Rappern erfunden wurden, sondern dass es lohnenswert ist, auf die psychosozialen Aspekte einzugehen. Dies dient weder dazu, Gewaltverherrlichung oder diskriminierende Aspekte zu verharmlosen, noch Schwarzen Traditionen per se misogyne und diskriminierende Konnotationen zuzuschreiben. Vielmehr sind die historischen Untersuchungen in diesem Kontext wichtig mit einzubeziehen, da sie Parallelen zu den heutigen Diskursen aufweisen und diese erklären.

Roger Abrahams, der in den 1960er Jahren Untersuchungen zum *Playing the dozens* in der schwarzen Unterschicht in Süd Philadelphia durchgeführt hat, die geprägt war von alleinerziehenden Müttern, kam zu dem Ergebnis, dass

„The Negro man from the lower class is confronted with a number of social and psychological impediments. Not only is he a black man in a white man's world, but he is a male in a matriarchy. The latter is the greatest burden. Family life is dominated by the mother [...] Women, then are not only the dispensers of love and care, but also of discipline and authority [...] This tends to reinforce a matriarchal system which goes back at least to slavery days, and perhaps farther." (Abrahams 1962: 213)

Abrahams fokussierte in diesem Kontext die psychosozialen Aspekte von obszönen Wortspielen wie dem *Playing the dozens* und schaffte damit eine erweiterte Perspektive auf das Phänomen. *Playing the dozens* ist ein Reimwortspiel mit festgelegten Regeln, wobei es gilt, den Gegner beziehungsweise Spielpartner verbal herabzusetzen. Die Funktionen des Playing the dozens werden in den folgenden Zitaten deutlich und stellen eine Parallele zu misogynen und sexistischen Inhalten im Rap dar.

„I don't play the dozens, the dozens ain't my game / But the way I fucked your mama is a god damn shame." (Toop 2000: 44) Das Dissen im Rap ist genau hier anzuordnen. Männliche Jugendliche, so Abrahams, die in ihrer Adoleszenz in ihrer unmittelbaren Lebenswelt keine männlichen Identifikationsvorbilder haben, versuchen durch den *verbal contest* eine imaginierte Grenze zwischen sich und ihrer matriarchalisch dominierten Lebenswelt zu ziehen.

„The results often are an open resorting to the apparent security of gang existence in which masculinity can be overtly expressed [...] So he must in some way exorcize her (mother) influence. He therefore creates a playground, which enables him to attack some other person's mother, in full knowledge that that person must come back and insult his own. Thus, someone else is doing the job for him, and between them they are castigating all that is feminine, frail, unmanly. (This is why the implications of homosexuality are also invoked.) [...] To say ‚I f----d your mother' is not only to say that womanly weakness is ridiculous, but that the teller's virility has been exercised. In this way the youths prepare themselves for the hypermasculine world of the gang." (Abrahams 1962: 213ff.)

Die von Abrahams beschriebenen Aspekte sind zwar auch relevant für die HipHop-Kultur, als in Großstädten wie New York und Los Angeles *War Zones* entstanden waren und Bandenkriege herrschten. Dennoch ist der Ansatz von Rogers nur ein Baustein für die Interpretation und Einordnung des *Playing the dozens.* Problematisch einzuordnen daran ist meines Erachtens, dass verbale Misogynie damit der Unterschicht zugeschrieben wird und der Sexismus, der innerhalb der gesamten Gesellschaft anzutreffen ist, externalisiert wird, ganz so, als seien Obszönitäten und Sexismus das Problem einer kleinen Minderheit.

Eine andere Lesart des *Playing the dozens*[25] ist, dass Gewalt und Aggressionen kanalisiert werden. Im Rap-Kontext ist dies ist ein wichtiger Faktor gewesen und Afrika Bambaata hat den Battle-Charakter des HipHop und die Strukturen der Gangs genutzt, um durch die Elemente des Breakdance negative Energie in positive Energie zu transformieren. Durch das gesprochene Wort, dem Ausdruck der Gefühle, werden Gefühle entwaffnet und verlieren somit an destruktiver Macht: „Using words to talk about feelings releases emotional pressure and weakens the grip of anger and hostility. Once anger is raised to a conscious level, it loses some of its power." (Bruce /Davis 2000: 120)

Dies hat in meinen Augen einen politischen Charakter, denn die Probleme, mit der sich die Schwarzen Jugendlichen konfrontiert sahen, wurden im Rap artikuliert und somit in den hegemonialen Diskurs eingespeist. HipHop, so wird oft vergessen, entstand nur eine Dekade nach der jahrelang herrschenden Segregation. Der *Civil Rights Act* trat im Jahr 1964 in Kraft und bedeutete trotz gesetzlicher Verankerung nicht die lang erkämpfte und ersehnte Gleichberechtigung der Schwarzen Bürger.

2.7 HipHop und die Rezeption als Widerstandskultur

Afroamerikanischer Widerstand ist ein fester Bestandteil in der Geschichte der USA. Zwischen dem *Civil Rights Act* und der Entstehung der HipHop-Kultur lag lediglich eine Zeitspanne von einer Dekade. Innerhalb dieses kurzen Zeitraums wurden die Jahrhunderte lang herrschenden Missstände und Rassismen nicht einfach aufgelöst, sondern nahmen eine neue Form von Exklusions-Praktiken an. HipHop, der in den Ghettos als politische Antwort auf rassistische Mechanismen entstand, knüpfte dabei an alle bereits dagewesenen Schwarzen Musik-

25 | Verbale Wettkämpfe wie das „Playing the dozens" sind auch in der Türkei zu finden. Auch dort wird sich von sowohl männlichen als auch weiblichen Jugendlichen ein verbales Duell mit obszönen Inhalten geliefert, wobei die Reime eine Reaktion auf einen voraus gegangenen Fluch beziehungsweise Beschimpfung darstellen. Ein Beispiel: Eine Person sagt: „Siktir" (Fick dich beziehungsweise lass dich ficken.) Der oder die Andere antwortet: Siktirdigin yere mum diktir.(Lass dir in die Stelle, in die du gefickt wurdest, eine Kerze aufstellen.) Die Erwiderung darauf lautet: „Ablan varsa bana siktir": (Deutsche Übersetzung: wenn du eine große Schwester hast, lass mich sie ficken.) Das Duell ist eingangs „nur" auf die zwei Duellanten abgestimmt, im fortschreitenden Stadium wird aber ein Familienmitglied hin zu gezogen, in diesem Fall die Abla, die große Schwester, die eigentlich wie die Mutter als Respektsperson gilt.

stile sowie politischen Bewegungen an. Nach der Sklaverei, die zwar offiziell im Jahre 1865 abgeschafft wurde, sollte es noch mehr als ein Jahrhundert dauern, bis Afroamerikanern zumindest gesetzlich die gleichen Rechte zugestanden wurden wie Weißen US-Bürgern. Nach dem Verbot der Sklaverei herrschte die Jim Crow-Ära, die das öffentliche Leben von Menschen mit weißer und schwarzer Hautfarbe trennte. Durch Gemeindeverordnungen und Gesetze der Bundesstaaten war das Leben in Schulen, Transportmitteln[26] und öffentlichen Plätzen voneinander abgeriegelt. Diese rassistische und menschenverachtende Form der Segregation wurde im Jahre 1896 im Fall *Plessy vs. Ferguson*[27] vom Obersten Gericht der USA bestätigt und die *Separate but Equal*-Doktrin wurde erst im Jahre 1964 vollständig abgeschafft. In einer hierarchisch festgelegten Ordnung sind die Rechte mehr auf Seiten derer, die sie erlassen, als auf der Gegenseite. Die afroamerikanischen Bürger wurden zu Bürgern zweiter Klasse degradiert. Auch nachdem die Jim Crow-Gesetze, die durch den Druck des *Civil rights movement*, zu dessen bekanntesten Persönlichkeiten unter anderem Martin Luther King Jr. und Malcolm X gehörten, abgeschafft wurden, konnte von einer Gleichberechtigung nicht die Rede sein. Bezeichnend ist hierbei, dass Jim Crow als Synonym für den dummen, vom Intellekt her unterbemittelten Schwarzen steht, der in *Minstrel Shows* im 19. Jahrhundert von sich als Schwarze schminkenden Weißen auf lächerliche Art und Weise dargestellt wurde. Weitere Diskurse, die in Teilen der HipHop-Kultur auftauchen beziehungsweise fortbestehen ist der *Black Nationalism*. Dieser ist geprägt durch zwei Aspekte.

„Following the Rodney King-Martin Luther King - African King Continuum generated by Ice Cube [...] today's nation-conscious Rappers draw their inspiration primarily from the Black-Power movement of the 1960s and the Afrocentric notion that the original site of African-American cultural heritage is ancient Egypt [...] While the notion of time

26 | Claudette Colvin und Rosa Parks wurden im Jahre 1955 in Montgomery verhaftet, weil sie sich weigerten, ihren Sitzplatz für einen Weißen frei zu machen. Rosa Parks' Verhaftung führte zu dem international Aufsehen erregenden Montgomery Bus Boycott. Rosa Parks war eine Aktivistin der Bürgerrechtsbewegung und Schriftführerin der NAACP, die im Jahre 1909 von Du Bois gegründet worden war. Durch die Inhaftierung Parks' und den Bus Boykott wurde von Pfarrer Abernathy die Montgomery Improvement Association (MIA) gegründet, deren Vorsitz Martin Luther King übernahm, der zur populärsten Figur der Bürgerrechtsbewegung wurde.

27 | Im Jahre 1892 hatte sich der Afroamerikaner Homer Plessy geweigert, in einem Eisenbahnabteil für African Americans Platz zu nehmen, woraufhin er von Richter F. Ferguson angeklagt und im Jahre 1896 verurteilt wurde. Der Fall ereignete sich in Louisiana, wo im Jahre 1890 ein Gesetz verabschiedet wurde, dass die „Rassentrennung" in Eisenbahnen vorschrieb.

is central to sixties-inspired nationalism, the idea of place has heightened importance for Afrocentric nationalism.“ (Decker 1993: 53)

Die Antriebskraft hinter dem *Black Nationalism,* beruht auf der *Racial solidarity,* die eine „Notgemeinschaft der Solidarität“ konzipiert. (Finzsch 1999: 393) Dies bedeutet, dass die Kategorie *Race,*[28] die eigentlich nichts anderes als ein gesellschaftliches und soziales Konstrukt ist, eine treibende Kraft im Kampf gegen Ausgrenzung, Diskriminierung und rassistische Ideologien darstellt. HipHop beziehungsweise genauer der Rap reiht sich in diese Glieder des afroamerikanischen Kampfes gegen Rassismus ein und bezieht klare Stellung gegen das rassistische System, dessen destruktive Macht sich im brutalen Polizeiapparat widerspiegelt, für die der Schwarze junge Mann die Kriminalität personifiziert. Hinsichtlich weiterer Bezugspunkte des Rap spielen neben der Black-Power-Bewegung[29] sowie der Bürgerrechtsbewegung ebenso religiöse Kontexte in den Rap-Texten von US-amerikanischen Rappern, wie der Bezug auf Gott und den Teufel, eine tragende Rolle (vgl. Lüthe 2008). Dies spiegelt sich am deutlichsten durch den Bezug zur *Nation of Islam* wider. Viele MCs beziehungsweise Rap-Crews widmen ihre Alben dem Führer der Nation of Islam, Louis Farrakhan, der neben Malcolm X oftmals mit dem *Black Nationalism* in Verbindung gebracht wird.[30] Jedoch, wie im oberen Abschnitt beschrieben, ist diese Form des Nationalismus nicht von diesen beiden erfunden wurden.

---

28 | Die Kategorie „Race“ wird hier in Anlehnung an die Cultural Studies adaptiert. Der Begriff „Rasse“ im deutschen Sprachraum ist hierbei als problematisch zu betrachten, da er immens belastet ist durch die Rassenideologie der Nationalsozialisten im Dritten Reich.

29 | Der Begriff „Black-Power“ ist ein Buchtitel des Autors Richard Wright, der als erster afroamerikanischer Literat mit seinem Roman „Native Son“ zum Bestseller-Autor wurde. Auf den Begriff „Black-Power“ wurde im Zuge der Bürgerrechtsbewegung der USA zurückgegriffen – an dieser Stelle wird auch noch einmal die von Gates behandelte Intertextualität deutlich. „Black-Power“ steht für ein schwarzes Selbstbewusstsein, der mit Slogans wie „Black is Beautiful“ einherging. Ein Song des „Godfather of Soul“ James Brown aus dem Jahre 1968 trägt den Titel: „Say it loud/-I'm black and I'm proud“

30 | Die „Nation of Islam“ ist eine separatistische, religiös-politische Gemeinschaft. Sie wurde im Jahr 1930 von Wallace Fard Muhammad gegründet und von 1934-1975 von Elijah Muhammad weitergeführt. Zu dieser Zeit war auch Malcolm X bekanntes Mitglied der „Nation of Islam“, deren Ansichten er aber nach seiner Pilgerreise nach Mekka im Jahre 1964 nicht mehr teilen konnte und aus der „Nation of Islam“ austrat. Am 21. Februar 1965 wurde Malcolm X ermordet. Eine weitere religiöse Gruppierung, auf die Rapper Bezug nehmen, sind die „Nation of Gods and Earths“, auch bekannt unter dem Namen „Five Percent Nation“. Die „Five Percent Nation“ wurde von Clarence

„Sie ist eine Antwort sowohl auf den institutionalisierten als auch auf den individuellen Rassismus der dominanten Gesellschaft und als solche so alt wie die Sklaverei selbst. Zum schwarzen Nationalismus rechnet man den Separatismus (seperatism, extrem in der Forderung nach einem eigenen afroamerikanischen Staat) ebenso wie die Tendenz sich mit der – oft romantisch überhöhten – afrikanischen Herkunft zu identifizieren (emigrationism).“ (Finzsch 1999: 394)

In dieser Form wurde der schwarze Nationalismus schon von Marcus Moziah Garvey Anfang nach Ende des Ersten Weltkrieges praktiziert, dem Gründer der *Universal Negro Improvement Association* (UNIA). Wenn auch auf rechtlicher Ebene die afroamerikanischen Bürger der 1970er Jahre gleichberechtigt waren, so hatten sich die Diskriminierung und Exklusionsmechanismen lediglich der Situation angepasst, und somit wurden weiterhin Rassismen fortgeführt. Die Segregation war nun in den Ghettos wiederzufinden, die überwiegend von Schwarzen und armen Bürgern bewohnt wurden. Und mit dieser Segregation einhergehend waren rassistische Überzeugungen, die als Legitimation für Kriminalisierung und Marginalisierung junger afroamerikanischer Männer aus der konstruierten Unterschicht dienten. Rassistische Überzeugungen sind resistent, nicht nur in den USA, sondern global. Lediglich die Gruppen, die Rassismus erfahren, sind austauschbar. Was der Minderheit-Gesellschaft bleibt, ist, sich notgedrungen als Solidargemeinschaft zu konstituieren. Die Gefahr, die hierbei besteht, ist die, als „Rasse“ oder homogene Gruppe fortzubestehen, was wiederum für die dominante Mehrheitsgesellschaft existenziell ist, um fortbestehen zu können.

(X13) Smith in den 1960er Jahren in Harlem gegründet. Im Gegensatz zum orthodoxen Islam, basiert die Lehre, die von Clarence X13 in Adaption an die Lehre der „Nation of Islam“ gegründet wurde, auf der Annahme, dass ein jeder schwarzer Mensch ein Gott sei oder eine göttliche Seele inne habe. In Harlem stand die „Allah School of Mecca“. Die Ideologie der „NGE“ basierte auf der Annahme, dass 85 % der Menschen von den 10 %, die den Teufel darstellen, unterdrückt und „dumm“ gehalten wurden, während die übrigen 5 % (deshalb auch der Name Five Percent Nation) die Menschen davor bewahre, durch den Teufel vereinnahmt zu werden: durch Wissen. Für Allah, wie sich Clarence X13 umtaufte, war der Islam weniger eine Religion denn eine Wissenschaft, die durch die „Supreme Mathematics“ und das „Supreme Alphabet“ belegt wurden. So bedeutete ALLAH: Arm-Leg-Leg-Arm-Head, und sollte bekräftigen, dass der Mensch selber Allah ist. Der siebte Buchstabe im Alphabet, das G steht für God (in der Rap-Musik für Gangster). Rapper oder Crews wie Nas, der Wu-Tang-Clan oder Gang Starr sind Anhänger der Five Percenters.

2.8 Female MCs – Ladies First

„HipHop ist eindeutig eine Männerdomäne" – so lautet die unhinterfragte These, der man oftmals begegnet, wenn es sich um die Rolle der Frauen innerhalb der HipHop-Kultur handelt. Indem man jedoch aus dieser Perspektive an die Thematik der *female MCs* herantritt, reduziert man das Wirken der Künstlerinnen auf einen interaktionistischen Schlagabtausch mit ihren männlichen Kollegen. Denn es gibt zahlreiche Rapperinnen, die diese Kultur selbständig geprägt haben. Zu den wichtigen, weiblichen Pionieren der Anfangszeit des HipHop gehören neben Queen Latifah und Roxanne Shante auch Salt-N-Pepa und MC Lyte. Der kommerzielle Erfolg ging auch an den weiblichen MCs nicht vorbei, jedoch stellen sie, quantitativ gemessen, eindeutig eine Minderheit dar. Gleichzeitig sind sie es jedoch, die in den USA die Identitäten afroamerikanischer und Schwarzer Frauen im HipHop neu definieren. Im Jahr 1984 erschien der Song „Roxannes Revenge", die Antwort der damals 14jährigen Roxanne Shante auf den Song „Roxanne, Roxanne" von U.T.F.O. Dennoch wird die Geschichte des HipHop ohne die Frauen geschrieben. Nelson George, der wichtigste HipHop-Journalist, konstatierte diesbezüglich: „In den mittlerweile weit über 20 Jahren, in denen es HipHop auf Platte und CD zu kaufen gibt, gab es nicht eine Frau, die entscheidend in die Entwicklung des Rap eingegriffen hätte [...] selbst, wenn es von all diesen Musikerinnen nicht eine Platte gäbe, die Geschichte des HipHop wäre keine Spur anders verlaufen." (George 2002: 239)

In der BRD wird der Fokus auch meistens auf die männlichen Künstler gerichtet. Trotz zahlreicher HipHop-Netzwerke, in denen sich internationale Künstlerinnen vernetzt haben, wird weiterhin der Mythos des HipHop aus männlicher Perspektive geschrieben. Trotz der zahlreichen Sprayerinnen, *female MCs*, *B-Girls* und *DJanes*, die weltweit aktiv sind, wird HipHop als genuin männliche Kultur betrachtet und akzeptiert. Frauen, wenn sie in Rap-Videos von männlichen Rappern auftreten, sind meist nur sexistisches, schmückendes Beiwerk. Jedoch ist dies ein reduktionistischer Blick auf eine facettenreiche aktive Szene. Das Etikett „female MC" wird dazu benutzt, Frauen als MCs in einen marginalen Raum zu verweisen. Während beispielsweise *B-Boy* und *B-Girl* nebeneinander als gleichberechtigte Termini existieren, um die Tänzer des HipHop zu benennen, so gilt Rap von vornherein als männlich kodiertes Terrain. Männer sind MCs, während Frauen an erster Stelle als „female MCs" im Geschlechterkontext kategorisiert werden. Damit werden Machtstrukturen, die männlich dominiert sind, aufrecht erhalten. Um mit Judith Butler zu sprechen, wird hierbei *doing gender* praktiziert, was Simone De Beauvoir bereits 1949 in „Das andere Geschlecht" konstatierte. „Man wird nicht als Frau geboren, man wird es", scheint auch für die HipHop-Kultur zu gelten, denn Geschlechter-Identitäten sind ein umkämpftes Konstrukt innerhalb der Kultur. Während für einige die Frau eine austauschbare Ware ist, die auf Körperlichkeit und Sexualität reduziert wird, so gibt es auf der anderen Seite zahlreiche Crews, in denen Frauen und Männer gleichberechtigt zusammen rappen. Zwei prominente Beispiele hierfür sind die „Fugees" und „Arrested Development". Lauryn Hill von den Fugees, die in der wissenschaftlichen Fokussierung von HipHop so gut wie nie thematisiert wird, ist in diesem Kontext eine wichtige Protagonistin. Die Entstehungs-Geschichte des HipHop, die weiterhin auf männliche Rapper zugeschnitten wird, ist damit nur die halbe Geschichte.

Die Rap-Lyrics weiblicher MCs sind zwar eine vitale Interaktionsplattform für den Dialog mit ihren männlichen Rap-Kollegen. Auf der anderen Seite drehen sich die Lyrics nicht nur um die Rolle der Schwarzen Frau, sondern bieten eine facettenreiche Bandbreite an diversen Inhalten. Während das Bild der Frau in männlichen Rap-Lyrics und der visuellen Inszenierung in Rap-Videos oftmals auf zwei den Mainstream dominierenden Konzepten beruht, nämlich das der *Bitch* und das der Mutter, in Form von *Mama Africa*, so erweitern weibliche MCs diese Darstellungsformen durch ihre eigene Sicht und schaffen somit einen autonomen und selbstbestimmten Raum, in dem sie unter anderem eigenmächtig ihre eigene Sexualität und ihre Rolle als Frau verhandeln können. Dabei spielen sie die Hauptrolle und dienen nicht wie in den Videos ihrer männlichen Kollegen als Background-Tänzerin, die entweder erotisch im Swimmingpool, auf einem Auto oder am Körper des Rappers inszeniert wird. Die Inszenierung inmitten als Status-Symbol geltender Objekte suggeriert ein Frauenbild, das auf Abhängigkeit, Ausbeutung und Reduzierung auf Sexualität aufgebaut ist. Gleichzeitig wird die Frau selbst zum Statussymbol beziehungsweise zum Objekt.

„Like their male counterparts, they are predominantly resistant voices that at times voice ideas that are in sync with elements of dominant discourses. Where they differ from male rappers, however, is in their thematic focus. Although male rappers' social criticism often contests police harassment and other means by which black men are ‚policed,' black woman rapper's central contestation is in the arena of sexual politics." (Rose 1994: 146)

Diese Tatsache geht natürlich damit einher, dass die Sexualität der afroamerikanischen Frauen lange Zeit fremdbestimmt gesteuert wurde. Die Betonung der Hypersexualität der afroamerikanischen Frau geht auf die Zeit der Sklaverei zurück und bedeutete die Reduzierung der Schwarzen Frau auf eine triebhafte Sexualität. MC Lyte's Antwort „Ruffneck" im Jahr 1993 auf den Provokations-Rap „Gangster Bitch" von Apache[31] brachte ihr als erste weibliche Rapperin Pla-

31 |"[...]I had a church girl, quiet girl, one girl was rich /The most memorable girl was a gangsta Bitch /We went out a lot, sometimes we dressed the same /Lickin shots in the park and had pet names /I called her 'Dollars' cause that's what she liked to

tin ein: „I need a ruffneck / I need a man that don't stitch like a Bitch / Shed tears or switch / Doin' whatever it takes to make ends meet / But never meetin' the end 'cause he knows the street / Eat sleep shit fuck, eat sleep shit / Then it's back to the streets to make a buck quick."

Weibliche MCs der frühen Stunde, wie MC Lyte, Queen Latifah oder auch Salt-N-Pepa thematisierten in ihren Rap-Lyrics Themen aus femininer Sichtweise.[32] „Let's talk about Sex" von Salt-N-Pepa verbuchte 1991 einen weltweiten Erfolg. Inhaltlich beschäftigte sich der Song mit Safer Sex und der Krankheit Aids. „Let's talk about Sex, baby? / Let's talk about you and me / Let's talk about all the good things and the bad things that may be / Let's talk about sex."

Der Song „Push It" aus Jahre 1987 blickte auf einen vergleichbaren Erfolg zurück. Queen Latifah, die dem *Native Tongue*-Flügel angehörte und einen starken afrozentrischen Bezug hatte, behandelte beispielsweise in „Ladies First" eine Kritik an der patriarchalen Gesellschaftspraxis, die Gewalt an Frauen ausübt. Latifah bezog sich auf ihre eigene Stärke und zeigte, dass sie keinen Mann braucht, der ihr nur Probleme bereitet. MC Lyte wiederum war eine der Wegbereiterinnen für spätere weibliche MCs wie Missy Elliott. MC Lyte's Rap „I cram to unterstand you", den sie mit nur zwölf Jahren aufnahm, fand sehr schnell Gehör und auf sie wurde das Plattenlabel *Priority Records* aufmerksam, wo unter anderem auch Ice Cube und NWA wiederzufinden waren. Missy Elliott, die beispielsweise den Begriff Bitch, der von ihren männlichen Rap-Kollegen als negative Konnotation verwendet wurde, ins Positive umkehrte, indem sie das Wort Bitch mit positiven Attributen ausstattete, ist eine Allround-Künstlerin, die sich in jedem Musikvideo neu inszenierte und neu erfand. Hier wirkt das *Signifying*, und dieses kann sowohl als Selbstermächtigung als auch als Fortschreibung eines machtvollen Diskurses gelesen werden. Die Kategorisierung und das Labeling von KünstlerInnen tragen zu der Reproduktion dessen bei, was es an dieser Stelle zu dekonstruieren gilt. Dennoch ist es in diesem Fall, wie auch bei ethnischen Kategorien, notwendig, auf herrschende Benennungen und Bezeichnungen zurückzugreifen, um Machtverhältnisse beleuchten, analysieren und Handlungsstrategien entwickeln zu können. Nichtsdestotrotz ist dies ein fortbestehendes Dilemma, sowohl in der Migrations- als auch in der Gender-Forschung.

---

spend /She called me 'Diamond' cause my dick was her best friend /[...]I shed tears when the judge said five years /She's gone now so it's time to make my switch /So who'll be my next gangsta Bitch? /I need a gangsta Bitch, yo! [...]" Apache, Gangsta Bitch. 1991

32 | Zu weiteren und detaillierten Ausführungen zu Rapperinnen siehe: Keyes (2004); Rose (1994); Schischmanjan/Wünsch (2007); Morgan (1999)

3 HipHop in der BRD

HipHop in der BRD blickt nunmehr auf ein 30jähriges Bestehen zurück, schwappte also knapp eine Dekade nach seiner Entstehung in die BRD über. Die Kultur, die anfangs in der BRD ehemals als lokal gelebtes Phänomen zum Vorschein kam, hat sich heute zu einer kommerziell äußerst erfolgreichen Populärkultur entwickelt, wobei jedoch in der Bundesrepublik Deutschland keine Multimillionäre in der Rap-Musik zu finden sind, wie dies in den USA mehrfach der Fall ist. Die Rolle, die das Internet bei der Verbreitung von Musik-Stücken spielt, ist in der Tat die eines Mediums, da es die Basis bildet für die interaktionistische Kommunikation von Rappern, die sich in Answer-Songs aufeinander beziehen oder rezipieren. Anders als in seinen Anfangszeiten in der BRD, als Künstler aus unterschiedlichen Städten auf Jams zusammentrafen und sich austauschten, ist dies heute nicht mehr nötig, denn durch Rap-und HipHop-Foren im Internet ist ein direkter Zugang zu der Musik und zu Neuigkeiten aus der Szene möglich. Durch My Space und YouTube bleibt somit nichts mehr dem Untergrund oder einer kleinen interessierten Subkultur überlassen. Jeder, der sich interessiert, kann in Sekundenschnelle das Aktuelle aus der Welt des HipHop erfahren. Mit der Etablierung des Labels Aggro Berlin, das in seiner Inszenierung und Visualisierung von Rap neue Akzente in der BRD gesetzt hat, ist auch der Battle-Charakter ins Bewusstsein einer breiteren Masse getreten. Der Battle ist seit jeher der Antriebsmotor hinter der HipHop-Kultur gewesen. Das ist für Involvierte nichts Neues gewesen. Das *Boasting*, die Selbstüberhöhung der eigenen Person im Rap oder auch das Dissen des Gegners waren schon immer elementarer Bestandteil des HipHop. Jedoch trat der ethnische Kategorisierungszwang von Rappern im neuen Jahrtausend erneut in den Fokus, als sexistische, gewaltverherrlichende und zum Teil homophobe Lyrics veröffentlicht wurden. Ethnische Konstruktionen waren für die journalistische und wissenschaftliche Rezeption von HipHop in der BRD von Anfang an prägend gewesen. In den 1990ern, als Pogrome wie in Rostock, Solingen und Mölln stattfanden, meldeten sich viele Rapper, vor allem mit Migrationshintergrund, und Schwarze Deutsche zu Wort, die in ihren Lyrics antirassistische Statements artikulierten. Dies war ein Grund für die Medien, diese Jugendlichen im Nachhinein ausschließlich auf ihre vermeintliche ethnische Herkunft festzulegen. Obwohl zu jener Zeit breite Bündnisse Gegen Rechts entstanden, in die sowohl allochthone als auch autochthone Musiker aller möglichen Musikrichtungen involviert waren, wurden Rapper und Rap-Crews wie beispielsweise die *Microphone Mafia* oder auch *Advanced Chemistry* nur noch als multikulturelle Rap-Gruppen rezipiert, obwohl ihre sogenannte multikulturelle Zusammensetzung für mobile Gesellschaften eine Normalität darstellt. Somit wurden Crews, die sich aus der Mitte der Mehrheitsgesellschaft heraus zu den Pogromen zu Wort meldeten, als eigenes Phänomen repräsentiert und nicht als gleichberechtigter Teil davon.

Um hieraus eine Brücke zu der heutigen Lage des HipHop in Deutschland zu bauen, möchte ich an dieser Stelle vorerst die Etablierung einer weltweit anzutreffenden Jugendkultur in der BRD rekonstruieren. Hierzu ist es erforderlich, 30 Jahre zurück zu blicken. In folgenden Teil werde ich die Anfänge der HipHop-Kultur in der BRD darstellen, indem ich die Lyrics der Künstler analysiere und gleichzeitig auf die politischen und sozialen Umstände der damaligen Zeit eingehe. Hierbei steht der Migrations-Diskurs der BRD als zentrales theoretisches Gerüst im Vordergrund. Da Rap-Musik in der BRD häufig als Subkultur einer migrantisch geprägten Unterschicht rezipiert und repräsentiert wird und die Rapper dies zum Teil in ihren Lyrics aufgreifen, ist es aus diesem Grund wichtig, die Selbst-und Fremd-Repräsentationen zu beleuchten. Repräsentativ für die Anfänge der HipHop-Kultur in Deutschland und die Aneignung durch die Jugendlichen gilt Cora E. mit „Schlüsselkind". Der Song kann als zeitzeugenähnliches Dokument eingestuft werden, da in dem Song beschrieben wird, wie HipHop aus den USA seinen Weg in die BRD fand und wie er von den Jugendlichen in ihre Lebenswelt adaptiert wurde. Ebenso verhält es sich mit dem Rap-Song „Kapitel 1" von Torch. HipHop und seine Repräsentanten sind in der BRD ein stark umkämpftes Feld, sowohl in den öffentlichen Medien, in der HipHop-Szene selbst als auch in der wissenschaftlichen Rezeption. Im Vordergrund stehen hierbei zumeist die Fragen, welche ethnischen Gruppen besonders stark in die HipHop-Kultur in ihren Anfangszeiten involviert waren und wie auf der anderen Seite die Medien und die Öffentlichkeit HipHop beziehungsweise Rap-Musik rezipierten. Demgegenüber steht der international verbindende Charakter von HipHop. Hannes Loh und Murat Güngör veröffentlichten im Jahr 2002 sogar ein Buch, das sich ausschließlich mit dieser Frage auseinandersetzte. „Fear of a Kanak Planet. HipHop zwischen Welt-Kultur und Nazi-Rap" war der Versuch der Autoren, die HipHop-Geschichte in der BRD neu zu schreiben, weil ihrer Ansicht nach der Bedarf bestand, die Künstler und Künstlerinnen, die in den nationalen Erzählungen zu HipHop in Deutschland nicht vorgesehen waren, sichtbar zu machen. Nachdem in den 1990er Jahren die Fantastischen Vier als die Vertreter eines neuen deutschen Sprechgesangs konstruiert worden waren, war es in der Tat der Fall, dass vielen Künstlern, die von Anfang an in die HipHop-Kultur involviert waren, nur noch ein marginaler Raum zugestanden wurde. Dennoch ist diese Herangehensweise ganz stark mit dem herrschenden Migrations-Diskurs verknüpft, da dieser Migrantenjugendliche per se als homogene Gruppe repräsentiert und somit zu deren Reproduzierung beiträgt. Im Folgenden soll die Anfangszeit der HipHop-Kultur in der BRD rekonstruiert werden.

3.1 One, two, three – from New York to Germany[1]

In diesem Kapitel steht die frühe HipHop-Formierung im Vordergrund. Dies geschieht aus der Fokussierung unterschiedlicher Diskurse heraus. HipHop wird meistens als Kultur von Migrantenjugendlichen rezipiert. Dies liegt zum Teil sicherlich daran, dass HipHop die erste Jugendkultur in der BRD war, in die auch Jugendliche mit sogenanntem Migrationshintergrund aktiv involviert waren. Der Bezug und die Identifikation mit marginalisierten afroamerikanischen sowie hispanischen Jugendlichen aus den USA wurden in diesem Zusammenhang als zentraler Bezugsrahmen konstruiert. Anfang der 1980er Jahre war HipHop in der BRD eine lokal gelebte Kultur mit Akteuren, die vorerst nicht vernetzt waren. Medien wie das Internet, in denen Künstler durch My Space und YouTube jederzeit abrufbar sind, gab es nicht, und auch im Fernsehen war Hip-Hop erst einmal nicht präsent. Die Jugendlichen waren auf eigne Netzwerk-Bildung angewiesen. Auf den Jams und in den Jugendzentren wurden Kontakte geknüpft und aufrechterhalten. Diese Kontakte führten Künstlerinnen wie Cora E. und Torch von Advanced Chemistry auch nach New York, wo sie immer noch bestehende Netzwerke zu dortigen HipHop-Größen wie beispielsweise Afrikaa Bambaataa und KRS One herstellten. Die Rolle, die dabei die Jugendzentren oder Jugendhäuser als Treffpunkt für HipHopper darstellten, waren zwar ein wichtiger Aspekt, weil sie den Jugendlichen Raum und auch technisches Equipment boten, dennoch wird in der wissenschaftlichen Rezeption die Rolle der Jugendzentren meistens überbewertet, wenn sie beispielsweise als tragender Faktor für die Etablierung von HipHop angesehen werden. Killa Hakan konstatiert in Bezug auf die Entstehungsgeschichte von Islamic Force und die Rolle des Jugendzentrums Naunynritze in Berlin-Kreuzberg:

„Nein, da ist gar nichts entstanden. Unser HipHop kommt von der Straße. Die ‚Naunynritze' war einfach ein Ort, an dem man sich aufwärmen konnte, wenn es kalt war, mehr nicht. Islamic Force hat sich 1987/88 gegründet, das war eine harte Zeit. In dieser

1 | DJ Tomekk, Grandmaster Flash, Flava Flav, MC Rene, Afrob. Rhymes Galore. 2000

Phase wusste keiner, was Sache ist: Gehen wir zurück in die Türkei oder bleiben wir hier? Das war ein total paranoider Film." (Jungle World 9 /2003)

HipHop in den frühen 1980er Jahren erfuhr eine breite Form der Aneignung sowohl durch autochthone als auch durch allochthone Jugendliche. Hierbei spielte die ethnische Zugehörigkeit und Definition und kulturelle Selbstverortung keine Rolle. Der gemeinsame Identifikationsfaktor war der HipHop. Seinen Weg in die damalige BRD fand er durch die Filme *Beat Street* aus dem Jahre 1984 von dem Regisseur Stan Lathan sowie *Wild Style* von Charlie Ahearn und *Style Wars* von Henry Chalfant sowie Tony Silver aus dem Jahre 1983. Für viele junge Menschen war Rap-Musik damals einfach nur Breakdance-Musik, und viele Künstler kamen erst durch Graffiti und Breakdance zur Rap-Musik. Diese erste Zeit in den frühen 1980er Jahren, in der die Jugendlichen HipHop adaptierten, war lediglich auf drei Elemente des HipHop fokussiert: Breakdance, Graffiti und DJing waren die Elemente, die ausprobiert und ausgelebt wurden. Rap-Musik wurde erst rezipiert, als Crews wie Public Enemy und Run DMC ihre Debüt-Alben herausbrachten und auch in Deutschland auf breiten Zuspruch stießen. Die Persönlichkeiten, die HipHop in der BRD sozusagen etabliert haben, sind an erster Stelle Advanced Chemistry und Cora E. Frederik Hahn aka Torch von Advanced Chemistry ist eine der zentralen Figuren in der deutschen HipHop-Kultur. Genauso wie Cora E. zählt er zu den Pionieren in der hiesigen HipHop-Szenen. Sylvia Macco aka Cora E. wurde im Jahre 1968 in Kiel geboren. Sie stand 1988 das erste Mal auf der Bühne, war schon seit Mitte der 1980er Jahre in der HipHop-Szene aktiv. Sie ist gelernte Krankenschwester und arbeitete in der psychiatrischen Abteilung des Heidelberger Universitätsklinikums. Cora E. hielt sich mit 16 Jahren in New York auf, wo sie auch Kontakte zu den dortigen HipHop-Größen aufbaute. Afrika Bambaataa krönte sie zur Zulu Queen. Zu den bekanntesten Werken von Cora E. zählen „Schlüsselkind" (1996), „Könnt ihr mich hörn'"(1993) „Nur ein Teil der Kultur" (1994) und „Der MC ist weiblich". Cora E.'s Werke zeichnen sich dadurch aus, dass sie bemüht ist, die Zusammenhänge der HipHop-Kultur zu vermitteln. Mit der Fokussierung auf den Rap ging das Wissen über die übrigen Elemente des HipHop verloren. Torch von Advanced Chemistry, der 1971 in Heidelberg geboren wurde, ist schon seit den 1980er Jahren ein aktiver HipHopper. Im Jahre 1987 gründet er gemeinsam mit Toni L und Linguist Advanced Chemistry, die als das Urgestein des HipHops in Deutschland gelten. In dem 1993 erschienen Solo von Torch mit dem Titel „Kapitel 1"[2] erzählt Torch (engl.: Fackel), wie in ihm die HipHop-Fackel entzündet wurde. Der Song gleicht einer retrospektiven biographischen Erzählung und ist einer der vielen Songs, in denen Torch sich selbst zum Inhalt seiner Lyrics macht:

2 | Torch, Kapitel 1. 2000

„Gestatten Sie, mein Name ist Frederik Hahn! You see they call me a Star, but that's not what I am! (-> Nas) / Ich weiss noch genau, wie das alles begann. The Message von Melle Mel war für mich wie ein Telegramm! / Und obwohl ich kein einziges Wort verstehen konnte, erkannte ich, welches Feuer in seinen Worten brannte! / Die Fackel in mir wurde sofort entfacht, in einer Nacht über ein ganzes Leben nachgedacht! / Ich erblickte den Pfad zur Geschichte, mein Kopf wippte, nickte zur Geschwindigkeit des Takts./Von diesem Tag an war mir klar: Scheissegal, was das Ziel auch sei, ich pack's! Freunde gingen fort, Mädels kamen und gingen, weil sie nur an einem Teil und nicht am ganzen Torchmann hingen! / HipHop war meine erste Freundin, sie machte mich zum Mann, gab mir meinen Stolz und Wissen, / das ich lehren kann! /Wie am ersten Tag bin ich noch verliebt, /weil es für mich nichts anderes gibt, was mir mehr Kraft gibt! / Perfekt wie ein Kreis, dreihundertsechzig Grad, umschließt mein Leben und begründet jede Tat! / Wenn ich sterbe, stirbt zwar auch ein Teil dieser Kultur, bloß wenn HipHop stirbt, werden viele obdachlos!"

Die zitierten Zeilen zeigen die Bedeutung des HipHop für den Künstler. Dass der Künstler sich mit Frederik Hahn vorstellt, zeigt, dass er sich nicht durch Fremdzuschreibungen leiten lassen möchte. Der Vers „das ich lehren kann", verdeutlicht, das Torch den Aspekt des Lehrens und Lernens in sein Verständnis von HipHop mit einbezieht. Das fünfte Element des HipHop, Knowledge, das auch ein zentrales Anliegen von Afrika Bambaatta und KRS One war, der als der *Teacher* gilt, ist auch bei Torch vordergründig.

„Ich hab' das Freestyle-Reimen eingeführt und zwar schon vor Jahren, von Kiel bis Biel bin ich auf jedes Jam gefahren. / So kam ich durch die ganze Welt, meist ganz ohne Geld, denn wenn Torch ein Ziel hat, gibt es nichts, was ihn aufhält! / Weder der Staat, noch irgendeine Braut, jedem Jamplakat folgte ich blind, denn ich hab' HipHop vertraut! / You see they call me a Star! Andere sagen, ich sei ein Penner, dabei verdien' ich mein Geld und Respekt als Rap-Sänger! / Ihr könnt Euch nicht vorstellen, wie ein Gerücht einen kränkt, / wenn das Leben, das man führt, an einem sehr dünnen Faden hängt. / Jeder New Jack erzählt mir, dass er schon immer dabei war, doch auf den Jams warst du nie da und weißt nicht mal, wer Gawki war!! Falls du mich nicht siehst, heißt das nur, ich bin getarnt. / Denn HipHop lebt im Untergrund, also sei gewarnt! / Auf einmal ist es da, riesengroß, ja ein Wholecar,/ super fette Buchstaben überrollen den Popstar, / der Rap ausverkauft. / Hier kommt der Redefluss, ha, ersauft!/ Lauft und spürt ein bisschen von dem Zorn, der in mir rauft! / Jede Sau erzählt mir heutzutage, was HipHop ist, / wie man sich kleidet, wie man tanzt und den ganzen Mist! / Journalist, Plattenaufleger und Verkäufer, erkenne deine Position, denn du bist nur der Läufer!"[3]

3 | Torch, Kapitel 1. 2000

In der journalistischen und öffentlichen Geschichtsschreibung gelten jedoch nach wie vor Die Fantastischen Vier als die Pioniere des deutschen Raps. Im Video von Advanced Chemistry „Gewalt oder Sex" kritisiert Torch die Macht des Geldes, die im Bizz (Business) zu viel Stress bedeuten. Die Kommerzialisierung des Rap mit den Fantastischen Vier hatte für viele HipHopper der frühen Stunde zur Folge, dass sie in einen Legitimationsdruck gerieten. Der Song „Gewalt oder Sex" ist dem verstorbenen Freund Triks gewidmet, und in dem Musikvideo ist Afrika Bambaataa, der Godfather des HipHop, als Schäfer zu sehen.

„Das Geld ist das Blut unserer Welt, jeder fragt wo er steht wenn der Dollar mal fällt. / Ich weiß du, scheißt drauf /doch dies geht an die, die sich für uns opfern wie Mahatma Ghandi / Mutter Theresa / Thomas Sankara / Kurt Tucholsky oder Afrika Bambaataa. / So ein Mensch müsste eigentlich unser Held sein / doch seh' ich sein Gesicht nicht auf unsren Geldschein. / So ein Mensch müsste eigentlich unser Held sein / und nicht irgend so ein stinkender Geldschein. / Es dreht sich alles um Gewalt oder Sex./ Das ganze Geld im Bizz bedeutet zu viel Stress."[4]

Auch in „Wir waren mal Stars" weisen die Künstler Torch und Toni L. darauf hin, dass sie die eigentlichen HipHop-Pioniere sind. Auf ironische und sich selbst überhöhende Weise wird in dem Song der eigene Stellenwert in der HipHop-Welt dargestellt.

„Wir sind keine Stars mehr, / alles vorbei, irgendwie bin ich froh darum, Schluss mit der Heuchelei. / Wir sind frei, kein Underground der im Popbusiness steht / und kein Kopf mehr, der sich im Popbusiness dreht, / keine Zielscheibe mehr, wir haben unsere Ruh, / hängen in Heidelberg ab, mit Boulevard Bou und bauen Beats nur aus Bock / so wie es früher war, / als ich noch nicht so müde war und Graffitisprüher war. / 10 Jahre her, da waren wir in deiner Stadt, / wo ist heut die Crowd, die damals so gejubelt hat? / Haben darauf geachtet, dass der Text 'nen Sinn hat./ Ich verlang nicht viel, nur dass ihr euch daran erinnert. / Aus Jux treten wir noch manchmal auf im JUZ, / wenn 'ne andere Band nicht kann, / vor 20 Mann, aber wen juckt's? / Unser Geld von der GEMA hat die Nena, und das sehen wir nie./99 MCs wo ist AC?(Torch):Wir sind das Musterpaar der Oldschooler, / ja, stell uns cooler dar, als dein Rap-Superstar aus den USA, / heute der Presse fremd, / was dein Interesse hemmt, / doch wer grüne Pässe kennt, / der erkennt unsre Fressen, denn wir sind die Unbestechlichen / Vergessenen, nicht zu Verwechselnden, / Zuhörer fesselnden, du kannst es testen, / wenn durch die Besessenen, Best'-Rappenden / jedes Mal jeder Saal wie ein Kessel brennt. / Wir metzelten/ immer wieder Lieder, wie „Die da", nieder, / doch die Masse fand's prima, / wollte es lieber primitiver. Es brach aus, das MTV-VIVA-Videofieber, doch unsere Lyrics wurden tiefer, die Musik innovativer. / Heute bist du Rapstar, ich Rentner, /

4 | Torch, Gewalt oder Sex. 2000

berühmtester Bettler. / Du speist im Grand Hotel, / ich an der Snackbar. / Nun denkst du etwa, wer rappt da? / Du checkst klar. / Ich rock jeden Track weg ja, / wie die Lava des Ätna. / Toni L. der Funk Joker, mit mir ist der Soul da, / fett wie ein Wholecar, / es ist wohl wahr, / dass Advanced Chemistry groß war. / Du liest es auf jedem legendären HipHop Jam-Poster." (Toni L.)[5]

Für viele junge Menschen war und ist HipHop Teil ihres Lebens und der leitende Gedanke hierbei ist, gemäß Afrika Bambaataa, *Positivity*. Künstler wie Torch und Cora E. spiegeln in ihren Lyrics unter anderem auch die persönliche und individuelle Bedeutung des HipHop für ihre eigene Biographie wider. Gleichzeitig wird auch hierbei eine Gesellschaftskritik formuliert:

„Ich wollte auf's Gymnasium, denn ich bin nicht dumm. / Doch Fakt war, dass das nicht ging, / weil die Familie nicht intakt war. / Und damals war das schlimm. / Doch was du lernst aus diesen Dingen, / kann dir keine Schule beibringen. / Der Block in dem wir wohnten war rot, die Rote Siedlung. / Und das war für viele Eltern meiner Freunde ein Grund, / ihre Kinder von uns fernzuhalten, da die Leute, die dort wohnten halt als Asis galten [...] Ich bin geflogen von den Schulen der Stadt./ Meine Mutter schleppte mich zum Psychologen, doch der hat wenig Chance, / weil seine Mühen so gut wie umsonst sind, an einem Kind, das denkt dass mit ihm alles stimmt. / Ich ertrank fast, / sank, / doch hatte Glück. / Die Welle aus Amerika spülte mich wieder ans Land zurück. / Ich begann zu leben, / wurde aktiv und hab zum ersten Mal geträumt, / ohne dass ich schlief. / Da war etwas, das auf mich wartet also ging ich. / Etwas, das ich bekommen kann, bleib ich dran / also fing es an. / Dass ich etwas, das ich erreichen kann, seh!/ Ich wollte rappen wie SHANTE, / so verfolgte ich die Spur. / Erfuhr Freundschaft von jedem, der auf meinem Trip mitfuhr. / Und nur der Glaube gibt mir Kraft und nimmt die Gefahr, jemals zu vergessen, wie es war."[6]

Cora E. widmet sich in dem Song aus einer sozialkritischen Perspektive heraus Unterschichtungs-Praxen und Zuschreibungsprozessen. Sie formulierte eine Gesellschaftskritik, die soziale Ungleichheit thematisiert und Zugangsbarrieren, in diesem Fall zum Bildungssystem, analysiert und kritisiert.

Der erste Song, der in Deutschland auf deutscher Sprache gerappt wurde, war von der Ratinger Crew Fresh Familee und hieß „Ahmet Gündüz". Der Frontmann der Crew *Tahir Cevik* aka *Tachi*, später *Tachiles*, wurde 1970 in Ratingen geboren. In „Ahmet Gündüz" imitiert Tachi das gebrochene Deutsch eines „Gastarbeiters", während er im zweiten Part sich selbst als Migrantenjugendlichen repräsentiert:

5 | Torch und Toni L., Wir waren mal Stars. 2000

6 | Cora E., Schlüsselkind. 1996

„Mein Name ist Ahmed Gündüz, lass mich erzählen euch / Du musste gut schon zuhören, ich kann nix sehr viel Deutsch / Ich komm von die Türkei, zwei Jahre hier /Und ich viel gefreut, doch Leben hier ist schwer / In Arbeit Chef mir sagen: Kanake, hä wie gehts / Ich sage: Hastirlan[7] / doch Arschloch nix verstehn / Mein Sohn gehen Schule, kann schreiben jetzt / doch Lehrer ist ein Schwein, er gibt ihm immer Sechs / Gestern ich komm von Arbeit, ich sitzen in der Bahn / da kommt ein besoffen Mann und setzt sich nebenan / Der Mann sagt: Öhf, du Knoblauch stinken. / Ich sage: Ach egal, du stinken von Trinken. / Nun den Spaß beiseite, hör gut zu, was ich meine. / Lass uns jeden jeder sein, lass jedem doch das Seine. [...]Was ich damit sagen will ist doch völlig klar. / Jeder Mensch hat Rechte, / manche nehmen das aber nicht wahr. / Es gibt halt dumme Menschen, / die denken nicht so klar. / Ob du oder ich, / es gibt keine Differenz: / Du bist ein Mensch, Ich bin ein Mensch. [...]Wir haben jetzt die Neunziger und nicht das Dritte Reich. / Fühlt euch jetzt nicht angegriffen,/ ich will doch nur bezwecken, / dass man sich darauf konzentriert: / Andere Welten zu respektieren!“

Im Jahre 1990 gewann die Fresh Familee den Düsseldorfer Nachwuchspreis. 1991 wurde von Detlef Neufert der erste deutsche HipHop-Film gedreht, in der die Fresh Familee die Hauptdarsteller waren. 1993 gingen die Jugendlichen als Vorband mit Ice-T und seiner Metal Speed-Band *Body Count* auf Deutschlandtournee. Anfang der 1990er Jahre war HipHop schon längst deutschsprachig und nicht erst mit dem Auftauchen der Fantastischen Vier. Die zentrale Frage ist hierbei, weshalb die Fantastischen Vier als die Vorreiter des deutschsprachigen Rap gelten und beispielsweise nicht die Fresh Familee. Diese Antwort ist aus dem Kontext des Nationalstaatsdiskurses heraus ganz einfach zu beantworten: Die Mitglieder der Fresh Familee sind in dem Sinne keine Deutschen, sie haben „Vorfahren“ aus einem anderen Land.

Güngör und Loh beleuchten diesen nationalen Diskurs intensiv in „Fear of a Kanak Planet“ und interviewen Rapper, die im Mainstream ihrer Meinung nach keine Stimme haben. Der Titel des Buches „Fear of a Kanak Planet“ ist an Public Enemys Album „Fear of a Black Planet“ angelehnt, wobei hier der Begriff Black als politische Selbstbezeichnung steht, was bei dem Begriff Kanake nicht der Fall ist. Für viele Migranten hat er nach wie vor eine diskriminierende Konnotation, und auch das Prinzip des subversiven Widerstands ist nicht für jeden akzeptierbar. Die Exklusionsmechanismen, die im HipHop beziehungsweise im „Neuen Deutschen Sprechgesang“ anzutreffen waren, waren für Jugendliche mit Migrationshintergrund und auch Schwarze Jugendliche eine Fortführung ihrer alltäglichen Erfahrungen mit Exklusionsmechanismen. Während die Fantastischen Vier zum Beispiel als Vertreter einer neuen deutsche Reimkultur galten, wurde der sogenannte Multi-Kulti-Rap als Gegenpol konstruiert. Auch Advanced Chemistry (Torch, Linguist und Toni L.), die anfangs auf Englisch

7 | Auf Deutsch: Fick dich beziehungsweise Verpiss dich!

rappten, fingen Anfang der 1990er Jahre an, auf Deutsch zu rappen. Torch führte das Freestylen auf Deutsch ein. „Operation Artikel 3" gehört zu einem der wichtigsten sozialkritischen Texte innerhalb des HipHop in Deutschland. Dennoch sind Etikettierungen und Stigmatisierungen wie „politischer und sozialkritischer" Rap Teil einer Etikettierungs-und damit einhergehenden Unterschichtungs-Praxis, da beispielsweise Torch auch als Moderator in der VIVA-HipHop-Sendung *Freestyle* Anfang der 1990er Jahre präsent war, und auch heute noch als DJ Haitian Star weiterhin Musik macht. Dabei ist es weniger problematisch, dass sie sozialkritisch sind, problematisch wird es erst, wenn die anderen Werke der Künstler außen vorgelassen werden und sie auf eine Kategorie festgelegt werden. So gibt die Microphone Mafia auf ihrer Homepage in diesem Kontext zu bedenken:

„Von Anfang an war uns klar, dass wir mehr zu sagen haben als in reine Battle Rhymes rein passt. Wir haben uns in unseren Texten immer mit dem Leben befasst, mit Hoffnungen, Träumen, aber auch Enttäuschungen. Und plötzlich war die Mafia in Deutschland das Aushängeschild im Kampf gegen Rassismus und rechte Gewalt. Und daslebende Beispiel dafür, dass verschiedene Kulturen in diesem Land zusammen leben können. Wir haben uns diese Rolle nicht ausgesucht, aber wir akzeptieren sie gern."[8]

Der Handlungsspielraum von Künstlern wird durch Labeling-Prozesse verringert und daraus resultiert eine Erklärungs-und Legitimations-Haltung.

„Artikel 3 des Grundgesetzes. / Gleichheit vor dem Gesetz, hier geb ich Kund des Textes. / Niemand darf wegen Geschlecht oder Abstammung / Sprache, Herkunft, des Glaubens, der Anschauung / diskriminiert, sein Leben nicht erschwert werden/ dass dies nicht stimmt, kann von mir jetzt erklärt werden. / Wie kommt es sonst, dass du als Immigrant / sogenannter Ausländer, konstant hast einen schlechten Stand. / Zum Beispiel Artikel 12 Bundeswahlgesetz / sorgt dafür, dass du bei der Wahl zuhause sitzt / zum Beispiel Artikel 3 Staatsangehörigkeitsgesetz,/ der deine Rechte genauso verletzt! / Denn du kannst hier geboren sein, aufgezogen sein / oder warst du noch klein, hergezogen sein. / Nichts zu machen, 'nen deutschen Pass kriegst Du nicht automatisch. / Das Blut in Deinen Adern ist nicht arisch. / Bist Mitbürger mit Steuerlast, obwohl Du keine Bürgerrechte hast. / Und der Arbeitgeber scheißt auf meinen grünen Pass, / wenn ich nach Arbeit frag, er meine Hautfarbe nicht mag, / macht sich für mich kein Gesetz stark. / Dass wir in schlechten Wohnvierteln leben – ist kein Zufall! / Unsere Kinder die Schule aufgeben – ist kein Zufall! / Wir als erste die Arbeit verlieren – ist kein Zufall! / Bullen uns ständig schikanieren – ist kein Zufall! / [....] Und hast du auf der Straße einen der deinen erkannt, / schenk ihm 'n Lächeln und gib ihm im Reinen die Hand/ denn morgen stehst du vielleicht mit dem Rücken an der

8 | http://www.myspace.com/testanera: Zugriff am 21.07.2009

Wand,/ dann hilft dir bestimmt kein Passant! / Denn in Magdeburg waren es Italiener und Türken, die Schwarze Brüder unterstützten, / vor dem Mob schützten. / Kämpfe nicht einsam – Zusammenschluss! / Wehren wir uns gemeinsam – Zusammenschluss / auf uns selbst ist nur Verlass / Zusammenschluss / politisch und auf der Straß' – Zusammenschluss! / Damit Grundgesetz Artikel 3, / der uns Gleichheit verspricht, mehr wird als nur Laberei! / Bist du gegen diesen Zustand in Opposition / dann bist du Teil dieser Operation."[9]

Adcanced Chemistry und Boulevard Bou, der die Samples von Sezen Aksus[10] Lied „Gel gel Sarisinim, ben sana asigim gel" (deutsche Übersetzung: „Komm mein Blonder, komm! Ich bin verliebt in dich." A.G.S.) aus dem Jahre 1974 und den türkischen Part des Songs inszeniert hat, klären in der ersten Strophe von „Operation Artikel 3" über die gesetzliche Stellung von Immigranten in der BRD auf und fordern den Zusammenschluss und Widerstand. Gleichzeitig stellen sie eine Verknüpfung zu den damit einhergehenden sowohl politischen als auch gesellschaftlichen Diskrimiierungs-und Exklusionsmechanismen her und thematisieren hierbei auch den Alltagsrassismus.

---

9 | Advanced Chemistry, Operation Artikel 3. 1994

10 | Sezen Aksu ist die Diva der türkischen Pop-Musik. Geboren im Jahre 1954 in einer Kleinstadt in der West-Türkei, ist sie heute der Inbegriff dessen, was einen Superstar ausmacht. Wohl kaum ein Star in der Türkei hat ihren Beliebtheitsgrad erreicht, da sie eine der wenigen Künstlerinnen ist, die einer breiten Masse von Konsumenten ein Begriff ist. Zudem wird sie wohl als einzige Künstlerin durch alle Schichten der Gesellschaft sowie von allen in der Türkei lebenden Ethnien in der Türkei gehört. In jungen Jahren war sie auch Schauspielerin. Sezen Aksu hat viel für die Frauenbewegung geleistet, da sie in den 1980er Jahren in ihren Texten gesellschaftskritische Themen zum Inhalt gemacht hat. Sezen Aksu hatte diverse Auftritte mit Ceza, einem populären Rapper in der Türkei. Ceza ist nicht zuletzt durch Fatih Akins Film „Crossing the Bridge" einer breiteren Masse in Deutschland bekannt geworden. In der Türkei, wo im Gegensatz zu Deutschland der Rap beziehungsweise HipHop erst relativ spät aufgegriffen wurde, hat Sezen Aksu sicherlich einen großen Beitrag dazu geleistet, die gesellschaftliche Akzeptanz für Rap in einer breiteren Masse zu fördern. Ismet Berkan, ein bekannter Kolumnist der liberalen Tageszeitung „Radikal", schrieb einmal über die Sängerin:„Wenn sie auf die Bühne tritt, passiert immer wieder das Gleiche: Türken, Kurden, Rechte, Linke, Frauen mit Kopftuch und Frauen ohne, sie alle singen lautstark Aksus Lieder." Er fährt fort: „Während Politiker und andere Kräfte unerschöpflich Themen finden, die unser Land teilen, singt Sezen Aksu einfach weiter. So bringt sie uns zusammen." Sezen Aksu selbst sagt: „Ich berühre die Gemeinsamkeiten der Menschen auf diesem Erdfleck, die aus sehr unterschiedlichen Kulturen kommen." Siehe Spiegel Spezial 6/2008: 50

Advanced Chemistry schafften es durch diesen Song, die Lebenssituation vieler allochthoner Jugendlicher und Familien adäquat darzustellen, in dem sie den gesetzlichen Status fokussierten. Gleichzeitig gelang es ihnen, mit diesem Song eine universelle Botschaft über die Grenzen hinweg zu vermitteln, indem sie von einer Minderheiten-und Mehrheiten-Figuration ausgingen. Der Song ist auch insofern wichtig, als er die politischen und gesellschaftlichen Machtstrukturen einbezieht und damit Distanz schafft von einer paternalistischen Opferperspektive. Vielmehr ist der Song als Aufruf zum Widerstand zu lesen, der die Gleichberechtigung zum Ziel hat. Günther Jacob merkte 1993 in „Agit Pop – Schwarze Musik und weiße Hörer“ an: „Aber es scheint nicht in erster Linie der Mitteilungsdrang zu sein, der diese eher unpolitische Szene umtreibt. Der hohe Anteil an Einwanderer-Kindern ist jedoch ein Hinweis darauf, daß man HipHop hier als Minoritäten-Kultur rezipiert.“ (Jacob 1993: 209) Jacob konstruierte eine Minderheiten-Kultur alleine aufgrund der Tatsache, dass es einen hohen Anteil an Einwanderer-Kindern gegeben habe. Er trat mit einer ideologischen Perspektive an das Forschungsfeld heran und reproduzierte damit die Zuschreibung von HipHop als Minderheiten-Kultur. Torch, der von Jacob als Angehöriger einer marginalisierten Minderheit repräsentiert wird, ist Sohn eines Arztes und einer Diplom-Übersetzerin (vgl.: Menrath 2001: 116). Torch sagte im Interview mit Menrath, dass es für ihn kein Problem war Deutsch und Schwarz zu sein (Ebd.), sondern dass dies von außen auf ihn projiziert wurde: „So ein schwarzer Deutscher ist eben auch ein Deutscher, ne? Ist halt nicht nur Schwarz. Und das ist genau der Punkt, wo die Leute dran zu kauen haben, dass die eben nicht einfach nur das eine oder das andere sind, sondern halt gottverdammt beides. Und das ist auch O.K. so.“ (Ebd.: 117) Obwohl Jakob an anderer Stelle das Lied „Fremd im eigenen Land“ der Gruppe Advanced Chemistry analysierte und interpretierte, ist es angesichts dessen unangemessen zu behaupten, die Szene sei eher unpolitisch. Auch wenn Jakob anführt: „Advanced Chemistry gehören zu den vorerst noch wenigen Pionieren, die politische Reime in deutscher Sprache zum HipHop vortragen.“ (Jacob 1993: 221) So werden AC von Jacob zwar als die politischen Pioniere von HipHop in der BRD anerkannt, diese Anerkennung geht jedoch einher mit einer Kritik, die Jakob mit seinem Verstädnis von Antirassismus bewertet. Ob er damit AC und dessen Zielen gerecht wird, ist zu bezweifeln. Jakob kritisiert zuerst den fehlenden Groove von „Fremd im eigenen Land“:

> „Leider ist die harte minimalistische Musik ihrer Maxi ‚Fremd im eigenen Land‘ nicht so, dass sie jene wirklich unterwanderungsmäßig packen könnte. Public Enemy haben ihre Message immer über einen Groove gelegt, der im Club funktio-niert. Der Text von ‚Fremd im eigenen Land‘ ist aus der Perspektive eines jener ‚Afro-Germans‘ geschrieben, die hier geboren und aufgewachsen sind (die Nazis ließen ‚schwarze‘ Deutsche als ‚Bastarde‘ zwangssterilisieren) und die – weil sie im Unterschied etwa zu weißen

Linken für Rechte immer erkennbar bleiben – vom ‚Außenseitersein' nie entspannen können. Ein ‚schwarzer' Hamburger oder Münchner muss sich die rassistischen Blödheiten sein ganzes Leben lang anhören. Das war schon vor ‚Rostock' so, nur dass heute die Dummheit einen Baseballschläger in der Hand hält." (Ebd.)

„Fremd im eigenen Land" kann als Adaption von „The Message" von Grandmaster Flash and the Furious Five in der BRD betrachtet werden. Denn nach Advanced Chemistry kamen jede Menge allochthone Jugendliche auf die Bildfläche, die einen Mitteilungsdrang hatten, eben jene Jugendlichen, die als Kinder der sogenannten Gastarbeiter in der BRD geboren waren oder auch zugezogen waren. Jakob kritisiert im folgenden Zitat, dass:

„Der Text der Platte ist wohldurchdacht, bis auf die Stelle, wo ‚Gastarbeiter' mit dem Argument verteidigt werden, sie machten sich schließlich für Deutschland nützlich [...] So falsche Nützlichkeitskriterien, die auch ‚Asylanten' ins Abseits stellen, interessieren Fremdenhasser überhaupt nicht. Dass sie aufgestellt werden, das sei noch nachgetragen, ist allerdings in dem argumentativen Muster von AC schon angelegt, im Insistieren darauf, dass man schließlich auch ‚Deutscher' sei, auch einen deutschen Pass besitze. AC unterscheiden leider sehr genau zwischen jenen, die im eigenen Land leben, den nützlichen Ausländern und dem ‚Rest'. Vom Standpunkt des Antirassismus ist das äußerst kontraproduktiv." (Ebd.)

Wie Jakob richtig anmerkt, interessieren Fremdenhasser sich nicht für derartige Nützlichkeitskriterien. Vielmehr geht es hierbei um eine Anerkennung der sogenannten Gastarbeiter, die bis dato und auch heute noch nur aus einer defizitorientierten Perspektive betrachtet werden. Unter diesem Gesichtspunkt ist die Nützlichkeitsstrategie von Advanced Chemistry in einem anderen Licht zu betrachten, da sie auf der Forderung nach Anerkennung basiert und nicht dazu dient, sich von Asylsuchenden abzugrenzen. Vielmehr setzten Advanced Chemistry damit auch ein Statement gegen pauschalisierende Stereotype, die Gastarbeiter als Kostenfaktor für die BRD einstufen. In der Tat haben die Pogrome von Hoyerswerda, Rostock, Solingen oder Mölln gezeigt, dass es für rassistische Mörder gleichgültig ist, welchen rechtlichen Aufenthalts-Status ihre Opfer haben. Dennoch ist der von Advanced Chemistry praktizierte Ansatz ein richtiger Schritt dahingehend gewesen, als dass sie die bundesdeutsche Realität für allochthone Menschen kritisierten, in dem sie die Lebenssituation als Bürger zweiter Klasse artikulierten und auch darauf Bezug nahmen, dass rassistische Konzepte von Exklusion die Basis für einen institutionell angelegten Rassismus waren, auch für sie als Deutsche, die nicht in das ideologische Bild von Rassisten passten. Für die Selbstverortung der Künstlerinnen innerhalb der Mehrheitsgesellschaft hatte dies zu der damaligen Zeit, die sehr stark von einer paternalistischen Grundhaltung gegenüber sogenannten Migranten geprägt war, einen überaus fortschrittlichen Charakter, da die Forderung nach Gleichberechtigung meines Erachtens die Selbstverständlichkeit des eigenen Daseins voraussetzt. Der Titel des Liedes „Fremd im eigenen Land" war die subversive Umkehrung eines hegemonialen und rassistischen Diskurses. Der Schutzbund des Deutschen Bundes beispielsweise „beklagte" 1981 im Heidelberger Manifest:

> „Mit großer Sorge beobachten wir die Unterwanderung des deutschen Volkes durch Zuzug von vielen Millionen von Ausländern und ihren Familien, die Überfremdung unserer Sprache, unserer Kultur und unseres Volkstums [...] Bereits jetzt sind viele Deutsche in ihren Wohnbezirken und an ihren Arbeitsstätten Fremdlinge in der eigenen Heimat."[11]

Advanced Chemistry griffen diesen Diskurs auf, und schrieben ihn um. Dies ist übrigens für die gesamte historische Entwicklung von HipHop prägend: bestehende Diskurse werden aufgegriffen und interaktionistisch verhandelt. Wenn Migrations-Diskurse im HipHop in der BRD auftauchen, so geschieht dies nicht aus sich selbst heraus, sondern steht in engem Zusammenhang zum aktuellen herrschenden Diskurs und zu aktuellen Geschehnissen, dies wird nicht zuletzt durch den Wortgebrauch deutlich. Das zeigt auch, dass Rapper ihrer Zeit weit voraus waren und alternative Konzepte von Gleichberechtigung und Partizipation einforderten. Aus diesem Grund muss an dieser Stelle kritisch hinterfragt werden, weshalb Jakob mit dem Begriff des Fremdenhassers einen hegemonialen Mechanismus aufrecht erhält, der die Opfer von rechtsextremen Taten aufgrund ihres Fremdseins oder ihrer Andersartigkeit so gesehen verantwortlich für die rassistischen Ideologien und Übergriffe von Rechtsextremisten und Neonazis macht. Gleichzeitig entsteht daran anknüpfend die Frage, weshalb Jakob es als problematisch erachtet, wenn Advanced Chemistry eine selbstbestimmte Form der Selbstverortung vornehmen. Auch dass er den Begriff Xenophobie, die Angst vor dem Fremden, in seine Ausführungen einbringt, ist meines Erachtens sehr problematisch und nicht geeignet, um rassistische Praktiken zu erklären, vielmehr suggeriert der Begriff, dass die Angst vor dem Fremden quasi normal und natürlich sei und verstellt somit den Blick für die politischen und historischen Fakten und Faktoren, die es überhaupt zu solchen Anschlägen haben kommen lassen: Die Familie Genc zum Beispiel, die am 29. Mai 1993 in Solingen fünf Familienmitglieder durch einen rassistischen Mordanschlag verlor, war nicht fremd, sondern lebte in der zweiten Generation in der BRD. Aus diesem Grunde ist die Bezeichnung Xenophobie beziehungsweise der Kampf gegen Xenophobie oder Fremdenhass genauso wie der Kampf um Toleranz kontraproduktiv, weil sie aus der Position der Mehrheits-

11 | Auf das Heidelberger Manifest gehe ich in Kapitel 4.3 detailliert ein.

gesellschaft heraus definiert werden und damit zur Konstruktion beziehungsweise zum Fortbestehen von Minderheiten beitragen. An seine Stelle muss der Kampf um Gleichberechtigung auf allen Ebenen treten, der einhergeht mit einer Auflösung von nationalen und ethnischen Identitäten. Aus diesem Grund ist es legitim von Advanced Chemistry, die Betonung darauf zu legen, dass man auch Deutscher ist, nicht zuletzt um der mehrheitsdeutschen Gesellschaft einen Spiegel vorzuhalten, dass nicht nur Weiße deutsch sind. Diese Diskussion wird bis heute fortgeführt. Insbesondere der Verein *der braune Mob e.V.* ist stark darum bemüht, herrschende Machtstrukturen, die sich in Medienberichterstattung und gesellschaftlicher sowie sozialer und politischer Stereotypisierung Schwarzer Menschen in Deutschland äußern, sichtbar zu machen und dagegen anzukämpfen. Der Braune Mob ist eine media watch Organisation in Hamburg und

„ist Deutschlands erste Schwarze media-watch-Organisation, gegründet im Jahr 2001 von professionell Medienschaffenden, Jurist/innen, Künstler/innen und Aktivist/innen, die eine diskriminierungsfreie deutsche Medienöffentlichkeit erreichen wollen [...] Dies versuchen wir in erster Linie mit dem Mittel der Aufklärung. Unser Name ist natürlich bewusst provokativ gewählt. Zum einen persifliert er die koloniale Angewohnheit der Annektierung eines Gruppen-Namens. Auch kann der Name daran erinnern, dass das Rassismus vorrangig nicht etwa ein Problem mit ‚rechtsextremen Skinheads' ist, sondern eines der Mitte der Gesellschaft; eine Tatsache, die in Deutschland dermaßen negiert wird, dass der UN-Sonderberichterstatter dies in seinem Bericht über Deutschland im Jahr 2010 herausstellte."[12]

Auch der Zusammenschluss *Kanak Attak*, der sich im Jahr 1998 gegründet hat, kehrte die Diskussion um und stellte den Rassismus der Mehrheitsgesellschaft in den Vordergrund, um so die herrschenden Machtstrukturen zu verdeutlichen. Kanak Attak waren bemüht darum, bewusst Rassismus zu thematisieren und nicht Fremdenhass, so wie es bis dato üblich war. In ihrem im November 1998 veröffentlichten Manifest wurde ihr Zusammenschluss kommentiert und Forderungen formuliert:

„Kanak Attak ist der selbstgewählte Zusammenschluss verschiedener Leute über die Grenzen zugeschriebener, quasi mit in die Wiege gelegter ‚Identitäten' hinweg. Kanak Attak fragt nicht nach dem Pass oder nach der Herkunft, sondern wendet sich gegen die Frage nach dem Pass und der Herkunft. Unser kleinster gemeinsamer Nenner besteht darin, die Kanakisierung bestimmter Gruppen von Menschen durch rassistische Zuschreibungen mit allen ihren sozialen, rechtlichen und politischen Folgen anzugrei-

12 | Der braune Mob. Online: http://www.derbraunemob.de/deutsch/index.htm Letzter Zugriff: 16.8.2010

fen. Kanak Attak ist anti-nationalistisch, anti-rassistisch und lehnt jegliche Form von Identitätspolitiken ab, wie sie sich etwa aus ethnologischen Zuschreibungen speisen [...] Obwohl Kanak Attak für viele nach Straße riecht, ist es kein Kind des Ghettos. So hätten es die Spürhunde der Kulturindustrie gerne, die auf der Suche nach authentischem und exotischem Menschenmaterial sind, das den vermeintlich grauen Alltag bunter werden lässt. Dazu passt die Figur des jungen, zornigen Migranten, der sich von ganz unten nach oben auf die Sonnenseite der deutschen Gesellschaft boxt. Was für eine rührende neoliberale Geschichte könnte da erzählt werden, wie sich Wut in produktives kulturelles und ökonomisches Kapital verwandelt: Eine wahre Bereicherung für die deutsche Literatur und den deutschen Film! Ein echter Gewinn für den heimischen Musikmarkt! Sie sollen nur kommen."[13]

Kanak Attak wendeten sich damit auch gegen eine wohlgemeinte, paternalistische Hinwendung zum Multikulturalismus, der weit davon entfernt ist, Menschen gleiche Rechte zuzugestehen und anzuerkennen. Rapperinnen, die auch in Kanak Attak involviert waren, produzierten einen Song, mit dem Titel „Dieser Song gehört uns." Anders als beispielsweise „Adriano – Letzte Warnung" von den Brothers Keepers, hat „Dieser Song gehört uns" im öffentlichen und medialen Diskurs keine Rolle gespielt.

3.2 Multikulturalität und Mehrsprachigkeit im HipHop: ein aufgezwungenes Konzept

Mit der Wiedervereinigung von Ost-und West-Deutschland trat ein neues deutsches Nationalbewusstsein in Form eines expliziten Rassismus zu Tage, der die ohnehin gängige Stigmatisierung von Minderheiten noch verstärkt hat und somit nicht nur einmal mehr verdeutlicht hat, wer Etablierter und wer Außenseiter[14] ist. Traurigste Höhepunkte dieses neuen deutschen Nationalbewusstseins waren die Pogrome von Rostock-Lichtenhagen, Hoyerswerda, Mölln und Solingen in den 1990er Jahren. Diese Formen des Nationalstolzes sind keine Einzelfälle geblieben. Die Besinnung auf eine kollektive nationale Identität nach der Wiedervereinigung hat sich auch negativ auf die HipHop-Kultur ausgewirkt, in der jenseits von ethnischen Kategorien praktiziert wurde. Rapper sahen sich mit nationalen Erzählungen konfrontiert, die Rap-Musik als neuen deutschen Sprechgesang konstruierten. Das ist also kein selbst gewähltes Konzept der HipHopper und Rapper gewesen. Spielte es, wie anfangs beschrieben, keine Rolle, welche kulturelle, ethnische oder nationale Identität die jungen

13 | Manifest von Kanak Attak. Online Link: http://www.kanak-attak.de/ka/about/manif_deu.html. Letzter Zugriff: 20.7.2009

14 | Vgl. Elias/Scotson (2002)

Menschen hatten, die aktiv in der HipHop-Szene waren, so änderte sich dies schlagartig, als Anfang der 1990er Jahre das Stuttgarter HipHop-Quartett *Die Fantastischen Vier* den Mainstream stürmten. Rap war aber zu dem Zeitpunkt der Fantastischen Vier kein neues Phänomen mehr, sondern hatte sich vor einer Dekade in der BRD etabliert. Nicht nur aus diesem Grund ist es widersprüchlich, von *Neuem deutschen Sprechgesang* auszugehen. Die Kölner Crew Microphone Mafia beispielsweise ist seit den frühen 1980er Jahren zusammen und aktiv. Killa Hakan aus Berlin-Kreuzberg gilt als Überlebender des türkischsprachigen HipHop in Deutschland. Die Bewertung und Einordnung von Künstlern in konstruierte Kategorien fungieren wie ein Stigma und stellen für die Künstler auf der einen Seite einen Türöffner, auf der anderen Seite eine Barriere dar. Kutlu Yurtseven aka Asia von der Microphone Mafia erinnert sich:

> „Damals war das mit der Sprache auch noch nicht so programmmäßig wie heute. Englisch konnte man nicht so gut, auf Deutsch hat sich das irgendwie nicht so richtig angehört, und auf einmal kam der Rossi mit einem italienischen Text, den er rappen wollte. Da dachte ich auch: Dann kann ich das bestimmt auch auf Türkisch. So kam das nach und nach ins Rollen. Das war eher eine Tugend, die aus der Not entstanden ist. Erst danach kamen die Medien und sagten: Wow, das ist aber was Besonderes. Aber es war nie was Besonderes. Es war einfach unser Leben [...] Wir dachten, wir könnten jetzt auf Türkisch rappen, auf Deutsch, Italienisch, Englisch, scheißegal, die Leute sind offen. Und was kommt? Wir machen unseren eigenen Song ‚No', wo kein Wort Deutsch vorkommt, wo alle zuerst gesagt haben: Toll, ihr lasst ja euren Lyrics freien Lauf, egal in welcher Sprache. Aber Viva hat das mit der Begründung abgelehnt, dass da keine deutschen Reime gekickt werden. Das war 1994." (Güngör/Loh 2002: 178)

Rapper mit sogenanntem Migrationshintergrund wurden für *Gegen Rechts-Kampagnen* instrumentalisiert, ganz so, als ob sie es gewesen wären, die den Rassismus und die Pogrome angezettelt hätten. So lief zwar das Lied „Hand in Hand" von der Mafia als Anti-Rechts-Kampagne-Klip bei VIVA, dabei blieb es dann aber auch. Als Künstler und Rapper waren sie uninteressant, was auch noch einmal verdeutlicht, dass es weniger die künstlerischen Fähigkeiten sind, die anerkannt werden, sondern dass allochthone Jugendliche in diesem Fall auf ihre vermeintliche Kultur reduziert wurden, weil sie aus aktuellen Anlässen ins Programm passten.

HipHop in der BRD lebte bis Mitte der 1980er Jahre im Untergrund, jenseits der Wahrnehmung durch die Mainstream-Medien. Viele der HipHopper der Anfangs-Zeit kamen über Breakdance und Graffiti zum MCing. 1992 stürmte „Die Da" von dem Album „Vier gewinnt" der Fantastischen Vier die Charts und wurde der Inbegriff von deutschem Rap. Ihr Debüt-Album „Jetzt geht's ab" wurde im Jahr 1991 veröffentlicht. Während zu der Zeit im wiedervereinigten Deutschland Häuser und Menschen Opfer rechtsextremer Gewalttaten und Mordanschläge wurden, positionierten sich viele Crews gegen die herrschende Gewalt. Die Fantastischen Vier dagegen publizierten Songs wie „Lass die Sonne rein", „Zu geil für diese Welt" oder „Ein Tag am Meer". Das einzige Mal, dass sie Bezug auf die rassistischen Pogrome und Morde nahmen, war auf dem Album „Vier Gewinnt" in dem Song „Hört euch den hier an". Dies geschah jedoch nicht aus einer antirassistischen Perspektive, sondern aus einem nationalstaatlich definierten Diskurs heraus (vgl. Loh 2002: 309).

„Hört auf, den Kopf zu rasieren, durch die Straßen zu marschieren, wir können nicht riskieren, uns noch mal zu isolieren, wenn Kulturen kollidieren, darf man nicht diskriminieren, sondern muss sich informieren, um sich zu orientieren." Der Part „wenn Kulturen kollidieren" liest sich wie eine Relativierung der Anschläge, da er suggeriert, dass es einen Kampf der Kulturen gibt, der die Mehrheitsgesellschaft, in diesem Fall die Neonazis, überfordert. Als Lösung solle man sich informieren. Die Fantastischen Vier wollten an dieser Stelle wahrscheinlich einen Beitrag dazu leisten, ein Statement gegen Fremdenhass abzugeben, und genau hier liegt das Problem. Denn dies geschieht aus einer Argumentationskette heraus, die an den Anfang das „Kollidieren der Kulturen" stellt und nicht andersherum den Hass und die mörderische Gewalt von Rassisten. Der Begriff diskriminieren erfasst auch nicht wirklich die Dimension, die das vermeintliche Kollidieren der Kulturen hervorgebracht hat, da es sich hierbei um Mord handelt. Es war nämlich nicht der vermeintliche „Clash of Civilizations"[15], der die rassistischen Morde hervorgebracht hat, sondern eine rassistisch geprägte und motivierte Ideologie, die als Legitimierung diente, vermeintlich Fremde zu töten. Einhergehend mit dem Auftauchen der Fanta 4 war die Marginalisierung und Stigmatisierung der etablierten HipHop-Community in der BRD zu verzeichnen:

> „Der Begriff ‚Oriental HipHop' steht für ein mittlerweile erfolgreich eingeführtes Subgenre von HipHop, das als Teilbereich von HipHop in der BRD dessen gesamte Geschichte mitbestimmt beziehungsweise durchzieht. Trotzdem hat bis vor kurzem niemand daran gedacht, diesen Teilbereich heraus zu isolieren und gesondert zu benennen. Um die Gründe hierfür zu verstehen ist es einerseits notwendig, die Entstehungsbedingungen der Bezeichnung ‚neuer deutscher Sprechgesang' zu reflektieren und andererseits das, was jetzt ‚Oriental HipHop' genannt wird, in die Geschichte von HipHop in der

15 | Huntington, Samuel P.: The Clash of Civilizations and the Remaking of World Order. New York 1996 (auf Deutsch erschienen als: Kampf der Kulturen. Die Neugestaltung der Weltpolitik im 21. Jahrhundert. München 1998): Interessant ist hierbei die Frage, weshalb der englische Begriff civilisation nicht synonym ins Deutsche übersetzt wurde, sondern als Kampf der Kulturen deklariert wurde. Zur Kritik an Huntingtons These siehe: Caglar (2002); Sen (2006)

BRD einzubetten. Einen Schwerpunkt meiner Ausführungen bilden dabei Überlegungen zu den Gründen der in der Rezeption und Adaption afroamerikanischer Populärmusik bisher unbekannten Attraktivität von HipHop für ‚jugendliche, meist männliche Immigranten zweiter Generation mit oder ohne deutschen Pass'." (Elflein 1996: 1)

Trotz zahlreicher Veröffentlichungen zum Thema HipHop in der BRD, die HipHop in Deutschland schon vor dem Auftauchen der Fanta 4 beleuchten, gelten diese immer noch als Vorreiter des Rap in der BRD. Auch auf ihrer Homepage und in Bezug auf ihr Konzert zum 20-jährigen Bestehen im August 2009 der Fantastischen Vier, war nachzulesen, dass:

„Die Fans und Freunde der Band erwartet ein spektakulärer Sommerabend mit großartigen Musikern, einer beeindruckenden Bühnen-und Lightshow, und natürlich einer Reise durch die Geschichte einer der erfolgreichsten deutschen Bands, die als Pioniere des deutschen Sprechgesangs Musikgeschichte geschrieben haben und heute aus dem deutschen Musik-Portfolio nicht mehr wegzudenken sind."[16]

Die Etablierung der Fantastischen Vier als die Vorreiter des deutschen HipHop ist der Macht der Medien zuzuschreiben. Genauso wie umgekehrt die Marginalisierung beziehungsweise Ignoranz der bis dato herrschenden HipHop Community ebenfalls größtenteils den Medien zuzuschreiben ist. Vielleicht wäre die Etablierung der Fantastischen Vier anders verlaufen, wenn sie in einen anderen zeitlichen, politischen und sozialen Kontext eingebettet gewesen wäre. Der Diskurs, der mit den Fantastischen Vier seinen Höhepunkt erreichte, begann schon vorher mit dem Erscheinen der CD „Krauts with Attitude – German HipHop Vol. 1" im Jahr 1991. Das Cover der Hülle zeigte die Farben Schwarz-Rot-Gold (die Farbe der deutschen Nationalflagge), und in dem dazugehörigen Booklet schrieb Michael Reinboth, der die CD Compilation zusammenstellte:

„Es ist Zeit, dem Selbstbewusstsein der Engländer oder Amerikaner irgendwas entgegenzusetzen. [...] Es war schwer genug, als Nicht-Amerikaner und Bleichgesicht im HipHop akzeptiert zu werden. Ich glaube, hier liegt die Schuld deutlich bei den großen Plattenfirmen, die vorzugeben meinen, ohne einen Neger kein HipHop verkaufen zu können. ‚Snap', ‚Splash' und so, das funktioniert nur mit einem Blackie als Aushängeschild, meinen sie. Hoffen wir, dass die ‚Fantastischen Vier', ‚LSD' oder andere das Eis brechen. Auch was deutschsprachigen Rap betrifft."[17]

Reinboth leistete damit einem national geprägten Diskurs Vorschub, der auf Rassismus und damit Ausschluss-Mechanismen basierte. Ein Blackie als Aus-

16 | http://www.diefantastischenvier.de/. Zugriff am 17.06. 2009

17 | Zitiert in: Loh (2002: 306)

hängeschild verdeutlicht an dieser Stelle auch noch einmal, dass afrodeutsche Künstler genauso wie Jugendliche mit Migrationshintergrund auf ihre ethnische Zugehörigkeit oder auf ihre Hautfarbe reduziert wurden und werden und dass Schwarzsein hierbei als Exotismus dient. Dass Reinboth überhaupt auf die Idee kam, zwischen Weißen und Schwarzen Künstlern zu unterscheiden verdeutlicht, inwieweit Rap-Musik ein umkämpftes Terrain darstellte. Gleichzeitig hebt sich hierbei auch deutlich hervor, dass die zwanghafte Konstruktion von Differenzen und die Reduktion auf physiognomische oder ethnische Merkmale auf die Mehrheitsgesellschaft zurück zu führen ist. „Krauts with Attitude“ sollte eine Parodie auf die US-amerikanische Crew NWA („Niggaz with Attitude“) aus Compton, Los Angeles darstellen. Gleichzeitig muss auch hier kritisch hinterfragt werden, weshalb in dem Booklet des Albums explizit eine Distanzierung zu der afroamerikanischen HipHop-Szene propagiert wurde und sich so sehr auf das Deutsche und Deutschsein bezogen wurde. Auch impliziert der Begriff Krauts eine Verdrehung der gesellschaftlichen Verhältnisse. NWA aus Los Angeles eigneten sich den Begriff „Nigga“ subversiv an, was eine gesellschaftliche Relevanz hatte. Wohingegen der Begriff Krauts, der auf die Nachkriegszeit und als Bezeichnung durch die Alliierten gegenüber den deutschen Soldaten benutzt wurde, nicht mehr aktuell, zentral oder von Bedeutung gewesen wäre. Es wurde eine imaginierte Marginalisierung aufgebaut, die in der Realität jedoch nicht gegeben war. Durch die Anknüpfung an Marginalisierung und Stigmatisierung sollte dessen Legitimation abgeleitet werden. Dies ist aus zweierlei Aspekten problematisch: erstens wird der in den USA herrschende Rassismus gegenüber Afroamerikanern verharmlost. Andererseits bedeutete „Krauts with Attitude“ in Bezug auf die HipHop-Szene in Deutschland ebenfalls eine Verkehrung der Tatsachen. Es manifestierte ein Bild, dass deutsche MCs ausgeschlossen und marginalisiert wären. Dass dies nicht der Fall war, belegt der enorme finanzielle Erfolg der Fantastischen Vier und auf der anderen Seite die Marginalisierung beziehungsweise Stigmatisierung der als nicht deutsch anerkannten Künstler, selbst wenn diese deutsche Staatsbürger sind oder deutsche Elternteile haben.

3.3 HipHop im neuen Jahrtausend

Ende der 1990er Jahre, Anfang des Jahres 2000 traten neue Gruppen und Künstler in den Mainstream, die kontroverse Diskussionen in Bezug auf diskriminierende Aspekte entfachen. Damit traten auch Rivalitäten zwischen Rappern zu Tage, die einer breiten Masse zugänglich wurden. Als beispielsweise der selbst ernannte *King of Rap* Kool Savas in dem Diss-Track „Das Urteil,“ der an Eko Fresh adressiert war, auch Hannes Loh, den ehemaligen Rapper bei Anarchist Academy und Buchautor zur HipHop-Kultur, mit einbezog, antwortete dieser daraufhin mit seiner Crew Anarchist Academy in „Die total verrückten

Crazyboys schlagen zurück" und ließ darin die letzten 30 Jahre Revue passieren. Kool Savas rappte im Jahr 2005 in „Das Urteil" bezogen auf Eko Fresh: „Du bist ein Typ, der Lügen verbreitet wie Hannes Loh." Kool Savas[18] bezog sich hierbei auf die Behauptungen von Hannes Loh, die in dem Buch „Fear of a Kanak Planet" zum Ausdruck kamen. Loh, der die Homophobie und den Sexismus in den frühen Werken von Savas fokussierte, wurde von diesem als Lügner bezeichnet. Folglich antworten Loh und seine ehemaligen Mitstreiter von Anarchist Academy[19] in einem über siebenminütigen Answer-Song zurück. Gleichwohl muss auch hierbei mitgedacht werden, dass bis dahin Battle-Songs nichts Neues in der BRD waren. Bereits 1990 rappte Moses P vom Rödelheim Hartreim Projekt aus der Nähe von Frankfurt in Bezug auf die Fantastischen Vier: „Sie nennen sich fantastisch, / ich wundere mich, / was sich die Jungs dabei denken, / sie sind spastisch."[20]

Kool Savas war kein Künstler, der auf einmal mit einem Track berühmt geworden war. Auf der einen Seite wurde ihm ein unvergleichlichen Flow attestiert und auf der anderen Seite wurde er für seine Lyrics kritisiert, wie im Folgenden der Song von Anarchist Academy verdeutlichen soll:

„Kool Savas / hier sind 32 Bars für dein Gedächtnis / mein Style ist so alt / wie deine Texte schlecht sind /der Burgerking of Rap trägt 'ne Krone aus Papier / weil Hip-Hop sich für ihn / nicht die Bohne interessiert [...] Du nennst dich Sohn von Hitler / aber bist kein echter Arier / du rappst nur hohle Phrasen / und bist Vegetarier / SA marschiert gegen Eko, / das ist der heiße Shit / und 100 000 Cyber Kids marschieren im Geiste mit [...] deutscher Rap ist wie ‚Big Brother' und ‚Wer wird Millionär' / dumm, dreist, verlogen und sehr langweilig, wie Fler / battle, Autos, Frauen und die MCs lachen nie / ich sehne mich nach TCA nach Tachi und AC [...] Jetzt ein Wort an die Kollegen, die sich selbst als Gangster fühlen / Scheine werfen, Frau gleich Bitch und das Hirn mit Koka spülen / das wird hier jetzt keine Predigt über Ethik und Moral / bei dem was ihr an Schwachsinn faselt / wär das eh völlig egal / so was, damit wir uns verstehen / nehm ich eigentlich mit Humor / denn jede Zeile eure Songs steht für sich selbst als Eigentor / [...] ihr glaubt auf dicke Hose machen / schafft euch so was wie Respekt / es ist immer noch der Inhalt, der hinter allem steckt / doch von eben diesem Inhalt seid ihr meilenweit entfernt / zehn Jahre lang am Rappen und zehn Jahre nix gelernt / für inhaltsleere Songs gibt's dann noch Kohle – nicht korrekt [...]

18 | Der Name Kool Savas bedeutet Kalter Krieg (Savas bedeutet auf türkisch: Krieg)

19 | Anarchist Academy war eine HipHop Gruppe aus Deutschland, die im Jahr 1992 gegründet wurde. Hannes Loh war bis 1998 Rapper der Gruppe, mit der er im Jahr 2005 den Track „Die total verrückten Crazyboys schlagen zurück" realisierte. Anarchist Academy gelten als politische und gesellschaftskritische Gruppe. Ihr Debütalbum aus dem Jahr 1993 trägt den Titel: „Am Rande des Abgrunds".

20 | Rödelheim Hartreim Projekt, Reime. 1994

Ich grüß jede eurer Mütter, die zuhause sitzt und weint / wenn sie hört, was ihr Sohn über ihre Töchter reimt / derbe Zoten für die Quoten, Pornostyle schafft Kohle ran / doch die Pimps das seid nicht ihr / ihr schafft für Labelbosse an / ich erweitre meinen Geist / ich erweitere mein Spektrum / ihr nehmt euch verbal'ne Frau /und erweitert nur ihr Rektum [...]"

Dieser Schlagabtausch, so könnte man meinen, sei repräsentativ für das Gefälle zwischen Neuer und Alter Schule. Dies trifft aber nicht zu, weil dadurch Kategorien auf Künstler übertragen werden, die ihnen nur einen minimalen Spielraum innerhalb dieser festen Konzepte ermöglichen. HipHop ist nicht Neue versus Alte Schule; Underground versus Sellout; Gangster versus Conscious, vielmehr vereint HipHop diese Diskursstränge. Der Battle-Charakter, der durch die Visualisierung und Medialisierung des Rap in das Bewusstsein trat, ist schon immer der treibende Motor des HipHop gewesen. Mit dem Erfolg des Labels Aggro Berlin und seinen Künstlern wie Bushido, Fler und Sido wurden Sexismus, Nationalismus und Homophobie in den Mainstream hineingetragen. Projekte und Vereine wie die Brothers Keepers zum Beispiel dienen als Vorzeigeprojekte im Kampf gegen den herrschenden Rassismus und die sogenannte Xenophobie, während MCs wie Bushido, Kool Savas oder G-Hot aufgrund homophober und sexistischer Inhalte kritisiert werden. Problematisch hieran ist nicht etwa, dass sie auf künstlerischer Ebene kritisiert werden. Problematisch daran ist, dass die Kritik auf kulturalistischer Ebene ausgetragen wird. So schrieb Martin Reichert in der TAZ:

„Für junge Männer mit türkischen oder arabischen Wurzeln ist diese Haltung sowohl als Protagonisten sowie als Konsumenten zum Teil anschlussfähig, denn auch in ihren Herkunftsländern ist das moderne, westliche Konzept von Homosexualität nicht konsensfähig. Die Türkei zum Beispiel musste ihre Gesetzgebung gegen Homosexualität liberalisieren, um in der EU aufgenommen zu werden. Was jedoch nicht bedeutet, dass diese Liberalisierung von allen Teilen der türkischen Gesellschaft nachvollzogen worden wäre, insbesondere nicht von der ländlichen Bevölkerung, aus der sich der größte Teil der türkischen Migranten in Deutschland rekrutiert. In den meisten muslimisch geprägten Ländern ist Homosexualität weiterhin strafbar, bis hin zur Todesstrafe. Je rigider die Auffassungen von den traditionellen Geschlechterrollen, desto weniger Freiheit und Lebenschancen für Homosexuelle. Ein Umstand, der alle jungen, pubertierenden Männer stark unter Druck setzt, gleich ob sie in der Stuttgarter Vorstadt oder in Berlin-Neukölln aufwachsen. Und bei der sie intelligente, also säkulare Unterstützung bräuchten." (TAZ, 17.07.2007)

Der Artikel erschien als Kommentar zum Rauswurf des Berliner Rappers G-Hot bei Aggro Berlin, der in seinem Song „Keine Toleranz" gegen homosexuelle Männer hetzte. Zweifelsohne ist G-Hot homophob, und sein „Kein Toleranz"-

Kalkül geht nicht auf und verdient auch keine Toleranz. Reichert verortet diese Jugendlichen jedoch in eine imaginierte Welt außerhalb der BRD. Er bezieht sich auf Herkunftsländer von türkischen Jugendlichen, obwohl die BRD das Herkunftsland dieser Jugendlichen ist. Sie kommen nicht aus der Türkei, und das ist genau der Punkt, wie Unterschiede hergestellt und gesamtgesellschaftliche Probleme externalisiert werden. Dieser Diskurs macht auch vor den Stigmatisierten nicht Halt. So bezog sich G-Hot in einem Interview auf seine türkischen Wurzeln als Entschuldigung und Erklärungsversuch für seine homophobe Propaganda und brachte ebenso zum Ausdruck, dass der Song nicht zur Veröffentlichung bestimmt gewesen sei. An dieser Stelle wird jedoch auch deutlich, dass unterschiedliche Verfahrensweisen mit derartigen Vorkommnissen praktiziert werden. So wurde G-Hot von Aggro Berlin aufgrund homophober Inhalte ausgeschlossen, obwohl Künstler wie Bushido oder Fler ebenfalls homophobe Aussagen in ihren Raps zur Sprache bringen. Ob die Tatsache eine Rolle spielt, dass bei ihnen nicht explizit gegen homosexuelle Menschen gehetzt wird, oder ob hierbei grundsätzlich mit verschiedenem Maß gemessen wird, ist schwierig zu beantworten. Fest steht allerdings, dass in der Auseinandersetzung damit kulturalistische Erklärungsansätze herangezogen werden, um ein gesamtgesellschaftliches Thema zu behandeln. So ist es möglich, die Homophobie einer konstruierten und imaginierten Kultur zuzuschreiben, ganz so als hätte es Homophobie in der Mehrheitsgesellschaft nie gegeben. Gleichzeitig spiegelt sich auch hierbei eine Etablierten-Außenseiter-Figuration im Sinne von Elias und Scottson wider, und zwar in zweifacher Weise: Indem Reichert die Homophobie von G-Hot auf seine vermeintliche türkische Kultur zurückführt, spricht er somit gleichsam die deutsche Kultur von dieser frei. Auf der anderen Seite findet eine derartige Figuration von Seiten G-Hots statt: Er, der trotz der Marginalisierung als Jugendlicher mit Migrationshintergrund zu den etablierten im Sinne von heterosexueller Vorherrschaft gehört, befördert durch sein „Keine Toleranz-Konzept" homosexuelle Männer ins Abseits, degradiert sie quasi zu Außenseitern. Hier ist das von Connell etablierte Modell der hegemonialen Männlichkeiten von Bedeutung.

„Es reicht nicht, die Mannigfaltigkeit von Männlichkeitsformen zu erkennen. Es geht auch um die Verhältnisse zwischen den verschiedenen Arten von Männlichkeit: Bündnisse, Dominanz und Unterordnung. Diese Verhältnisse entstehen durch Praxen, die ein-und ausschließen, einschüchtern, ausbeuten und so weiter. Männlichkeit bedeutet auch Geschlechterpolitik." (Conell 2006: 56)

Eine ähnliche Zugangs-Perspektive ist bei der Bremer Rapperin Reyhan Sahin aka Lady Bitch Ray[21] zu beobachten. Sie artikuliert, dass sie türkische Eltern habe und ihre Darstellung sei für sie ein Schritt Richtung vaginaler Selbstbestimmung. Diese Selbstbestimmung geht einher mit dem Zurückgreifen auf herrschende männliche Darstellungs-und Inszenierungsschemata. In ihren Videos wie zum Beispiel zu „Du bist krank" ist Lady Bitch Ray spärlich bekleidet und spielt mit ihren weiblichen Reizen. Würde man das Video ohne die dazu gehörige Musik ansehen, so wäre kein Unterschied zu der von Lady Bitch frei gewählten körperlichen Inszenierung und der von Gangster-Rap-Videos den Frauen vorbehaltenen Rollen der sexy und immer auf Abruf Sex bereiten Frauen festzustellen. Keine Künstlerin ist so kontrovers diskutiert worden wie Lady Bitch Ray. Während ihr einige einen zwanghaften Selbstdarstellungsdrang attestieren, sehen andere in ihr „das Alphamädchen einer neuen Generation hedonistischer Feministinnen" (Tagesspiegel,08.06.2008) oder aber auch „Nur ein armes Provokationswürstchen im goldenen Glitzerdarm" (FAZ, 05.12.2007). Die vaginale Selbstbestimmung von Lady Bitch Ray funktioniert jedoch nur, so lange sie sich männlich codierter Verhaltenscodexe des Gangster-und Porno-Rap bedient, die für Frauen vorgesehen sind. Lady Bitch Ray dreht den Spieß nach eigener Aussage um. Friedrich und Klein formulieren die These: „Das being bad(ist) ein struktureller Bestandteil des HipHop. Das bedeutet, dass Frauen den Spieß zwar umdrehen können, der Spieß aber nicht ihrer ist." (Klein/Friedrich 2003: 208) Dadurch dass Lady Bitch Ray einen türkischen Migrationshintergrund hat, wird sie somit auch zum Spielball der Massenmedien, egal ob diese nun positiv oder negativ über sie berichten. In jedem über sie erschienenen Artikel steht der Zusatz, dass Lady Bitch an der Universität Bremen promoviere, ganz so, als würde nach einer intellektuellen Legitimation für den ihrerseits explizit inszenierten Sexismus gesucht. Auch der Verweis auf ihren türkischen Migrationshintergrund dient in diesem Fall einer Verortung inmitten eines ohnehin kontrovers geführten Diskurses Migration und Weiblichkeit betreffend. Während zum Beispiel männliche Kollegen von Lady Bitch Ray lediglich gefragt werden, wie denn ihre Freundin auf den Porno-Rap reagiere, so wird Lady Bitch Ray jedes Mal mit der Frage konfrontiert, was

21 | Die Figur der Lady Bitch Ray ist in meinen Augen als Gesamtkunstwerk beziehungsweise künstlich inszenierte Figur zu betrachten. Lady Bitch Ray bemächtigt sich in ihrer Musik eines männlich dominierten Feldes. Hierbei bedient sie sich bewusst der Macht und Kraft der sexuellen Inszenierung. Lady Bitch Ray deckt somit gleichzeitig den gesellschaftlichen voyeuristischen Blick auf, indem sie explizit ihren Körper als Vermarktungsstrategie nutzt. Sie spielt sozusagen damit, weil sie ihre Inszenierung nicht dosiert, sondern explizit zur Schau stellt. Der Vorwurf „sex sells" scheint nur in erster Linie zu fruchten, weil Lady Bitch Ray das System der Kulturindustrie durchschaut und sich seiner Mittel bedient.

denn ihr türkischer Vater zu ihrer Musik sage. Hierbei tritt das unterschwellige Konstrukt des patriarchalen türkischen Vaters zu Tage, der es verhindert, dass die Türken sich in einer modernen und aufgeschlossenen Gesellschaft integrieren könnten. Auch innerhalb der Rap-Szene wurde die vaginale Selbstbestimmung von Lady Bitch Ray kommentiert: Die Too Funk Sistaz aus Berlin, eine female HipHop Crew, wandten sich 2009 mit dem Song „Ghettostyle" an Lady Bitch Ray. Darin übten sie Kritik an der pornografischen Inszenierung von Lady Bitch Ray. Dabei bedienten sie sich selbst einer sexistischen und herabsetzenden Sprache, in der sie sich am Ende selbst überhöhten und Lady Bitch Ray herabsetzen. Die Too Funk Sistaz hielten Lady Bitch Ray in dem Song vor, nie in der Szene gewesen zu sein. MC Sinaya, ein Mitglied der Sistaz, war lange Zeit, bevor sie rappte, ein renommiertes B-Girl. Sie hat die klassische Karriere vom Breakdance zum Rap durchlaufen. Dies scheint als Legitimationsfaktor für die eigene Stellung zu dienen. Durch die Selbstverortung in einen bereits bestehenden und mit bestimmten Codes ausgestatteten Kontext wird die Legitimation geschaffen, neue Künstler, die jenseits der Codes agieren, zu dissen. Obwohl es in Deutschland also eine aktive, interagierende HipHop-Szene gibt, wird Rap-Musik nicht selten als Konsum-Produkt präsentiert, wie das folgende Beispiel verdeutlichen soll:

> „In Deutschland ist Rap eher eine Musikform der Jugend unter vielen. Man hört in erster Linie amerikanischen HipHop sowie einige Stars der deutschen Szene. Rap wird eher nebenbei als Musik konsumiert, meist kopfnickend in einem Club oder einsam über dem Walkman. In den afrikanischen und lateinamerikanischen Ländern hat Rap dagegen eine stark sinnstiftende Bedeutung. Der größte Teil der Jugendlichen hört Rap und hört sehr aufmerksam auf die Texte, hört auf die Botschaft, die die Rapper übermitteln." (Heinrich 2007: 118)

Einhergehend mit der pauschalisierenden Argumentation ist eine Abwertung von deutschen Jugendlichen zu verzeichnen, die in Heinrichs Augen bloß Konsumenten sind. Dieser Ansatz ist insofern problematisch, da er erstens Hip-Hop in Deutschland damit eine sinnstiftende Wirkung abspricht und zweitens die aktiven HipHopper der unterschiedlichen HipHop-Elemente nicht wahrnimmt. HipHop hat in der BRD seit jeher eine sinnstiftende Wirkung gehabt. Zum dritten suggeriert Heinrich, dass Rap-Musik aus den USA lediglich Musik zum Kopfnicken ist, also keine inhaltliche Botschaft oder Relevanz hat, dem an dieser Stelle zu widersprechen ist. Die Songs von Advanced Chemistry, die am Anfang des Kapitels zitiert wurden, zeigen einen starken Bezug zu den Pionieren in den USA auf und verdeutlichen somit auch, dass ein sinnstiftenden Charakter gegeben ist, da es ansonsten nicht in die Lebenswelt der hiesigen Künstler adaptiert worden wäre. Während meiner Feldforschungsphase habe ich als teilnehmende Beobachterin an mehreren HipHop-Battles in Kölner Jugendeinrichtungen teilgenommen. Die von Heinrich beschriebene Passivität konnte ich dort nicht erleben, ganz im Gegenteil. Die Stimmung bei den Battles war sehr lebendig, und es war eine aktive Beteiligung der Jugendlichen zu verzeichnen. Auf diesen Breakdance-Battles traten auch Rapper verschiedener Kölner Quartiere auf, und die Sachpreise, die es zu gewinnen gab, waren von einem Graffiti-Künstler aus dem Quartier entworfen und produziert worden. Auch Tony Mitchells, ein HipHop-Forscher aus Australien, nimmt eine abwertende Grundhaltung gegenüber der medialisierten Form des Rap und des HipHops aus den USA an. Zwar gelingt ihm eine differenzierte Beschreibung von Gangster-Rap und Underground-Rap, dennoch entsteht in der Folge eine hierarchisch konstruierte Sortierung von politisch korrektem Rap in Australien, wie er dort von Aborigines praktiziert wird und Rap-Musik aus den USA, die per se als *bling bling* rezipiert wird.

„Obwohl Rap und HipHop in fast jeder Kultur auf der Welt eine lokale Aneignung erfahren haben, werden sie noch immer in der Öffentlichkeit und in den Massenmedien primär als afroamerikanische Musikformen wahrgenommen. Mainstream-Konventionen, wie Gewaltbereitschaft, Männlichkeitswahn, Frauenhass, ostentativer Reichtum (bling bling), Zuhälterei und Brutalität sind immer noch die dominierenden Inhalte des HipHop in seiner medialen Umsetzung im Rundfunk und in Musikvideos. Diese Inszenierungen bieten Politikern und Experten Anlass, solche Musikformen für einen vermeintlich schlechten Moralzustand der Jugendlichen verantwortlich zu machen." (Mitchell 2007: 43)

Wenn kommerzialisierte Rap-Musik aus den USA rezipiert wird, dient dies meistens dazu, die eigene beschriebene Gruppe als authentisch verorten zu können, so wie Tony Mitchell es für die Aborigines vornimmt. So konstatiert Mitchell:

„Aber der HipHop der Aborigines und die zahlreichen weiteren Formen, die man als ‚indigenen' australischen HipHop bezeichnen kann und die schon seit über zwei Jahrzehnten abseits des Mainstreams praktiziert werden, zeigen dass die vier Elemente - Graffiti, Breakdance, DJ und MC - oftmals einen hochgradig positiven und sogar pädagogischen Wert haben. Diese Praxis des HipHop war und ist ein wichtiges Mittel zur Selbstentfaltung vernachlässigter und benachteiligter Jugendlicher aus den verschiedensten ethnischen Gruppen in Australien." (Ebd.)

Ich möchte an dieser Stelle nicht näher auf den pädagogischen Ansatz von Mitchell eingehen, da meines Erachtens HipHop als pädagogisches Medium nicht die Stelle von politisch gleichberechtigten Bürgerrechten ersetzen oder auffüllen kann. Mitchell definiert den HipHop der Aborigines aus einer hegemonialen Position heraus, die in meinen Augen einen paternalistischen Grundton hat. Ethnische Kategorien und Konstrukte sind somit nicht nur in Deutschland zu beobachten, sondern auch in anderen Ländern, in denen sogenannte Minderheiten HipHop praktizieren. Mark Pennay wiederum beschreibt die HipHop-Szene in Deutschland aus einer nationalstaatlichen Perspektive heraus:

„Regrettably, the flow of new ideas and stylistic innovations in popular music is nearly always from the English-speaking market and not to it. But this must be balanced against a growing independence and confidence among young Germans that they can create music in German for Germans – the most positive development within post-unification Germany of a renaissance within the local music scene, and within which the transmuted and initially contested genre of Rap has played a key role." (Pennay 2001: 128)

Pennay differenziert im seinem Artikel nicht die diversen Sparten von Rap-Musik, die in unterschiedlichen Sprachen zum Ausdruck kommen, und er ignoriert ebenfalls, dass Rap-Musik in Deutschland nicht nur von Deutschen für Deutsche produziert wird. Pennay konstruiert eine nationale Erzählung des deutschen HipHop und ignoriert damit die unterschiedlichen Ausprägungsformen der Rap-Musik in Deutschland. Die deutsche Sprache im Rap wird hierbei als sinnstiftendes Medium betrachtet, wobei Rap-Musik in Deutschland niemals nur auf deutscher Sprache umgesetzt wurde und die Zielgruppen genauso ausdifferenziert waren, wie es die Rap-Musik als Crossover unterschiedlicher Musikrichtungen selbst ist.[22] Die Frage der Realness wird in den Vordergrund gerückt, wenn HipHop außerhalb und teilweise auch innerhalb der USA rezipiert und repräsentiert wird. Viele Rapper beziehen sich in ihren Lyrics darauf, real zu sein, realen HipHop zu machen oder sie werden von ihren Rap-Kollegen dafür gerühmt, *Realness* zu repräsentieren. So rappt MC Supernatural in „Tribute to the Breakdancer":

„B-Boys rock the world / B-Girls they don't stop / so listen to Super Nat / when I bust on the track / and I give you some real HipHop /we gonna talk about the message to the dance / the one that put you on a trance [...] Hey yo, this got a real flow / get on the dancefloor / bust that you won't go / hey you gotta do a little foot-work / this for the real B-Boy network."[23]

MC Supernatural wird von Grandmaster Flash gefeatured, und dieser gilt neben Kool DJ Herc und Afrika Bambaataa als einer der Pioniere des HipHop. Der Bezug auf die Realness ist hierbei sozusagen überflüssig, wird jedoch mehrmals betont. In Deutschland spielt die Realness seit dem medialen Mas-

22 | Ausführliche Kritik vgl.: Templeton (2007)

23 | Grandmaster Flash, The Bridge – Concept of a Culture. 2009

senerfolg von Rap-Musik eine zentralere Rolle. Stand diese Frage in den frühen Tagen des HipHop eher im Hintergrund, so ist zwar mit dem Auftauchen der Fantastischen Vier die Frage der Realness präsent, erst mit dem Auftauchen des Labels Aggro Berlin jedoch gerieten viele Künstler unter Legitimationsdruck. Hierbei ist die Frage nach dem *real Gangster* zentral. Fler konstruiert sich als deutscher *Bad Boy*. Hierbei fließen zwei Identitätskonzepte zusammen: Das Konstrukt des Gangsters und des Deutschen. So rappt Fler in „Deutscha Bad Boy“ unverblümt: „Trag die Fahne nicht erst seit der Fußball WM.“[24] Und um seine Realness glaubwürdig zu repräsentieren und zu untermauern, rappt Fler über sein angeblich hartes Leben: „Mann, ich flow so krass, nebenbei./ Jeden Tag ist Schlägerei [...] Was ich rapp / leb ich auch, / wenn du lebst, was du rappst,/ sag, warum seh ich dich kaum? / Mann, euer Plan geht nicht auf, / denn die Fans stehen nicht drauf! / Keiner von ihnen geht und kauft, / denn mein Name steht nicht drauf.“ In „Mein Sound“ rappt Fler: „Das ist mein Sound / und der Rest hat nur von mir geklaut.“ Die Frage nach der Originalität und Einzigartigkeit spielt eine zentrale Rolle bei der Inszenierung der eigenen Person. So verwundert es nicht, dass die mediale Inszenierung der Rap-Musik in den Videos sehr große Gemeinsamkeiten aufweisen. Zwar hat jeder Künstler ein Konzept, das auf ihn maßgeschneidert wurde und ihn somit vermeintlich einzigartig macht, dennoch sind in der kommerzialisierten und medialisierten Form häufig dieselben Muster anzutreffen. Die Repräsentation von Männlichkeit ist hierbei ein Feld, das bei allen Künstlern Parallelen aufweist: Muskulöse Oberarme mit Tätowierungen, die demonstrativ in die Kamera gehalten werden, sind in der visuellen Inszenierung vieler Rap-Videos zu beobachten. Daneben sind Kampfhunde und Waffen sowie die Platzierung im eigenen urbanen Quartier von zentraler Bedeutung. Spätestens seit Sido's[25] „Mein Block“ ist das vermeintliche deutsche Ghetto in den Mainstream importiert worden. Danach folgten jede Menge weiterer Visualisierungen von Quartieren, die in der Politik sowie in der sozialen Arbeit ehemals als sozialer Brennpunkt und nun als Stadtteil mit besonderem Erneuerungsbedarf gelten. Der Anknüpfungspunkt an die lokalen Quartiere geht mit einem teilweise Zelebrieren und Glorifizierung dieser einher. An dieser Stelle ist es wichtig, die zeitgenössische und aktuelle Inszenierung von Rap-Videos in den theoretischen Teil der vorliegenden Arbeit zu integrieren, da sich unzählige Crews in deutschen Städten an den im folgenden von mir beschriebenen Inszenierungsmustern orientieren. Wie bereits erwähnt, spielt insbesondere bei der medialen Inszenierung beim sogenannten Straßen-beziehungsweise Gangster-Rap das Quartier eine zentrale Rolle. Der Bezug zum eigenen Quartier hat eine interaktionistische Funktion. Einerseits zentriert sich der Rapper in seinem Milieu und repräsentiert somit

24 | Fler, Deutscha Bad Boy. 2008

25 | Sido steht als Abkürzung für super-intelligentes Drogenopfer

eine scheinbare Authentizität. Andererseits bietet die Inszenierung von marginalisierten und stigmatisierten Quartieren einen Identifikationsfaktor für die Jugendlichen, die dort leben und in den Videos ihr Quartier als Grundlage von Erfolg, sehen. Sido stilisiert in „Mein Block" das Märkische Viertel als ein angesagtes Quartier, wie es sonst in Berlin aktuell der Prenzlauer Berg ist:

„Du in deinem Einfamilienhaus lachst mich aus, / weil du denkst, du hast alles was du brauchst. / Doch im MV scheint dir die Sonne aus dem Arsch. / In meinem Block weiß es jeder: Wir sind Stars! / Hier kriege ich alles. / Ich muss hier nicht mal weg. / Hier hab ich Drogen, Freunde und Sex. / Die Bullen kommen, doch jeder weiß hier Bescheid. / Aber keiner hat was gesehen, / also können sie wieder gehen. / OK, ich muss gestehen: Hier ist es dreckig wie 'ne Nutte. / Doch ich weiß; das wird schon wieder / mit 'nem bisschen Spucke [...] Meine Stadt, / mein Bezirk, mein Viertel, meine Gegend, meine Straße, mein Zuhause, mein Block, / meine Gedanken, mein Herz, mein Leben, meine Welt reicht vom ersten bis zum 16. Stock."[26]

Sido gerät durch seinen kommerziellen Erfolg unter Legitimationsdruck. Die Frage nach dem Sellout ist verknüpft mit kontroversen Diskussionen, die einerseits die Realness und andererseits das Agieren aus dem Underground fokussieren. Aus diesem Grund rappt Sido in „Mein Block" weiter: „Auch wenn ich jetzt das abrock / bin ich immer noch Sido aus dem Block / Ich fühl mich wohl zwischen Dreck und Gesocks / denn egal wohin du gehst / es kommt drauf an, wo du herkommst." Sido bezieht sich in diesem Part darauf, dass es wichtig sei, woher man komme und schafft sich damit eine Legitimation, Erfolg haben zu dürfen. Er schafft es, einen Bezug zu seiner Community aufrechtzuerhalten, indem er suggeriert, dass er sich durch den Erfolg nicht verändert hat und er weiß, wo er herkommt und wo er hingehört. Der Aspekt der Credibilität und Authenzität sind wichtige Konzepte in der Rap-Musik. Wie keine andere Musikrichtung stehen die Künstler unter dem Druck, authentisch wirken und bleiben zu müssen. Der mit dem Erfolg einhergehende Vorwurf des Sellouts und dem damit verbundenen Verlust von authentischer Musik zieht sich wie ein roter Faden durch den Hip-Hop-Diskurs. Summer Cem beispielsweise rappt in „Kadiköy-Kreuzberg": „Hey Junge du sitzt in 'ner pinkfarbenen Villa / ich komme mit Killa-Killa / der türkisch Army Guerilla / der Baba OG."[27] Jeder Künstler möchte der Beste, der Schnellste, der Originellste sein. Ekrem Bora aka Eko Fresh zum Beispiel wuchs in Mönchengladbach auf. In seinen Texten bezieht er sich jedoch, seit-

26 | Sido, Mein Block. 2005

27 | Killa Hakan feat. Ceza, Eko Fresh, Summer Cem, Emre Baransel, Kadiköy-Kreuzberg. 2007

dem er in Köln wohnt, auf die Kölner Quartiere Gremberg (Grembanx)[28] und Kalk, die in der öffentlichen Wahrnehmung als problematische Wohnviertel gelten. Auch sein Disstrack gegen Kool Savas und das dazugehörige Video „Die Abrechnung" ist in der Kölner Keupstraße[29] gedreht worden, die sowohl von Politikern als auch von der Mehrheitsgesellschaft lange Zeit als Inbegriff einer Parallelgesellschaft angesehen wurde. Neben dem *keepin'it real*-Antrieb, seine Stellung zu behaupten, ist auf der anderen Seite ein anderer Faktor hierbei zu beobachten: die Künstler verorten sich in bestehende Netzwerke und zeigen damit, dass sie Teil eines Ganzen sind. Um in Köln Erfolg zu haben, so scheint es, ist der Bezug auf lokale Quartiere und Netzwerke von Bedeutung, einerseits um sich in der Stadt selbst eine Fanbase aufbauen zu können, die sich mit den inszenierten Orten und Quartieren im Song identifizieren kann, auf der anderen Seite dient dies dazu, ein bestehendes Netzwerk von Unterstützern zu suggerieren. Kool Savas, rappt in dem Song „Küsersin" (Übersetzung: du wirst sauer sein.)

„Ich war gut genug um Jahre lang Duce zu payen und bei jeder Party ohne Geld aufzutreten / Doch bin nach deiner Meinung immer noch nicht gut genug / um meinen Platz im Game einzunehmen / Ich war gut genug, um Tapes rauszubringen /euch zu zeigen, dass Tapes auch was bringen / Doch bin nicht mehr down, / weil mein Video läuft / und nicht mehr true, / weil ich jetzt in der Zeitung bin."[30]

Kool Savas steht an dieser Stelle stellvertretend für die Rapper, die auf einen kommerziellen Erfolg in Deutschland zurückblicken können. Der Vorwurf des Sellouts und der damit verbundene Diskurs, was kommerziell vermarktet werde, könne nicht mehr *real* sein, sind auch Fragen, die Bushido, Sido und andere Künstler betreffen. Sich aus dieser ambivalenten Situation zu befreien, wird einerseits durch das Bekräftigen der Authentizität gewährleistet oder aber auch dadurch, dass noch mehr Tabus gebrochen werden. Bushido, der zum Beispiel genau wie Kool Savas homophobe Lyrics rappt und sich dann auf den Battle-Charakter des HipHop beruft, um seine diskriminierenden Lyrics zu legitimieren, reproduziert damit ein immer wieder aktualisiertes und konstruiertes Image seiner Person. Die Künstler entkräften den Diskurs nicht, indem sie beispielsweise zugestehen, dass die Musik, die sie produzieren und die darin enthaltenen Inszenierungen eine Kunstform sind, sondern tragen durch ihr

28 | Grembranx ist eine Zusammensetzung aus Gremberg und Bronx und verdeutlicht an dieser Stelle den imaginierten Bezug zum Authentischen, in diesem Fall der New Yorker Bronx, die als Geburtsort des HipHop gilt.

29 | Zur darstellenden Kritik, siehe: Bukow / Yildiz (2002) und die Dokumentation: Veränderungsprozesse und Konfliktebenen in der Keupstraße (1999)

30 | Killa Hakan, Kool Savas, Ayaz Kapli, Küsersin. 2007

Bekräftigen ihrer *Realness* dazu bei, dass der Diskurs weiterhin bestehen bleibt. Kool Savas bezieht auch in „Haus und Boot" Stellung zu den Vorwürfen des Sellouts, wenn er rappt: „Du meinst, ich bin nicht mehr down und dope./ Aber deine Eltern haben ein Haus und ein Boot."[31] Der zitierte Refrain spiegelt die ambivalente Situation für Rapper wider, die sich mit einem kommerziellen Erfolg konfrontiert sehen. Während Musiker anderer popkultureller Sparten gar nicht erst in einen derartigen Legitimationsdruck hinein geraten, wenn sie kommerziellen Erfolg mit ihrer Musik haben, ist es für Rapper ein enormer Druck, sich rechtfertigen zu müssen. Eindeutig steht hierbei wie in den USA auch die Frage im Raum, ob Credibiltät aufgrund der von Plattenfirmen konstruierten Images real sein könne. *Realness* wird somit mit dem Erfahrungswert eines Rappers gleichgesetzt, die aus seiner Erfahrungen in der Lebenswelt beruhen (sollen). Gabriele Klein und Malte Friedrich widmen sich in „Is this real? Die Kultur des HipHop" der Frage der Realness und Authentizität und kommen zu folgendem Ergebnis:

> „Aus der Perspektive einer Performativitätstheorie des Pop geht es also in der subversiven Praxis des HipHop weder um die Erschaffung einer Scheinwelt noch um eine subversive Haltung gegenüber einer als hegemonial, konservativ oder regressiv verstandenen Kultur. Auch handelt es sich bei den lokalen Stilen nicht um bloße Imitationen einer globalisierten Bilderwelt, sondern um die Erschaffung einer eigenen Welt, die sich in Differenz zu den anderen lokalen Stilen formuliert. Es ist eine Welt, die ihren Akteuren die Chance eröffnet, sich auf den theatralen Bühnen des HipHop als real zu inszenieren." (Klein/Friedrich 2003: 210)

Die Diskussionen um das *Sellout* sind keine neuen Diskurse im HipHop, sondern waren von Anfang an mit der Kommerzialisierung des Rap verbunden. Der Gangster-Rap der 1990er Jahre in den USA stand unter der Kritik, durch das Betreiben von *Minstrelsy* Sellout zu betreiben. Bereits 1935 diskutierte Walter Benjamin in „Das Kunstwerk im Zeitalter seiner technischen Reproduzierbarkeit" die Wirkungen auf das Original durch die technische Reproduzierbarkeit. Er sah durch die Reproduzierbarkeit von Kunstwerken die Aura ebenjener bedroht. Im Kontext von HipHop in seinen originalen und nachgeahmten Ausformungen wird Benjamins These häufig herangezogen, ist in meinen Augen jedoch ungeeignet, da HipHop in diesem Fall keine reproduzierte Kunstform darstellt, sondern vielmehr eine Modifikation erfährt, wenn er in neuen Kontexten neu codiert und decodiert wird. Die im HipHop-Kontext verpönte Nachahmung von anderen Künstlern, die als Fake gilt, ist mit der Theorie Benjamins nicht zu analysieren. Die Frage nach Originalität und Fälschung sind jedoch vorherrschende Diskurse im HipHop und seiner Rezeption. Dies geschieht, wie

31 | Kool Savas, Haus und Boot. 2001

im Folgenden sichtbar wird, meistens mit der Verknüpfung der Originalität an ethnische Konstrukte. Klein und Friedrich stellen die Frage der Realness in den Kontext von ethnischen Zugehörigkeiten beziehungsweise Zuschreibungsprozessen:

> „Vor allem Vertreterinnen und Vertreter der Black Studies und Afro-American Studies verstehen den Transfer der schwarzen Kultur HipHop in andere Kulturen als eine reine, zumeist kommerzialisierte Nachahmung des Originals. HipHop in Deutschland beispielsweise erscheint ihnen als Anähnelung, als eine Mimesis an das Original, wenn schon nicht als Fälschung, dann zumindest als nur bedingt glaubwürdige Nachbildung. Demgegenüber wird in diesem Buch die These vertreten, dass die Ursprungserzählung des HipHop und die permanente Aktualisierung wesentlich dazu beitragen, ethnische Differenz zu formulieren und in neuen kulturellen Kontexten ‚reale', jeweils authentische Formen des HipHop zu etablieren." (Klein/Friedrich 2003: 57)

Friedrich und Klein gehen in ihrer Untersuchung der Frage nach, inwieweit ethnische Zugehörigkeit und Realness in Zusammenhang stehen. Sie formulieren die These, dass in Deutschland türkische Rapper aufgrund ihrer Lebenserfahrungen per se Authentizität zugesprochen werde, während deutsche Rapper es schwieriger hätten, sich als authentisch zu etablieren, da ihnen Authentizität nicht zugestanden werde. Meines Erachtens reproduzieren Friedrich und Klein damit eine künstlich aufgeladene Form der Ethnisierung, da sie die Künstler nach ethnischer Herkunft sortieren und einer Realness-Prüfung unterziehen, um am Ende entsprechend einer Performativen Theorie darauf zurückgreifen zu können, dass durch die permanenten Aktualisierungen neue reale Formen etabliert würden. Dem Ansatz von Friedrich und Klein könnte in diesem Zusammenhang entgegengesetzt werden, dass nach der Wiedervereinigung und nach dem Auftreten der Fantastischen Vier viele allochthone Künstlerinnen eine Marginalisierung erfuhren, die sie auf ihre vermeintlichen ethnischen Wurzeln reduzierte und dies kein Prozess war, der von allochthonen Jugendlichen so gewollt war oder inszeniert wurde. Wie ich vorher beschrieben habe, spielt die Originalität und Authentizität die Hauptrolle in diversen Inszenierungsszenarien von Rappern. Der Battle ist hierbei der Antriebsmotor. Das Boasten, also die Überhöhung der eigenen Person, sowie das Dissen des Gegenüber erklären aus dieser Perspektive die bspw. übertriebenen Formen von Männlichkeitsinszenierungen in Rap-Texten und-Videos. Dieses Phänomen wurde aus verschiedenen wissenschaftlichen Perspektiven bereits analysiert. Die Vertreter der Cultural Studies zum Beispiel argumentieren dahingehend, dass die HipHop-Kultur eine hybride Kultur sei und in jedem Land eine an die sozialen Umstände und das Umfeld entsprechende Aneignung erfahren habe. Als Erklärungsmuster wird hierfür das Encoding/Decoding-Modell von Stuart Hall angeführt.[32] Tricia Rose, Professorin für African American Studies, hingegen fokussiert die sozialen Bedingungen der postindustriellen Gesellschaft und die technologischen Errungenschaften als zentrale Bedingungen für die Entstehung der HipHop-Kultur. Für sie ist der Rap die Stimme der Marginalisierten in den Schwarzen Ghettos der US-amerikanischen Großstädte.[33] Für sogenannte Jugendliche mit Migrationshintergrund, die in der BRD als Kinder der Gastarbeitergeneration zu ewigen Ausländern stigmatisiert wurden, war Rap zum Teil ein Medium, um Exklusions-und Stigmatisierungserfahrungen zu artikulieren. Der Rap nahm damit die Rolle eines Interaktionsmediums ein, um die Rap-Lyrics und darin enthaltenen Botschaften an die adressierten Empfänger zu transportieren. Die fehlende Anerkennung und die fehlende Empathie, diese Menschen als zu dieser Gesellschaft dazugehörige Subjekte zu sehen, ist auch heute noch im Lebensalltag vieler Jugendlicher zu beobachten. Kutlu Yurtseven aka Asia von der Microphone Mafia, die ich im Rahmen meiner empirischen Untersuchungen interviewt habe, veröffentlichten im Jahr 2002 den Song Denkmal. In diesem Song setzen die Rapper Asia und Rossi ihren Vätern ein imaginäres „Denkmal" und definierten die Geschichte der Migration in Deutschland aus ihrer eigenen Perspektive, die auf Anerkennung beruht. Sie ermächtigten sich somit einer Deutungshoheit, die ansonsten bei der Mehrheitsgesellschaft liegt:

„Einer der wenigen Abende, / bin mal früh daheim. / Einer der wenigen Abende,/ geh nicht direkt in mein Zimmer rein, /sehe meinen Vater auf den Fernseher starren, / seinen starren Blick auf dieser Talkrunde verharren./ Wir sehen diese Weisen,/ die uns Ausländern den Weg weisen, / wie in diesen klugen Kreisen Binsenweisheiten kreisen./ Leise dreht sich mein Vater um, / schaut mir in die Augen, / seine Fragen mich stillschweigend aussagen./ Wo sind meine Kollegen, die wissen, wie es wirklich war./ Wo sind meine Kollegen? / Warum sitzen sie nicht da? / Um selbst zu erzählen, wie es uns früher erging! / Wie für uns damals die neue Zukunft anfing. / Damals hieß man uns willkommen mit Pauken und Trompeten, / die Musik ist verstummt, und heute hört man sie nur reden. / Dass wir uns in Deutschland nicht so recht integrieren. / Ist es Integration, wenn Häuser brennen und sie applaudieren? / Damals war das anders, vor den Ford-Werken, / ob Deutscher, Türke, Italiener – zusammen zeigten wir Stärke. / Standen Schulter an Schulter auf gemeinsamer Fährte, / mit gemeinsamen Zielen, / hatten gemeinsame Werte. / Damals zeigte man Verständnis, / heute die Tür, / besser gestern als heute, / wenn es sein muss, mit Willkür. / Fühl mich hintergangen wie eine betrogene Braut, / bin erschöpft und ergraut, / ich danke für den Knock-Out. / Refrain: Wir wollen keinen Dank, / wir wollen Respekt / verdammt noch mal. / Darum setze ich euch mit diesem Lied ein Denkmal. / Wir wollen keinen Dank, wir wollen

32 | Hall (1999)

33 | Rose (1994; 2008)

Respekt, verdammt noch mal. / Ihr seid wahre Helden, geformt durch das Schicksal./ Wo wart ihr denn früher mit eurem Deutschunterricht ?/ Im Heimzimmer zusammen gepfercht beim Kerzenlicht. / Zwölf Mann in einem Raum, dennoch mit Zuversicht. / Niemand wollte uns lehren, auf unsere Arbeitskraft erpicht, / direkt nach der Ankunft standen wir auf Schicht. / Hauptsache gesund und kräftig / Bildung war unwichtig. / Gesundheit und Kraft ließen wir am Band zurück. / Haben Deutschland mit aufgebaut, sind Teil von diesem Meisterstück. /Sind keine Einwegflaschen, die man nutzt, dann entsorgt./ Meine Jugend ließ ich hier, also bleib ich an diesem Ort. / Wir wollen keinen Dank, man soll uns respektieren, / brauchen keine Leitkulturen, die uns angeblich kultivieren."

Auch dass Frederik Hahn aka Torch im Jahr 2001 folgenden Part in „Adriano – letzte Warnung" von den Brothers Keepers rappt, verdeutlicht, dass Rassismus in der BRD, sowohl in seiner alltäglichen als auch in seiner grausamsten Form, in rassistisch motivierten Gewalttaten gegenüber vermeintlich Anderen oder Fremden seinen Ausdruck und auch seine Legitimation findet. An dieser Stelle gilt dasselbe Muster wie bei Familie Genc aus Solingen, die 1993 Opfer eines Brandanschlages wurde. Alberto Adriano war ein Schwarzer, der seit 1980 in der DDR lebte. In der Nacht von den 10. auf den 11. Juni 2000 wurde er von Neonazis brutal geschlagen und erlag drei Tage später seinen Verletzungen. Adriano hatte drei Kinder. Der Zusammenschluss afrodeutscher Künstler zu dem Verein Brothers Keepers war die „kollektive" Antwort Schwarzer Musiker auf den herrschenden Rassismus, Rechtsextremismus und Gewaltbereitschaft bis hin zum Mord.

„Jetzt ist die Zeit, hier ist der Ort. / Heute ist die Nacht, Torchmann hat das Wort. / Denk' ich an Deutschland in der Nacht bin ich um meine Schlaf gebracht, mein Bruder Adriano wurde umgebracht. / Hautfarbe schwarz. Blutrot. Schweigen ist Gold. / Gedanken sind tiefblau. / Ein Bürger hat Angst vor seinem Volk. / Ein Wintermärchen aus Deutschland. Blauer Samt. / Als Kind schon erkannt: hier bin ich fremd im eigenen Land. / Operation Artikel 3 - da habt ihr gelacht! / Jungs, das ist mein Leben, das haben wir uns nicht ausgedacht./ In all den Jahren, in denen wir Airplay verschwendet haben. / Man könnte denken, wir Rapper hätten nichts zu sagen. / Doch es rächt sich, ihr werdet sehen, es holt uns ein! / Einigkeit macht stark - Adriano starb allein." (Torch)

Mit „Adriano – letzte Warnung" von den Brothers Keepers schaffte es 2001 erstmals ein antirassistischer Track erfolgreich in die Mainstream-Medien, der jenseits der auf dem freundlichen Multi-Kulti-Konzept basierenden Inszenierung mit einer klaren Message auftrat. Der Track ist ein siebenminütiges Statement mit dem folgenden Refrain, der von Superstar Xavier Naidoo gesungen wird:

„Dies ist so was wie eine letzte Warnung, denn unser Rückschlag ist längst in Planung. Wir fallen dort ein, wo ihr auffallt, wir bieten eurer braunen Scheiße endlich Aufhalt. Was ihr sucht ist das Ende, und was wir reichen, sind geballte Fäuste und keine Hände. Euer Niedergang für immer und was wir hören werden, ist euer Weinen und euer Gewimmer."[34]

Denyo 77 rappte folgende Zeilen, die ich im Folgenden analysieren werde: „Ich will nicht mehr erzählen zum national Befreien Ich sage K, sage Z, sage Nazis rein / Ich will nicht labern, denn ich kenn' mein Vaterland / Macht es mich krank wie Masern, dann verspür ich Tatendrang / Ich fühle mich eingeengt und will statt Prominenz / Und statt großer Fans, Nazis die wie Poster hängen."[35] Auch wenn Rap-Musik im Allgemeinen dafür bekannt ist, dass sie mit rhetorischen und symbolischen Überspitzungen, Übertreibungen und Umkehrungen agiert, so müssen dennoch die Strategien und die Wirkungsweisen auf den Zugriff dermaßen vorbelasteter Termini analysiert werden. Dass 55 Jahre nach Ende des zweiten Weltkrieges Konzentrationslager, die als Massenvernichtungsmaschinerie das Leben von Millionen Menschen ausgelöscht haben, immer noch im deutschen Sprachgebrauch präsent sind, verdeutlicht zwar einerseits die immer noch nicht verarbeitete, reflektierte und abgeschlossene Auseinandersetzung mit der Geschichte des Nationalsozialismus in der Mehrheitsgesellschaft selber. Andererseits ist es eine ambivalente Situation, einen antirassistischen Track zu produzieren und dabei auf eben jene Termini zurückzugreifen. Man könnte es auch als subversiven Widerstand rezipieren, jedoch bleibt ein Widerspruch bestehen, der sich meines Erachtens nicht auflösen lässt. Eine weiterer Aspekt ist, dass in dem Vidoeclip zu „Adriano – Letze Warnung" viele Künstler eine schwarze Lederjacke mit der Aufschrift „88" tragen. Die Zahl „88" gilt unter neonazistischen Kreisen als das Synonym für „Heil Hitler", weil „H" der achte Buchstabe im Alphabet ist und die beiden „H" den „Führergruß" bilden. Durch die Nutzung durch Schwarze Menschen, die nicht in das rassistisch geprägte arische Menschenbild von Rassisten und Nazis passen, wird diese Zahlenkombination so gesehen entmachtet. Jedoch ist auf der Homepage der Brothers Keepers hierzu vermerkt, dass es sich nicht um die Zahlenkombination „88" handelt, sondern um die Buchstaben „BB", die für das Designer-Label *Black Bomb* von Asher Sommer stehe. In verschiedenen HipHop-Foren wurde diskutiert, dass es widersprüchlich sei, einen antirassistischen Song zu produzieren

34 | Detaillierte Darstellung und Zusammenhänge von Brothers Keepers, siehe den Film: „Yes, I am", von Sven Halfar. Brothers Keepers: www.brotherskeepers.de sowie zu den sisters keepers im Netz unter: www.sisters.de

35 | Denyo 77 in „Adriano – Letzte Warnung". Quelle der Lyrics: http://lyricstranslate.com/en/adriano-letzte-warnung-adriano-dernier-avertissement.html Letzter Zugriff am: 15.07.2009.

und auf der anderen Seite neonazistische Symbole zu verwenden. Hierbei wird deutlich, dass bei der Inszenierung von Musik-Videos die visualisierten Bilder neben dem Text ein wichtiger Faktor sind, die in der Auseinandersetzung mit der Musik einer Analyse unterzogen werden. Denyo 77 fordert in seinem gerappten Part die gleiche Vernichtungsweise, die im Nationalsozialismus von den Nationalsozialisten mit Menschen jüdischen Glaubens, Homosexuellen, Roma und Sinti, Menschen mit Behinderung, Schwarzen und auch sogenannten Verrätern praktiziert wurden. Dies ist eine ambivalente Situation, und es vereinen sich in ihr komplexe Diskursstränge. Zum einen steht hier der Gedanke der Selbstverteidigung im Vordergrund, auch mit den Mitteln der Gewalt. Diese Diskussion ist in dem Sinne nicht neu, als dass sie auch prägend für die Bürgerrechtsbewegung der 1960er Jahre in den USA war. So standen Malcolm X und auch die Black Panther Party für das Recht auf Selbstverteidigung ein, während Dr. Martin Luther King für einen gewaltlosen Protest prägend war. Zwar ist dies nicht in direktem Kontext mit der Situation in den USA der damaligen Zeit vergleichbar, dennoch liegen in den Lyrics der Künstler Bezugspunkte auf die Bürgerrechtsbewegung der USA vor. Im Folgenden werde ich dafür kurze Zitate anführen. Tyron Rickett zum Beispiel rappt:

„Denk' ich an früher, war der Widerstand noch eher müde. / Heut gibt's genügend Brüder mit der rechten Attitüde. / Geben sich Mühe, um den Sprung zur Macht zu schaffen, indem sie VWL, BWL, Jura zur Berufung machen. / In allen Sprachen, den Erleuchteten gefriert das Lachen. / Ist das Erwachen die Veränderung im Jahr des Drachen. / 60 Millionen Sklaven von denen es 8 Millionen schafften. / Die besten sind jetzt unter euch, ich hoffe für euch zu verkraften."

Im Musikvideo zu „Adriano – letzte Warnung" hebt Tyron Ricketts seine rechte Faust, als er „heut gibt's genügend Brüder mit der rechten Attitüde" rappt. Dies zeigt eine Solidarisierung beziehungsweise Berufung auf die Black Panther Party, zu deren Attitüde die ausgestreckte rechte Faust gehörte [36]. D-Flame und Samy Deluxe rappen ebenfalls über das rassistische System in der BRD, wobei sie am Ende eine Parallele zu den USA herstellen, wenn sie rappen: „Free Mumia."

36 | Die ausgestreckte Faust ist zum Sinnbild des schwarzen Widerstands geworden, als auf den Olympischen Spielen in Mexiko Tommy Smith und John Carlos im Jahre 1968 zum Zeichen der Solidarität mit der Bürgerrechtsbewegung „Black Power" und der Black Panther Party bei der Siegerehrung ihre Faust, die in einem schwarzen Handschuh steckte, in die Luft hoben. Daraufhin wurden Smith und Carlos vom Olympischen Komitee der USA entlassen und mussten das Olympische Dorf verlassen. Vom Weißen Amerika wurden sie als Verräter verachtet. Sie sind aber zum Sinnbild des Schwarzen Widerstands geworden und auch geblieben.

„Ich hörte schon im Kindergarten Weiße zu mir Nigger sagen. / Die Klischees nicht hinterfragen, / jetzt Brüder niederschlagen. / Wir fordern mehr als gleiche Rechte, wir wollen endlich Frieden haben, / neue Ziele haben und nicht das Image von Dealern haben. / Im Landtag diskutiert man über einen Antrag. / Und währenddessen plant der nächste Nazi seinen Anschlag. / Die Schandtat wird bedauert, doch was ich mich dann frag: Warum steht schon wieder 'ne schwarze Familie am Grab? / Das ist der Alltag, die Justiz verdammt hart. / Jungs in Abschiebehaft sind am schwitzen wie im Dampfbad. / Man merkt die Führung hat Macken. / Nach all den rüden Attacken, müssen wir Brüder bestatten, da einige lieber hassen. / Die ganzen miesen Drecksratten können ihre Lügen wegpacken,/ wenn sie genügend beschatten, / können sie die Typen verknacken. / Zeit sich zu wehren, statt zu ignorieren. / Das war's von Flame und mir: Free Mumia!"[37]

Samy Deluxe gelingt es, am Anfang die Parallele zwischen dem ganz normal gewordenen Alltagsrassismus und den rassistischen Gewalttaten herzustellen, wenn er rappt: „Ich hörte schon im Kindergarten Weiße zu mir Nigger sagen. Die Klischees nicht hinterfragen, jetzt Brüder niederschlagen." Gleichzeitig werden politische Missstände artikuliert, wenn Menschen in Abschiebehaft thematisiert werden. Flame und Samy fordern nicht nur gleiche Rechte, sondern auch Frieden, das heißt eine Atmosphäre, in der sie keine Angst haben müssen, Opfer einer rassistischen Gewalttat zu werden. Diesen Aspekt greift Afrob in seinem Part auf und stellt einen historischen und politischen Bezug her:

„Ich rapp' für meinen Bruder, denn ich könnte auch das Opfer sein. / Falscher Ort, falsche Zeit, / da hilft dir auch nicht tapfer sein. / Wie viel Blut muss fließen in innerdeutschen Krisen? / Alter, schau die letzten Jahre haben das mir zu oft bewiesen. / Dass die Menschen sich erheben, wenn die Leute nicht mehr leben. / Doch dann ist es zu spät, ihr solltet öfters drüber reden. / Also sag wie ist das möglich? Mann das ist doch tödlich. / Gerechtigkeit! / Denn nicht nur Adriano hat es nötig."

Ebony Prince bezieht sich in seinem Teil auf die Five Percent Nation und auf Malcolm X, wenn er rappt: „Mit allen nötigen Mitteln, Selbstverteidigung / gegen jede Beleidigung, 85 % der Menschen bleiben dumm / treiben es bunt, / verbreiten Schund. / Die meisten schweigen."[38]

37 | Mumia Abu Jamal ist ein seit 1982 inhaftierter, ehemaliger Black Panther Aktivist, der zum Tode verurteilt ist. Er soll im Jahre 1981 einen Polizisten ermordet haben.

38 | Die „Five Percent Nation" auch bekannt unter dem Namen „Nation of Gods and Earths", wie bereits im Kapitel zu HipHop in den USA beschrieben. An dieser Stelle sollt nur verdeutlicht werden, dass HipHop global agiert und auch Künstler in der BRD einen Bezug zu den Vorbildern oder ideologischen Unterstützern des HipHop in den USA haben. Neben der Five Percent Nation ist dies in den USA die Nation of Islam.

Auf der Homepage der Bundeszentrale für politische Aufklärung stellen die Mitglieder von Brothers Keepers ihr Projekt und ihr Selbstverständnis dar:

„Wir sind ein Zusammenschluss afro-deutscher Hip-Hop-,Soul-und Reggae-Künstler, die in der Debatte um rassistische Gewalt 2001 ein Statement abgaben. Unsere Arbeit und die unseres Vereins beschäftigt sich nach wie vor mit dem Thema Gewalt gegen Ausländer und ‚People of Color'. Ausgehend von dem Skinhead-Mord an Alberto Adriano definierten wir afro-deutschen Rapper und Sänger unsere Standpunkte neu."

Der Zusammenschluss durch Schwarze Künstler hat innerhalb der HipHop-Community auch zu kontroversen Diskussionen geführt.[39] In der Kritik stand, dass „nur" Schwarze Künstler vertreten waren, obwohl Rassismus in der BRD nicht nur Schwarze Menschen betreffe. Im zweiten Video-Clip „Bereit" kam eine Öffnung zu Stande. Tyron Ricketts sagte hierzu in einem Interview:

„Während wir damals mit ‚Adriano' ein klares Statement setzen wollten, das den Menschen zeigen sollte, dass es eine starke afrodeutsche Community gibt, geht es jetzt vielmehr darum, die Bekanntheit der Brothers Keepers zu nutzen, um noch mehr Aufmerksamkeit zu erreichen. Deshalb ist es jetzt auch nicht mehr ein rein Schwarzes Projekt. Es geht ja nicht darum, jemanden auszugrenzen, sondern um die Erkenntnis, dass wir es nur gemeinsam schaffen, etwas zu verändern."[40]

An dieser Stelle werden die kontroversen HipHop-Diskurse sichtbar, die auch von Teilen der HipHop Community aufgegriffen wurden. Das Projekt Brothers Keepers war ein Zusammenschluss aufgrund vorausgegangener Taten, denen ein Menschenleben zum Opfer fiel. Die Künstler gerieten durch die kontroversen Diskussionen in einen Legitimationsdruck für ihr Zusammenkommen, was meines Erachtens Ursache und Wirkung verdreht, da den Brothers Keepers in dem Sinne Schwarzer Rassismus vorgeworfen wurde. Die Motivation zum Zusammenschluss ging nicht von den Brothers Keepers aus, sondern war ein aufgezwungenes Konzept. Während es normal und selbstverständlich ist, wenn sich Weiße Künstler organisieren, war es im Fall der Brothers Keepers mit einem Druck des Hinterfragens verbunden. Die Kategorie Schwarz diente in diesem Kontext dazu, eine homogene Schwarze Gruppe zu konstruieren, wobei nicht die diversen Lebensrealitäten der Künstler aufgriffen wurden, sondern Schwarz lediglich als Hautfarbe rezipiert und zudem als bedrohlich eingestuft wurde. In einem Interview in der Intro konstatierte Tyron Ricketts:

39 | Zu detaillierten Informationen siehe Loh /Güngör (2002: 259ff.)

40 | Tyron Ricketts: Selbstbewusst mit Deutschland auseinandersetzen, 18.5.2005

„HipHop beginnt in Deutschland jetzt erst, sich aus der Sparte zu lösen. Torch hat schon '92 ‚Fremd im eigenen Land' gesungen, doch das wollte damals niemand hören, das war nicht massenkompatibel. Darum gibt es in ‚Afrodeutsch' ja auch die Zeile ‚Ob Sender das spielen?'. Diese Zeile ist durchaus ernst gemeint, denn sie beruht auf ganz persönlicher Erfahrung. Über Jahre haben die Radiosender politischen Rap einfach nicht gespielt, weil sie dafür keinen Markt gesehen haben. Die Sommerhits waren eben bequemer. Jetzt erst bekommen auch politische Inhalte langsam eine Chance, gespielt zu werden. Natürlich nur, sind wir realistisch, weil sie gemerkt haben, dass das gehört wird, dass sich damit also doch Geld verdienen lässt."[41]

Im weiteren Verlauf des Interviews greift Ricketts den Vorwurf auf, Brothers Keepers würde nur aus Schwarzen bestehen:

„Auf der Pressekonferenz zu Brothers Keepers mussten wir uns Fragen anhören wie: ‚Wo sind denn die anderen multikulturellen Vertreter?' Oder: ‚Warum musste erst ein Mensch sterben, damit so ein Stück entstehen konnte?' Aber was heißt hier: ‚Erst ein Mensch sterben?' Fast täglich gibt es in Deutschland rassistische Angriffe. Es gibt also immer einen Anlass. Wir haben viel zu lange gewartet."

Im selben Interview gibt Ricketts als Schauspieler auch Einblicke in die kulturrassistischen Zuschreibungen und Reduktionen von Schwarzen Künstlern in der medialen Visualisierung und Inszenierung und verdeutlicht damit nicht zuletzt, dass das Projekt Brothers Keepers einen Raum bot, ohne Fremdzuschreibungen und selbstbestimmt Forderungen zu formulieren und artikulieren:

„Du wirst auf ganz bestimmte Bereiche festgelegt. Als Model habe ich stets Aufträge für Sportswear bekommen – warum nicht für Boss, fragst du dich dann. Ähnlich ist es mit den Filmangeboten: Afrodeutsche werden als Rapper eingesetzt, als Drogendealer oder höchstens mal als freundliche Polizisten – dann aber sind sie automatisch schon mit dem System konform. Warum also nicht mal ein schwarzer Arzt oder Apotheker? Es sind genau diese Klischees, die den Rassismus auf subtile Art am Laufen halten."

Die Sisters Keepers, der feminine Zusammenschluss aus afrodeutschen Künstlerinnen und als Ergänzung der Brothers Keepers, antworten auch auf die rassistischen Morde und den alltäglichen Rassismus in Deutschland mit dem Track: „Mit Liebe und Verstand". Im Gegensatz zu „Adriano – letzte Warnung" ist der Track der Sisters aus einer Perspektive geschrieben, die einen Dialog zum Ziel hat. Der Refrain: „Es ist schön dich zu sehen, / komm reich uns deine Hand./ Auch wir sind hier geboren und trotzdem fremd in diesem Land. /

41 | Intro 5.9.2001. Afrodeutsch und Brothers Keepers. Kurzfilm und Diskussionsforum mit Tyron Ricketts.

Schön dich zu sehen, / komm reich uns deine Hand, / wir können etwas ändern, / mit Liebe und Verstand.“ Die Lyrics der Sisters beinhalten eine Aufforderung zum Dialog. Diese geht einher mit einer verständnisvollen Position. Der Refrain „Auch wir sind hier geboren“ fungiert als Legitimationsmodell und ist mit der Forderung nach Anerkennung verknüpft. Die Sisters reihen sich damit in den HipHop-Diskurs ein, der mit Advanced Chemistrys „Fremd im eigenen Land“ vergleichbar ist. Der hegemoniale Diskurs der Mehrheitsgesellschaft, der ganz klar definiert, wer zu dem nationalen Konzept passt und wer nicht, ruft als Reaktion solche Forderungen wie die der Sisters nach Anerkennung hervor. Auch Samy Deluxe bezieht in seinem Song „Weck mich auf“ aus dem Jahr 2001 Position gegen den herrschenden Rassismus, dem er als Schwarzer Mensch in der Weißen Mehrheitsdeutschen Gesellschaft konfrontiert wird.

„Wir leben in 'nem Land, in dem mehr Schranken stehen als es Wege gibt, / mehr Mauern als Brücken. / Die Stimmung ist negativ und die Alten fragen: /Warum rauch ich täglich Weed? / Warum sind ich und meine ganze Generation so depressiv? / Wir sind jeden Tag umgeben von lebenden Toten, umgeben von Schildern, die uns sagen: Betreten verboten. / Umgeben von Skinheads, die Türken und Afrikanern das Leben nehmen, / während Bullen daneben stehen, um Problemen aus dem Weg zu gehen. / Umgeben von Ja-Sagern, die alles nur nachlabern, / deren kaltes, dunkles Blut pumpt durch die Schlagadern. / Umgeben von Kinderschändern, die grad mal Bewährung kriegen / genau wie die Scheiß Nazis, deren Opfer unter der Erde liegen. / Hat dieses Land wirklich nicht mehr zu bieten als ein paar Millionen Arschgesichter mit 'ner Fresse voller Hämorriden, / die meinen, dieses Land sehr zu lieben, / doch sind nicht sehr zufrieden. / Passt zu eurem Frust oder warum seid ihr hier geblieben? / Ich muss mich von euch ganzen Schlappschwänzen abgrenzen./ All den ganzen Hackfressen, die mich jeden Tag stressen./ Sind die gleichen Leute an der Spitze, die sich satt essen, / und Minderheiten werden zu Mehrheiten und trotzdem vergessen.“[42]

Der gemeinsame Track von Afrob und D-Flame, ebenfalls aus dem Jahr 2001 „Öffne die Augen“ ist ein Statement, selbstbewusst aufzutreten und sich dem Rassismus gegenüber Schwarzen entgegen zu stellen. Afrob und D-Flame positionieren sich hierbei auch beziehungsweise vor allem gegen die zu der Zeit zunehmende Durchdringung rassistischer Begriffe im HipHop, die nicht davor zurückschreckte, Schwarze Künstler als *„Sell-out-N...“* zu bezeichnen.

„Hör zu! Yo, die Zeit ist reif, wie oft hören wir den gleichen Scheiß / viele von sogenannten Niggern da draußen sind kreidebleich. / Man kann dann oft genug sagen dass ihr leise bleibt, / wenn es um dieses Wort geht, / Wenn ihr Weiße seid / Flame, wie viel HipHop kann das Land da noch vertragen?/ Es ist soweit gekommen,/ dass

42 | Samy Deluxe, Weck mich auf. 2001

sogar Weiße Nigga sagen: Bitte schau mich an und hab Respekt vor meinen Brüdern. / Kanns nicht ignorieren und ich steh da auch nicht drüber [...] Ich bin kein Mann der Worte, für mich sprechen meine Taten, / bin von dieser Sorte, die ein Selbstbewusstsein haben, / ungemütlich, nur ein kleiner Junge fügt sich, braune Haut, Herkunft ist erkennbar südlich [...] Ey yo Flame / Ya? / Glaubst du, man befasst sich mit dem Thema? / Natürlich! Wir haben Brüder von Ghana bis nach Kenya./ Amerika, Jamaica, wenn wir nur wollen geht's klar/ die Kraft von Mama Afrika macht uns für den Weg klar [...] Viel-zu-lang / Haben wir nichts gehört oder nichts gesagt, wenn uns etwas stört / Sag-mir-wann / Hören wir auf blind zu sein, Schwester öffne die Augen / Viel-zu-lang, / haben wir nichts gehört oder nichts gesagt, wenn uns etwas stört. / Sag-mir-wann, / hören wir auf blind zu sein? Bruder öffne die Augen."[43]

Das Aufgreifen von Rassismus-Diskursen in Rap-Lyrics geschieht nicht aus der Perspektive, US-amerikanische Konzepte von Rap-Musik in den deutschen Kontext zu übertragen, sondern geht vielmehr auf das Aufgreifen lokaler Ereignisse aus Deutschland zurück, die in einen globalen Zusammenhang zu weltweitem Rassismus gesetzt werden. Damit werden zwei Aspekte abgedeckt: Die Künstlerinnen artikulieren Forderungen und setzen diese als alternative Konzepte den herrschenden Diskursen entgegengesetzt. Durch den gleichzeitigen Einbezug von bereits bestehenden Konzepten im Rap aus den USA, wie beispielsweise der Bezug auf Malcolm X oder die Nations of Gods and Earths, wird ein breiter, sinnstiftender und in globalen Zusammenhängen wirkender Faktor für eine selbstbestimmte Selbstverortung geschaffen. Dies geht einher mit einer Forderung nach Anerkennung, die als selbstverständliches Bürgerrecht vorausgesetzt wird. Entgegen der öffentlichen und politischen Diskurse, die ihre Vergabe von Rechten meistens an den Integrations-Diskurs knüpfen oder in diesem Kontext vermeintliche Parallelgesellschaften konstruieren, um damit weiterhin Fremde zu reproduzieren, verfolgen die Künstler einen ganz anderen Weg mit ihren Botschaften. Sie erweitern den Rassismus-Diskurs und eröffnen neue Perspektiven, die jenseits kultureller Differenz liegen, sondern die Machtverhältnisse fokussieren. Durch die selbstverständliche Selbstverortung in diesen Kontext entsteht somit ein starkes Potenzial an subversivem Widerstand, da der Diskurs umgedeutet und aus eigener Perspektive bedeutet wird.

3.4 ETHNISIERENDE DISKURSE IM HIPHOP

2006 veröffentlichen Sascha Verlan und Hannes Loh „25 Jahre HipHop in Deutschland", den Nachfolger von „20 Jahre HipHop in Deutschland". Einleitend schreiben die Autoren:

43 | Afrob feat. D-Flame, Öffne die Augen. 2001

„Vor allem die herzliche und freundschaftliche Reaktion vieler Rapper, Writer, DJs, B-Boys und Beatboxer, die zur sogenannten Alten Schule gehören, hat uns darin bestärkt, den Hauptteil des Buches nicht anzutasten. Unsere Ergänzungen sind deshalb, wie Sascha schon erwähnt hat, keine Aufarbeitung der Geschehnisse der letzten fünf Jahre. Wer sich über Sido oder Fler informieren möchte, findet alle relevanten Details in der Bravo. Im Gegensatz zu den meisten Magazinen haben wir als Buchautoren das Privileg, dass wir nicht allem hinterher schreiben müssen, was sich gut verkauft." (Loh/Verlan 2006: 6)

In der neuen Ausgabe begibt sich Loh auf die Suche nach den *Oldschool*- Wurzeln des HipHops in Berlin. Meines Erachtens ist dies mit einem gewissen Legitimationsdruck verbunden, da dies genau in jene Zeit fällt, in der der neue Gangster-Rap in den Massenmedien ein Dauer-Phänomen ist. Gerade die Bezugnahme auf den Mainstream-Rap jedoch, der einen so enormen Erfolg zu verzeichnen hatte, ist wichtig, um die Dialektik zwischen Massenmedien, Konsumenten und auch hegemonialen Strukturen sichtbar zu machen, da sich diese Komponenten gegenseitig bedingen.

„Vor nicht allzu langer Zeit gab es die im deutschen Hip-Hop und Rap: Die ‚Fantastischen Vier', der ‚Freundeskreis' oder ‚Fettes Brot' hatten mehrheitlich eine moderne Auffassung von hegemonialer Männlichkeit, nämlich eine gebrochene, ironische. Dann kamen ‚Aggro Berlin' & Co und mit ihnen der raue, gemeine Ton der sogenannten ‚Unterschicht' - man orientierte sich 1:1 am US-Vorbild: Arsch ficken, Hure, Schwuchtel - es ist, als ob sich eine Tourette-Selbsthilfegruppe ins Tonstudio begeben hätte. Und auch Mittelschichtskinder, die von ihren Eltern mit dem Geigenkasten bei Wind und Wetter zur Weiterbildung geschickt werden, finden so etwas faszinierend." (TAZ, 17.07.2007)

Der Vergleich von Martin Reichert in der TAZ verdeutlicht an dieser Stelle zum einen, wie klein der HipHop-Kreis ist, auf den der mediale Bezug ausgerichtet ist, wenn es um die Repräsentation von „alternativem" HipHop geht, zum Anderen wird auch deutlich, dass mit dem Aufgreifen von problematischen Diskursen per se die soziale Schicht und ethnische Zugehörigkeit mit thematisiert werden. Der Autor stellt hierbei intellektuellen und intelligenten HipHop in Gegensatz zu dem von Aggro Berlin präsentierten Machismo, Homophobie, Sexismus und Rassismus. Alle Formen der aufgezählten Diskriminierungsformen werden offiziell gesellschaftlich geächtet, jedoch auf der anderen Seite in abgeschwächter Form gesellschaftlich immer wieder reproduziert. An dieser Stelle steht nicht zur Debatte, ob Künstler von Aggro Berlin homophob, sexistisch, rassistisch sind oder nicht. Das sind sie zweifelsohne. Gleichwohl muss jedoch die Möglichkeit bestehen bleiben, diese Phänomene nicht als Einzel- oder Randphänomen innerhalb der HipHop-Kultur anzusiedeln, sondern die

Kritik muss aus einer gesamtgesellschaftlichen Perspektive heraus formuliert werden. Dabei treten verschiedene Diskursstränge zutage: Aus einer hegemonialen Perspektive heraus ist es nicht verwunderlich, dass die Künstler von Aggro Berlin es geschafft haben, sich im Mainstream zu etablieren. Diese Situation ist in den USA ähnlich beschaffen. Der Gangster-Rap, auch wenn er immer wieder in der Kritik steht, übt auf der anderen Seite eine große Faszination auf Teile der Weißen Mehrheitsgesellschaft aus. Bezeichnend hierbei ist auch, dass es eben jene Negativ-Inszenierungen sind, die einen Weg in den Mainstream finden. In der BRD, wie ich anfangs dargestellt habe, hatte Hip-Hop schon lange Zeit vor den Fantastischen Vier Fuß gefasst. Politische und antirassistische Inhalte passten nicht in die Konzepte der Medien. Andrea Müller schrieb in der Fan-Biographie der Fantastischen Vier: „Doch wenn diese Welle [rassistischer Morde] endlich wieder verebbt, dann will wahrscheinlich keiner mehr die Texte von Advanced Chemistry hören." (Müller 1996)[44] Andrea Müller geht bei ihrer Behauptung wahrscheinlich von einer Weißen, deutschen Hörerschaft aus, die es sich aussuchen kann, ob sie Lieder gegen Rechts hören möchte oder nicht. Für Schwarze Deutsche/Nichtdeutsche und Menschen mit Migrationshintergrund ist es kein Hobby oder keine Wahl, ob sie sich gegen Rechtsextremismus und Rassismus auflehnen oder sich damit beschäftigen. Es ist ein aufgezwungenes Konzept. Sowohl Advanced Chemistry als auch zum Beispiel die Microphone Mafia und auch Killa Hakan haben neben gesellschaftskritischen Lyrics ebenso Party-Songs, und es ist kontraproduktiv gegenüber der Diversität der Künstler, wollte man sie auf eine Sparte festlegen. Killa Hakan sagt in einem Interview in der TAZ über sein im Jahr 2005 erschienenes Album „Semt semt sokak" (Deutsche Übersetzung: Vom Block auf die Straße):

> „Damit meine ich, dass meine Platte nicht nur in irgendwelchen dunklen Kiezecken zu hören ist, sondern überall. Ich will der erste türkische Rapper sein, der dieses Depressive abwirft und anfängt, mit guter Laune Musik zu machen. Türkischer Rap in Deutschland war bisher immer komplett auf sich alleine gestellt, weil keine Sau uns hören wollte. Es war nicht richtig Party, sondern eher ein Geheule von der Straße. Insofern gab es auch keinen Markt. Dafür konnten wir machen, was wir wollen. Inzwischen erkennen viele in uns eine komplett eigenständige HipHop-Richtung mit völlig unverfälschten Wurzeln. Wir werden selbstbewusster. Ich will auch in Clubs gehört werden." (TAZ, 19.9.2005)

Ob seine Musik denn dann noch authentische Straßenmusik sein könne, wird Killa Hakan daraufhin von dem Journalisten Felix Klee gefragt: „Ich bleibe ein Straßen-Kid. Aber ich will auch mal leben. Getrauert habe ich genug. Wenn die

44 | Zitiert in Loh (2002: 112)

Leute meinen Namen hören, möchte ich, dass sie sagen können: HipHop muss nicht immer Drama sein." (Ebd.) Killa Hakans Antwort verdeutlicht, dass es für ihn keinen Widerspruch darstellt, seinen Stil zu ändern und neue Formen von Rap auszuprobieren und zu produzieren. Vielmehr scheinen Außenstehende ein Problem damit zu haben, wenn Künstler nicht mehr in ihre vorgefertigten Kategorien und konstruierten Skalen hineinpassen. Die Frage nach der eventuell schwindenden Authentizität impliziert somit auch eine Stigmatisierung des Künstlers, die ihn auf seine Gang-Vergangenheit reduziert. Diese Herangehensweise ist insoweit problematisch, als dass sie einer bestimmten Diskurslinie folgt. In zugespitzter Form beläuft sich dieser Diskursstrang auf die Konstruktion des kriminellen, männlichen, jugendlichen Ausländers, der sich durch Rap befreit und in seinem Schaffen ein Sinn für das Leben findet. Rap-Musik gilt in Deutschland als das Sprachrohr der unterdrückten und ausgeschlossenen Migrantenjugendlichen. Martin Greve konstatiert in „Die Musik der imaginären Türkei":

> „Für die Jugendlichen war es relativ einfach, als Rapper zu beginnen, sie benötigten weder teure Instrumente noch irgend eine Form von musikalischer Ausbildung. Auch ließen sich die für türkische Jugendgangs typischen gruppeninternen, halb spielerischen Wettkämpfe um Männlichkeit und Gruppenhierarchien gut im Freestyle austragen." (Greve 2003: 441)

Zwei Aspekte sind in Greves Ausführungen reduktionistisch. Einerseits spricht er von türkischen Jugendlichen, die es in der Realität als homogene Gruppe nicht gibt. Zweitens bezieht er sich ausschließlich auf männliche Jugendliche und ignoriert damit automatisch female MCs wie beispielsweise Aziza A. oder Nelly von Islamic Force, die in der HipHop-Szene eine wichtige Rolle spielten. Martin Greve bezieht sich im Zitat auf Islamic Force aus Berlin, die zu den ersten Rap-Crews in der BRD zählen. Der Band-Name Islamic Force ist als subversives Umkehrkonzept zu verstehen. Die Crew veröffentlichte im Laufe ihrer Bandgeschichte mit unterschiedlicher Zusammensetzung eine Maxi-Single: „My Melody", eine EP: „The whole world is your home" sowie ein Album: „Mesaj". Die Crew bestand aus DJ Derezon, dem Rapper Boe B (R.I.P.) der Sängerin Nelly und dem heute immer noch aktiven Rapper Killa Hakan. Maxim (R.I.P.) und DJ Cut MT gehörten auch zu der Crew. Obwohl DJ Derezon und Nelly keinen sogenannten türkischen Migrationshintergrund haben und auch die ersten Veröffentlichungen „My Melody" und „The whole world is your home" auf Englisch gerappt wurden, wie es in den Anfangszeiten des HipHop in der BRD üblich war, da die Vorreiter aus den USA als Vorbilder fungierten, scheint die türkische Ethnizität als Stigma dennoch wirksam zu sein. Der von Greve praktizierte Ansatz ist keine Ausnahme, sondern zieht sich in diesem Kontext wie ein roter Faden durch die Erzählung über Rap. Obwohl im HipHop schon immer Samples aus verschiedenen Musikrichtungen benutzt und gemixt wurden, ist dies in Deutschland ein Grund dafür gewesen, ein eigenes Label für die Musik der vermeintlich Anderen zu erfinden. Die von den DJs benutzten orientalischen Samples wurden zum Aufmacher für Oriental HipHop, obwohl Samples lediglich Ausschnitte sind. Somit fand eine Stigmatisierung auf ihre vermeintliche Herkunft, den Orient, statt, obwohl ihr Lebensmittelpunkt in Deutschland lag und ihre Eltern aus unterschiedlichen Ländern stammten. In diesem Kontext ist Greves Theorie, dass Rap oder HipHop für Migrantenjugendliche deshalb so ansprechend war, weil man dafür keine großen Anschaffungen brauchte, auch kritisch zu hinterfragen. Ein Rapper braucht vielleicht nur Talent und etwas zum Aufschreiben. Spätestens bei der DJ-Ausrüstung ist das ökonomische Kapital jedoch ein wichtiger Faktor. Der springende Punkt ist meines Erachtens der, dass eine individuelle Aneignung und Identifikation mit der HipHop-Kultur die Voraussetzung war, und nicht die Tatsache, dass es für in Deutschland lebende Migrantenjugendliche einfach war, in diese Kultur einzusteigen, weil weder kulturelles noch ökonomisches Kapital eine Rolle gespielt hätten. Ansonsten wären wohl weitaus mehr Migrantenjugendliche der zweiten Generation RapperInnen geworden, zumal sich Rap im Gegensatz zu den anderen Elementen relativ spät entwickelte. Gleichzeitig sollte in diesem Kontext erwähnt werden, dass türkischsprachiger Rap in der BRD entstanden ist und nicht in der Türkei, und hierbei sollte bedacht werden, dass die erste Generation der sogenannten Gastarbeiter zum Arbeiten nach Deutschland kam, so dass bei vielen Kindern und Jugendlichen beide Elternteile arbeiteten. Aus diesem Grund erscheint Greves Erklärungsansatz umso unverständlicher, da er das Interesse für Rap auf geringe finanzielle Mittel zurückführt, ohne dies jedoch empirisch zu belegen. Dies geschieht aus einer hegemonialen Perspektive heraus, da er sogenannten Migrantenjugendlichen per se eine marginalisierte Position zuweist. Neben derartigen Unterschichtungs-Praktiken sind es Zuschreibungen von Gewalt und Kriminalität, die meistens durch türkische junge Männer repräsentiert werden. Einleitend zu dem Berlin-Kapitel in „25 Jahre HipHop in Deutschland" schreibt Hannes Loh:

> „Senol ist nicht stolz auf die Narben an seinem Körper. Wenn er über die Gewalt redet, die er früher auf der Straße erlebte, wird er ernst. Er möchte nicht, dass die Kids eine falsche Vorstellung bekommen und sich das Gangsta-Leben in der Hood als einen großen Abenteuerspielplatz vorstellen. Seit Maxim, der für Senol so was wie ein großer Bruder war, tot ist, bemüht er sich, das Vermächtnis seines Vorbildes zu sichten und für andere zugänglich zu machen." (Loh 2006: 41)

Es ist nichts gegen die Aufarbeitung der Berliner HipHop-Szene der 1980er Jahre einzuwenden. Geschieht dies, wie anfangs erwähnt, jedoch aus einem Legitimationsdruck heraus, so werden die hegemonialen Diskurse der Mehrheitsgesellschaft weiter bedient. Deswegen stellt sich meines Erachtens die Frage, weshalb Loh einleitend die Narben seines Interviewpartners in den Fokus rückt, wenn diese nichts sind, worauf Senol selbst stolz ist. Dadurch wird der Diskurs bestärkt, der die Menschen in bestimmte Kategorien einstuft. In der Auseinandersetzung mit der HipHop-Kultur in Deutschland ist dies meines Erachtens äußerst kontraproduktiv, da damit die Protagonisten des HipHop, wie oben schon erwähnt, auf ihre Gangvergangenheit reduziert werden. Dies ist insofern problematisch, weil nicht alle türkischen Jugendlichen in Gangs waren und Gewalttaten ausgeübt haben. Damit wird zwar eine imaginierte Parallele zu den USA hergestellt, wo HipHop vielen Jugendlichen die Möglichkeit bot, den Teufelskreis aus Gewalt und Drogen zu durchbrechen, um eine authentische Legitimation für den deutschen Kontext zu schaffen. Damit werden jedoch Stereotype revitalisiert, wie in dem Fall des brutalen türkischen Jugendlichen, der in einer Gang war und auch Narben als Beweis hat, die seine Credibility untermauern sollen. In Deutschland zeichnet HipHop nach Lohs Meinung jedoch eine andere Linie. HipHop diene in diesem Kontext nicht dazu, Gewalt zu durchbrechen. Zwar war der Zusammenhalt in den Gangs großgeschrieben, jedoch mit verfeindeten Gangs wurde weiterhin die Sprache der Gewalt gesprochen, so Loh. Was hierbei fehlt, ist der Fakt, dass HipHop vielen allochthonen Jugendlichen die Möglichkeit bot, gar nicht erst in kriminelle Kreise zu geraten. Diesen Aspekt werde ich im empirischen Teil der Arbeit fokussieren. An dieser Stelle möchte ich lediglich darauf hinweisen, dass insbesondere für die Kinder beziehungsweise Söhne, die zur zweiten Generation der damaligen Gastarbeiter gehörten, die Kriminalität[45] mit der damit assoziierten Angst vor einer Abschiebung ein dauerhafter Begleiter im Lebensalltag war. Die Angst vor einer Abschiebung wurde hierbei von den Eltern forciert, und, wie ich im empirischen Teil der Arbeit noch genauer fokussieren werde, spielt gerade bei jenen Jugendlichen die Kriminalität in den Biographien eine zentrale Rolle, unabhängig davon, ob sie selber jemals kriminell geworden sind oder nicht. Die Geschichte des HipHop in der BRD wurde anfangs ohne die vielen Migrantenjugendlichen geschrieben. Diese ändert sich erst mit dem Auftauchen von problematischen Lyrics, auf die sich dann ironischerweise die Mainstream-Medien stürzten. „Was sich allerdings schmerzlich zeigt: Einen Nachfolger hat die musikalisch bewanderte, ernsthaft-verspielte Weltläufigkeit von Freundeskreis nicht gefunden. Der deutsche HipHop ist in einem jämmerlichen Zustand. (Der Tagesspiegel, 6.7.2007)

Für Frauen im Rap, die einen sogenannten Migrationshintergrund haben, geschieht die Konstruktion einer ethnisierenden Erzählung und Stigmatisierung aus einer anderen Perspektive. Aziza A., die erste türkische Rapperin in Deutschland, die genauso wie Killa Hakan als Überlebende des türkischen

45 | Siehe hierzu: Bukow/Jünschke/Spindler/Tekin (2003); Spindler (2006)

HipHop gilt, geriet in die vorgesehene Kategorie des armen, unterdrückten türkischen Mädchens, das sich durch HipHop von patriarchalen Strukturen befreit habe. Im empirischen Teil werden Interviewausschnitte von Aziza A. als Grundlage dienen, diesen Mythos zu dekonstruieren und auch zu verdeutlichen, wie wenig Spielraum insbesondere Künstlern mit Migrationshintergrund innerhalb der Fremd-Repräsentation in Populärkulturen eingeräumt werden.

3.5 „Fremd im eigenen Land" als nationales Statement

Im Jahr 2008 erschien das Album „Fremd im eigenen Land" von Fler auf dem Label Aggro Berlin, in dem nationale Symbole und Aussagen glorifiziert wurden. Mit „Fremd im eigenen Land" reihte sich Fler in einen hegemonialen rassistischen Diskurs ein, denn durch den Titel „Fremd im eigenen Land" wurde suggeriert, er gehöre als Deutscher zu einer Minderheit in der BRD, die von Überfremdung bedroht ist. Fler bezog sich mit diesem Statement jedoch auch auf die HipHop-Kultur, in der er seiner Ansicht nach als Deutscher einer Minderheit angehört. Fler rappte in „Deutscha Bad Boy" über seinen Stolz, ein Deutscher zu sein und koppelte das an körperliche Merkmale wie blaue Augen und weiße Haut. Nationalsozialistische Rassen-Ideologien, in denen die arische Rasse als Idealbild des Menschen gilt, wurden hier reanimiert.

„Ich bin deutsch, /bin drauf stolz. / Leute sagen, Fler ist Proll. / Leute sagen, ich bin Nazi. / Mir egal. /Sagt, was ihr wollt. / Hauptsache der Rubel rollt. / Ich im Benz und du im Golf. / Adler auf der Motorhaube. / Ledersitze schwarz-rot-gold / Ich bin ein böser Junge, /deine Gang ist mir zu gay / drückst auf Stop, ist ok, / denn jeder drückt beim Gangster Play. / Blaue Augen, / weiße Haut tätowiert, / breit gebaut. / Jeder hat´s kapiert, / ein deutscher Bad Boy."

Torch von Advanced Chemistry bezog zum Albumtitel von Fler auf der Homepage der Brothers Keepers[46] Stellung:

„Anstelle neuer Konzepte zu diesem alten Thema wird der Titel ‚Fremd im eigenen Land' und damit der Sinn unseres Songs und geistigen Schaffens verdreht, meines Erachtens auf altbewährtes ‚Stammtischniveau' herabgesetzt und mit fragwürdigem Inhalt gefüllt. Es ehre ihn jedoch, dass seine Musik Rapper wie Fler & Co selbst nach 15 Jahren noch zu inspirieren scheint."

46 | www.Brothers Keepers.de. 01.02.2008

Die Gefahr oder die vermeintliche Angst vor Überfremdung ist keineswegs nur ein Thema in rechtsextremen Milieus, sondern in der Mitte der Gesellschaft präsent. Thilo Sarazzins „Deutschland schafft sich ab" klingt wie ein Revival des Heidelberger Manifests von 1981, wo es unter anderem um die Überfremdung des deutschen Volkskörpers durch eine multikulturelle Gesellschaft ging. Dieser Diskurs ist also nicht neu und wurde auch nicht von Rappern erfunden, sondern wird in unterschiedlichen Kontexten aktiviert und genutzt. Durch die Konstruktion des deutschen Bad Boy, Fler, tauchten jedoch erstmals nationalgeprägte Symbole im Mainstream-HipHop auf, die zum Teil auf Kritik stießen. Rassistische Äußerungen im HipHop begannen nicht erst mit Fler, wurden durch seine mediale Inszenierung jedoch einer breiten Masse zugänglich, vor allem jungen Konsumenten. King Orgasmus zum Beispiel betitelt sein 2002 erschienenes Album mit „Mein Kampf – Musik für Männer." B-Tight, Künstler bei Aggro Berlin, entfachte kontroverse Diskussionen mit seinem Song: „Neger, Neger". B-Tight bediente sich in „Neger, Neger" rassistischer und sexistischer Stereotype. Die Brothers Keepers starteten im Juli 2007 eine Online-Petition „Das Schweigen brechen – Rassismus und Sexismus im deutschen HipHop" gegen den Song und verwiesen auf ihrer Website darauf, dass:

„Sowohl der Albumtitel als auch die Liedtexte (Zum Beispiel:,Wer rammt immer noch sein Penis in dein Loch, sag mir wer ist immer straff? Der Neger Neger!') und die Werbekampagne sind nicht hinnehmbar. Das Wort ,Neger' (in Folge N-Wort genannt) ist eine rassistische Beleidigung. Wir lehnen die Verwendung des N-Wortes, egal ob als Fremd-oder Selbstbezeichnung, ab – genauso wie jegliches sadistisch-sexistisches Vokabular. Das N-Wort steht für die Herabwürdigung und Entmenschlichung schwarzer Menschen. Dies zeigt sich sowohl in der deutschen Geschichte (Sklaverei, Kolonialismus, Genozid, Zwangssterilisierung, Ermordung in Konzentrationslagern) als auch in der deutschen Gegenwart. So sangen die faschistischen Mörder von Alberto Adriano das kolonialrassistische deutsche Kinderlied ,Zehn kleine Negerlein', während sie den mehrfachen Familienvater feige und brutal zu Tode traten. Zudem bedient sich die rechtsextreme Polit-Szene allzu gerne des N-Wortes, wie die jüngsten Aussagen über ,arrogante Wohlstandsneger' des NPD-Fraktionschefs, Holger Apfel, im Sächsischen Landtag zeigen. Die Auswirkungen rassistischer und sexistischer Gewalt durch Sprache dürfen nicht unterschätzt werden, ihre Verbreitung über Tonträger und Medien lässt sich nicht durch die viel zitierte künstlerische Freiheit rechtfertigen. Es geht hier nicht um formelhafte Political Correctness, sondern um R-E-S-P-E-K-T und um Verantwortung. B-Tight repräsentiert in keiner Weise die schwarze Community in Deutschland, sondern allein seine eigenen gewinnmaximierenden Interessen und die seines Labels Aggro Berlin. Seine Sprachwahl und Herkunft können und dürfen nicht herangezogen werden, um rassistische Begriffe zu legitimieren. Der Umgang mit Sprache reflektiert und kreiert natürlich das zwischenmenschlichen Klima innerhalb einer Gesellschaft und leistet der nach wie vor ausgeprägten verbalen und physischen Gewaltbereitschaft gegenüber schwarzen Menschen in Deutschland Vorschub."[47]

Auch die Gruppe Anti aus Ostdeutschland veröffentlichte 1995 den Track „Fremd im eigenen Land" und bezog sich dabei auf die Benachteiligung ostdeutscher Bürger gegenüber den in Westdeutschland lebenden Menschen. Der Vergleich, der hier mit Asylanten gemacht wurde, diente jedoch nicht der Solidarisierung, sondern vielmehr der Hervorhebung der eigenen Nationalität – in diesem Falle der Deutschen – und untermauerte die hierarchische Reihenfolge, die rassistischen Ideologien zu Grunde liegen. Genauso wie die Compilation „Krauts with Attitude" wurde hierbei von einer Position ausgegangen, die eine Marginalisierung und Benachteiligung implizierte. Dies war jedoch nicht mit der Ambition verknüpft, eine gesamtgesellschaftliche Gleichberechtigung zu erlangen, sondern aus einem national geprägten Diskurs heraus, der damit tatsächlichen Minderheiten von vornherein die Rolle des Außenseiters zuwies, das nationale Vorrecht als Deutscher zu legitimieren. Im Sommer 2010 kritisierte der UN-Sonderberichterstatter zu Rassismus, Githu Muigai, dass der Rassismus-Begriff in der BRD zu eng gefasst sei. Das Deutsche Institut für Menschenrechte unterstütze diese Einschätzung mit einer Presseerklärung. „Rassismus in Deutschland (werde) oft mit rechtsextremer Ideologie und Gewalt gleichgesetzt und dadurch zu eng verstanden. Bereits die Europäische Kommission gegen Rassismus und Intoleranz im Jahr 2009 und der UN-Ausschuss gegen Rassismus im Jahr 2008 hätten diese enge Sicht kritisiert."[48]

In den Lyrics vieler RapperInnen wird auf Rassismus Bezug genommen. Ethnische Identitäten spielen dabei eine nebensächliche Rolle. Vielmehr dient der Bezug auf die ethnische Identität dazu, aufzuzeigen, dass Unterschiede hergestellt werden, um eine unterschiedliche Behandlung legitimieren zu können.

47 | Am 21. September 2007 lud der Brothers Keepers e.V. in Kooperation mit dem Medienpartner Musikwoche und der Amadeu Antonio Stiftung zu einer Pressekonferenz auf die Musikmesse Popkomm nach Berlin ein. Unter dem Titel „HipHop – Quo Vadis?" diskutierten Murat Güngör (Autor), Torch (HipHop Artist / BK), Ramin Bozorgzadeh (Groove Attack), Adé Bantu (Musiker / BK), Abisara Machold (Sängerin / Soz.-Wiss.), Marcus Staiger (Royal Bunker), Daniel Köhler (Juice) und Noah Sow (Autorin / Musikerin / Der Braune Mob) über die gegenwärtigen Entwicklungen im deutschsprachigen HipHop. Die Online-Petition hatten im September mehr als 4.000 Menschen unterschrieben, darunter Wolfgang Thierse und die Parlamentarische Staatssekretärin a.D. Marieluise Beck MdB. Hierbei muss kritisch mitgedacht werden, dass die Politik sich lediglich unter bestimmten Umständen für HipHop interessiert. Meistens ist dies der Fall, wenn HipHop vermeintlich Tabus bricht oder als antirassistisches Schulprojekt instrumentalisiert werden kann.

48 | Deutsches Institut für Menschenrechte, Presseerklärung, 16.06.2010.

Ethnische Identitäten als Bezugssystem sind in der Rap-Musik größtenteils dazu da, die Zugehörigkeit zu der „deutschen Gesellschaft" zum Ausdruck zu bringen. „Ich bin hier geboren und werde hier draußen alt / ich bin ein Türke mit unbefristetem Aufenthalt / du brauchst nicht so zu gucken Homie / nur weil ich schwarze Haare habe / es war nicht leicht hier / das sind 26 harte Jahre", rappte Alpa Gun in „Ausländer". Der Gangster-Rap in der BRD, der Anfang der 2000er Jahre großen kommerziellen Erfolg hatte und damit auch mediale Präsenz erfuhr, wurde zum Teil dazu benutzt, die vermeintliche Differenz von „deutschen" und „nichtdeutschen" Rappern hervorzuheben. Rap-Crews wie die Microphone Mafia, Advanced Chemistry oder die Fresh Familee kommen in der nationalen Erzählung über HipHop nicht vor, und wenn, dann werden sie auf ihren Migranten-Status reduziert, auch wenn sie selber nie migriert sind. Die 1990er Jahre wären die beste Zeit für die Politik gewesen, gleiche Bürgerrechte für alle Bürger durchzusetzen, stattdessen wurde weiterhin auf einem nationalen Konzept verharrt. Die Kinder der sogenannten Gastarbeiter, aber auch Schwarze Deutsche, die formal deutsche Staatsbürger waren, wurden somit immer wieder als Andere markiert. Denn wenn von Migranten die Rede ist, weiß jeder, dass nicht der Weiße Migrant aus Nordamerika oder Schweden gemeint sind, sondern es sind daran feste Vorstellungen und Bewertungen geknüpft:

„Heute gehört Gangsta-Rap in den USA zu den lukrativsten Geschäftsfeldern einer gebeutelten Plattenindustrie. In Deutschland gab es das alles lange nicht. Deutscher HipHop kam von smarten Abiturienten aus der Provinz, in den Texten ging es um Mädchen und um Liebe, um Spaß und manchmal sogar um Politik. Und spätestens jetzt wird klar, die Welt des Gangsta-Rap hat auch viel mit misslungener Integration zu tun: Außer Sido[49] sind fast alle der Berliner Gangsta-Rapper fremder Abstammung. Das typisch gerollte R, die harten Konsonanten, so klingt Deutsch im Gangsta-Rap." (Spiegel Online, 15.01.2008)

Das Spiegel-Zitat reiht sich in einen gesellschaftlichen und politischen Diskurs ein. HipHop wird als deutsches Produkt von Abiturienten repräsentiert. Abitur gilt hierbei als Zeichen der Intelligenz. Den Gangster-Rappern, die einen Migrationshintergrund haben, wird eine gescheiterte Integration bescheinigt, und dies wird mit ihrer fremden Abstammung begründet. Es wird suggeriert, die Abstammung sei für die fehlende Intelligenz und damit die gescheiterte Integration verantwortlich. Damit wird eine rassistische Praxis hergestellt beziehungsweise reproduziert. Der Erfolg von Gangster-Rap in Deutschland liegt

49 | Erst im Jahr 2010 verkündete Sido, dass seine Mutter zu der Minderheit der Roma gehört; in einem Stern-Interview im November 2009 sagte er, dass seine Mutter Inderin sei. Auch dass Sido mit 8 Jahren aus der Ex-DDR in die BRD geflüchtet war, hatte er lange Zeit nicht thematisiert.

wohl genau hierin begründet, dass Stereotype und Klischees reproduziert werden, die von der Mehrheitsgesellschaft den Anderen zugeschrieben werden. Bei Rappern aus der Mehrheitsgesellschaft ist dies nicht der Fall, dort stehen die künstlerischen Aspekte im Vordergrund, auch wenn dort Kategorisierungen in Hinblick auf die Musik stattfinden, so steht am Ende dennoch der Künstler als Individuum im Mittelpunkt. Die ethnische Herkunft dient hierbei nicht als Erklärungsmuster, genauso wenig wird eine homogene Menschengruppe konstruiert, der negative Eigenschaften zugeschrieben werden können, wie es bei allochthonen Rappern der Fall ist.

3.6 Rap im politischen Diskurs

Die SPD-Politikerin Monika Griefhahn äußerte 2005 Kritik an sexistischen Rap-Texten. Sie forderte Radio-und Fernsehsender dazu auf, kritischer mit diskriminierenden Inhalten zu verfahren, zur Not würden einzelne Lieder verboten werden. Zwei Jahre später wurden Hausdurchsuchungen von Mitgliedern des Labels Hirntod Records durchgeführt, wo neben Waffen auch ein Song gefunden wurde, in dem Morddrohungen gegen Griefhahn ausgesprochen wurden (TAZ, 10.7.2007).

Damit überschritt meines Erachtens Rap die Grenze zwischen Kunst und Realität, da Griefhahn nicht als zufälliges, imaginäres Opfer ausgesucht wurde, sondern aufgrund ihrer Äußerungen zu problematischen Inhalten im Rap.

„Warum wollen Sie eigentlich HipHop-Musik verbieten? Fast immer, wenn ich mit Schulklassen diskutiere, wartet diese Frage auf mich. Ich kann es den Schülerinnen und Schülern kaum verübeln: Da ich die Medien, die sich die Mühe gemacht haben, meinen tatsächlichen Standpunkt abzufragen, leider an einer Hand abzählen kann, ergreife ich gern die Chance, meine Position in Diskussionen oder Antwortmails zu erläutern. Ich erkläre dann, dass ich nichts gegen HipHop-Musik habe und mir nicht in den Sinn käme diese zu verbieten. Im Gegenteil: Ich freue mich über den Erfolg des HipHop in Deutschland und persönlich ganz besonders über Bands wie die Fantastischen Vier, Fettes Brot oder Absolute Beginner."[50]

Monika Griefahn, SPD-Abgeordnete, nimmt Bezug zu den sexistischen und homophoben Tendenzen im Rap, wie er unter anderem 2007 von Sido, Bushido, G-Hot, Fler und B-Tight inszeniert wurde. Hieran geknüpft sind Suggestionen, dass Rap per se Gewalt verursache oder Sexismus unter Jugendlichen salonfähig mache. Hierbei wird von einer Eins-zu-Eins-Adaption ausgegangen, die Jugendliche zu unkritischen Objekten von Massenkonsum einordnen.

50 | Monika Griefhahn: „Für HipHop aber gegen Gewalt." 26.06.2007

Dieselbe Diskussion betrifft auch Horror- oder Pornofilme sowie Computer-Gewaltspiele und ist somit eine legitime Forderung innerhalb der herrschenden Gesetzeslage in Bezug auf jugendgefährdende Medien.

„Die Debatte über Sexismus und Rassismus in der Rap-Kultur, die nun endlich in Gang gekommen ist, finde ich erfreulich – ebenso wie die zunehmende Sensibilität, nicht zuletzt in der Szene selbst. So haben sich nicht nur vereinzelte Rapperinnen bereits gegen die Frauenfeindlichkeit im HipHop gewandt. Auch die Initiative ‚Brothers Keepers', mit der unter anderem Künstler wie Smudo, Xavier Naidoo oder Afrob ein Zeichen gegen Rassismus im HipHop gesetzt haben, meldete sich erst kürzlich in dieser Hinsicht zu Wort."[51]

Eine ähnliche Debatte war vor über 20 Jahren in den USA geführt worden, mit Gruppen wie der Two Life Crew oder Ice-T[52]. In ihrem 2008 erschienenen Buch „The HipHop Wars" beschäftigt sich die Autorin Tricia Rose mit den HipHop Top Ten. Hierin fokussiert sie jeweils fünf Argumente der Kritiker und Befürworter des HipHop. Einleitend trifft Rose die Feststellung: „HipHop is not dead, but it's gravely ill. The beauty and life force of HipHop have been squeezed out, wrung nearly dry by the compounding factors of commercialism, distorted racial and sexual fantasy, oppression, and alienation. It has been a sad thing to witness." (Rose 2008: 1) Die Debatte darum, dass HipHop in Deutschland tot ist beziehungsweise krank, greifen auch diverse RapperInnen aus der BRD in ihren Songs auf. So rappt Lady Bitch Ray „Deutscher Rap, Du bist krank". Und auch Anarchist Academy nehmen Bezug auf diese Entwicklungen, die in ihren Augen die positiven Energien des HipHop, die einstmals zentral waren, zurückdrängen würden. In „Die total verrückten Crazyboys schlagen zurück" rappen sie: „Grüßt euch, all ihr Bad MCs, / ihr habt es geschafft / Deutscher Rap ist für mich tot / ihr habt ihn dahin gerafft /jeder neue Track von euch / ist für Rap ein schwarzer Tag / denn ihr hört euch gerne reden, / und versteht nicht, was ihr sagt." In dem Song „The Return of HipHop" von DJ Tomekk, Torch, KRS One und MC Rene wird HipHop gar als Patient ins Krankenhaus eingeliefert und wiederbelebt. Torch rappt hierzu:

„Es ist schon seltsam / Schau ich mir diese Welt an / Denk an Probleme / die durch das Geld kamen / So viele Leute haben HipHop ausgebeutet / Ich bin halt 'n Typ dem die Scheisse viel bedeutet! / Frederik Hahn, Heidelberger Haitianer / Wart auf meine Zeit /mit der Geduld eines Dalai Lama […] Ich denke viel nach, Torch Mann wird älter / Blauer Samt, und morphogenetische Felder HipHop in Deutschland, ich frag mich wer bellt da? / Wisst ihr morgen noch, wer heute euer Held war? / Torch Mann, KRS One

51 | Ebd.

52 | Siehe: Erstes Kapitel USA.

und Rene am Microphone, / und DJ Tomekk an den Machine / Rhymes Galore, Rhymes ins Ohr, / yes yes y'all / Und der Beat bleibt raw."[53]

Ein erweiterter Blick auf die interaktionistische Wirkungsweise des Rap ermöglicht an dieser Stelle, die damit zusammenhängenden Mechanismen zu beleuchten. Für viele Jugendliche sind die sogenannten Gangster-Rapper Repräsentanten der Straße. Nach dem Auftauchen der Berliner Künstler rund um das Label Aggro Berlin haben sich diverse lokale Gruppierungen zusammengefügt, um ähnlich wie ihre Vorbilder sogenannten Straßen-Rap zu inszenieren. Was hierbei sofort auffällt, ist der Bezug zum imaginierten Ghetto und die Selbstverortung im ethnisch definierten Kontext. Urbane Quartiere, die sowohl in der zivilen und medialen Öffentlichkeit als auch im politischen Diskurs als Ghetto stigmatisiert werden, werden von den Jugendlichen überspitzt und subversiv als *place to be* stilisiert. Die Aufschreie, die HipHop mit rassistischen, sexistischen und homophoben sowie gewaltverherrlichenden Lyrics entfacht hatte, sind verstummt. Auch das Label Aggro Berlin, auf dem Künstler wie Sido, Fler, Bushido, G-Hot, Kitty Kat und B-Tight gesignt wurden, wurde am 1. April 2009 symbolisch begraben. Das Label gab seine Auflösung bekannt. Jedoch ist das Bewusstsein wichtig, dass die massenmediale Inszenierung der Rap-Musik nur ein minimaler Teil dessen ist, was sich in den diversen lokalen HipHop-Szenen in Deutschland abspielt. Aus dieser Perspektive wird im folgenden Kapitel die bundesdeutsche Politik in Bezug auf die Konstruktion von „Anderen" beleuchtet sowie die Fokussierung auf marginalisierte Quartiere in Köln und Berlin gerichtet werden. Dies ist insofern wichtig, als viele Jugendliche, die ich für die vorliegende Dissertation interviewt habe, sich in ihrer Musik und auch in ihren Biographien sehr stark auf ihr Quartier beziehen. Alpagun, ein MC aus Berlin, rappt zum Beispiel in „Ausländer":

„Hier gibt es viele Banden, / und zu viele Draufgänger. / Ja es stimmt, die meisten von denen sind Ausländer. / Guck! Jeder zweite von uns im Viertel ist vorbestraft, / du machst auf Gangsta, / doch keiner in deinem Dorf ist hart./ Früher war alles anders, ich hab auch abgezogen, / und so manche guten Freunde von mir wurden abgeschoben. / Ich weiß, man hat kein Grund und nicht das Recht, jemanden anzugreifen, / doch sie finden immer wieder ein Grund dich anzuzeigen. [...] Ihr müsst mir glauben, / der Umgang mit euch ist gar nicht leicht / ihr schmeißt uns alle auf einen Haufen und sagt: Wir sind alle gleich. / Ich hab mich oft geschlagen, / doch mein Bruder wollte nicht so sein, / trotzdem kommt er wegen seinem Aussehen in keine Disco rein. / Türken töten für Ehre und drehen auch krumme Dinger! / Und manche Deutsche machen lieber Sex mit kleinen Kindern! / Nicht jeder von uns würde mit Koks oder Hero dealen. / Ich sag doch auch nicht, jeder Deutsche ist gestört und pädophil. / Es ist wie eine

53 | DJ Tomekk feat. Torch, KRS One, MC Rene, Return of HipHop. 2000

Rebe mit große und kleinen Trauben, / wenn eine schlecht ist, heißt es nicht, dass alle gleich verfault sind. / Wir mussten kämpfen und haben nie was von euch gewollt. / Ihr sollt nur wissen, wir sind auch ein Teil vom deutschen Volk."[54]

Von diesem Standpunkt aus wird es von Bedeutung sein, die medialen, öffentlichen sowie politischen Machtstrukturen im Umgang von insbesondere männlichen allochthonen Jugendlichen genauer ins Visier zu nehmen. Das oftmals anzutreffende defizitorientierte Paradigma, wenn Migrantenjugendliche, insbesondere jene aus muslimischen Kulturkreisen, auf Interesse stoßen, basieren auf einem kulturellen Rassismus, der einen institutionellen Rassismus erst ermöglicht, legitimiert und etabliert. Besonderes Interesse gilt hierbei der Bildungssituation von allochthonen Jugendlichen. Nicht zuletzt aus diesem Grund habe ich mich bei den empirischen Erhebungen auf biographisch narrative Interviews fokussiert. Es drängte sich nahezu auf, die musikalischen und künstlerischen Aspekte innerhalb der Gesamtbiographie zu verorten, weil sonst wichtige und komplexe Bereiche innerhalb der Biographie nicht ans Licht treten können und somit auch nicht die Dialektik zwischen hegemonialen Exklusionsmechanismen und Marginalisierung und Widerstand sichtbar gemacht werden kann. Widerstand ist hierbei als komplexer Begriff angelegt. Es gibt nicht eine Form von Widerstand. Widerstand formiert sich meines Erachtens aus den zur Verfügung stehenden Mitteln und Möglichkeiten.

3.7 Das urbane Quartier im Rap

Auch in Köln, wo ein Großteil der empirischen Daten erhoben wurde, gibt es Szenen, die in ihren lokalen Quartieren agieren. Anders als in seinen Anfangszeiten, als der Bezug der HipHop-Crews auf die Städte gerichtet war, wie Berlin, Stuttgart, Heidelberg, Frankfurt und Köln, sind es heute mehr einzelne Stadt-Quartiere, die in den Rap-Lyrics zum Bezugspunkt werden. Diese spielen auch in der visuellen Inszenierung eine zentrale Rolle. Der Bezug auf das Quartier dient in diesem Zusammenhang als soziales Kapital. Die Quartiere, die in der öffentlichen und politischen Diskussion als Randbezirke beziehungsweise Quartiere mit besonderem Erneuerungsbedarf gelten, werden von den Jugendlichen und jungen Männern umgedeutet und als Ghetto stilisiert. Was steckt dahinter, wenn Jugendliche ihre Quartiere in diesem Fall anders deuten? Von einer Ghettoisierung wie im Fall der USA kann keine Rede sein. Louic Wacquant spricht in diesem Zusammenhang von Anti-Ghettos. Es ist einerseits das Ghetto, das zum Ausgangspunkt diverser Rap-Lyrics und Rapper wird, andererseits und daraus hervorgehend die dialektische Symbiose des fiktiven

54 | Alpa Gun, Ausländer. 2007

Ghettos mit sozialem Kapital. Im Sinne des Rap und des Signifying wäre eine Lesart möglich, welche die Übertreibung in eben jene Inszenierung impliziert. Dies scheint jedoch nicht geboten, da die Rapper darauf bestehen, *credible* und *authentisch* zu sein. Vor diesem Hintergrund ist ein Perspektivwechsel auf die vermeintlichen Ghettos nötig, die mit einer Analyse diverser Rap-Lyrics einhergeht. Mit dem Erfolg der Künstler des Labels Aggro Berlin ging ein Rap-Boom durch die Jugend. Während viele als Fans und Konsumenten agieren, entdecken andere wiederum für sich die Möglichkeit mit dem Rap selbst aktiv zu werden und alltagsrelevante Themen zu artikulieren. Selbst geschriebene Raps und dazu selbst gedrehte Videos waren auf einmal in großem Maße zu beobachten. Auch wenn viele Jugendliche beziehungsweise junge Menschen damit vor allem in ihren Quartieren Erfolge feierten, so ließ sich beobachten, dass dennoch eine massive und schnelle Verbreitung von dem stattfand, was zunächst in Freundeskreisen oder lokalen Quartieren begann. Gemeinsam ist vielen der Inszenierungen, dass nach dem Erfolg von Aggro Berlin viele Jugendliche den Straßen-beziehungsweise Gangster-Rap in ihren Alltag adaptieren und sich von dem Standpunkt aus artikulierten. Bei der Artikulation und Inszenierung in der Rap-Musik stellte die urbane Stadt beziehungsweise Vorstadt meist einen zentralen Anknüpfungspunkt dar, nicht zuletzt weil sich der öffentliche und politische Diskurs auf das Zusammenleben in der Stadt fokussiert und hiervon ausgehend kontinuierliche Schreckensmeldungen von vermeintlichen Parallelgesellschaften oder Ghettoisierungen in deutschen Großstädten verbreitet. Dass sich in Deutschland die HipHop-Szenen parallel zueinander in verschiedenen Städten entwickelt hat, habe ich aufgezeigt. Aber erst mit dem Erscheinen von Aggro Berlin ist unter Jugendlichen ein derartig hoher Identifikations-und Aneignungs-Boom entstanden, der die urbane Stadt beziehungsweise die Stadtquartiere, in denen die Jugendlichen leben, als Hauptthema fokussiert. Hierbei steht in einigen Inszenierungen das Ghetto im Zentrum, wohingegen es in sonstigen Diskursen in der Peripherie verortet wird und als Sinnbild für die gescheiterte multikulturelle Gesellschaft dient. Es scheint, als ob Jugendliche die Selbstdefinitionsmacht umkämpfen und damit auch ihre eigene Selbstverortung. Die mediale Aufmerksamkeit, die Rap zuteil wird, geht von dem Standpunkt aus, der zu dem Mythos „Aus dem Ghetto zum Erfolg" passt.

„Sinan Tosun residiert da, wo Berlin hart und kaputt ist. Am Kottbusser Tor, etwas abgelegen und so unauffällig platziert, dass nur Eingeweihte und Hartnäckige seinen Laden finden. Tosun verkauft hier T-Shirts, Trainingshosen und Kapuzenjacken. Nicht irgendwelche, sondern solche aus seiner eigenen Kollektion ‚36 Boys'. Aber es geht hier auch nicht in erster Linie um die Mode. Es geht um Kreuzberg. Um HipHop. Und um die 36 Boys. So hieß die türkische Jugendgang, die in den späten achtziger Jahren zu einer der meistgefürchteten von ganz Berlin aufstieg." (Der Spiegel 20/2009)

An diesem Beispiel lässt sich veranschaulichen, dass eine Präsentation urbaner Teilnahme und eigenständiger Etablierung von MigrantInnen anscheinend nicht als berichtenswert erscheint, wenn sie sich nicht mit vorherrschenden Diskursen verknüpfen lässt. Dass dies aber eine vereinfachte und plakative Perspektive ist, werde ich im Laufe dieses Kapitels beleuchten. Den Jugendlichen dient der Ghetto-Diskurs vielmehr dazu, daran anknüpfend aus ihrer Perspektive die Peripherie zu beleuchten. Ayse Caglar kritisiert, dass eine Perspektive, die den HipHop in Zusammenhang mit dem Ghetto-Diskurs aufgreift, problematisch sein kann:

> „Aber solche Annäherungen an HipHop nehmen einen wesentlichen Gegensatz zwischen Ghetto (der Peripherie) und Zentrum an und begreifen Rap somit als genuin oppositionell. Außerdem birgt dieser Ansatz die Gefahr, Minderheiten ausschließlich im Bezug auf das Ghetto (als kulturellen Raum außerhalb des Zentrums) wahrzunehmen und dadurch längst bewältigt geglaubte kulturalistische Positionen wiederzubeleben. Rap muss aber keineswegs zwangsläufig oppositionell sein, denn das Widerstandspotenzial hängt vom jeweiligen Kontext ab und erschließt sich nur aus diesem Kontext heraus." (Caglar 1998: 42)

Dass einige Rapper bewusst das Interesse und den voyeuristischen Blick der Mehrheitsgesellschaft bedienen, soll an dieser Stelle einfach als Fakt hingenommen werden und ist im Kapitel zu HipHop in der BRD ausgiebig analysiert und diskutiert worden. Es scheint, als hätten in Deutschland, ähnlich wie in den USA, Künstler nur bestimmte und eingegrenzte Möglichkeiten, überhaupt in den Mediendiskurs integriert zu werden. Und dies geschieht durch die Erfüllung von Klischees und Stereotypen und nur in Verbindung mit daran geknüpften abhängigen Diskurs-Strängen. Darüber hinausgehend ist es dennoch von Bedeutung, einen Blick auf die Peripherie im Allgemeinen zu richten. Ayse Caglar kritisiert zwar die Einteilung in Zentrum – Peripherie, jedoch verbleibt sie damit in einem der Peripherie eingeschriebenen beziehungsweise zugeschriebenen Diskurs, indem sie die Zuschreibung nicht in Frage stellt, sondern als gegeben akzeptiert. Dabei gerät meines Erachtens aus dem Blick, dass HipHop nicht per se der Peripherie entstammen muss, genauso wenig, wie sie selbst konstatiert, HipHop per se oppositionell sein müsse. Ein weiterer Aspekt, der mit der Repräsentation von Rappern einhergeht, ist der Bezug auf die Zugehörigkeit zu Gangs und Banden. Männliche Jugendliche sind also, wenn sie Ziel der Aufmerksamkeit werden, meist als Täter stigmatisiert. Bei ihren weiblichen Leidgenossinnen ist es die Opferrolle, die ihnen zugeschrieben wird. Lady Bitch Ray beispielsweise wird in Zusammenhang mit dem Diskursstrang Weiblichkeit und Migration betrachtet. Migration wird als urbanes Phänomen rezipiert und in diesem Kontext für negative Aspekte im multikulturellen Zusammenleben instrumentalisiert. Hierbei spielen Sexismus und Rassismus eine interdependente Rolle. Indem Lady Bitch Ray immer im Zusammenhang mit ihrem Vater[55] repräsentiert wird, wird am Mythos der „armen, unabhängigen türkischen Frau" festgehalten. Obwohl Lady Bitch Ray genau das Gegenteil des hegemonialen Bilds der türkischen Frau verkörpert, wird sie dennoch in diesen Diskurs hineingezwängt. Dies erklärt einerseits die sexistische Inszenierung, andererseits wird die eingeschränkte Anerkennung von Diversität durch die Mehrheitsgesellschaft deutlich. Lady Bitch Ray wird zum Politikum. Obwohl eigentlich ihre künstlerischen Aspekte im Fokus des Interesses stehen sollten, spielen hierbei anscheinend ihre Familienzugehörigkeit und ethnische Zugehörigkeit eine weitaus bedeutendere Rolle als beispielsweise ihre subversive Kritik an dem Sexismus ihrer männlichen Kollegen und der Gesellschaft. Das stereotype Bild über die Frau aus sogenannten islamischen Kulturkreisen oder Traditionen ist auch von der wissenschaftlichen Forschung verfestigt worden:

„In der traditionellen islamischen Kultur beispielsweise tritt der Wechsel vom Kind zur Erwachsenen für viele Mädchen übergangslos mit der Pubertät, also ihrer Heiratsfähigkeit ein. Sie werden jetzt besonders behütet und dürfen wenig Kontakt zu anderen Jugendlichen haben, da die Ehre der Familie und die Verheiratung von der Wahrung der Jungfräulichkeit und des guten Rufs abhängt. Durch zu viel Freiheiten könnten die Mädchen und damit ihre Familien ins Gerede kommen [...] Nicht selten müssen die Mädchen daher die Schule abbrechen oder dürfen keine Berufsausbildung machen, da dies intensivere Kontakte außerhalb der Familie erfordern würde und die Verheiratung in weite Ferne rückt beziehungsweise die Gefährdung der Mädchen nahe legt. Im Konfliktfall setzt sich also eher die traditionelle Norm bei den Eltern durch." (Beinziger/Kallert/Kollmer 1995: 15)[56]

Damit wird suggeriert, die traditionelle Norm sei ein unausweichliches Wesensmerkmal, quasi genetisch vererbt und ein statischer Bezugsrahmen für die Handlungsebene. Diese kulturreduktionistische Perspektive, die nicht die Konflikte zwischen Eltern und Kindern im Allgemeinen ins Visier nimmt, sondern ethnisch erklärt, ist meines Erachtens mit einem emanzipatorischen Grundverständnis von pädagogischer Arbeit nicht zu vereinbaren. Die pädagogische Arbeit mit türkischen Mädchen, bei der die kulturelle Identität und sogenannte

55 | Lady Bitch Ray wurde bei fast jedem Fernsehauftritt gefragt, wie denn ihr Vater auf ihre Musik reagiere.

56 | Ähnlich kulturreduktionistische Zugangsweisen finden sich bei Müller (1999: 23) „Für türkische Mädchen in Deutschland bedeutet das Einsetzen der Pubertät somit folgendes: Sie werden im Vergleich zu Deutschen verstärkt elterlicher Kontrolle unterzogen, auf die traditionelle Frauenrolle (Hausfrau und Mutter) vorbereitet und an häuslichen Pflichten beteiligt und von der Außenwelt, insbesondere der deutschen, abgeschnitten."

Herkunft dieser Mädchen als minderwertig, unmodern und rückständig einstuft wird, ist in meinen Augen äußerst kontraproduktiv und kulturreduktionistisch und wird, statt zu helfen, vielmehr zu einer Verteidigungshaltung denn einer Öffnung gegenüber Pädagoginnen führen. So konstatiert Kraheck, obwohl es zwar nicht DAS türkische Mädchen gebe, türkische Mädchen dennoch „Auf die Hilfe der Pädagoginnen und Pädagogen angewiesen ist" (Kraheck 1997: 89). Hier sind anscheinend deutsche Pädagogen gemeint, die dann alleine dadurch geeignet zu sein scheinen, den armen Mädchen zu helfen, weil sie deutsch sind und damit per se aufgeklärt und fortschrittlich. Die von der Universität Rostock vorgestellte Studie „Junge Muslime in Deutschland" von H.J. Wensierski geht der Frage nach, ob Muslime im Vergleich zu Nichtmuslimen ihre Jugend in Deutschland anders erleben und kommt zu folgendem Ergebnis:

> „Die Sexualmoral der jungen Muslime entspricht in vielem dem, was wir aus den 50er Jahren kennen. Ein großer Teil unserer Interviewpartner hat eine ausgesprochen asketische und verbotsorientierte Sexualmoral, also: kein Sex vor-und außerhalb der Ehe, keine sexuelle Erfahrungen im Jugendalter. Das heißt auch: Die Jugendlichen werden zu Hause nicht aufgeklärt, dort wird über Sexualität nicht gesprochen. Damit einher geht eine starke Sexualisierung insbesondere des weiblichen Körpers, der wiederum tabuisiert wird. Die Jugendlichen fügen sich nicht nur den Erwartungen der Eltern, sie teilen diese asketische Sexualmoral auch."[57]

Für die Studie wurden 100 muslimische Jugendliche befragt. Die Studie kann also nicht als repräsentativ für einen Großteil der Muslime gelesen werden. Daneben sind es jedoch andere Aspekte, welche die kulturreduktionistische Seite dieser Studie verdeutlichen. An erster Stelle ist dies, dass nach eurozentrischem Maßstab hierarchisch festgelegt wird, was fortschrittlich ist und was nicht. Stellt die Sexualität eigentlich, auch wenn wir in einer sexualisierten Gesellschaft leben, dennoch einen privaten Bereich dar, so scheint dies für Muslime nicht zu gelten. Während bei deutschen Mädchen also von vornherein von einer sexuellen Liberalität und Aufgeklärtheit ausgegangen wird, so wird muslimischen Jugendlichen eine „rückständige" Sexualität zugeschrieben, denn aus diesem Grund wird der voreheliche Geschlechtsverkehr bei deutschen Mädchen und Frauen vorausgesetzt. Ein weiteres Problem hierbei ist, die homogene Zusammenfassung unter dem Begriff Muslim. Es wird nicht differenziert und somit bleibt als Fazit: Muslime sind rückständig und haben eine verkorkste Sexualität. Soll die Studie, wie sie vorgibt, eine vergleichende Studie sein, so muss auch nach einer Vergleichsgruppe gesucht werden und die strukturellen Bedin-

57 | Im Dezember 2008 wurde in der TAZ die Studie „Junge Muslime in Deutschland" vorgestellt. Hier wird den Interviewten eine Sexualmoral wie in den 50iger Jahren attestiert. So lautet übrigens auch der Titel des Artikels. (TAZ, 6.11.2009)

gungen und Ressourcen mit einbezogen werden. Während beispielsweise in der Studie nur Muslime befragt wurden, ist nicht klar heraus zu lesen, wer die Nichtmuslime sind. Gleichzeitig muss auch hierbei die Kopftuch-Debatte, die sich in alle Diskurse einspeist hat, hinterfragt werden. Während beispielsweise Nonnen innerhalb von kirchlichen Institutionen oftmals eine Leitungsposition einnehmen können, so wird in der bundesrepublikanischen Realität immer noch darüber diskutiert, ob eine Muslima mit Kopftuch an einer Schule als Lehrerin arbeiten dürfe oder nicht, selbst wenn sie an einer deutschen Universität studiert hat. Gleichzeitig wird dann gerne auf das laizistische System in der Türkei verwiesen, demnach Staat und Religion voneinander getrennte Institutionen sind, und es in der Türkei beispielsweise Studentinnen nicht erlaubt ist, mit Kopftuch zu studieren. In diesem Kontext dient die Türkei als Vorbild, obwohl ihr sonst jegliche Modernität abgesprochen wird, was nicht bedeuten soll, dass es modern ist, wenn kopftuchtragende Frauen von Bildung ausgeschlossen werden. Aziza A., Rapperin aus Berlin und Istanbul, die ich für die vorliegende Studie interviewt habe, sagte mir während des Interviews, dass sie eigentlich keine Interviews mehr gebe, da in Vergangenheit nicht ihre Musik und der künstlerische Aspekt im Fokus des Interviews gestanden hätten, sondern ihre Familien-und Migrationsgeschichte. Ähnliches formulierte auch Killa Hakan aus Berlin, der beschrieb, dass es immer nur bestimmte Aspekte der Biographie seien, die für die Medien von Interesse seien, wie beispielsweise seine kriminelle Karriere, die Zeit im Gefängnis und dann die vermeintliche Befreiung durch den Rap. In Bezug auf die Spiegel-Ausgabe „Gefährlich fremd“, für die Killa Hakan interviewt wurde, sagt er im Nachhinein:

„Ja, und so rechte Reporter haben uns richtig gefickt. Kennst du ‚Gefährlich fremd?‘ Da war ein Interview mit mir drin. Sie sind gekommen und gegangen, und haben irgendwas geschrieben. Boe B. hat dazu gesagt: ‚Die können nicht mit meinem Leben spielen.‘ Nach dem Hype sind wir tiefer in den Underground gegangen. Ich war wieder im Knast. Und dann stirbt Boe B. und keiner kriegt es mit. Wäre er erschossen worden, wären sie vielleicht gekommen. Boe B. hat unsere Geschichte erzählt, er war Musiker. Aber dafür hat sich kein Schwein interessiert. Heute feiern sie vielleicht einen anderen.“ (Jungle World, 9/2003)

Männliche Rapper, beispielsweise Massiv, werden meistens im Zusammenhang mit ihrer harten Vergangenheit und hegemonialen Form der Männlichkeits-Inszenierung repräsentiert. Ähnlich gestaltet es sich mit den La Honda Boys aus Köln, die alleine dadurch zum Spielball der Medien werden, weil sie eine Gang-Vergangenheit aufweisen können und eine übersteigerte Form von Männlichkeit verkörpern sowie Gewaltphantasien in ihren Lyrics ausleben. Hierbei werden bestimmte Stereotype aktualisiert und in den Diskurs eingespeist, um den Status Quo der hegemonialen Mehrheitsgesellschaft zu erhalten. Der Style und die Qualität scheinen in der medialen Thematisierung und Fokussierung nicht von Bedeutung zu sein, denn die teils plumpen und schlechten Reime wären ohne die dazugehörigen Bilder nicht der Rede wert. Viele Jugendliche, die sich teilweise damit identifizieren können, greifen in diesen Diskurs ein und artikulieren ihre Position in marginalisierten Quartieren, wie sie in allen urbanen Großstädten vorzufinden sind. Um verstehen zu können, was es bedeutet, wenn Jugendliche die Straße, das Ghetto oder ihre Nationalität glorifizieren, so wie es nach dem Aggro Berlin Boom zu beobachten war, ist es nötig, einen Blick auf den Migrations-und Integrationsdiskurs zu werfen, der unvermeidlich mit dem multikulturellen Stadt-Diskurs gekoppelt ist. Um hierbei über eine Erklärung hinaus zu kommen, die den Ghetto-Bezug von Rappern lediglich auf den Übertreibungscharakter des Rap zurückführt, ist es unumgänglich, die Migrationspolitik, Stadtsoziologie und Jugendmigrationsforschung aus einer kritischen Perspektive zu beleuchten. Was hat es also auf sich, wenn Jugendliche wie Deadline aus Köln-Porz rappen: „Junge komm ins Ghetto und du siehst, was hier abgeht." Oder wie Killa Hakan aus Berlin: „Kreuzberg City burasi / Fazla hava atma dur, / her yerde cakallar gezer./ Burasi Ghettodur / [...] Burasi Kreuzberg-Kottbusser Tor, / baska olur tadi."[58] Wasiem Taha aka Massiv, der ursprünglich aus Pirmasens aus der Pfalz stammt, rappt in „Ghettolied":

„Ihr wollt ein Gettholied auf nen Getthobeat? / Kommt nach Wedding, dann wisst ihr, wo das Ghetto liegt / Das ist mein Bezirk / geh von hier nicht weg / Liebe meine Brüder / widme ihnen diesen Track / Das ist das Ghettolied auf einem Ghettobeat / schau mir in die Augen / und du weißt, dass ich das Ghetto lieb / wir sind unbesiegbar / weil uns keiner unterkriegt [...] Ich bin aus dem Gaza, dank meinem Vater. / Mein Blut ist so reif, fühl mich frei, wie ein Adler. / [...] ach was: ich bin kein Berliner? / Che Guevara war auch kein Kubaner / Bau mir eine Festung, / ich denke mir: ‚Inshallah'. / Wird der Traum wahr? / Massiv macht den Traum wahr."[59]

Massiv erfindet mit jedem Album eine neue Identität. Angefangen als Palästinenser, dann zum Libanesen geworden, inszeniert er sich letztendlich als Moslem. Wie im vorausgegangenen Kapitel schon kritisch dargestellt wurde, bedienen junge Künstler sich der vorherrschenden Diskurse. Das subversive Potenzial kommt hierbei jedoch nicht zum Ausdruck, weil auf einer starren Perspektive des Nationalismus verharrt wird. Wie auch Fler sich als deutschen Bad Boy inszeniert hat, dient hier der arabische Nationalismus als Eintrittskarte

58 | Deutsche Übersetzung: Hier ist Kreuzberg-City./Gib nicht zu sehr an/überall laufen Schakale rum./Hier ist das Ghetto[...]/Hier ist Kreuzberg-Kottbusser Tor/es hat einen anderen Geschmack. Killa Hakan, Kreuzberg City. 2007

59 | Massiv, Ghettolied. 2006

in den Mainstream. Jedoch ist dies nicht ausschließlich aus dieser Perspektive heraus zu definieren, denn auch Jugendliche, die Rap „nur zum Spaß machen" oder „um nicht auf der Straße rum zu hängen", inszenieren und artikulieren in ihrer Musik ihre nationale Herkunft oder die Herkunft ihrer Eltern. Um dies innerhalb des sozialwissenschaftlichen und politischen Diskurses angemessen verorten zu können, ist es aus diesem Grund relevant, die bundesdeutsche Ausländerpolitik beziehungsweise den öffentlichen Migrations-Diskurs zu beleuchten. Als nächsten und letzten Schritt werde ich dann im empirischen Teil die von mir erhobenen Interviews in diesen Kontext einbetten. Ein differenzierter Blick ist notwendig, der aus verschiedenen Perspektiven einen analytischen Zugang zu der Ghetto-Thematik im HipHop eröffnet. Gleichzeitig ist ein offener Zugang nötig, um die diversen Möglichkeiten und Facetten zu beleuchten. Dies bedeutet nicht, dass die Diskussion um die urbane Stadt in den Hintergrund gerät. Ganz im Gegenteil, erst in der Dialektik wird die mediale und öffentliche Inszenierung des HipHops in Deutschland in sich schlüssig und eröffnet einen Zugang, der jenseits von stereotypen Etikettierungen funktionieren kann. Und dennoch sind dies alles nur Samples, kleine Ausschnitte aus der großen HipHop-Welt, die nicht den Anspruch vertreten können und sollen, ein reduktionistisches, in sich homogenes Erklärungsmuster abzuliefern.

3.8 Köln-Porz Deadline

Deadline ist eine Gruppe von sieben Jugendlichen aus Köln-Porz. Sie traten erstmals im Jahr 2006 in den Fokus der Öffentlichkeit. Die sieben Mitglieder haben alle einen sogenannten Migrationshintergrund und leben in dem Kölner Quartier Köln-Porz. Porz gilt in der Öffentlichkeit als marginalisiertes Quartier und im politischen und pädagogischen Jargon als Quartier mit besonderem Erneuerungsbedarf. Am 26. April 2006 erschien im Kölner Stadt Anzeiger ein Artikel über die Crew: „Die Diskussion über benachteiligte Viertel und Jugendgangs hält an. Mittendrin gibt es Jungs, die ihr Leben selbst in die Hand nehmen. Als „Köln-Porz Deadline" rappen sieben Jugendliche mit Migrationshintergrund." (Kölner Stadt Anzeiger, 27.04.2006) Hierbei drängt sich die Frage auf, weshalb der Migrationshintergrund der Jugendlichen in den Vordergrund gestellt wird. In der Musik selbst steht die lokale Selbstverortung im Quartier im Vordergrund, wie sich aus folgenden Lyrics ableiten lässt. In „Köln-Porz Deadline" beispielsweise rappen sie:

„Meine Stadt ist bewölkt. / Hör zu, / wie die Regentropfen reden, / den Schmerz weinen. / Ich versuch zu leben Junge. /Der Armselige ist der, der zerstört. Jeden Tag dasselbe Drama, das uns hier verhört /Ich stolze Heimat in mein Herz, ich fühl den Schmerz nicht mehr. / Ich will und kann nicht mehr. / Nein! Versuch in diesem Spiel dein Glück, / mach den richtigen Zug / und fall nicht weiter zurück, mein Freund. / [...] Ich hab nur ein Problem, und zwar dass Leute nicht verstehen, / wenn wir auf der Straße gehen / und uns den Rücken zudrehen. / Denn ich bin nicht blind. / Ich lese ab und zu mal Zeitung. / Es ist kein Standpunkt und auch nicht meine Meinung [...] meine Freunde sind auf Fahndung [...] Ich sage nicht Porz lebe hoch, / denn ich vermisse meine Heimat. / Denn es ist Deadline: Refrain: Köln-Porz Deadline, lelela / 51 Nordrhein / lelela /Köln 511 / lelela / labert keinen Scheiß von Urbach bis nach Eil, / von Falkenhorst bis Demo / es ist alles gleich. / Wir sind Ausländer / Ausländer leben länger / sehen krumme Dinger, / in Köln-Porz hier / [...] Ich hab keinen deutschen Pass, / es macht mir eh keinen Spaß. / Oh Mann ist das krass."[60]

Unterschiedliche Diskurse werden in diesem Lied von den Jugendlichen aufgegriffen. Sie verorten sich in ihrem Quartier und zelebrieren es im Refrain. Gleichzeitig bringen sie zum Ausdruck, dass sie sich als allochthone Jugendliche nicht anerkannt fühlen, weil sie einerseits als junge Männer stigmatisiert werden „wenn Leute uns den Rücken zudrehen, wenn wir auf der Straße gehen" und andererseits zum Ausdruck bringen, dass ihre Freunde auf Fahndung sind. Das bedeutet, dass sie eventuell öfter von der Polizei kontrolliert werden als Jugendliche in anderen Quartieren mit vergleichsweise niedrigerem Migrationsanteil. Das Video zu „Köln-Porz Deadline" ist in dem Quartier selbst gedreht. Die Jugendlichen sind dabei auf der Straße, in Häusern oder auf Häuserdächern zu sehen. Ihre Freunde sind in das Video integriert und singen den Refrain; „le le la". Die Häuser in dem Video sind Hochhäuser, diese werden bei der visuellen Inszenierung sowohl aus der Froschperspektive als auch in der Vogelperspektive gezeigt. Ebenso sind die Crewmitglieder mit ihren Freunden auf dem Sportplatz, in der City oder an der Bushaltestelle zu sehen. Das Video spiegelt den Alltag der Jugendlichen wieder und suggeriert damit eine Authentizität, da für die Jugendlichen aus dem Quartier, die die Videos sehen, Wiedererkennungswert vorhanden ist. Dadurch, dass auch der Freundeskreis und auch jüngere Kinder in dem Video[61] zu sehen sind, ergibt sich ein geschlossener Kreis. Die Rap Crew hebt sich nicht daraus hervor, sondern vermittelt ein Gefühl der Gemeinsamkeit. „Immigranten-Rap" und „Vorstadt-Kids" sind zwei weitere Tracks der Gruppe, in denen sie sich mit ihrem Quartier auseinander setzen. Eine weitere Gruppe aus Köln-Porz ist Komekate. Auch die Jugendlichen dieser Gruppe besingen ihr Quartier. Ein Kölner Sozialarbeiter sagte in diesem Kontext in einem Gespräch, dass jeder Lehrer und Sozialarbeiter das Lied „Hier in Porz" gehört haben sollte, um den Lebensalltag von Jugendlichen in stigmatisierten und marginalisierten Quartieren verstehen zu können.

60 | Deadline, Köln-Porz Deadline. 2006

61 | Deadline, Online unter: http://www.kpdeadline.de/

„Wo die Bullenwache immer was zu tun hat (in Porz). / Wo die Gesellschaft der Jugend Türen zu macht (in Porz). / Wo sich die Arbeitslosen gerne selber helfen (in Porz). / Wo sie wissen, dass Drogen pures Geld sind (in Porz). / Wo die Bullenwache immer was zu tun hat (in Porz). / Wo die Gesellschaft der Jugend Türen zu macht (in Porz) / Wo dein Haus ohne Homies brennt / Hier in Porz, Mann, lebt der deutsche Orient."[62]

Verschiedene Inszenierungsformen werden hierbei sichtbar: die Kategorien *Race, Class* und *Gender* werden auf verschiedenen Ebenen thematisiert und auf diverse Art inszeniert. Was in den vielen Videos in Bezug auf Männlichkeits-Inszenierungen deutlich wird, ist, das ein bestimmtes, einheitliches Männlichkeitsbild als Leitfaden dient: breitgebaute Männer mit Tätowierungen, die sich ihre Muskelmassen durch hartes Training erworben haben. Die körperliche Härte symbolisiert hierbei die Härte des Lebens, die in ihren Lyrics zum Ausdruck kommt. Daneben sind Waffen und der Einbezug von Kampfhunden ein beliebtes Motiv, um Männlichkeit und Stärke zu visualisieren und zu suggerieren. Die Diskreditierung der Polizei beruht hierbei auf der Erfahrung, überdurchschnittlich vielen Polizeikontrollen in sogenannten marginalisierten Quartieren ausgeliefert zu sein. Die La Honda Boys aus Köln haben in ihren Videos, wie beispielsweise „Gorillas im Nebel", ausschließlich männliche Statisten involviert, und es wird ein bedrohliches Szenario inszeniert, in dem Waffen und Blut in dem Video zu sehen sind, ebenso wie Kampfhunde und Männer, die eine aggressive Haltung haben. Der Antrieb, real zu sein und seinen Lebensalltag zu dokumentieren, ist ein treibender Faktor hinter den Inszenierungsformen. Ein weitaus wichtigerer Faktor ist meines Erachtens, dass eine sich selbst erfüllende Prophezeiung im Kontext von Rap-Musik und Männlichkeitskonstruktionen die Grenze zwischen Realität und Inszenierung immer schwieriger erkennen lässt, da beide Aspekte sich gegenseitig bedingen. Der Erfolg von Künstlern wie Bushido, der explizit die Stereotype bedient, ist in diesem Kontext demnach nicht ausschließlich als gewinnmaximierende Handlung zu lesen, sondern auch als bewusste Übernahme stigmatisierender Metaphern, was wiederum bedeutet, dass rassistisches Wissen und der daraus gezogene Profit Konzepte in der Rap-Musik sind, die nicht zufällig oder blind ausgeführt werden. Massiv, der in „Ghetto-Lied" über Berlin-Wedding rappt und ursprünglich aus dem kleinen Ort Pirmasens in der Pfalz stammt, ist ein Beispiel dafür, wie rassistisches Wissen eingesetzt wird, um Identitäten, die massenkompatibel sind, einerseits entwerfen und andererseits damit in den hegemonialen Diskurs einspeisen zu können. Hierfür ist der Realness-Faktor im HipHop zentraler Bezugsrahmen, wo am Ende meines Erachtens dann doch eine Dekonstruktion herrschender Stereotype stattfindet. Der Bezug auf Massivs eigentlichen Herkunftsort, ein kleines Dorf in der Pfalz, dekonstruiert damit das

62 | www.komekate.de

inszenierte Image der Kunst-Person und stellt somit zwar auch seine Realness in Frage. Auf der anderen Seite jedoch entstehen erweiterte Perspektiven auf den Ghetto-und Gewalt-Diskurs und dienen somit auch der Dekonstruktion des imaginierten Ghettos. Der Widerspruch, real zu sein, obwohl die Biographien und Lebenswelten eine diametral entgegengesetzte Position einnehmen, ist nicht aufzulösen, da das konstruierte Image ein Teil der Performance ist. Ohne ein Image oder eine Kategorie, die die Künstler und die Musik greifbar macht, scheint Rap-Musik in seiner kommerzialisierten Form nicht zu funktionieren und wird stattdessen immer wieder aktualisiert und modifiziert. Jedoch wird durch das Zusammenwirken unterschiedlicher Stimmen einer einseitigen Narration ein Stück weit entgegengesteuert. Durch die inszenierten Images treten auch andere Künstler mit ihrer Kritik in Interaktion, sowohl auf künstlerischer als auch auf gesamtgesellschaftlicher Ebene. Somit entsteht eine Gegenposition zum herrschenden hegemonialen Diskurs. Es entsteht, wenn auch nur begrenzt, ein Raum für eigene Definitionen und Selbst-Repräsentationen.

4 Einwanderungsland BRD

Bevor ich inhaltlich in den Migrations-Diskurs einsteige, der den theoretischen Rahmen dieser Arbeit mit bildet, möchte ich kurz darauf Bezug nehmen, welche Relevanz diese Vorgehensweise für die vorliegende Studie hat. HipHop, und in meinem Fall speziell der Rap, ist Musik, genauer gesagt Sprechgesang. Was also hat das mit der Bundesrepublik Deutschland und der Migrationspolitik an sich zu tun? Die Rapper und Rapperinnen, die ich interviewt habe, sind zum Großteil selbst nie migriert, sondern leben seit ihrer Geburt in der BRD. Genau hier liegt jedoch die Parallele und zentrale Zugangsperspektive, um Rap in der BRD verstehen und verorten zu können. HipHop in der BRD blickt mittlerweile auf ein nunmehr fast 30-jähriges Bestehen zurück. Und immer noch artikulieren Jugendliche oder auch mittlerweile ältere Rapper und HipHopper ihre Position in ihren Raps aus einer mitunter marginalisierten Perspektive heraus. Dass dies nicht ausschließlich der Fall ist, habe ich im umfassenden Kapitel zu der Entwicklung des HipHop in der Bundesrepublik Deutschland dargestellt. Jedoch sind der Migrations-und Integrations-Diskurs in der BRD und die damit einhergehende Verweigerung von Zugehörigkeit einer der zentralen Aspekte, auf die sich Rapper und Rapperinnen immer wieder beziehen. Vor diesem Hintergrund ist es deshalb wichtig, den Umgang mit Migration zu analysieren. Annette Treibel entwickelt in „Migration in modernen Gesellschaften. Soziale Folgen von Einwanderung, Gastarbeit und Flucht" einen erweiterten Migrations-Begriff: „Migration ist der auf Dauer angelegte beziehungsweise dauerhaft werdende Wechsel in eine andere Gesellschaft beziehungsweise in eine andere Region von einzelnen oder mehreren Menschen." (2008: 21) Die zwei Hauptursachen von Migration, so Treibel, seien die Suche nach Arbeit und der Schutz vor Verfolgung. Ihr erweiterter Migrationsbegriff „setzt erwerbs-, familienbedingte, politische oder biographisch bedingte Wanderungsmotive und einen relativ dauerhaften Aufenthalt in der neuen Region oder Gesellschaft voraus; er schließt den mehr oder weniger kurzfristigen Aufenthalt zu touristischen Zwecken aus." (Ebd.) Die Definition von Treibel bezieht sich auf Menschen, die wandern. Die meisten meiner Interviewpartnerinnen sind jedoch selbst nie migriert und das ist der zentrale Faktor, der meines Erachtens exemplarisch für den hegemonialen Mehrheits-Diskurs ist, der den wissenschaftlichen Diskurs einschließt: Menschen, die bereits in der dritten Generation in Deutschland leben und zum Teil die Stadt, in der sie geboren wurden, nie verlassen haben, werden auf eine 50 Jahre zurückliegende Ahnengeschichte reduziert und, ob sie wollen oder nicht, fortlaufend damit konfrontiert.

HipHop gehört zu den Populärkulturen, und nach Stuart Hall, dem bekannten Vertreter der Cultural Studies, besteht auch bei mir in erster Linie das Interesse, „kulturelle Strategien, die etwas verändern und die Anordnung der Macht verschieben." (Hall 2000: 102) zu analysieren und einzuordnen. Die Geschichtsschreibung des HipHop ist eng verknüpft mit nationalen Erzählungen, die den Migrations-Diskurs in der BRD aufgreifen. Ich vertrete die Ansicht, dass die Geschichts-Schreibung und Repräsentation der Migration und auch des HipHop in Deutschland ganz anders hätten verlaufen können, wenn von Anfang an ein gleichberechtigter Zugang zu allen Funktionssystemen bestanden hätte und wenn nationale Erzählungen eines homogenen deutschen Volkes keine Rolle gespielt hätten, sondern sogenannte Migranten einfach nur als Bürger mit gleichen Rechten behandelt worden wären. Ich möchte in diesem Kontext Stuart Hall zitieren, um dann weiter auf Repräsentationspolitiken eingehen zu können, die in der Manifestierung von Machtverhältnissen eine zentrale Rolle einnehmen. Hall, der sich auf den Diskurs-Begriff Michel Foucaults bezieht, ist meines Erachtens für die Fokussierung auf den Migrations-Diskurs sehr geeignet, da in diesem Fall eine einseitige, hegemoniale Erzählweise vorherrschend ist, die den Themenkomplex der Migration aufgreift und somit auch zu seiner Konstruktion beiträgt:

> „Ein Diskurs sind eine Reihe von Aussagen, die eine Sprechweise zur Verfügung stellen, um über etwas zu sprechen – z.B. eine Art der Repräsentation –, eine besondere Art von Wissen über einen Gegenstand. Wenn innerhalb dieses Diskurses Aussagen über ein Thema getroffen werden, ermöglicht es der Diskurs, das Thema in einer bestimmten Weise zu konstruieren. Er begrenzt ebenfalls die anderen Weisen, wie das Thema konstruiert werden kann. Ein Diskurs besteht nicht nur aus einer, sondern mehreren Aussagen, die zusammenwirken, um das zu bilden, was der französische Theoretiker Michel Foucault eine diskursive Formation nennt. Die Aussagen hängen zusammen, weil jede Einzelne eine Beziehung zu allen anderen beinhaltet." (Hall 1994: 150)

Mit diesem theoretischen Gerüst wird es möglich, auf den herrschenden Diskurs einzugehen und auch retrospektiv darauf Bezug zu nehmen, wie die diskursive Formation des Migrations-Begriffes entstand. Da HipHop zumeist per se als Widerstands-Medium von allochthonen Jugendlichen präsentiert wird, das mit ihrer Zugehörigkeit zur marginalisierten migrantischen Unterschicht erklärt wird, ist hierbei der Blick auf Zugangsbarrieren in Funktionssysteme von Bedeutung. Wie ich bereits im zweiten Kapitel fokussiert habe, ist der sogenannte multikulturelle Diskurs in Rap-Texten ein aufgezwungenes Konzept und erschließt sich nicht aus sich selbst heraus. Keine(r) der Rapperinnen und Rapper mit sogenannter Migrationsgeschichte hat ausschließlich Lieder und Texte, die sich auf ihre vermeintlichen Migrations-Erfahrungen beziehen, sondern sie thematisieren vielmehr den Umgang der Mehrheitsgesellschaft mit ihrem zugeschriebenen Migrationshintergrund. Gerade die Rapper und Rapperinnen der ersten Generation blicken aufgrund der langjährigen Karrieren auf ein großes und facettenreiches Werk zurück, das sie geschaffen haben. Der Bezug auf Diskurse wie Verweigerung von Zugehörigkeit und Anerkennung zur Gesellschaft, sowie das Aufgreifen von Rassismus in Deutschland in den 1990ern Jahren ist eng verknüpft mit den rassistischen Pogromen dieser Zeit. HipHop und in diesem Fall der Rap ist also nicht per se politisch oder gesellschaftskritisch, sondern steht in engem Zusammenhang mit gesellschaftlichen, politischen und sozialen Ereignissen. Genauso wie die Politikwissenschaft, die Soziologie und die Pädagogik in den 1990er Jahren[1] auf den immer brutaler auftretenden Rassismus reagiert haben, ist dies auch in der Rap-Musik der Fall gewesen. Es gab ein Ereignis, und die Reaktion ergab sich aus diesem Kontext heraus und nicht weil die Jugendlichen in erster Linie Migranten waren. Rap, der für sie als Musiker ihr Artikulationsmedium ist, diente in diesem Kontext dazu, ihre Gedanken und Botschaften einer breiten Masse zugänglich zu machen und auch Forderungen zu formulieren. Ganz klar ist dies jedoch in einem gesamtgesellschaftlichen Kontext zu verorten und nicht wie bisher als Rap-immanentes Phänomen zu analysieren, da Rap ein Teil des Ganzen war, das sich in den 1990er Jahren in den Gesamt-Kontext einreihte. Die Rapper und die Rap-Szenen daraus folgernd in Sparten wie Oriental-HipHop und Neuen Deutschen Sprechgesang zu unterteilen, ist hierbei lediglich das Resultat der gesellschaftlichen und politischen Ethnisierungs-Praxen und ergibt sich nicht aus der Logik der HipHop-Kultur selbst.

---

1 | Nicht nur die Wissenschaften und die pädagogische und politische Praxis haben darauf reagiert, sondern auch Musiker aller möglichen anderen Richtungen. Die Punk-Gruppe „Die Toten Hosen" haben mit dem Song „Sascha" und „Die Ärzte" mit dem Song „Schrei nach Liebe", ihre Standpunkte zum Thema Rassismus und Rechtsextremismus artikuliert. Das Kölner Bündnis „Arsch huh Zäng ussenander" sowie diverse Songs von kölschen Bands wie den „Black Föös" mit „Unser Stammbaum" oder „Wann jeight dr Himmel wiedder op" von „den Höhnern", gehen alle auf die 1990er Jahre zurück und erschließen sich nur in Zusammenhang mit den politischen Ereignissen, wie der Abschaffung des Asylrechts und den Pogromen, die Leitthemen in Gesellschaft und Politik waren.

4.1 MIGRATIONS-DISKURSE IN DER MULTIKULTURELLEN STADT

Die Bundesrepublik Deutschland hat sich im internationalen Vergleich erst relativ spät dazu bekannt, ein Einwanderungsland zu sein. Obwohl Migrationsbewegungen historisch gesehen seit jeher vorhanden gewesen sind und maßgeblich zum Wachstum und Entstehen von Großstädten beigetragen haben, wird Migration in vielerlei Hinsicht problematisiert, skandalisiert und durch Migrationsregime versucht zu regulieren. Europa, das hierbei als homogene Einheit konstruiert wird, um außereuropäischen Flüchtlingen und Migranten die Einwanderung nach Europa zu verwehren, errichtet hierfür eigens Grenzregime und ermächtigt Grenzschutzorganisationen wie Frontex, die sogar Tode von Menschen in Kauf nehmen, um ihre Aufgabe zu erfüllen und Migranten die Einreise zu verwehren. Jede Woche erreichen uns Nachrichten von Menschen, die im Mittelmeer ertrunken sind. Während die Mehrheit der Europäer die Möglichkeit hat, sich innerhalb von Europa und auch außerhalb frei zu bewegen und legal in viele Länder der Erde einzureisen, werden Menschen beispielsweise aus afrikanischen Krisen-und Kriegsgebieten an der Einreise gehindert. Hierbei muss auch differenziert werden, dass seit jeher auch Menschen mit einer guten akademischen Ausbildung sich für eine Migration entschieden haben und nicht nur Armut und Hunger die ausschlaggebenden Anlässe waren. Die konstruierte Einheit Europas ist dabei lediglich als symbolische Demonstration einer imaginierten Einheit zu werten, hierzu reicht es, den Umgang mit Angehörigen der Minderheit der Roma und Sinti innerhalb Europas ansehen, um zu begreifen, dass die vermeintliche Einheit in der Realität dennoch mit Ein-und Ausschluss-Praxen verbunden ist, selbst für sogenannte europäische Menschen. Nach dem Zusammenbruch des Sowjetblocks und dem Auflösen des Warschauer Pakts ist die NATO dennoch bestehen geblieben. Die Einheit Europas beziehungsweise des sogenannten Westens ist sozusagen ein Legitimations-Modell gegen konstruierte Bedrohungsmächte. Die neuen konstruierten Oppositionen hierzu sind beispielsweise sogenannte islamisch geprägte Staaten und Länder. Dabei wird deutlich, wie internationale Diskurse die nationalen Diskurse mitbestimmen, als Beispiel ist hier an Samuel P. Huntingtons Kampf der Kulturen zu denken:

„Es ist reine Überheblichkeit zu glauben, daß der Westen nur weil der Sowjetkommunismus zusammengebrochen ist, die Welt für alle Zeiten erobert hat und daß Muslime, Chinesen, Inder und alle anderen nun nichts Eiligeres zu tun haben, als den westlichen Liberalismus als Einzige Alternative zu übernehmen. Die Zweiteilung der Menschheit aus der Zeit des Kalten Krieges ist vorbei. Die fundamentaleren Spaltungen der Menschheit nach Ethnizität, Religionen und Kulturkreisen bleiben und erzeugen neue Konflikte.“ (Huntington 1996: 93)

Stuart Hall beschreibt die binäre Gegenüberstellung westlicher und nicht-westlicher Staaten als „Der Westen und der Rest", wobei auch deutlich wird, dass dem Westen dabei keine geografische Ordnung zugrunde liegt, sondern eher eine symbolische. Japan, das geografisch dem Osten zuzuordnen ist, zählt hierbei trotzdem zum Westen.

„Kurz, der Diskurs stellt, als ein Repräsentationssystem, die Welt entsprechend einer einfachen Dichotomie geteilt dar – in den Westen und den Rest. Das ist es, was den Diskurs des ‚Westens und des Rests' so zerstörerisch macht – er trifft grobe und vereinfachte Unterscheidungen und konstruiert eine absolut vereinfachte Konzeption von ‚Differenz'." (Hall 1994: 142)

Der damit imaginierte Westen dient nicht dazu, geografische Lagen zu beschreiben, sondern eher gemeinsame Werte zu formulieren. Diese haben mit einer globalisierten Welt nicht viel gemeinsam, dienen sie doch lediglich dazu, den Macht-Status, globale Ressourcen betreffend, aufrecht zu erhalten und Handlungen zu legitimieren. Der Irak ist wohl immer noch aktuell das einprägsamste Beispiel dafür, wie die Konstruktion des Westens und des Restes instrumentalisiert wurden, um unter dem Vorwand der Demokratie den Irak militärisch anzugreifen und von der Diktatur zu „befreien". Zweifelsohne war Saddam Hussein ein Diktator, der nicht davor zurückgeschreckt ist, 1988 5000 Kurden in der Stadt Halabja mit Giftgas zu ermorden, und auch die nach dem Krieg im Irak gefundenen Massengräber mit schiitischen Opfern zeugen von dem diktatorischen Regime. Dennoch ist die Lage heute im Irak für viele Menschen immer noch unsicher, der Macht-und Verteilungskampf im Irak selbst ist Zeugnis davon, und oftmals werden hierbei die Machtkämpfe, die auf politischen Führungsansprüchen und ökonomischen Vorteilen beruhen, ethnisiert und kulturalisiert, wenn beispielsweise der Machtkampf zwischen Sunniten und Schiiten als religiöser Konflikt rezipiert wird und nicht als Machtkampf an sich. Wenn man bedenkt, dass auch der Iran als Feind des Westens konstruiert wird und andererseits sowohl die USA als auch die BRD wirtschaftliche Beziehungen zu Saudi-Arabien unterhalten, das ebenfalls ein islamischer Staat ist, so fällt es nicht schwer daraus zu folgern, dass die reklamierten Demokratie-Defizite einzelner Staaten anscheinend doch nicht als Referenzrahmen für die Handlungsebene der westlichen Staaten dienen. Auch die Waffenlieferungen an Saudi-Arabien sind in diesem Zusammenhang sehr widersprüchlich, da damit jede kleine Forderung nach mehr Demokratie mit staatlicher Waffengewalt unterdrückt werden kann. Die Konstruktion von binären Oppositionen wird jedoch nicht nur vom sogenannten Westen genutzt, auch der Iran beispielsweise bedient sich des konstruierten Feindbilds der USA. Es findet ein wechselseitiger Prozess statt, der notgedrungen mit Konstruktionen agiert und zu seiner Reproduktion beiträgt. In Bezug auf die Bundesrepublik Deutschland dient die

Konstruktion vom Westen und dem Rest dazu, Migration aus fremden Ländern mit anderen Kulturen zu unterbinden und zu steuern. „Migration als Normalfall der Geschichte" zu rezipieren, wie Marianne Krüger Portratz es adäquat formuliert hat, ist bis heute nicht realisiert worden. Hierbei ist zu beobachten, dass die Konstruktion des Westens und des Rests auf kleinere Einheiten wie Stadtquartiere übertragen wird, und dort Ethnizität künstlich hergestellt und aufgeladen wird. Obwohl in mobilen Gesellschaften das Zusammenleben von Menschen unterschiedlicher Herkunft eine Normalität darstellt, ist dies in der Bundesrepublik Deutschland trotz des 50jährigen Bestehens des Anwerbeabkommens mit der Türkei keine Selbstverständlichkeit. Der Migrations-Diskurs in der BRD ist problematisierend und skandalisierend, ethnische Kategorien sind hierbei ein Instrument, um Unterschiede immer wieder neu zu konstruieren und den Diskurs damit immer wieder zu aktivieren. Armin Nassehi konstatiert, dass die BRD auch ohne Migration ein multikulturelles Land wäre und schafft damit den Schritt, Multikulturalität von ethnischen Kategorien zu befreien: „Was die moderne Gesellschaft an Stilen und Lebensformen, an Milieus und biographischen Diskontinuitäten erlaubt, hätte unser Land auch ohne Einwanderer zu einer „multikulturellen" Gesellschaft werden lassen." (2001: 8)

Die Vergangenheit belegt, dass Migrationsbewegungen schon immer die Menschheitsgeschichte begleitet und nicht zuletzt zu der Entwicklung der Städte beigetragen haben. In Köln, wo beispielsweise 1800 41.000 Menschen lebten, waren es 1850 schon 95.000 und 1900 betrug die Bevölkerungszahl von Köln schon 437.000 Menschen. In Berlin wuchs die Bevölkerungsanzahl von 172.000 Menschen im Jahr 1800 auf 2.424.000 Menschen im Jahr 1900 an (Schäfers: 1996: 26). Die mit der Industrialisierung einhergehende Land-Stadt-Bewegung trug dazu bei, dass die Städte sich in relativ kurzer Zeit ausdehnen konnten. Dieses Phänomen wurde schon von Anfang an eher kritisch analysiert und die Individualisierung und Vereinsamung des Einzelnen ins Visier genommen, wobei soziale Probleme wie Kriminalität und Desintegration sehr schnell den herrschenden Diskurs einnahmen. Louis Wirth konstatierte in den 1930er Jahren in dem Aufsatz „Urbanität als Lebensform": „Das enge Zusammenleben und die Zusammenarbeit von Menschen, unter denen es keine gefühlsmäßigen und seelischen Bande gibt, fördert einen Geist ständigen Konkurrenzkampfes, eigener Bereicherung und gegenseitiger Ausbeutung." (1974: 55) Und auch die Chicagoer Schule in den USA fokussierte den Blick auf die Probleme, die aufgrund von Migrationsbewegungen entstanden waren und machte die Stadt aus dieser Perspektive zu ihrem Untersuchungsgegenstand. Ulrich Beck fasste die Phänomene der Postmoderne[2] unter dem Begriff der Ri-

2 | Wolf Dietrich Bukow konstatiert, dass die Stadt „den Basishorizont des Alltagslebens (bildet), unter dem sich Arbeit und Freizeit, Reichtum und Armut, Bildung und Unwissen, Mobilität und Traditionalität, Kultur und Ignoranz, Zivilität und Egoismus,

sikogesellschaft zusammen. Er beschrieb trotz wachsender sozialer Ungleichheiten einen Fahrstuhleffekt, demnach jede Klasse eine Etage höher gefahren sei. Beck beschrieb ebenfalls, dass die Individualisierungstendenzen in der Gesellschaft, Massenphänomene wie beispielsweise Arbeitslosigkeit als eigenes Scheitern bewertet werde. Beck konstatierte: „Trotz fortbestehender und neu entstehender Ungleichheiten (leben wir) heute in der Bundesrepublik bereis in Verhältnissen jenseits der Klassengesellschaft, in denen das Bild der Klassengesellschaft nur noch mangels einer besseren Alternative am Leben erhalten wird." (Beck 1986: 121) Beck leitete daraus ab, dass wir es mit einer Klassengesellschaft ohne Klassen zu tun hätten: „Eine Gesellschaft, die nicht mehr in sozial wahrnehmbaren Klassenkategorien handelt, befindet sich auf der Suche nach einer anderen Sozialstruktur." (Ebd.: 140) Der von Marx und Engels eingeführte Begriff der Klassengesellschaft wurde durch die Individualisierung aufgrund der Pluralisierung der Lebensstile und Aufbröckeln der traditionellen Strukturen dekonstruiert. Heute spricht man von sozialen Schichten und konstruiert damit meines Erachtens neue Gruppen von Menschen, da damit neue Zuschreibungsprozesse in Gang gesetzt werden. Die Konstruktion von Klassen, Schichten, ethnischen Kategorien und Geschlechter-Kategorien ergibt sich niemals aus sich selbst heraus, sondern braucht als Bestehungsmerkmal immer eine binäre Opposition, von der aus sie sich definieren kann. So ist es ein Widerspruch in sich, dass trotz fortschreitender Individualisierungsprozesse und dem Auflösen von homogenen, einseitigen Selbstverortungen, Menschen, die einer konstruierten Minderheit angehören, wie beispielsweise Türken oder Italiener, als homogene Einheit wahrgenommen und als Kollektiv mit desintegrativen Tendenzen in Zusammenhang gebracht werden. Sedef Gümen konstatiert in diesem Zusammenhang zu Recht: „Es scheint daher als paradox, dass gerade Einwanderinnen und Einwanderer, die eigentlich als regional-und statusmobil im Wanderungsprozess zu kennzeichnen sind, in der bundesdeutschen Diskussion über Individualisierung und Pluralisierung von Lebenslagen kaum als Subjekte vertreten sind." (Gümen 2000: 172) Während nationale Konzepte in einer globalisierten, transnationalen Welt eigentlich der Vergangenheit angehören müssten, werden diese meines Erachtens jedoch immer wieder aktiviert, um bestehende Machtverhältnisse und die damit verbundene Handlungsmacht aufrechterhalten zu können. Dies spiegelt sich nicht zuletzt in der Integrationsdebatte der Bundesrepublik Deutschland wider, wenn Menschen,

Autochthones und Allochthones, also genauso globale Effekte wie lokale Besonderheiten sinnadäquat beobachten lassen, weil all dies heute erst einmal unter einem metropolitanen Horizont zugerechnet und miteinander vernetzt konstruiert, beziehungsweise dekonstruiert und gegebenenfalls auch rekonstruiert wird. Die Postmoderne markiert also nicht das Ende aller größeren Zurechnungsgrößen, sondern konzentriert den Blick neu auf die Metropolen." (Bukow 2001: 25)

die seit drei Generationen hier leben, sich angeblich nicht um Integration bemühen würden, da sie beispielsweise nicht die Sprache lernen wollten. Durch das Markieren von Differenzen wird somit eine Legitimation geschaffen, auch auf rechtlicher Ebene Handlungsoptionen einzuräumen und beispielsweise damit einhergehend die Einbürgerungsoptionen an bestimmte Erwartungen zu knüpfen. Dieser Diskurs durchdringt alle gesellschaftlichen, politischen und öffentlichen Ebenen und trägt dazu bei, dass sich jeder dazu berufen fühlt, als Migrations-Experte oder Integrations-Experte Forderungen zu formulieren. Dies erscheint dann insofern als ein in sich schlüssiger Handlungsrahmen, weil soziale Probleme von vornherein unter kulturalistischen Aspekten betrachtet werden und somit andere Perspektiven der Betrachtung nicht mehr in Frage kommen. So wird das Zusammenleben in den bundesdeutschen Städten meistens unter kritischen Gesichtspunkten analysiert, die eng an den aktuellen Migrations-Diskurs geknüpft sind. Die These von der Krise der Städte, wie sie von den Bielefelder Stadt-Soziologen in den 1990er Jahren beklagt wurde, ist also kein neuer Diskurs, sondern reiht sich in den bereits etablierten Stadt-und Urbanisierungs-Diskurs ein. Mit dem Stadt-Diskurs besteht eine enge Verknüpfung von einerseits fortschreitender Individualisierung und einhergehender Auflösung von bestehenden Formen des Zusammenlebens wie beispielsweise die der Großfamilie, auf der anderen Seite tritt jedoch ein weiterer Faktor auf, die Anonymität, die stark an einen Fremdheits-Diskurs geknüpft wird, die Fremdheit mit ethnischen Kategorien definiert. Aufgrund der Größe der Stadt ist es in dem Sinne nichts Ungewöhnliches, dass man zwangsläufig mit Fremden konfrontiert wird. Jeder wurde wahrscheinlich schon, wenn er jemanden nach dem Weg fragte, mit dem Satz konfrontiert: „Ich kenne mich hier nicht aus. Ich bin hier fremd in dieser Stadt." So formuliert der Stadtforscher Walter Siebel die Erkenntnis: „Stadt ist der Ort, wo Fremde wohnen. Auf dem Dorf gibt es keine Fremden. In der Stadt ist man überrascht, ein bekanntes Gesicht zu sehen, und je häufiger dies geschieht, desto eher beschleicht einen das Gefühl, in der Provinz zu leben, nicht eigentlich in der Stadt." (Siebel 1997: 33) Dennoch entsteht eine wissenschaftliche Fokussierung auf Städte, die Fremdheit nicht mehr nur als abstrakte Folie benutzt, sondern Fremdheit mit ethnischen Zugehörigkeiten und sozialer Schicht in Verbindung bringt. Häußermann und Siebel, die beispielsweise Segregationstendenzen in Städten folgendermaßen beschreiben, beziehen sich auf Angehörige einer bestimmten sozialen Gruppe.

> „Mit Segregation wird die ungleiche Verteilung der Wohnstandorte verschiedener sozialer Gruppen im städtischen Raum bezeichnet. Je stärker die Streuung der Wohnstandorte von Angehörigen einer Gruppe von einer Zufallsverteilung abweicht, desto höher ist ihre Segregation. Anders gesagt: mit Segregation wird die Konzentration bestimmter sozialer Gruppen auf bestimmte Teilräume eines Gebietes, einer Stadt oder einer Stadtregion bezeichnet." (Häußermann/Siebel 2001: 28)

Hierbei ist zu bedenken, dass Segregations-Tendenzen häufig nur mit jenen Menschen in Verbindung gebracht werden, die als sozial schwach gelten, über geringes finanzielles Kapital verfügen und oder einen Migrationshintergrund haben. Selten oder fast nie werden mit Segregation ausschließlich von der Mehrheitsgesellschaft bewohnte Stadtquartiere thematisiert und schon gar nicht, wenn Angehörige einer Schicht auf großes finanzielles Kapital zurückgreifen können.[3] Stefan Luft, der für die CSU-nahe Heinz-Seidel Stiftung die Studie „Die Dynamik der Desintegration. Zum Stand der Ausländerintegration in deutschen Großstädten" erhob, formulierte dort aus einer ethnisierenden Perspektive:

„Der öffentliche Raum wird zunehmend von der zugezogenen ausländischen Bevölkerung dominiert und die Alltagskultur von den Symbolen der Zuwanderer beherrscht. Wenn ein Haus nach dem anderen in türkische Hände übergeht, der Kiosk an der Ecke - als ein traditioneller Ort der Kommunikation - von türkischen Pächtern übernommen wird und türkische Geschäfte und Teestuben das Straßenbild bestimmen, vollständig oder zumindest teilweise vermummte Frauen und sich befehdende Jugendbanden den öffentlichen Raum sichtbar prägen, dann wird dies selten als multikulturelle Bereicherung empfunden." (2002: 10)

Lufts Herangehensweise ist meines Erachtens exemplarisch für die Ethnisierung von Kriminalität und sozialen Problemen. Migranten sind für ihn lediglich als homogene Gruppen vorstellbar und zudem werden soziale Konflikte, die überall anzutreffen sind, aus einem gesamtgesellschaftlichen Kontext hervorgehoben und einer Minderheit zugeschrieben. Damit wird eine kulturalistische Erzählung manifestiert, die immer dann reaktiviert wird und bestätigt erscheint, wenn Probleme auftreten. Die somit konstruierte Erklärungsvariante wird zu einer sich selbst erfüllenden Prophezeiung und dient nicht zuletzt dazu, Handlung, die auf sozialpolitischer Ebene nötig wäre, gar nicht erst in Betracht zu ziehen. Mit der häufig anzutreffenden Zuschreibung: „Die wollen sich doch sowieso nicht integrieren" wird somit auch eine Legitimation für hegemoniale Handlungs-und Erklärungspraxen konstruiert. Georg Simmel brachte es bereits 1908 in „Exkurs über den Fremden" auf den Punkt, als er konstatierte:

„Es ist hier also der Fremde nicht in dem bisher vielfach berührten Sinn gemeint, als der Wandernde, der heute kommt und morgen geht, sondern als der, der heute kommt und morgen bleibt - sozusagen der potentiell Wandernde, der, obgleich er

3 | Der Kurzfilm von Kanak Attak dreht die herrschende Perspektive in dem Kurzfilm „Das weiße Ghetto" um, und fragt danach, wie sich die Lindenthaler Bevölkerung in Köln, die hauptsächlich aus Weißen Deutschen besteht, besser in die multikulturelle Gesamtgesellschaft integrieren kann, was große Irritationen hervorruft.

nicht weitergezogen ist, die Gelöstheit des Kommen und Gehens nicht ganz überwunden hat." (Simmel 1908: 509)[4]

Zwar bezog Simmel sich dabei auf jüdische Händler in mittelalterlichen Gesellschaften, seine Formulierung kann jedoch auf heutige Formen der Migration übertragen werden (vgl.Treibel 2008 :104). Und auch Max Frisch musste seinen Mitmenschen in der Schweiz das Naheliegende erläutern, um damit in die Geschichtsbücher einzugehen: „Wir riefen Arbeitskräfte, es kamen Menschen." Über die erste Generation von Gastarbeitern liegen ausreichend wissenschaftliche Publikationen vor, so dass in der vorliegenden Arbeit lediglich die Diskurse aufgegriffen werden, die für die Verortung von HipHop im Kontext von Migration und Repräsentation von Relevanz sind. Zum Einen ist dies in erster Linie der Ghetto-Diskurs, der in Rap-Texten und Videos insbesondere im neuen Jahrtausend einen wichtigen Stellenwert eingenommen hat. Auf einer zweiten Ebene werde ich den Ethnisierungs-und damit einhergehenden Integrations-Diskurs, der eigentlich Exklusions-Diskurs heißen müsste, beleuchten.

4.2 IMAGINIERTE GHETTOS UND PARALLELGESELLSCHAFTEN

Die Erzählung über das Ghetto oder die Ghettoisierung einzelner Stadtteile wird im medialen sowie politischen und auch wissenschaftlichen Kontext oftmals genutzt, um Stadtquartiere mit hohem Migrationsanteil zu thematisieren und gleichzeitig aber auch zu problematisieren. Daneben ist der Begriff Parallelgesellschaft, der von Heitmeyer in den Diskurs eingeführt wurde, ein weiterer Funktionsträger, wenn es um die Konstruktion von Fremdheit im städtischen Diskurs geht. Es werden Szenarien konstruiert, die den Zerfall der Städte prophezeien. Dies geht einher mit der Koppelung an den Einwanderungsdiskurs. Der französische Soziologe Louic Wacquant, der den US-amerikanischen Ghetto-Diskurs analysiert, konstatiert:

„Demgemäß wird das Ghetto bemerkenswerter Weise als ein Ort der Unordnung und des Mangels geschildert, als ein Hort versammelter Regellosigkeit, Abweichung, Anomie und Atomisierung, vollgepfropft mit Verhaltensweisen, die die allgemeinen Normen von Moral und Anstand verletzen, sei es durch exzessive Handlungsweisen (was die Verbrechensrate, die Sexualität und Geburtenrate betrifft) oder durch Versäumnisse bei der Arbeit, in punkto Sparsamkeit und hinsichtlich der Familie." (Wacquant 1998: 201)

4 | Zitiert nach: (Treibel 2008:104)

Der Bielefelder Konflikt-Forscher Wilhelm Heitmeyer, der aus dieser Perspektive an seinen Forschungsgegenstand herantritt, attestierte den Städten einen Verfall, und er machte eine Krise der Städte fest, wobei er soziale Desintegrationstendenzen in direkten Zusammenhang mit dem Anwachsen von ethnisch kulturellen Konflikten brachte. „Bedrohte Stadtgesellschaft. Soziale Desintegrationsprozesse und ethnisch-kulturelle Konfliktkonstellationen" ist der Titel des im Jahr 2000 erschienenen Buches von Wilhelm Heitmeyer und Reimund Anhut. Der Titel des Buches suggeriert einen automatischen Zusammenhang von ethnischer Zugehörigkeit, Desintegration und Konfliktpotenzial und reiht sich somit in einen hegemonialen Diskurs ein, der ethnische Zugehörigkeit mit negativen Konnotationen belegt und somit selbst zu seiner Konstruktion beiträgt. Dies ist letzten Endes als Grundbaustein der Marginalisierung zu betrachten. Dieser Ansatz ist meines Erachtens problematisch, da soziale Spannungen, wie sie überall auftreten können, ethnisiert und somit gesamtgesellschaftlich externalisiert werden. Indem bestimmte konstruierte Menschen-Gruppen als Indikator für Probleme festgemacht werden, geht der Blick für die eigentlichen Probleme verloren. Der massive Abbau von Arbeitsplätzen beispielsweise oder die Verlagerung von Standorten, die den infrastrukturellen Rahmen eines Quartiers unter enorme Belastung setzen, sind meines Erachtens die Faktoren, die fokussiert werden müssten, anstatt die vermeintliche ethnische Zugehörigkeit zum Ausgangspunkt der Analyse zu machen. Damit werden Aspekte wie rassistische Unterschichtungs-Praxen und auf der anderen Seite rassistische Konstruktionen, die Fremde erst hervorbringen, ignoriert und stattdessen einem hegemonialer Diskurs Platz eingeräumt. Jugendliche, die in solchen Quartieren leben, werden durch Zuschreibungen von außen mit negativen Erzählungen über ihre Quartiere und ihr eigenes Dasein konfrontiert, die sie immer wieder als Problem definieren und damit stigmatisieren, was weiter zu ihrer Marginalisierung beiträgt. Diese Tendenz hat sich sowohl in der wissenschaftlichen als auch öffentlichen sowie politischen Debatte etabliert. Krämer-Badoni attestiert in diesem Zusammenhang dem hegemonialen Stadt- Diskurs eine Verfallssemantik und stellt pragmatisch fest: „Auf der Suche nach gesellschaftlicher Desintegration wird man übrigens immer fündig, weil Gesellschaft nun einmal aus einer komplexen und widersprüchlichen Gleichzeitigkeit von Differenzierung und Entdifferenzierung, von Integration und Desintegration besteht." (Krämer-Badoni 2003: 53). Somit wird Einwanderung und die daraus resultierende Multikulturelle Stadt skandalisiert und problematisiert. Der Präsident des Bundesverbandes deutscher Wohnungsunternehmen Jürgen Steinert konstatierte am 6. Mai 1999 anlässlich des GdW-Kongresses:

„Wir beobachten seit längerem soziale Veränderungen in unseren Wohnsiedlungen, Veränderungen, die in eine Richtung weisen, die wir in hochentwickelten Ländern bisher nur in den Großstädten der USA und in einigen unserer europäischen Nachbarländer gesehen haben. Kaum jemand bekommt soziale Entwicklungen so frühzeitig, so handfest zu spüren wie unsere Wohnungsunternehmen. Denn wir sind so gesehen eine Art gesellschaftliches Frühwarnsystem. Ich spreche über die soziale Erosion in leider immer mehr Wohnsiedlungen. Der soziale Niedergang, das soziale Zerbrechen von Wohnquartieren, der zunehmende Verfall guter Nachbarschaften, verursacht und begleitet durch die Konzentration sozialer Problemfälle, sich ausbreitendem Vandalismus, zunehmendem Drogenkonsum und wachsender Kriminalität – das sind einige Stichworte, und die Ursachen dafür liegen nicht in erster Linie in der Wohnungswirtschaft und Wohnungspolitik. Sie erwachsen aus und sie gehen einher mit Massen- und Dauerarbeitslosigkeit, mit Jugendlichen ohne Ausbildungs-und Berufsperspektive und häufig auch mit dem Scheitern der Integration ausländischer Mitbürger."[5]

Der Begriff Ghetto ist in Deutschland zu einem politischen Schlagwort avanciert. Folgt man dem politischen sowie medialen Diskurs, der das Ghetto aufgreift, so wird suggeriert, ein Ghetto sei schon alleine dadurch ein Ghetto, dass dort bestimmte Bevölkerungsgruppen konzentriert zusammen leben. Begriffe wie Türken-Ghetto oder Ausländer-Ghetto werden an Bedrohungsszenarien gekoppelt, da Türken und Ausländer in der Regel mit abweichendem Verhalten in Verbindung gebracht werden. Unter dem Sammelbegriff Türke wird somit eine konstruierte, homogene Gruppe von Menschen repräsentiert, die als Sündenbock für strukturelle Probleme dient. Ethnische Kategorisierungen, wie sie in diesem Diskurs anzutreffen sind, dienen somit der Herstellung einer Machtkonstellation, die Mitgliedern einer bestimmten ethnisch konstruierten Gruppe den Zugang zu Funktionssystemen verweigern kann. Dies ist beispielsweise dann der Fall, wenn Menschen mit bestimmten ethnischen Zugehörigkeiten auf dem Wohnungsmarkt geringere Chancen auf die freie Wahl des Wohnortes haben, weil alleine der Grund der ethnischen Zugehörigkeit zu einer bestimmten Gruppe Assoziationen wie: „zu laut", „zu dreckig", „zu viel Besuch" usw. auslöst. In diesem Kontext werden somit Ursache und Wirkung verdreht, wenn die Konzentrierung von bestimmten ethnischen Gruppen in bestimmte Stadtquartiere als Segregation oder die Bildung von vermeintlichen Parallelgesellschaften gedeutet werden. Es ist bedeutend, einen Blick darauf zu werfen, in welchen Kontexten der Ghetto-Begriff auftaucht, welche Sinnhaftigkeit er innehat und letztendlich, wer die Definitionsmacht besitzt, ein imaginiertes Ghetto zu konstruieren. Louic Wacquant beschreibt, dass sich mit dem Ende des Zeitalters des Fordismus[6] ein neues Regime städtischer Ausgrenzung etab-

5 | http://www.sozialestadt.de/veroeffentlichungen/arbeitspapiereband2/7podiumsgespraech.shtml

6 | Fordismus gilt als die Zeit des Wirtschaftswunders, die geprägt war von Vollbeschäftigung und Aufstiegsmöglichkeiten sowie geringen Arbeitslosenzahlen, zeitlich eingerahmt zwischen 1950 und den 1970er Jahren. Die Zeit danach, der Postfordis-

liert habe. Wacquant spricht hierbei von einer hochentwickelten Ausgrenzung: „Die neue städtische Ausgrenzung rührt nicht von einer wirtschaftlichen Rückständigkeit, Trägheit oder Verschlechterung, sondern von einer wachsenden Ungleichheit vor dem Hintergrund gesamtwirtschaftlichen Fortschritts und Wohlstands her." (Wacquant 2006: 23). Weiter beschreibt Wacquant:

> „Die europäischen Quartiere der Ausgesonderten sind hinsichtlich ihrer Bevölkerung und ihrer Funktion gemischte Gebiete. Sie bleiben weiterhin vom Staat durchsetzt und immerhin schwach organisiert. Ethnorassische Spannungen in ihnen und um sie herum werden nicht durch eine wachsenden Kluft zwischen postkolonialen Immigranten und der einheimischen Arbeiterklasse geschürt, sondern durch deren zunehmende Nähe im sozialen und physischen Raum. Kurz, sie sind keine Ghettos, sondern Anti-Ghettos." (Ebd.: 8)

Somit gibt es in der Bundesrepublik Deutschland lediglich imaginierte Ghettos, die fiktiv konstruiert werden. Der Begriff Ghetto wird dann allerdings unreflektiert auf bestimmte Quartiere angewendet, die eine angeblich homogene ethnische Bevölkerungsstruktur aufweisen. Zum Beispiel wird dann ein türkisches Ghetto mit Berlin-Kreuzberg oder der Kölner Keupstraße[7] in Zusammenhang gebracht. Wesentlich außer Acht gelassen wird hierbei die finanzielle, soziale und politische Dimension der Vernachlässigung dieser Quartiere. Dies dient dazu, den Leidtragenden die Verantwortung für die prekäre und marginalisierte Situation in solchen Quartieren zuzuschreiben. Von Kreuzberg oder der Kölner Keupstraße als Türken-Ghetto auszugehen, folgt meines Erachtens einem kulturrassistischen Schema, da die unter dem Sammelbegriff Türken subsummierten Menschen, die in eben genannten Quartieren leben, unterschiedlichen Ethnien angehören, selbst wenn sie auf ein gemeinsames Herkunftsland zurückblicken. Viele Kurden und Araber und auch Roma, die ebenfalls im Zuge der Gastarbeiteranwerbung in den 1960er Jahren aus der Türkei in die BRD eingereist sind, werden somit einem nationalen Kontext zugeordnet, der mit ihrer Lebens-und Alltagswelt nicht unbedingt in Zusammenhang steht. Die

mus wird eingeläutet mit der Ölkrise 1973. Es gab es schon im Jahr 1966 / 1976 eine Rezession, die jedoch nicht so fatale Auswirkungen auf die Arbeitslosenzahlen hatte.

7 | Sprechakte sind die Grundlage für das menschliche Handeln. Der Nagelbombenanschlag der Zwickauer Zelle in der Keupstraße steht in engem Zusammenhang mit rassistischen Sprechakten über die Keupstraße. Wie sonst sollte so eine kleine Geschäftsstraße über die Grenzen von Köln hinaus bekannt sein, dass eigens Neonazis anreisen, um dort einen Anschlag zu verüben. Ich verweise an dieser Stelle auch auf Siegfried Jäger, der bereits in den 1990er Jahren auf die Interdiskurse, die sich gegenseitig bedingen, aufmerksam gemacht hat. Worte bilden die Grundlage für Handlungen und Sprechakte bleiben somit nicht ohne Folgen.

Kölner Keupstraße ist vom ehemaligen Oberbürgermeister Fritz Schramma als Erfolgsmodell beschrieben worden, da die Geschäftsleute der Straße wesentlich zum Aufbau und der Infrastruktur der Straße beigetragen hätten und damit eine wirtschaftliche Aufwertung der Straße in Köln-Mülheim stattgefunden habe (vgl. Jonuz/Schulze 2011: 34ff.). Dennoch muss an dieser Stelle kritisch angemerkt werden, dass Migranten in diesem Fall Nützlichkeits-und Verwertbarkeitskriterien unterworfen werden. Somit wird politische Verantwortung, in urbane Quartiere zu investieren, als individuelle Aufgabe verortet. Damit wird dennoch deutlich, dass Quartiere, die ehemals stigmatisiert waren, auch eine Aufwertung erfahren können. Dies kann auch an der Kölner Südstadt festgemacht werden, die durch den Zuzug einer alternativen Szene eine enorme Aufwertung erfahren hat. Und auch das Kölner Quartier Ehrenfeld, das ehemals als Arbeiterquartier rezipiert wurde, ist in den letzten Jahren zu einem beliebten Studenten-und Künstler-Quartier avanciert. Damit einhergehend sind Gentrifizierungs-Prozesse, die durch den Anstieg von Mietpreisen ehemals gemischte Stadtquartiere nur noch für bestimmte soziale Schichten zugänglich machen, wie es beispielsweise auch aktuell im Berliner Prenzlauer Berg zu beobachten ist. Obwohl also Stadtteile strukturelle Transformierungsprozesse verzeichnen, bleiben etablierte Mythen über vermeintliche Ghettos bestehen, so auch über die Kölner Keupstraße, die nach wie vor als Klein-Istanbul beschrieben und meist unter defizitorientierten Aspekten dargestellt wird. Bezeichnend hieran ist, dass die Keupstraße, die ehemals Wolfsstraße hieß, ein Arbeiterquartier war und schon damals Stigmatisierungs-Erfahrungen ausgesetzt war. Helmut Schmidt, Altbundeskanzler der Bundesrepublik Deutschland konstatiert im Jahr 2004 in einer Buchbesprechung zu seinem verfassten Werk „Die Mächte der Zukunft" im Hamburger Abendblatt:

„Aber das Wort Vernachlässigung ist insofern zutreffend, als die Deutschen und andere Europäer etwa seit den 60er Jahren versäumt haben, die bei uns aus fremden Kulturkreisen lebenden Menschen zu integrieren. Die von einigen intellektuellen Idealisten sogenannte multikulturelle Gesellschaft, also die Mischung europäischer und außereuropäischer Kulturen, ist bisher nirgendwo wirklich gelungen [...] Wir müssen die Ghettos in den Großstädten auflösen, die zum Teil ja von den Behörden noch gefördert wurden. Nach dem Motto: Da leben sowieso schon so viele Türken, dort ist der Wohnraum billig. Also können noch mehr Türken dazukommen. Das war ziemlich gedankenlos. Die großen Fürsprecher der multikulturellen Gesellschaft leben übrigens nicht in Mottenburg, die leben oft in Villengegenden [...] Mit einer demokratischen Gesellschaft ist das Konzept von Multikulti schwer vereinbar. Vielleicht auf ganz lange Sicht. Aber wenn man fragt, wo denn multikulturelle Gesellschaften bislang funktioniert haben, kommt man sehr schnell zum Ergebnis, dass sie nur dort friedlich funktionieren, wo es einen starken Obrigkeitsstaat gibt. Insofern war es ein Fehler, dass wir zu Beginn der 60er Jahre Gastarbeiter aus fremden Kulturen ins Land holten." (Hamburger Abendblatt, 24.11.2004)

Helmut Schmidt war von 1974-1982 Bundeskanzler der Bundesrepublik Deutschland. Im Jahr 2004, also fast ein halbes Jahrhundert nach dem Anwerbeabkommen mit der Türkei konstatiert ein ehemals führender Kopf der Politik, dass es ein Fehler war, Gastarbeiter aus fremden Kulturen ins Land geholt zu haben. Die Adressaten von Helmut Schmidt sind somit Weiße Deutsche der Mehrheitsgesellschaft. Schmidt missachtet den Fakt, dass die von ihm konstruierte Gruppe bereits in der dritten Generation in der BRD lebt und ihren Lebensmittelpunkt hat. Seine Kritik beruht auf dem Vorwurf, dass die meisten Menschen sich sowieso nicht integrieren wollen. Er definiert demnach Menschen lediglich nach ihrer ethnischen Herkunft und schafft es damit, das hegemoniale Machtverhältnis aufrecht zu erhalten, indem er herrschende, vorher konstruierte Erklärungsmuster aktiviert: Desintegration, Modernitätsdifferenz und Fremdheit sind hierbei Aspekte, die nicht nur bei Schmidt zum Ausdruck kommen, sondern sich wie ein roter Faden durch den Migrations-Diskurs ziehen. Christoph Butterwege zeigte eindrücklich, dass der Rassismus von der Mitte der Gesellschaft ausgeht und nicht nur ein Randphänomen von extremen Rechten in Springerstiefeln mit Glatze darstellt (Butterwegge; u.a. 2002). An die Stelle kulturalisierender Praxen muss meines Erachtens ein gravierender Perspektivwechsel treten, der sich nicht nur auf theoretische Konzepte bezieht, sondern in einer praktischen Umsetzung von Gleichberechtigung mündet. Der Fokus auf Migranten, der ausschließlich von ethnischen Kategorien ausgeht, ist von vornherein zum Scheitern verurteilt, da er, wie ich anfangs zitiert habe, nur eine Redeweise über ein bestimmtes Thema bereithält und andere Herangehensweisen damit automatisch begrenzt. So bilden die Erzählungen über Parallelgesellschaften, ethnische Ghettos, Sprachdefizite und angebliche Integrationsverweigerer eine Assoziationskette, die aufgrund des Glaubens an die erfundenen Mythen den herrschenden Erzählungen Realität verleihen. Der Spiegel titelte in diesem Kontext bereits 1973 „Ghettos in Deutschland. Eine Million Türken", worin es heißt:

„Die Türken kommen – rette sich, wer kann. Fast eine Million Türken leben in der Bundesrepublik, 1,2 Millionen warten zu Hause auf die Einreise. Der Andrang vom Bosporus verschärft eine Krise, die in den von Ausländern überlaufenen Ballungszentren schon lange schwelt. Städte wie Berlin, München oder Frankfurt können die Invasion kaum noch bewältigen: Es entstehen Ghettos, und schon prophezeien Soziologen Städteverfall, Kriminalität und soziale Verelendung wie in Harlem." (Spiegel 31/1973)

Der historische Zeitpunkt des Artikels ist in der Ära der weltweit einhergehenden Ölkrise angesiedelt. Das Jahr 1973 ist insofern auch bedeutsam, weil auch in eben diesem Jahr ein Anwerbestopp weiterer Arbeitskräfte aus dem Ausland erlassen wurde. An dieser Stelle wird der direkte und sich gegenseitig bedingende Diskurs deutlich, der sich über alle gesellschaftlichen Instanzen erstreckt. Die Erzählungen und Redeweisen bleiben jedoch nicht ohne Folgen. Siegfrid Jäger hat bereits in den 1990er Jahren auf die enge Verknüpfung von Interdiskursen aufmerksam gemacht:

„Solche Kollektivsymbole finden sich nicht selten in unseren Interviews und zeigen die Verstrickung der Einzelnen in den (sozialen) Interdiskurs; sie verweisen zudem auf die Herkunft bestimmter rassistischer Phänomene: Rassentheorien und rassistische Ideologeme werden über Spezialdiskurse (Erziehungsdiskurs, akademische Diskurse, politische Diskurse, den Mediendiskurs etc.) in den Interdiskurs eingespeist, in den die gesamte Bevölkerung eingebunden ist." (Jäger 1992: 19)

Dass die Medien eine zentrale Rolle bei der Meinungsbildung und Etablierung eines Alltagswissens über sogenannte Ausländer einnehmen, ist kein neues Phänomen. Nora Räthzel[8] hat deutlich beschrieben, wie die Asyldebatte in den 1990er Jahren dazu beigetragen hat, ein homogenes deutsches Volk zu konstruieren, das daraus folgernd als Opfer von Überfremdung und Ausbeutung seinen Rassismus legitimieren konnte. Von diesem Hintergrund aus möchte ich im Folgenden darauf eingehen, wie rassistische Diskurse entstehen beziehungsweise wie ethnische Differenzen künstlich hergestellt werden und zur Konstruktion von vermeintlich Anderen und Fremden beitragen. Folgendes Spiegel-Zitat möchte ich als Beispiel anführen:

„So entstanden auf der Rückseite der Republik ethnische Inseln, Parallelwelten von Ausländern, die eines gemeinsam haben: Dass sie in Deutschland leben, ohne jemals in diesem Land angekommen zu sein. Da gibt es Muslime, die ihren deutschen Ehefrauen damit drohen, ihnen die Hand abzuhacken, wenn sie einen anderen Mann auch nur anschauen, wie sich die Ehefrau eines Hamburger Islamisten schaudernd erinnert. Oder analphabetische Patriarchen, die ihre Familienangehörigen mitten in Berlin nach dem Hausbrauch afghanischer Bergvölker regeln. [...] Darunter sind Patriarchen, die immer noch ihre Ehefrauen in der Fußgängerzone mit drei Schritten Abstand hinter sich gehen lassen und in den Schränken ihrer Töchter schnüffeln, ob es dort nach Zigaretten und dem Aftershave eines Mannes riecht." (Spiegel 10/2002)

Obwohl der Spiegel durchaus auch, wenn es um den Rassismus von Rechtsextremen geht, diesen beim Namen benennen kann, wird der alltägliche Rassismus nicht als solcher wahrgenommen. Im Sinne der Aufklärung und der Frauenrechte wird suggeriert, es würde lediglich auf ethnische Kategorien

8 | Räthzel (1992; 1997)

zurückgegriffen, um die Menschen-und Frauenrechte thematisieren und verteidigen zu können. Eine Perspektive, die übrigens auch Alice Schwarzer nicht ohne Erfolg praktiziert, wenn sie kopftuchtragende Frauen und Mädchen per se als Opfer instrumentalisiert und dabei auf rassistische und kulturalisierende Erklärungsmuster zurückgreift. Auch wenn Jugendliche für sich selbst Wege der Selbstverortung finden und nicht, wie oftmals propagiert, zwischen zwei Kulturen hin-und hergerissen werden, so erfahren sie dennoch aufgrund ihrer vermeintlich anderen Herkunft Zuschreibungen, die in diametralem Gegensatz zu ihrer Lebens-und Alltagswelt stehen. Die in den 1980er Jahren formulierte Kulturkonflikt-Hypothese, die eigens dafür konstruiert wurde, steht meines Erachtens repräsentativ für die Ethnisierungs-Praxen in der Bundesrepublik Deutschland. Die Kategorien *Gender* und *Race* passen zusammen, um das dialektische Zusammenspiel der Ethnisierung zu beleuchten. Während beispielsweise männliche Jugendliche – türkisch-oder arabischstämmig – meist in Zusammenhang mit Kriminalität und überhöhter Männlichkeits-Inszenierung auftauchen, so ist es bei den weiblichen Migrantinnen die Unterdrückung durch den patriarchalen Vater[9]. Das gängige Bild über Migrantenjugendliche ist, dass sie zwischen zwei Stühlen sitzen. Die Stühle stehen hierbei symbolisch für die vermeintlich unvereinbaren Kulturen. Hierbei wird Kultur auf eine ethnische Herkunftskultur reduziert und mit Problemen aufgeladen.

4.3 Ethnische Kategorisierung im Kontext des Pluralismus

Im Alltag haben sich längst selbstverständliche Formen des Zusammenlebens gebildet. Die im Rahmen der Forschungsstelle für interkulturelle Studien herausgegebenen Studien der Universität zu Köln zeigen, dass vielmehr ein lebenspraktisches Miteinander herrscht, was die Grammatik des urbanen Zusammenlebens beschreibt und jenseits des Problematisierungs-Diskurses[10] angesiedelt ist. Die Kölner Soziologen Wolf-Dietrich Bukow und Roberto Llaryora haben im deutschen Migrationsdiskurs bereits in den 1980er Jahren für einen Perspektivwechsel in der Migrationsforschung plädiert, der meines Erachtens bis heute nicht mehrheitsfähig geworden ist. In der von Bukow und Llaryora publizierten Studie „Mitbürger aus der Fremde. Soziogenese ethnischer Minderheiten“ konstatieren die Autoren, dass im Zuge der Postmoderne und der damit einhergehenden Pluralisierung der Lebensformen und Ausdifferenzierung der Funktionssysteme, ethnische Kategorien konstitutiv belanglos gewor-

9 | Zur Kritik vgl. Otyakmaz (1995); Boos-Nünning/Otyakmaz (2000); Badawia (2002); Hamburger, u.a. (2003)

10 | Bukow, u.a.: (2001; 2007); Bukow/Yildiz (2002)

den sein müssten. Dennoch zeigt Ethnizität als Stigma heute noch ihre Wirksamkeit, der Ghettodiskurs des vorherigen Kapitels ist ein Indiz dafür. In der Rap-Musik wird dem hegemonialen Diskurs oftmals eine alternative Perspektive entgegengesetzt, die jedoch nur begrenzt wahrgenommen wird. Vielmehr wird auch in diesem Kontext, wie ich im zweiten Kapitel analytisch dargestellt habe, Gangster-Rap rezipiert, in dem problematisierende Diskurse aufgegriffen werden, die den vorherrschenden Erwartungen entsprechen. Wie die folgenden Sequenzen aus Rap-Texten zeigen, gibt es Künstler, die das sogenannte multikulturelle Zusammenleben aufgreifen und den herrschenden Diskurs damit entdramatisieren: „Ich hole Killa Hakan dazu, / und nun schon steht Kreuzberg vor der Tür. / Dies ist mehr als deutsch Rap heute je ist. / Deutsch und türkisch läuft jetzt wirklich. / Was für uns ganz normal ist, ist für euch unmöglich / Bitte glaub mir das Digga.“[11]

„Seid bereit, denn wir schicken euer Hirn auf ‘ne Reise. / Seht ihr das Zusammenleben aus unserer Sichtweise [...] Erkennt! Der innere Wert des Menschen zählt. /Türke, Italiener, Deutsche, Amerikaner – ganz egal! / Für uns ist das Zusammenleben längst keine Qual. / Total! / Kein Problem, / bei uns könnt ihr sehen, / verschiedene Nationalitäten./ Wir verstehen uns trotzdem.“[12]

In der Bundesrepublik Deutschland haben sich, genauso wie in anderen europäischen und außereuropäischen Metropolen auch, unbestreitbar multikulturelle Zentren herausgebildet. Die Akzeptanz beziehungsweise Abwehr dieser Tatsache gestaltet sich folglich in der Praxis differenziert aus. Birgit Rommelspacher bringt es in ihren Standpunkt bezüglich des Multikultur-Diskurses treffend auf den Punkt, wenn sie konstatiert:

„Wir haben nicht die Wahl, ob wir eine multikulturelle Gesellschaft haben wollen oder nicht; diese hatten wir auch nie, denn es gibt keine monokulturelle Gesellschaft. Wir haben in unserer Geschichte ja schon einmal versucht, eine solche zu errichten, bekanntermaßen mit mörderischem Ausgang, wobei die Paradoxie des Naziregimes ja darin lag, dass es einerseits eine sog. reinrassige Gesellschaft schaffen wollte, zugleich aber aufrüstete und nachzog, um die ganze Welt zu erobern, was also bedeutet hätte alle möglichen Völker und ‚Rassen‘ zu unterwerfen und in das deutsche Welt-Reich einzugliedern. An diesem Beispiel wird in extremer Form deutlich, dass hinter dem Anspruch auf Monokulturalität im Grunde meist der Anspruch auf Herrschaft einer Kultur über die anderen gemeint ist. Nur mit äußerster Brutalität wäre eine solche Gesellschaft herzustellen im Sinne von: ein Land, eine Sprache, eine Kultur. Das geht schon aus der Tatsache hervor, daß es auf der Welt nur 184 Nationen gibt, aber

11 | Killa Hakan feat.Samy Deluxe und Manuellsen, Und ihr wisst. 2007

12 | Microphone Mafia, Hand in Hand. 1994

nach ethnologischen und sprachlichen wissenschaftlichen Schätzungen etwa 600 verschiedene Sprachen und 5000 unterschiedliche Ethnien (vgl. Klymlicka 1995)." (Rommelspacher 1999: 34)

Wichtig an dieser Stelle ist festzuhalten, dass Migrationsbewegungen seit jeher die Menschheitsgeschichte begleitet haben. Mit Migration ist zunächst einfach Wanderung gemeint: hierbei gibt es verschiedene Formen der Migration: grenzüberschreitende Migration, Binnenmigration, Arbeitsmigration, Migration aufgrund von Krieg und Vertreibung/Verfolgung, aus Gründen der Familienzusammenführung etc. In der BRD wird Migration jedoch erst mit dem Anwerbeabkommen in Verbindung gebracht und somit so getan, als sei Migration ein relativ neues Phänomen, das die Mehrheitsgesellschaft überfordert. Bereits vor dem ersten Anwerbeabkommen mit Italien 1955 lebten in der Bundesrepublik Deutschland 1950 acht Millionen Vertriebene und zwischen 1950 und 1961 wanderten zusätzlich 2,6 Millionen Menschen aus der ehemaligen DDR zu (vgl. Krämer-Badoni:2002: 54). In den heutigen Migrations-Diskursen wird Migration jedoch erst mit der Gastarbeiter-Anwerbung assoziiert. Damit werden historische Fakten ausgeblendet, die meines Erachtens jedoch von elementarer Wichtigkeit sind, um die konstruierten Gruppen von Rassismus und Diskriminierung zu beleuchten und die Austauschbarkeit dieser Gruppen zu belegen. Weiterhin wird damit deutlich, dass selbst der Glaube an eine Abstammungsgemeinschaft innerhalb der eigenen konstruierten Gruppe zu Etablierten-Außenseiter-Figurationen führt, wie dies bereits eindrücklich von Elias und Scottson belegt worden ist. An dieser Stelle möchte ich ein Zitat des Ethnologen Wolfgang Kaschuba einfügen, der dieses Phänomen von seinem eigenen biographischen Standpunkt heraus analytisch darstellt:

„Denn das Problem mit den Einwanderern hat zunächst eine überaus deutsche Geschichte. Deutschland sei kein Einwanderungsland, sagten die Stammtische schon immer und sagt Innenminister Schäuble immer noch. Sein schlichtes Argument: Deutschland habe nie Einwanderungspolitik betrieben. Genau dies ist das Problem. Deutschland wollte nie Einwanderungsgesellschaft sein, sondern stets ‚deutsche' Abstammungsgemeinschaft bleiben - allen ‚völkischen' Erfahrungen wie allen Einwanderungen in der Geschichte zum Trotz. Besonders nach 1945 wirkte diese Absicht zunehmend grotesk, denn bereits die Millionen Flüchtlinge und Heimatvertriebenen, die damals nach Restdeutschland kamen, waren eher zweifelhafte Deutsche. Zuallererst waren sie ungebeten und unwillkommen, Migranten auch sie, Fremde. Und das blieben sie und ihre Kinder noch lange Zeit: ‚Flüchtlinge'. Das Wort birgt auch für mich noch eigene Erinnerungen an ein Aufwachsen bei den Schwaben, die von uns ‚fremden' Deutschen wenig wissen wollten. Obwohl ich doch hier geboren war. Unterschiedliche Dialekte, Schicksale, Traditionen, Lebensstile trennten auch noch meine Generation – allen angeblich gemeinsamen deutschen Wurzeln wie westdeutschen

Alltagen zum Trotz. Schon die schnell hochgezogenen Flüchtlingsblocks am Stadtrand verkündeten ein symbolisches Draußen. Und die Konfessionsunterschiede zwischen protestantischen Schwaben und katholischen Flüchtlingen erschienen ebenso unüberbrückbar wie heutige Religionsunterschiede zwischen Christentum und Islam. ‚Gemischte' Freundschaften waren dadurch schwierig, Heiraten unmöglich. So blieben die Flüchtlinge in ihren Kirchen, Sportvereinen und Geschäften ebenso unter sich wie bei ihren Hochzeiten, Taufen und Beerdigungen. Eine Parallelgesellschaft? Bis dann die Gastarbeiter kamen, deren italienisches und türkisches Idiom den Schwaben noch fremder klang als unseres." (Der Tagesspiegel, 14.01.2007)

Heute werden mit Fremden andere Menschengruppen assoziiert als die Flüchtlinge, die Kaschuba beschreibt. Während heute beispielsweise Weiße französische, schwedische oder nordamerikanische MigrantInnen, die in der Bunderepublik leben, fast nie zum Ausgangspunkt politischer und öffentlicher Debatten werden, werden Türken, Araber oder pauschal die Moslems immer wieder fokussiert. Die objektive Tatsache, dass ein Mensch eine Staatsgrenze überschreitet und damit den Status eines Ausländers in dem Aufnahmeland erwirbt, ist in diesem Zusammenhang nicht der Bezugsrahmen für die Exklusionsmechanismen. Die Italiener, die im Zuge der Anwerbeverträge für ausländische Arbeitskräfte die ersten Gastarbeiter waren, die in die Bundesrepublik Deutschland einwanderten, waren anfangs die Gruppe, die mit Ethnisierungs-Praxen konfrontiert wurde (vgl. Bukow /Llaryora 1998: 32ff). Mit der konstruierten Fremdheit einhergehende Exklusionsmechanismen dienen dazu, den Zugang zu gesellschaftlichen Funktionssystemen nur bestimmten Gruppen zu ermöglichen. In diesem Zusammenhang wird von Kulturrassismus gesprochen, da es nicht mehr wie im Kontext des Kolonialismus, der Sklaverei und des Nationalsozialismus „Rassen" sind, die als Bezugspunkt dienen, sondern Kulturen und Religionen.

„Die juristische Kodifizierung der Migration durch den Staat bezeichnet man als institutionellen Rassismus. Werden nicht biologische Kriterien, sondern – wie in jüngster Zeit verstärkt zu beobachten – Sozialisation, Religion oder kulturelle Tradition zur Kennzeichnung der ausgegrenzten Fremdgruppe benutzt, spricht man von einem ‚differentialistischen' beziehungsweise Kulturrassismus." (Butterwegge 1992: 192)

Dadurch, dass die Bundesrepublik sich lange gegen den Konsens gewehrt hat, ein Einwanderungsland zu sein, hat sie sich damit auch vieler politischer Versäumnisse schuldig gemacht, die sie heute nach über fünf Dekaden Gastarbeiter-Einwanderung den MigrantInnen zuschiebt. Das Zauberwort, um diesem Defizit entfliehen zu können, ist die Integration von MigrantInnen. Hierbei wird nach dem Paradigma des Kulturkonflikts und der Modernitätsdifferenz agiert und der Allochthone unter dem Licht eines Kindes gesehen, das erst bestimmte Sozialisationsstufen durchlaufen muss, um in einer modernen Gesellschaft wie der Bundesrepublik Deutschland lebensfähig und teilnahmefähig zu werden. Dass sich dieses Muster so lange hat halten können, ist auf rassistische Denkmuster zurückzuführen. Kritik an Fremdzuschreibungen ist schon ziemlich früh auch von wissenschaftlicher Seite aufgegriffen worden, jedoch hat sie bis heute kaum Gehör gefunden.[13] Noch immer werden Gruppen von „Anderen" konstruiert, um Inklusion und Exklusion zu steuern, das bedeutet also, um Teilhabe an oder Ausschluss von gesellschaftlichen, politischen, sozialen und ökonomischen Ressourcen hierarchisch verteilen zu können. In einem demokratischen Land ist dies eine erschreckende Form der Exklusion. Anlässlich der Feier zum 30-jährigen Bestehen des Ausländerbeauftragten-Postens konstatierte Bundeskanzlerin Merkel:

> „Es ist nicht eine Art karitative Großtat, wenn wir uns mit denen, die zu uns gekommen sind, beschäftigen und sie integrieren, wie es immer so schön heißt, sondern die Zukunft unseres Landes hängt von der Frage ab, ob wir lernen, miteinander zu leben. Wenn uns das nicht gelingt, wird es schlecht um die Zukunft unseres Landes bestellt sein. Deshalb bedarf es der Offenheit aller."[14]

Merkels Worte suggerieren, dass ein Zusammenleben bisher nicht funktioniert und deshalb weiter etabliert werden muss. Weiter konstatiert Merkel:

> „Meine Generation kann sich schon gar nicht mehr vorstellen, dass zum Beispiel Eheschließungen zwischen Flüchtlingen und denen, die angestammt in einer bestimmten Region Deutschlands lebten, Anfang der 50er Jahre ein größeres kulturelles Problem waren. Mir war das gar nicht so gewärtig, aber ich habe das im Zuge der Deutschen Einheit in verschiedenen Zusammenhängen gelernt. Das war ein langer und schwieriger Prozess, der aber gelungen ist. Er ist allerdings auch wegen der großen Bereitschaft der Flüchtlinge und der Vertriebenen gelungen, selber ihr Schicksal in die Hand zu nehmen und sich ganz bewusst dieser Gemeinschaft verpflichtet gefühlt zu haben. Gar nicht auszudenken, wenn es dazu gekommen wäre, dass sie eine eigene Partei gegründet oder sich immer sozusagen als ein Separatum begriffen hätten. Es ist ein nicht einfacher, aber sehr gelungener Prozess gewesen, der wichtig war. Das war ein Prozess, bei dem alle die gleiche Sprache sprachen. Deshalb glauben wir, dass die Sprache bei der Integration insgesamt eine Schlüsselrolle spielt." (Ebd.)

13 | Siehe: Auernheimer (1988); Bukow/Llaryora (1989); Dittrich/Radtke (1990); Griese (1984)

14 | http://www.bundesregierung.de/nn_914560/Content/DE/Archiv16/Rede/2008/12/2008-12-17-merkel-30-jahre-integration.html

Merkel meint damit, dass die heutigen MigrantInnen selbst verantwortlich sind für ihre Integration, ein Schlüssel hierfür ist die Sprache. Gleichzeitig schafft Merkel in ihrer Rede unterschwellig eine imaginierte Differenzlinie, wenn sie sagt, dass die innerdeutschen Flüchtlinge deshalb so gut integriert seien, weil sie sich nicht separiert hätten. Damit unterstellt sie indirekt den MigrantInnen, sie würden sich separieren. Merkel reiht sich somit in den hegemonialen Diskurs ein. Wenn nach einem halben Jahrhundert Gastarbeiter-Einwanderung ein Ausländer-und Integrationsbeauftragter für diese Gruppe von Menschen Zuständigkeitsbereiche hat, ist dies in meinen Augen kein Grund zum Feiern. Ich möchte an dieser Stelle auf Konzepte wie „Leitkultur" oder auch das „Heidelberger Manifest" hinweisen, um die Herrschaft einer Dominanzkultur[15] zu untermauern. Das Heidelberger Manifest erschien erstmals im Jahr 1981 und wurde von 15 Hochschulprofessoren unterzeichnet. Unter anderem ist dort festgehalten:

> „Mit großer Sorge beobachten wir die Unterwanderung des deutschen Volkes durch Zuzug von vielen Millionen von Ausländern und ihren Familien, die Überfremdung unserer Sprache, unserer Kultur und unseres Volkstums [...] Bereits jetzt sind viele Deutsche in ihren Wohnbezirken und an ihren Arbeitsstätten Fremdlinge in der eigenen Heimat [...] Die Integration großer Massen nichtdeutscher Ausländer ist daher bei gleichzeitiger Erhaltung unseres Volkes nicht möglich und führt zu den bekannten ethnischen Katastrophen multikultureller Gesellschaften. Jedes Volk, auch das deutsche Volk, hat ein Naturrecht auf Erhaltung seiner Identität und Eigenart in seinem Wohngebiet [...] Die jetzt praktizierte Ausländerpolitik, welche die Entwicklung zu einer multirassischen Gesellschaft fördert, widerspricht dem Grundgesetz, das alle Deutschen der Bundesrepublik zur Bewahrung und Verteidigung der Lebensrechte unseres Volkes verpflichtet[...] Werden sich die Abermilliarden für die Verteidigung unseres Landes am Ende einer solchen Entwicklung lohnen?"[16]

Betrachtet man das rassistische Manifest genauer, so werden Diskurse sichtbar, die sich bis in die heutige Zeit erstrecken. Vorerst möchte ich jedoch Bezug auf einige Stellen nehmen, die meines Erachtens äußerst problematische und widersprüchliche Formulierungen beinhalten. Einerseits wird in dem Manifest behauptet, dass sich die Unterzeichner gegen jegliche Form des Rassismus wenden, um dann im Folgenden von einer „multirassischen" Gesellschaft

15 | Der Begriff Dominanzkultur geht auf die Psychologin Birgit Rommelspacher zurück, die den Begriff in der Migrationsforschung etabliert hat.

16 | Heidelberger Manifest. Schutzbund des deutschen Volkes: http://www.schutzbund.de/heidelberger_manifest.htm Parallelen zu Jürgen Rüttgers „Kinder statt Inder" drängen sich hierbei unvermeidlich auf. Zur Kritik an dem Manifest zu damaliger Zeit siehe: Meinhardt (1984)

zu sprechen. Dies ist ein Widerspruch in sich, weil es keine menschlichen „Rassen" gibt. Die Kolonialisierung und der Nationalsozialismus, die mit der Einteilung der Menschen in menschliche Rassen ihre menschenverachtende Herrschafts-und Vernichtungsideologie gerechtfertigt haben, dienten dem Heidelberger Manifest in abgeschwächter Form als Legitimationsgrundlage. Die Professoren, die das Manifest unterzeichneten, stammten aus unterschiedlichen Disziplinen: Jura, Theologie, Philosophie, Politikwissenschaften und Medizin, was meines Erachtens besonders starke Assoziationen zum Nationalsozialismus unter Hitler weckt. Desweiteren waren sie privilegierte Akademiker. Die in diesem Zusammenhang oftmals rezipierte Desintegrationstheorie für die Erklärung von Rassismus wird an dieser Stelle entmachtet, eindeutig war die leitende Ideologie hinter dem Heidelberger Manifest der Glaube an die Berechtigung eines „reinen, deutschen Volkes". Die am Schluss des Zitats rezipierten Abermilliarden (D-Mark) werden in diesem Fall einem Nützlichkeits-und Verwertbarkeitskriterium unterworfen. Derartige Äußerungen gehören auch heute keinesfalls der Vergangenheit an und sind nicht „nur" bei rechtsextremen Parteien, wie der NPD usw. zu beobachten. Thilo Sarazzin, ehemaliger Finanzsenator Berlins und Ex-Vorstandsmitglied der Deutschen Bundesbank, äußerte sich in der deutschen Kulturzeitschrift „Lettre International" in Bezug auf in Berlin lebende MigrantInnen folgendermaßen:

> „Die Türken erobern Deutschland genauso, wie die Kosovaren das Kosovo erobert haben: durch eine höhere Geburtenrate. Dies würde mir gefallen, wenn es osteuropäische Juden wären mit einem um 15 % höheren IQ als dem der deutschen Bevölkerung [...] Ich muss niemanden anerkennen, der vom Staat lebt, diesen Staat ablehnt, für die Ausbildung seiner Kinder nicht vernünftig sorgt und ständig neue kleine Kopftuchmädchen produziert."[17]

Sarazzin ging dabei davon aus, dass 70 % der türkischen Bevölkerung in Berlin und 90 % der arabischen den deutschen Staat ablehnen würden. Sarazzin, der bis März 2009 Finanzsenator von Berlin war und seitdem Vorstandsmitglied der Bundesbank war, hatte sich in Vergangenheit des Öfteren Menschen, die im sozialen Abseits stehen, so etwa Hartz IV-Empfänger, diskriminiert. Die offensichtlich rechtsextremen und rassistischen Debatten und Standpunkte der NPD decken sich mit den Äußerungen von Sarazzin. Nicht zuletzt deswegen wird er dadurch Zuspruch bei der NPD erhalten haben, die ihn in Folge seiner rassistischen Positionen zum Ausländerbeauftragten machen wollte.[18] Einige Politiker forderten den Ausschluss von Thilo Sarazzin aus der SPD, der ihm am Ende jedoch erspart blieb. Bezeichnend an allen hetzerischen Reden gegenüber

17 | Zitate aus: TAZ, 5.10.2009
18 | Vgl. Tagesspiegel, 2.10.2009

MigrantInnen ist, dass die Täter sich im Nachhinein als Opfer inszenieren und im Namen der Aufklärung angeblich auch ungemütliche Themen ansprechen. Im Grunde geht es herbei jedoch um das Verbreiten von populistischen und rassistischen Standpunkten, die zur Verfestigung von Ressentiments gegenüber MigrantInnen beitragen. Sarazzin geht hierbei von einem Verwertbarkeitsprinzip aus, demnach MigrantInnen seiner Auffassung nach vom deutschen Staat finanziert werden, ohne eine Gegenleistung dafür zu erbringen. Die Gegenleistungen, die dafür erwartet werden, gestalten sich in Zeiten des Sozialabbaus immer kreativer und gehen zu Lasten der von Armut und prekären Lebenssituationen betroffenen Menschen. Stichworte wie Ein-Euro Jobs, Zeitarbeit, Lohn-Dumping sind die eine Seite der Medaille. Die andere Seite ist die Ethnisierung von gesellschaftlichen, sozialen und politischen Problemen. Was diese Diskurse vereint, ist die Fokussierung auf die völkische Nation und der demografische Wandel, demnach die „Deutschen" auszusterben drohen. Hierbei wird so getan, als bestünde ein homogenes deutsches Volk, dass ähnlich wie beispielsweise der sibirische Tiger vom Aussterben bedroht ist. Hier werden Assoziationen zum Tierreich hergestellt. Sowohl im Heidelberger Manifest als auch in Sarazzins Äußerungen werden derart rassistische Konstrukte sichtbar. Thilo Sarazzin geht sogar so weit zu sagen, dass er nichts dagegen hätte, wenn anstelle der Türken osteuropäische Juden stünden, da diese einen 15 % höheren IQ hätten als die deutsche Bevölkerung. 2010 veröffentlicht Sarazzin sein Buch „Deutschland schafft sich ab. Wie wir unser Land aufs Spiel setzen." Am Ende der anfangs empört geführten Debatte zu Sarazzins Thesen überwog schließlich der Konsens, dass Sarazzin bei aller Kritik ein Tabu gebrochen habe, indem er Probleme, die sonst nicht thematisiert werden würden, aufgegriffen habe. Dies sei auch wichtig, da sonst rechte Parteien wie die NPD diese Themen für ihre Zwecke instrumentalisieren würden.

Für Stuart Hall gilt Nation als „symbolische Gemeinschaft", die „Systeme kultureller Repräsentationen" (Hall 1994: 200) entfalte. Der Begriff Volk und Nation erlangt erst mit der Gründung der Nationalstaaten an Bedeutung. In Deutschland ist dies im Jahr 1871 mit der Reichsgründung der Fall. Bereits die Zeit vor der Gründung des Nationalstaats „war durch kulturelle Intoleranz beziehungsweise durch Nichtertragen und Unduldsamkeit gegenüber allen Differenzen gekennzeichnet. Verhaltenspraktiken, die sich abhoben oder nicht vollständig den durch Macht gesicherten kulturellen Mustern einpassten, wurden als fremd und damit zugleich als die nationale und politische Integrität gefährdend aufgefasst." (Baumann 1991: 41) Mit der Gründung des deutschen Kaiserreiches wird auch die Staatsbürgerschafts-Bestimmung in die Verfassung aufgenommen, das „ius sanguinis" (Bluts-beziehungsweise Abstammungsrecht) ist bestimmender Faktor, wer zur Nation gehört und wer nicht. Das „ius soli", das aus dem Bodenrecht abgeleitete Niederlassungsgesetz, war nicht mehr relevant und das Staatbürgerschaftsrecht von 1871 wurde in der Bundesrepublik

Deutschland bisher lediglich einmal reformiert, im Jahr 1999 und ist im Jahr 2000 in Kraft getreten. Dies hat auch heute noch zur Folge, dass Menschen, die zwar einen deutschen Pass besitzen, dennoch durch den Mikrozensus definierten Migrations-Begriff als Andere hervorgehoben werden können. Das statistische Bundesamt definiert demnach Menschen mit Migrationshintergrund:

„Zu den Menschen mit Migrationshintergrund zählen alle nach 1949 auf das heutige Gebiet der Bundesrepublik Deutschland Zugewanderten, sowie alle in Deutschland geborenen Ausländer und alle in Deutschland als Deutsche Geborenen mit zumindest einem zugewanderten oder als Ausländer in Deutschland geborenen Elternteil'. Dies bedeutet, dass in Deutschland geborene Deutsche einen Migrationshintergrund haben können, sei es als Kinder von (Spät-)Aussiedlern, als ius soli-Kinder ausländischer Eltern oder als Deutsche mit einseitigem Migrationshintergrund. Dieser Migrationshintergrund leitet sich dann ausschließlich aus den Eigenschaften der Eltern ab. Die Betroffenen können diesen Migrationshintergrund aber nicht an ihre Nachkommen ‚vererben'. Dies ist dagegen durchweg bei den Zugewanderten und den in Deutschland geborenen Ausländern und Ausländerinnen der Fall. Nach den heutigen ausländerrechtlichen Vorschriften umfasst diese Definition somit üblicherweise Angehörige der 1. bis 3. Migrantengeneration."[19]

Die Kategorie „Personen mit Migrationshintergrund" wurde vom Statistischen Bundesamt in den Mikrozensus 2005 eingeführt und ist so gesehen die rechtlich verankerte Form der Stigmatisierung. Wie es vom Statistischen Bundesamt heißt, gilt hierbei selbst die dritte Generation noch als Person mit Migrationshintergrund. Dies ist meines Erachtens die Fortführung von stigmatisierenden Zuschreibungs-Praxen, die jenseits von selbstbestimmten Bezeichnungen liegen. Es werden damit Millionen Menschen unter einer Kategorie zusammengefasst, wobei es keine Rolle spielt, ob sie sich mit der Bezeichnung identifizieren können oder nicht. Gleichsam ist diese Zuschreibung ebenfalls insofern problematisch, als sie nicht nur auf der Ebene der Erhebung von statistischen Zahlen verbleibt, sondern die Notwendigkeit aus dem hegemonialen Diskurs heraus definiert und legitimiert: „Für eine vorausschauende und zielorientierte Migrations-und Integrations-Politik in Deutschland sind valide und aktuelle Daten über Personen mit Migrationshintergrund eine notwendige Voraussetzung."[20]

---

19 | Statistisches Bundesamt: Bevölkerung und Erwerbstätigkeit. Bevölkerung mit Migrationshintergrund. Mikrozensus 2009: 7

20 | Laut Statistischem Bundesamt „betrug 2009 die Zahl der Personen mit Migrationshintergrund in Deutschland 16,0 Mio. - 715.000 Personen mehr als 2005. Im gleichen Zeitraum ist die Bevölkerung insgesamt um 561.000 Personen zurückgegangen (von 82,5 auf 81,9 Mio.), die Bevölkerung ohne Migrationshintergrund sogar um

Von Anfang an war bei der Gastarbeiter-Anwerbung sichergestellt, dass Arbeiter für niedrig qualifizierte Stellen in Schicht-und Akkordarbeit angeworben wurden, die im Rotationsprinzip innerhalb von zwei Jahren wieder in ihre Heimat zurückkehren und gegen neue Arbeitskräfte eingetauscht werden würden. Die Bezeichnung Gastarbeiter impliziert, dass der Arbeiter nur ein Gast ist. Der Gastarbeiter-Begriff ersetzte den des Fremdarbeiters, der durch den Nationalsozialismus diskreditiert war. Gleichzeitig muss sich auch vergegenwärtigt werden, dass zwischen dem Ende des zweiten Weltkrieges und dem Abschließen des ersten Anwerbeabkommens mit Italien 1955, lediglich eine Dekade lag. Kien Nghi Ha konstatiert in diesem Zusammenhang:

„Über Nachkriegsmigration in die BRD zu sprechen, heißt auch, Auschwitz immer im Hinterkopf zu bewahren. Denn das, wofür dieses Vernichtungslager symbolisch steht, war bei der Ankunft der ersten ausländischen ArbeiterInnen, die in einer historisch nahezu einmaligen Situation einsetzte, immer noch sehr präsent. Aufgrund der nationalsozialistischen Herrschaft war das Gebiet, das damals Westdeutschland ‚verkörperte', zum ersten Mal in seiner Geschichte dem zweifelhaften Ideal einer völkisch homogenen ‚Kulturnation' so nah wie nie zuvor, weil der NS-Staat ‚ethnische Säuberungen' mit bürokratisch-moderner Gründlichkeit mittels systematischer Entrechtung, Vertreibung, Gewaltanwendung und industriellem Genozid durchführte. Mit dieser geschichtlichen Singularität im Rücken zu leben, gibt der Existenz der hier lebenden MigrantInnengenerationen und ihrem Willen hier zu bleiben, eine besondere Konnotation und historische Brisanz." (Ha 1999: 20)

Aus dieser Perspektive entsteht ein erweiterter Blick auf rassistische und ethnisierende Praxen in der Bundesrepublik Deutschland, der die vermeintlichen Integrationsdefizite nicht den Leidtragenden zuschreibt, sondern der verfehlten Integrationspolitik. Die Anwerbeabkommen mit weiteren Mittelmeer-ländern, wie Spanien und Griechenland (1960), der Türkei (1961), Marokko (1963), Portugal (1964), Tunesien (1965) und Ex-Jugoslawien im Jahr 1968 (vgl. Terkessidis: 2000: 17) geschah in der Phase des Fordismus in der BRD, obwohl die BRD bereits im Jahr 1965 in eine Rezession geriet. Die angeworbenen Arbeiter wurden insbesondere in Bereichen der Akkordarbeit, Schichtarbeit sowie in der Fließband-Produktion eingesetzt. Ein Großteil der angeworbenen ArbeiterInnen waren junge Männer. Jedoch ist dies ein Mythos über den alleinstehenden jungen, männlichen Gastarbeiter. Denn auch ein nicht kleiner Anteil an weiblichen Arbeiterinnen kam in die Bundesrepublik Deutschland, um in der Textil-, Nahrungs-und Genussmittelindustrie sowie im technischen Bereich wie auch im Dienstleistungssektor zu arbeiten. Das erste Anwerbeabkommen, das zwar

1.276.000 (von 67,1 auf 65,9 Mio.). Der Anteil der Bevölkerung mit Migrationshintergrund ist in der Folge von 18,6 % auf 19,6 % angestiegen." (Ebd.)

schon 1955 mit Italien geschlossen wurde, wurde jedoch trotzdem erst 1961 in die Tat umgesetzt, also erst mit dem Bau der Berliner Mauer, als die Ost-West Wanderung durch die Mauer praktisch unmöglich gemacht wurde. Im Jahr 1973[21], das gekennzeichnet war durch den Beginn der Ölkrise und den Einbruch der Konjunktur, wurde ein Anwerbestopp erlassen. Für die in der Heimat zurückgebliebenen Familien der GastarbeiterInnen war es nur noch durch den sogenannten Familiennachzug möglich, in die Bundesrepublik Deutschland einzureisen. Hierbei muss der historische Aspekt betrachtet werden, dass beispielsweise in der Türkei 1980 ein Militärputsch stattfand und zu der Zeit auch viele Oppositionelle und Intellektuelle aus der Türkei in die BRD einreisten. 1983 wurde erstmals ein Gesetz zur Rückkehrförderung erlassen. Demnach sollen „ausreisewillige" Gastarbeiter eine finanzielle Unterstützung bei der Rückreise in ihre Herkunftsländer erhalten. Für viele Menschen stellte sich schon relativ früh nicht mehr die Frage nach einer Rückreise. Die wirtschaftliche und zum Teil auch politische Situation in den Herkunftsländern hatte die Menschen ja dazu gebracht, in die Bundesrepublik Deutschland einzuwandern. Durch die Ölkrise und das damit einhergehende Ende der fordistischen Ära kam es zu Massen-Entlassungen aus Arbeitsverhältnissen, auch für die sogenannten Gastarbeiter. Der Verwertbarkeitslogik entsprechend „sollten sie dahin, wo sie herkamen". Das eigens dafür erlassene Gesetz zur Rückkehrförderung hat auch heute noch Relevanz, wenn etwa abgelehnten Asylbewerbern die Möglichkeit zur freiwilligen Ausreise eingeräumt wird. Diese Bezeichnung wurde übrigens zu Recht im Jahr 2007 zum Unwort des Jahres gekürt.

4.4 Ethnisierung und rassistische Praxen

„Wie konnte es dazu kommen, daß aus einer Strukturfrage spätkapitalistischer Gesellschaften ein Kulturproblem der betroffenen Migranten wurde? Wie konnte es dazu kommen, daß sich die Thematik von der Behandlung rechtlich-sozialer Inkorporationsprobleme zu einer Diskussion von Kulturdifferenzen und der Bewältigung von Kulturkonflikten verschob? Wie konnten aus Arbeitsmarktproblemen Sozialisationsfragen werden, eine Verschiebung der Aufmerksamkeitsrichtung, die schließlich in einer Politik der Ethnisierung sozialer Konflikte mündete?" (Radtke 1991: 35)

Frank Olaf Radtke stellte diese Frage bereits vor zwei Dekaden, dies zeigt, dass die Probleme, die heute in Bezug auf Integration zum Ausdruck kommen, sich

21 | Das Jahr 1973 ist ein wichtiges Datum in Bezug auf den heutigen Diskurs, Migration verhindern oder managen zu wollen. Trotz des Anwerbestopps reisten Menschen in die BRD ein. Nicht nur die BRD ist seit den 1950er Jahren ein Einwanderungsland, sondern dieses Phänomen war auf ganz Westeuropa ausgedehnt.

wie ein roter Faden durch die bundesdeutsche Migrationsgeschichte ziehen. Trotz einschlägiger wissenschaftlicher Publikationen, die empirisch belegen, dass in der BRD institutioneller Rassismus und Diskriminierung von Migranten aus bestimmten Herkunftsländern besteht, wird dennoch weiterhin über Integrationsdefizite debattiert. Rassismus ist ein ideologisches Konstrukt (Miles 1989: 335), das der Aufrechterhaltung von Machtverhältnissen dient. Im Zusammenhang mit den Gastarbeitern waren es erstmals sogenannte Mentalitätsunterschiede, die ein Zusammenkommen der „deutschen" und „südländischen" Kultur angeblich unmöglich machten. Heutzutage dient der konstruierte Islam und die islamische Welt als treibender Motor für rassistische Exklusions-Praxen. Das verdeutlicht, dass Rassismus eine dynamische Ideologie ist, Rassismus ist wandlungsfähig und legitimiert sich dadurch selbst. Stand am Anfang des Rassismus die konstruierte Rasse als Legitimationsdiskurs, der auf erfundenen biologistischen Konzepten aufbaute, so wird heute von zivilisierten und rückständigen sowie gewaltimmanenten Religionen gesprochen, um eine imaginäre Kluft zwischen die Menschen einer Gesellschaft zu treiben. Nachdem der Rassebegriff in Europa durch den Nationalsozialismus negativ belegt ist, wird in diesem Zusammenhang der Kulturbegriff als Markierung von Differenz herangezogen. Etienne Balibar hat diese Praxis als Rassismus ohne Rassen definiert:

> „[d]er neue Rassismus [...] ein Rassismus der Epoche der ‚Entkolonialisierung' [ist], in der sich die Bewegungsrichtung der Bevölkerung zwischen den alten Kolonien und den alten ‚Mutterländern' umkehrt und sich zugleich die Aufspaltung der Menschheit innerhalb eines einzigen politischen Raumes vollzieht. Ideologisch gehört der gegenwärtige Rassismus, der sich bei uns um den Komplex der Immigration herum ausgebildet hat, in den Zusammenhang eines ‚Rassismus ohne Rassen', wie er sich außerhalb Frankreichs, vor allem in den angelsächsischen Ländern, schon recht weit entwickelt hat: eines Rassismus, dessen vorherrschendes Thema nicht mehr die biologische Vererbung, sondern die Unaufhebbarkeit der kulturellen Differenzen ist; eines Rassismus, der – jedenfalls auf den ersten Blick – nicht mehr die Überlegenheit bestimmter Gruppen oder Völker über andere postuliert, sondern sich darauf ‚beschränkt', die Schädlichkeit jeder Grenzverwischung und die Unvereinbarkeit der Lebensweisen und Traditionen zu behaupten." (Balibar 1990: 28)

In der Praxis wird von einer Unvereinbarkeit der Kulturen aus unterschiedlichen Kulturkreisen ausgegangen. Dies wiederum setzt einen Kulturbegriff voraus, der homogen und statisch definiert ist. Birgit Rommelspacher gelingt es in ihrer Definition, die Verknüpfung von Rassismus und Sexismus zu beleuchten und aufzuzeigen, wie beide Diskriminierungsformen durch negative Zuschreibungsprozesse legitimiert werden:

„Beides sind Ideologien, die darauf abzielen, eine bestimmte Gruppe von Menschen zu diskriminieren, indem die Gruppe als homogene Einheit konstruiert und mit Hilfe zum Beispiel eines biologischen Merkmals stigmatisiert wird – das eine Mal aufgrund der Geschlechtszugehörigkeit, das andere Mal aufgrund der Hautfarbe oder ethnischen Herkunft. Den Gruppen werden bestimmte Eigenschaften als ‚natürlich' zugeschrieben und damit Machtverhältnisse legitimiert. Frauen gelten als emotional und weniger rational und bedürfen deshalb angeblich der ‚Führung' des Mannes; wohingegen zum Beispiel im kolonialen Rassismus die Bevölkerung der kolonisierten Gebiete für weniger zivilisiert, naiv und unberechenbar gehalten wurden und deshalb angeblich der Missionierung und Erziehung durch die Kolonisatoren bedurften." (Rommelspacher 1999: 111)

Rassistische Diskurse sind historisch betrachtet niemals ohne praktische Wirkung geblieben. Die Rasse-Ideologie des Nationalsozialismus mit seinen vielen Millionen Opfern ist wohl das extremste Beispiel. Die Verknüpfung des Rassismus in der Bundesrepublik Deutschland mit dem Nationalsozialismus ist meines Erachtens ein Faktor dafür, dass alltäglicher Rassismus relativiert und verharmlost wird. Die Vertreter der Chicagoer Schule konstatierten, dass „ethnische Herkunft spätestens in der zweiten oder dritten EinwanderInnengeneration belanglos werden müsse".[22] Ähnlich formulierten es Bukow und Llaryora bereits Ende der 1980er Jahre in ihrer Ethnisierungs-Theorie. Was in Deutschland fehlt, ist also nicht der Mangel an wissenschaftlichen Grundlagen, sondern der Mangel an gleichberechtigten Strukturen. Bukow und Llaryora konstatieren:

„Die tatsächlichen oder vermeintlichen ethnischen, kulturellen und religiösen Unterschiede werden zu gesellschaftlichen Leitdifferenzen stilisiert, um bestimmte Gruppen als ethnische Minderheiten zu markieren und zur Diskriminierung und Ausgrenzung freizugeben. Bei der Ethnisierung handelt es sich um eine Form der Fremdbestimmung, bei der im Prozess einer Bedeutungskonstitution bestimmte – tatsächliche oder fiktive – kulturelle Merkmale zu Verfügungspotenzialen werden, die als Begründung von Diskriminierung und Exklusion herangezogen werden." (Bukow/Nikodem/Schulze/Yildiz 2001: 392)

Bukow und Llaryora richten in ihrer Analyse den Blick nicht auf die vermeintlichen ethnischen und kulturellen Unterschiede, sondern fokussieren die Zuschreibungsprozesse beziehungsweise den Umgang mit Migration. Dies tun sie vor dem theoretischen Hintergrund des Labeling Approach, des Etikettierungsansatzes, der deviantes Verhalten als soziale Zuschreibungsprozesse verortet und beispielsweise Kriminalität nicht als natürlich gegeben rezipiert. So kons-

22 | Vgl.: Treibel (2003: 188)

tatieren Bukow und Llaryora in Bezug auf die vermeintlich unvereinbar gegenüberstehenden Kulturen in Deutschland:

„Dies wäre weniger problematisch, wenn tatsächlich erhebliche Differenzen zwischen der mediterranen Kultur und unserer bestehen würde, wenn beide Kulturen darüber hinaus geschlossene Größen wären; denn dann gäbe es ein relatives Recht zu einer solchen Argumentation, insofern eben die Relation zwischen beiden Kulturen zusammen mit der objektiven Dominanz der aufnehmenden Kultur ein Arrangement gebieten würde." (Bukow/Llaryora 1988: 17)

Den Prozess der Ethnisierung beschreiben die Autoren als dreistufigen Prozess: In einer ersten Stufe wird die eigene Gruppe in Abgrenzung zur Minorität konstruiert, wie z.B. Deutsche versus Ausländer. Auf der zweiten Ebene des Ethnisierungsprozesses folgt die inhaltliche Ausstattung der Gruppe mit negativen Problemzuschreibungen. Als dritter und letzter Schritt folgt der Prozess der Realitäts-Konstruktion, in „dem strategische (Neu-,Um-oder auch Erst-) Interpretationen von Erfahrungen stattfinden." (Bukow 1996: 64). Max Webers Definition von „ethnisch" beruhte auf einem konstruktivistischen Ansatz, da er dabei den Glauben an eine Abstammungsgemeinschaft hervorhob, unabhängig davon, ob diese tatsächlich vorliege oder nicht. Weber schaffte somit eine Dekonstruktion des essentialistisch aufgeladenen Ethnie-Begriffs, wenn er konstatiert, dass wir:

„solche Menschengruppen, welche auf Grund von Ähnlichkeiten des äußeren Habitus oder der Sitten oder beider oder von Erinnerungen an Kolonisation und Wanderung einen subjektiven Glauben an eine Abstammungsgemeinschaft hegen, derart, dass dieser für die Propagierung von Vergemeinschaftungen wichtig wird, [...] ethnische Gruppen nennen, ganz einerlei, ob eine Blutsgemeinschaft objektiv vorliegt oder nicht." (Weber 1965: 307)

Weiter konstatierte Weber: „Gemeinschaften können ihrerseits Gemeinschaftsgefühle erzeugen, welche dann dauernd, auch nach dem Verschwindender Gemeinschaft, bestehen bleiben und als „ethnisch" empfunden werden." (Ebd.). In „Feindbild Minderheit. Zur Funktion von Ethnisierung" diskutiert Bukow den Begriff der Kultur und schreibt ihm konstitutive Belanglosigkeit zu, wobei er darauf hinweist, dass der Begriff mit seinen imaginierten Bedeutungen immer noch Relevanz hat: „Sie haben vielmehr heute einen den Formen moderner Religionen vergleichbaren, eher privaten Status. Sie sind zu einem Bestandteil des persönlichen Lebenszusammenhanges geworden. Sie sind wieder auf den Kontext beschränkt, innerhalb dessen sie seit je ihre besonderen Leistungen erbrachten." (Bukow 1996: 137). Diesen Aspekt beschreiben Bukow und Llaryora als Selbstethnisierung. Ihrer Ansicht nach geschieht dies als Reaktion auf die vorausgegangene Fremd-Ethnisierung. Bukow schlägt in Feindbild Minderheit vor, „Ethnizität in diesem Fall vor allem als ein Deutungsverfahren zur „Hervorbringung" ethnischer Gruppen zu betrachten. Diesen Prozeß der Hervorbringung hat man sich dann im Kontext der von ganz „alltäglicher Kommunikation" installiert vorzustellen." (Ebd.: 138) Im weiteren Verlauf seiner Analyse zeigt Bukow auf, wie die alltägliche Konstruktion zur politischen Konstruktion wird und konstatiert: „Damit erscheint die Ethnisierung schließlich strukturell effektiv verankert. Insofern kann man heute sogar von einer erfolgreichen Ethnifizierung der Sozialstruktur der Bundesrepublik sprechen." (Ebd.: 159). Martin Sökefeld beschreibt in diesem Kontext aus einer ethnologischen Perspektive den Prozess des *Othering*, der für die vorliegende Arbeit von Bedeutung ist, da sich der Prozess des Othering auch auf den Umgang mit Rappern mit sogenannter Migrationsgeschichte übertragen lässt:

> „In der ethnologischen Debatte hat sich für einen Aspekt dessen, was kulturelle Repräsentationen leisten - ob intendiert oder nicht - der Terminus othering eingebürgert. Othering meint, dass per kollektiv zugeschriebener kultureller Charakterisierung Individuen als anders, different dargestellt werden, und zwar unabhängig davon, ob sich diese Differenz tatsächlich in jedem einzelnen Fall nachweisen lässt. Othering kann etwa darin bestehen, Einwanderern aus der Türkei das Ehrkonzept zuzuschreiben, ohne zu fragen, ob sie das Konzept akzeptieren, praktizieren oder nicht. Per Zuschreibung wird der Einwanderer zum Anderen gemacht, ver-‚andert' - und damit verändert: Er wird nicht als Individuum wahrgenommen, sondern als Exemplar einer Kultur." (Sökefeld 2005: 24)

Daran anknüpfende Exklusions-Praxen in Form von Zugangsbarrieren in gesellschaftliche Funktionssysteme, insbesondere das Bildungssystem in Bezug auf sogenannte Migrantenjugendliche, wurden von mehreren wissenschaftlichen Studien fokussiert. So stellte Gomolla in ihrer Studie zum Übergang von der Grundschule auf die weiterführenden Schulen fest, dass türkische Kinder mitrassistischen Unterschichtungs-Praxen konfrontiert werden, da sie selbst bei gleichen Leistungen wie die deutsche Vergleichsgruppe eine schlechtere Empfehlung für die weiterführende Schule erhalten würden. Hierbei wird der manifestierte Sprach-Defizit-Diskurs als Legitimations-Grundlage benutzt und einzelnen Individuen ein Kollektiv-Defizit zugeschrieben.[23] Die Ausländerfor-

23 | „Beim Übergang in die Sekundarstufe wird auf dem Hintergrund fehlender Sprachförderung an den höheren Sekundarschulformen selbst bei guten Noten vermehrt der Besuch der Real-oder Hauptschule empfohlen, mit der Begründung, ohne perfekte Deutschkenntnisse sei kein Erfolg auf dem Gymnasium möglich. Kulturalisierende Annahmen in der Tradition einer Defizitperspektive im Hinblick auf die Unterstützungsmöglichkeiten der Eltern werden ebenfalls zum ausschlaggebenden

schung der 1980er Jahre hat durch kulturlasierende Perspektiven und Praxen maßgeblich zu der Ethnisierung von Minderheiten beigetragen. So kritisierte Franz Hamburger bereits in den 1980er Jahren zu Recht, „die Unmöglichkeit, Politik durch Pädagogik ersetzen zu können."[24] Und Griese konstatierte auch bereits relativ früh, dass „die Ausländerpädagogik, die Qualifizierung der Pädagogen, nicht der Ausländer zur Folge (hatte)." (1984: 45) Kein Nie Ha spricht in diesem Kontext sogar von einer Integrations-Industrie.(Ha 2007). Die heutigen Formen von Rassismus in der BRD werden oftmals als Ausländerfeindlichkeit und Xenophobie verharmlost. Damit wird der Bezug zu der Rassenideologie im Nationalsozialismus von vornherein ausgeblendet. Lediglich in Bezug auf neonazistische Organisationen und in Bezug auf Parteien wie die NPD wird in der Berichterstattung, wenn auch nicht immer, der Begriff des Rassismus verwendet. Die Assoziationskette des Rassismus-Begriffs an den Nationalsozialismus ist jedoch aus anderen Perspektiven problematisch: die Verwicklung Deutschlands in den internationalen Kolonialismus ist ein bis heute nicht aufgearbeitetes Kapitel der deutschen Geschichte. Dies äußert sich nicht zuletzt im Umgang und der stereotypen Repräsentation von Schwarzen Menschen. Zum zweiten entsteht damit ein hegemonialer Machtanspruch, so aus einer privilegierten Position heraus Rassismus und rassistische Praxen zu relativieren, von denen die Weiße Mehrheitsgesellschaft selbst nicht betroffen ist. Rassistische Praxen in der BRD werden meines Erachtens erst wahrgenommen, wenn sie in Verbindung mit Gewalt zum Ausdruck kommen. Der alltägliche Rassismus, der sich durch Überlegenheitsansprüche und rassistische Unterschichtungspraxen sowie durch das Verwehren von Zugehörigkeit und Anerkennung äußert, wird nicht als Rassismus wahrgenommen, sondern ist das logische Ergebnis von Ethnisierungs-Prozessen, wie sie von Bukow und Llaryora beschrieben wurden. Die Amadeu-Antonio-Stiftung[25] zählte im Jahr 2011 182 Mordopfer rassistisch motivierter Gewalt seit der Wiedervereinigung von Ost-und Westdeutschland

---

Prognosekriterium. Entscheidungen werden auch strategisch umgangen, indem die Gesamtschule von vorneherein als die Schule für Kinder mit Migrationshintergrund erachtet wird." Gomolla (2003: 104); auch Rainer Geissler fokussiert diskriminierende Praxen im Bildungssystem, die er allerdings in einen historischen Kontext setzt. In seinem Aufsatz „Die Metamorphose der Arbeitertochter zum Migrantensohn. Zum Wandel der Chancenstruktur im Bildungssystem nach Schicht, Geschlecht, Ethnie und deren Verknüpfungen" konstatiert Geissler, dass verschiedene ethnische Gruppen schlechte Chancen im Bildungssystem haben. (2008)

24 | Hamburger publizierte im Jahr 2009 „Abschied von der interkulturellen Pädagogik" und verdeutlicht damit, dass der Haupt-Tenor in der Arbeit mit Migranten derselbe geblieben ist.

25 | Die Stiftung trägt den Namen des ersten Opfers von rechtsextremer, rassistischer Gewalt nach der Wiedervereinigung. „Seit ihrer Gründung 1998 ist es das Ziel der

1990. Unter den Opfern sind nicht nur sogenannte Migranten, sondern auch deutsche Menschen, die nicht in das rassistisch-ideologische Weltbild der Täter passten. „Während die Bundesregierung auf der Grundlage offizieller Statistiken von 47 Todesopfern im Zeitraum von 1990 bis 2009 ausgeht, zählt die in Berlin ansässige Amadeu-Antonio-Stiftung für die Zeit von 1990 bis 2011 hingegen 182 Todesopfer." (Welt-Online, 20.11.2011) Die Taten nach der Wende zu berechnen, ist meines Erachtens aus doppelter Hinsicht kontraproduktiv. Erstens wird suggeriert, als habe es Rassismus vor der Wende nicht gegeben und als sei Rechtsextremismus somit ein genuin ostdeutsches Problem. Zum anderen geraten damit rassistische Morde, die es auch vor der Wende gab, in Vergessenheit. Zumal Solingen und Mölln im Westen der Republik lagen. Der Rassismus agierte schon immer in harmloserer Form als es die Pogrome taten von der Mitte der Gesellschaft aus.

4.5 Verweigerung von Zugehörigkeit und Anerkennung

Wenn Jugendliche mit sogenanntem Migrationshintergrund in ihren Raps zum Ausdruck bringen, dass sie sich ausgeschlossen fühlen, beziehen sie sich darin auf Erfahrungen, die sie in ihrem Lebensalltag machen, und dies ergibt sich nicht aus sich selbst heraus. Die konstruierten Identitäten, die vermeintlich die Jugendlichen repräsentieren, beruhen nicht auf selbst gewählten Repräsentations-Konzepten der Jugendlichen, sondern sind eine zugeschriebene Kategorisierung der hegemonialen Mehrheitsgesellschaft. Die Phasen der Namensgebung für Jugendliche, die nicht in die imaginierte Gemeinschaft der deutschen Nation passen, waren zu keinem Zeitpunkt eine selbstgewählte und eigenmächtige Erscheinung. Selbst mit der Reformierung des Staatsbürgerschaftsrechts wurde eine Optionspflicht erstellt, die eine doppelte Zugehörigkeit ausschließt und eine einseitige Positionierung fordert. Wie ich beschrieben habe, ist mit dem Migrationsbegriff, der bis in die dritte Generation einen Migrationshintergrund zuschreibt, die Fortführung eines von Anfang an angelegten Prozesses des Othering verbunden: Angefangen in den 1970er Jahren mit „Gastarbeiterkindern", die in den 1980er Jahren als „Ausländer-Kinder" stigmatisiert wurden, hat sich die Etikettierung von Menschen bis heute nicht aufgelöst. In den 1990er Jahren setzte sich der Begriff des Migranten-Kindes durch, bis sich auch in der Mehrheitsgesellschaft das Bewusstsein durchsetzte,

---

Amadeu-Antonio-Stiftung, eine demokratische Zivilgesellschaft zu stärken, die sich konsequent gegen Rechtsextremismus, Rassismus und Antisemitismus wendet". Amadeu Antonio wurde im November 1990 von 50 rechtsextremen Jugendlichen ins Koma geprügelt, aus dem er nicht mehr erwachte. Er lebte in Eberswalde in Brandenburg.

dass ein Großteil dieser Kinder und Jugendlichen niemals selbst migriert war. Daraufhin wurden die heute gültigen Bezeichnungen für diese Jugendlichen konstruiert: Jugendliche mit Migrationshintergrund oder Migrationsgeschichte. Diese Kennzeichnung dient ausschließlich dazu, eine imaginierte Differenzlinie aufrecht zu erhalten, die sich in alle gesellschaftlichen Teilsysteme erstreckt. Ob beim Kinderarzt, bei der Anmeldung im Kindergarten oder der Einschulung, überall wird nach dem Migrationshintergrund und den dazugehörigen Familiensprachen gefragt. So werden Kinder von Anbeginn ihrer Sozialisation, die über die Familie hinausgeht, in Kategorien gepresst, die die eigene Selbstverortung be-und eingrenzen. Ihr Platz und ihre Verortung werden von der Mehrheitsgesellschaft definiert und sind keine selbstgewählten und selbstbestimmten Positionierungen. Im Gegensatz zu Schwarzen Deutschen, die als selbstbestimmte Bezeichnung die Begriffe Afro-Deutsche, Schwarze Deutsche oder Schwarze als Selbstbezeichnung festgelegt haben, ist dies bei sogenannten Migrantenjugendlichen bisher nicht geschehen. Die gewählte Selbstbezeichnung Schwarze oder Schwarze Deutsche bezieht sich hierbei auch nicht auf physiognomische Merkmale, die Hautfarben oder Hautschattierungen zum Inhalt haben, sondern sind politische Konzepte, die durch die Großschreibung des Adjektivs Schwarz auf den konstruierten Charakter der Kategorien verweisen. Somit haben Schwarze/Deutsche eine offizielle Bezeichnung gewählt, der keine diskriminierenden Konnotationen enthält.

Die selbstgewählte Bezeichnung ist insofern enorm wichtig, als sie eine Form der Selbstermächtigung und Selbst-Repräsentation darstellt. In einer Majorität und Minoritäten-Konstellation, die auf ungleichen Machtverhältnissen basiert, ist dies die Grundlage, um mit eigenen Standpunkten auftreten zu können. Die Selbstbestimmung ist ein Baustein der Selbstermächtigung, wobei ganz klar ist, dass auch durch Selbstbestimmungen Kategorien reproduziert werden, die es eigentlich aufzulösen gilt. Dies ist jedoch ein Dilemma, das bestehen bleibt, solange ungleiche Machtverhältnisse vorhanden sind. Die damit zwangsläufig verbundene Auseinandersetzung mit konstruierten Identitäts-Kategorien gehört auch für Menschen mit sogenannter Migrationsgeschichte bisher immer noch zu ihrer alltäglichen Lebensrealität. Dies spiegelt sich nicht zuletzt in Rap-Texten wider. Wie ich bereits beschrieben habe, ist dies das Ergebnis von Ethnisierungs-Praxen, mit denen die Jugendlichen sich in ihren Texten und ihrer Musik auseinandersetzen, sie darauf zu reduzieren, ist hierbei lediglich Teil der Stigmatisierungs-Praxis, da dies ein einseitiger Zuschreibungsprozess ist und, wie ich im empirischen Teil der Arbeit darlegen werde, keine selbstebestimmte Form der Repräsentation darstellt. Die damit einhergehende Stigmatisierung jener Rapper und Rapperinnen als widerständige Jugendliche mit Migrationshintergrund erscheint aus dieser Perspektive als logische Reaktion auf Unterschichtungs-Praxen und rassistische Diskriminierungserfahrungen. Jedoch ist dieser Ansatz in meinen Augen insofern problematisch, als dass er von einem hegemonialen Standpunkt ausgeht und den Rappern und Rapperinnen lediglich einen sehr kleinen Handlungsraum einräumt. Die Verortung der Rapper und Rapperinnen in einen beschränkten Diskurs, der sie nur als binäre Opposition zu der Mehrheitsgesellschaft rezipiert, ist Teil der zur Normalität gewordenen Kategorisierungs-Maschinerie. In der Bundesrepublik Deutschland ist die Erwähnung der ethnischen Herkunft, insbesondere der aktuell als Problemfall definierten ethnischen Herkunft, zentraler Anknüpfungspunkt für die Repräsentation. Als Beispiel habe ich an mehreren Stellen bereits Kool Savas benannt, der selbst in seinen Texten keine Bezüge zu ethnischen Zuordnungen vornimmt und trotzdem in der Fremd-Repräsentation darauf zurückgeworfen wurde, obwohl es für die Berichterstattung über ihn keinerlei Relevanz hatte. Die Verweigerung von Zugehörigkeit, die mit Kategorisierungen anfängt und in Exklusionsmechanismen ihr Ende findet, ist nicht von Jugendlichen mit sogenannter Migrationsgeschichte erfunden worden. Ich möchte in diesem Kontext Bezug auf die Studie von Heitmeyer, Müller und Schröder nehmen, die sie unter dem Titel „Verlockender Fundamentalismus" publiziert haben und in der sie konstatierten, dass 80 % der für die Studie befragten türkischen Jugendlichen sich aus der Gesellschaft ausgeschlossen fühlen würden und der Aussage zustimmten „Du kannst machen was du willst, du wirst hier nie dazugehören". Trotz des Faktes, dass es eine Hinwendung zu nationalistischen sowie islamisch-fundamentalistischen Gruppierungen[26] gibt oder geben mag, konstruierte die Studie einen generellen islamischen Fundamentalismus, der sich damit in der Wissenschaft etablierte. Dabei gingen die Autoren selbstverständlich weiterhin von einer Kulturdifferenzhypothese aus, die bereits in den 1980er Jahren kritisch hinterfragt wurde.[27] Die Studie von Heitmeyer stieß auf eine große Resonanz. Birgit Rommelspacher konstatierte in diesem Zusammenhang:

> „Und das ist der eigentliche Skandal. Nicht die mögliche Gewaltbereitschaft türkischer Jugendlicher ist das eigentliche Problem, sondern dass die politische Kultur in diesem Lande dazu geführt hat, dass der größte Teil der Kinder und EnkelInnen der EinwanderInnen sich von dieser Gesellschaft ausgeschlossen fühlt. In diesem Sinne ist die multikulturelle Gesellschaft in der Tat gescheitert." (Rommelspacher 1999: 32)

Die empirische Studie von Heitmeyer, Müller und Schröder zeige auf der anderen Seite jedoch auch, dass die sogenannte zweite und dritte Generation ein starkes Selbstbewusstsein habe, trotz der alltäglichen Diskriminierung (Ebd.). Jugendliche, die rappen, zeigen, dass die Auseinandersetzung mit Migration und Integration und gesellschaftspolitischen sowie sozialen Phänomenen ein Dauerthema ist. Und dies ist nicht erst durch das Auftauchen von Aggro Ber-

26 | Siehe Bozay (2005)

27 | Zur Kritik an Heitmeyers Desintegrationstheorem vgl. Bukow/Ottersbach (1999)

lin zustande gekommen. Vielmehr ist es so, dass dadurch eine breite Masse einerseits die Identifikation mit Straßen-oder Gangster-Rap erfahren hat, und andererseits spielt die Fokussierung der Medien auf diese Thematik eine große Rolle bei der Etablierung von Migrations-Diskursen im HipHop selbst. Die zentralen Theorien der 1980er Jahre, die sich mit der Integration beziehungsweise Desintegration von allochthonen Bürgern befassen, sind die Kulturkonflikthypothese sowie die Modernitäts-Differenzhypothese. Beide Herangehensweisen haben gemein, dass sie den Migranten als „zurückgebliebenen" Menschen einstufen, der sich in einer modernen Industriegesellschaft wie der Bundesrepublik Deutschland erst einmal neu sozialisieren muss. Bei dem sogenannten Kulturkonflikt wird davon ausgegangen, dass der Migrant zwischen zwei Kulturen steht und diesen Konflikt dadurch lösen kann, dass er sich von der Herkunftskultur löst, das heißt sich assimiliert und sich der deutschen Kultur ermächtigt. Das Problem war und ist bei dieser Perspektive, dass die Kulturen sich nicht gleichberechtigt gegenüberstehen, sondern die Aufnahmekultur, in diesem Fall die deutsche, als erstrebenswert betrachtet und eingestuft wurde. Trotz zahlreicher wissenschaftlicher Publikationen, die sowohl die Modernitätsdifferenzhypothese als auch die Kulturkonflikttheorie kritisch dekonstruieren, ist auch heute noch diese Verfahrensweise wegweisend für den Umgang mit Migranten. Eine frühe Kritik an dieser Praxis formulierte Georg Auernheimer 1988 in „Der sogenannte Kulturkonflikt. Orientierungsprobleme ausländischer Jugendlicher". Dennoch müssen heute muslimische Migranten, wenn sie sich einbürgern lassen möchten, einen Gesinnungstest durchführen und beweisen, dass sie sich mit deutschen Werten identifizieren. Die vom Bundesminister des Innern am 5. August 2008 erlassene Einbürgerungstestverordnung trat am 1. September 2008 in Kraft, und seitdem wird der bundeseinheitliche Einbürgerungstest durchgeführt, wobei je nach Bundesland bundeslandspezifische Fragen auftauchen, wie z. B.: „Wie heißt die Landeshauptstadt von Nordrhein-Westfalen?" Dies diente von Anfang nicht dem wohlwollenden Überprüfen von Allgemeinwissen, sondern sollte ein Bekenntnis zum sogenannten Aufnahmeland darstellen. Die Adressaten des Einbürgerungstests waren auch Menschen, die der ersten Generation der sogenannten Gastarbeiter angehörten, quasi Menschen, die den Großteil ihres Lebens in Deutschland verbracht hatten und hier verwurzelt sind. In der Bundesrepublik Deutschland war der Bezug auf Sprachkompetenzen schon immer ein Medium, um Unterschiede zu instrumentalisieren. Die Studie Heitmeyers erhielt große Aufmerksamkeit zu einer Zeit, als der Multikulturalitäts-Diskurs seinen Höhepunkt erreicht hatte. Die Spiegel-Ausgaben „Gefährlich fremd. Das Scheitern der multikulturellen Gesellschaft" (Spiegel 16/1997) und „Zu viele Ausländer. Sprengsatz für Rot-Grün" (Spiegel 48/1998), stehen in engem Zusammenhang mit dem herrschenden Diskurs, einerseits indem sie diesen aufgreifen und andererseits, indem sie ihn dadurch reproduzieren. Auch im Jahr 2009 wird Fremdheit und Abgrenzung in Ghettos als bewährtes Muster gewählt, wenn es um die Repräsentation von türkischen MigrantInnen geht: „Es kam anders, die Türken blieben, doch ihre innere Haltung, so scheint es, änderte sich nicht. Sie richteten sich ein in Ghettos, sie knüpften keine Kontakte zu Deutschen, und all das erschwerte auch ihren Kindern den Weg in die neue Gesellschaft." (Der Spiegel 5/2009) Auch der Ansatz, der Multikulturalität für gescheitert erklärt, ist bis heute präsent und wird von führenden Politikern immer wieder aktualisiert. Im Oktober 2010 sagte Bundeskanzlerin Merkel: „Der Ansatz für Multikulti ist gescheitert, absolut gescheitert!" (Spiegel 42/2010) Und auch Horst Seehofer hatte kurz zuvor konstatiert: „Wir als Union treten für die deutsche Leitkultur und gegen Multikulti ein – Multikulti ist tot." (Ebd.) Aus dieser Perspektive wird multikulturell mit multiethnisch übersetzt. Wie ich anfangs dargestellt habe, wird in diesem Kontext der Grad der Integration als Kriterium für das Gelingen beziehungsweise Scheitern der multikulturellen Gesellschaft konstruiert. Bundespräsident Wulff konstatierte im Oktober 2010 zwar, dass er auch der Präsident der Muslime sei, koppelte seine Aussagen jedoch an den herrschenden Integrations-Diskurs, der nicht zuletzt durch Thilo Sarazzin ins Rollen gekommen war. In „Zur Theorie von Etablierten-Außenseiter-Beziehungen" erklärten Elias und Scotson:

> „So traf man hier, in der Gemeinde von Winston Parva, gleichsam en miniature auf ein universal-menschliches Thema. Immer wieder lässt sich beobachten, dass Mitglieder von Gruppen, die im Hinblick auf ihre Macht anderen, interdependenten Gruppen überlegen sind, von sich glauben, sie seien im Hinblick auf ihre menschliche Qualität besser als die anderen." (1990: 7)

Ihre Etablierten-Außenseiter-Figuration, die auf einer empirischen Untersuchung in einer kleinen Arbeitergemeinde in England zwischen 1958 und 1960 durchgeführt wurde, lässt sich auf jegliche Figuration übertragen und ist für die Untersuchung vom Verhältnis allochthoner und autochthoner Bürger einer Gesellschaft aufschlussreich. Die Autoren verdeutlichen, wie Etablierten- und Außenseiter-Figurationen funktionieren und dadurch eine ungleiche Machtverteilung legitimieren. Damit ist das Modell auf jegliche binäre Opposition übertragbar, wie beispielsweise das Fremde – das Eigene; männlich – weiblich; Inländer – Ausländer; Schwarz – Weiß.

> „Wie die Untersuchung in Winston Parva lehrte, neigt eine Etabliertengruppe dazu, der Außenseitergruppe insgesamt die ‚schlechten' Eigenschaften der ‚schlechtesten' ihrer Teilgruppe, ihrer anomischen Minorität, zuzuschreiben. Und umgekehrt wird das Selbstbild der Etabliertengruppe eher durch die Minorität ihrer ‚besten' Mitglieder, durch ihre beispielhafteste oder ‚nomischste' Teilgruppe geprägt [...] sie haben immer Belege dafür parat, dass die eigene Gruppe ‚gut' ist und die andere ‚schlecht'." (Ebd.)

Das Antidiskriminierungsbüro des Caritasverbandes für die Stadt Köln hat in Zusammenarbeit mit der Antidiskriminierungsstelle von „Öffentlichkeit gegen Gewalt“ die Broschüre „Wir haben sie gefragt [...] Diskriminierungserfahrungen von Kölner Schüler/innen im Übergang von der Schule in eine Berufsausbildung“ herausgegeben (2008). Inhalt dieser Befragung sind Diskriminierungserfahrungen von allochthonen Jugendlichen an der Schnittstelle zwischen Arbeit und Beruf. Die vorgelegt Studie zeigt ebenso, dass beispielsweise lediglich 14 % der Jugendlichen mit türkischem Migrationshintergrund das Abitur erreichen. Ihnen wird dieser Missstand jedoch zur Last gelegt, indem sie selbst für Defizite verantwortlich gemacht werden, die eigentlich politischen Versäumnissen und dem dreigliedrigen Schulsystem in der BRD zuzuschreiben sind. Diese Umkehrung der Verantwortlichkeit zieht sich wie ein roter Faden durch die migrationsrelevante Debatte. Seit der PISA-Studie ist es auch einer breiten Öffentlichkeit jenseits des Wissenschaftsdiskurses bekannt geworden, wie sehr in Deutschland Bildungserfolg und die soziale Schichtzugehörigkeit zusammenhängen. Während beispielsweise Länder mit ähnlichem Migrationsanteil in der Gesellschaft, wie Kanada und die skandinavischen Länder bei der PISA-Studie die obersten Ränge belegen, beklagen hierzulande Menschen, das schlechte Abschneiden Deutschlands liege an den Jugendlichen mit Migrationshintergrund.[28] Dass allochthone Jugendliche diskriminiert werden, belegen verschiedenste wissenschaftliche Studien.[29] Dennoch wird im politischen sowie auch im öffentlichen Diskurs dieses Thema umgedeutet, um die Opfer dieser Praxis als selbstverschuldete Integrationsverweigerer hinzustellen. Dass mit dieser wenig konstruktiven Zugangsperspektive ein rassistischer und problemorientierter Diskurs fortgeführt wird, ist im Sinne seiner Betreiber. Die konstruierten Unterschiede basieren auf einer Fehlverteilung gesellschaftlicher Ressourcen. Die vergleichende Studie von 16-OECD Staaten, die im Oktober 2009 vorgestellt wurde, hat verdeutlicht, dass in keinem anderen Land Migranten in der öffentlichen Verwaltung so stark unterrepräsentiert sind, wie in der BRD. [30]

„Dieser Befund überrascht, da beide Gruppen ihre Bildungsabschlüsse in der Regel im Inland erworben haben. Eine Erklärung könnte sein, dass in Deutschland und Österreich auf dem Arbeitsmarkt die Erwartung vorherrscht, dass Migranten und deren

28 | Vgl. Auernheimer (2003)

29 | Siehe: Radtke/Gomolla (2002); Gogolin (1994); Weber (2003)

30 | Vergleichsstudie zur Arbeitsmarktintegration der Organisation für wirtschaftliche Zusammenarbeit und Entwicklung(OECD), die am 15. Oktober 2009 in Paris vorgestellt wurde. Demnach haben in Deutschland und Österreich Nachkommen von Migranten schlechtere Perspektiven auf dem Arbeitsmarkt, auch bei gleichem Bildungsniveau und trotz im Inland erworbener Berufsausbildung.

Nachkommen eher gering qualifiziert sind. Bildungserfolge von Migranten und deren Nachkommen werden entsprechend noch nicht ausreichend honoriert",

sagte OECD-Migrationsexperte Thomas Liebig. Es gibt einschlägige wissenschaftliche Publikationen, die sich der Problematik der institutionellen Diskriminierung gewidmet haben. Aus diesem Grund dürfte der Befund nicht überraschen, sondern sollte als politischer Handlungszwang gesehen werden.

„Der Begriff ‚institutioneller Rassismus' soll deutlich machen, dass rassistische Denk- und Handlungsweisen nicht Sache der persönlichen Einstellung von Individuen, sondern in der Organisation des gesellschaftlichen Miteinanders verortet sind, welche die Angehörigen der eigenen Gruppe systematisch gegenüber den Nicht-Dazugehörigen privilegieren." (Osterkamp 1997: 95)

In der BRD wurde erstmals unter der rot-grünen Regierung 1998 versucht, das Staatsangehörigkeitsgesetz zu ändern. Die doppelte Staatsangehörigkeit löste vor einer Dekade höchst emotionale Debatten aus und scheiterte nicht zuletzt an der Unterschriftenkampagne der CDU gegen die doppelte Staatsbürgerschaft, die mit populistischen Parolen wie „Kinder statt Inder"[31] oder „Kann ich hier gegen Ausländer unterschreiben"-Kampagnen[32] einherging. Durch die Reformierung des Staatsangehörigkeitsgesetzes am 15. Juli 1999 wurde das Abstammungsprinzip (ius sanguinis) durch das Geburtsortprinzip ergänzt. Seit dem 1. Januar 2000 erwerben Kinder ausländischer Eltern unter bestimmten Voraussetzungen mit der Geburt in Deutschland automatisch die deutsche Staatsangehörigkeit. Wenn sie nach dem Abstammungsprinzip von den Eltern oder anderweitig noch eine andere Staatsangehörigkeit erwerben, haben sie bei Volljährigkeit zwischen der deutschen und der ausländischen Staatsangehörigkeit zu wählen (Optionspflicht). Entscheiden sie sich für die deutsche, müssen sie die ausländische Staatsangehörigkeit aufgeben, wenn dies nicht unmöglich oder unzumutbar ist. Dafür haben sie bis zur Vollendung des 23. Lebensjahres Zeit. Voraussetzung für den Erwerb der deutschen Staatsangehörigkeit durch das „ius soli" (Geburtsortprinzip) ist, dass ein Elternteil seit acht Jahren rechtmäßig seinen gewöhnlichen Aufenthalt im Inland hat und freizügigkeitsberechtigter Unionsbürger oder gleichgestellter Staatsangehöriger eines EWR-Staates ist oder eine Aufenthaltserlaubnis-EU oder eine Nie-

31 | Jürgen Rüttgers, damals Ministerpräsident von Nordrhein Westfalen

32 | Die Unterschriften-Kampagne der CDU richtete sich gegen die doppelte Staatsbürgerschaft. Einige Bürger interpretierten die Kampagne als Kampagne gegen Ausländer im Allgemeinen. An dieser Stelle soll auch hinzugefügt werden, dass der Kölner Ex-Oberbürgermeister Fritz Schramma höchstpersönlich an solchen Unterschriften-Aktionen mitwirkte.

derlassungserlaubnis besitzt. Die heute gängige Praxis der Optionspflicht für Kinder und Jugendliche mit doppelter Staatsbürgerschaft ist ein halber Schritt in die richtige Richtung. Zwar haben Jugendliche damit bis zur Vollendung des 18. Lebensjahres die doppelte Staatsbürgerschaft, müssen sich mit 18 Jahren jedoch entscheiden, und somit werden ihnen im Falle der Entscheidung gegen die deutsche Staatsbürgerschaft die Bürgerrechte wieder aberkannt. Dass mit der Einbürgerung nicht automatisch auch die Gleichberechtigung und Anerkennung als gleichwertiger Bürger der Bundesrepublik Deutschland vollzogen wird, ist ein Problem unter vielen, das bestehen bleibt.

Die Sprache ist neben dem Beat in der Rap-Musik ein wichtiger und zentraler Faktor, der für die Interaktion zwischen Künstler und Publikum entscheidend ist. Neben den Reimen und dem Stil ist aber die Sprache auch ein wesentlicher Faktor dafür, wer von der Musik angesprochen wird. Der Identifikationsfaktor ist hierbei ein nicht zu unterschätzendes Phänomen. So rappt Killa Hakan ausschließlich auf Türkisch. Damit hat er sich auch in der Türkei etablieren können, wo er einen hohen Bekanntheitsgrad hat. Die Mehrsprachigkeit kann also einerseits eine Zugangsbarriere und auf der anderen Seite ein Türöffner sein. In Verbindung mit der türkischen Sprache ergibt sich im deutschen Bildungssystem eine Barriere. Während es beispielsweise als eine Kompetenz gilt, französisch oder englisch zu sprechen, weil diese Sprachen zu den Elite-Sprachen gehören, so wird es als defizitär bewertet, wenn ein Kind türkisch spricht. Dabei wird der Aspekt oftmals verdrängt, dass sich die englische und französische Sprache während der Kolonialisierung etabliert haben und Teil eines Assimilations-Systems waren.

Die Einforderung einer monolingualen Praxis hinkt der Alltagsrealität hinterher. Die oftmals propagierte Sprachförderung für beispielsweise türkische Kinder sollte aufgrund der tatsächlich diagnostizierten Sprachschwierigkeiten oder sprachlichem Förderbedarf gestaltet werden und nicht automatisch generell mit einem bestimmten Migrationshintergrund in Verbindung gebracht werden. Ansonsten wird dem Teufelskreis „des ewigen Fremden" nicht entronnen werden können. Damit wird Mehrsprachigkeit zum Defizit erklärt und der von Gomolla in die Diskussion gebrachte „monolinguale Habitus der multikulturellen Schule" ist bis heute Schulrealität. Deswegen plädiere ich für eine antikulturelle (Schul)-Pädagogik und Politik[33], die in Bildung investiert, anstatt die Verantwortung für strukturelle Schwächen im Bildungssystem auf kulturelle Gruppen zu übertragen. Bukow konstatiert im Zusammenhang mit sozialer Schichtzugehörigkeit und Migrationshintergrund, dass:

„Die Einwandererkinder deshalb so geringe Bildungserfolge (haben), weil sie im Rahmen ihrer Inkorparation in die Gesellschaft untergeschichtet wurden. Sie wurden zu

33 | Vgl. Hamburger (2009)

einem Bestandteil der Unterschicht und verhalten sich entsprechend, sind also nicht kulturell desintegriert, sondern umgekehrt hoch integriert. Und auf der anderen Seite hat das Bildungssystem sich entsprechend darauf eingestellt und erweitert seine Distanzstrategie.“ (Bukow 2010: 35)

Der Perspektive von Bukow ist dahingehend zuzustimmen, als dass er einen erweiterten Integrationsbegriff verwendet, der auf Inklusion basiert. Wenn Bukow sich auf das Verhalten von Migranten bezieht, die seiner Ansicht nach in die Unterschicht integriert sind, ist dahingehend kritisch einzuwenden, als dass er einen essentialistischen Bezug auf die Unterschicht vornimmt, der eine homogene und statische Verhaltensnorm einer somit konstruierten Unterschicht voraussetzt. Die Konstruktion einer Unterschicht bildet in diesem Kontext die Voraussetzung für die Herstellung von Zugangsbarrieren in Funktionssysteme. Die Unterschicht, die oftmals auch als sozial schwache Schicht dargestellt wird, ist meines Erachtens ein unklar definierter Begriff, weil nicht klar daraus hervorgeht, was eine Unterschicht tatsächlich ausmacht. Ist es das geringe finanzielle Kapital oder sind es die zugeschriebenen geringen sozialen Kompetenzen oder Eigenschaften? Im sechsten Kapitel wird die Konstruktion der Unterschicht detailliert anhand von Interviewsequenzen aufgegriffen werden, da mit sogenannten Migrantenjugendlichen per se eine Zugehörigkeit zur Unterschicht assoziiert wird. An dieser Stelle möchte ich betonen, dass Zuschreibungen aufgrund von geringen finanziellen Mitteln dem Fortbestehen von Machtverhältnissen dienen und diese aufrecht erhalten. Abschließend möchte ich ein Beispiel einbringen, das verdeutlichen soll, dass die Grenzen von sogenannten Unterschicht-Kulturen und den Kulturen des sogenannten Bildungsbürgertums in pluralisierten Gesellschaften lediglich eine imaginierte Form der Abgrenzung bedeuten und der Sicherung von eigenen privilegierten Positionen dienen:

„Bach und Breakdance passen nicht zusammen? Das Gegenteil beweisen die vierfachen Breakdance-Weltmeister Flying Steps und Opernregisseur Christoph Hagel mit ihrer faszinierenden Performance Red Bull Flying Bach. Nach der umjubelten Uraufführung in der Neuen Nationalgalerie Berlin im April 2010 und dem ECHO Klassik Sonderpreis 2010 geht die Show der Extraklasse jetzt auf Europatour. Dabei stellen sie die internationale Klassikwelt auf den Kopf und sprengen mit ihrer Übersetzung von Bachs „Wohltemperierten Klavier“ die Grenzen zwischen Hoch-und Jugendkultur. Ton für Ton. Schritt für Schritt. Mit Klavier, Cembalo und elektronisch verfremdeten Beats. Mit Headspins, Powermoves und Freezes. Mit Visuals. Mit eigener Geschichte.“[34]

34 | http://www.flying-steps.de/website/. Zugriff am 12.11.2011

Auch wenn derartige Kombinationen keine Ausnahme darstellen und die Grenzen meines Erachtens immer fließender werden, wird die Konstruktion von sogenannten sozialen Schichten immer weiter reproduziert, man könnte an dieser Stelle von *Doing class* sprechen, wie es sich für *Doing gender* bereits etabliert hat.

4.6 ZWISCHENBILANZ

Schaut man sich die öffentlich und medial bekannten Künstler an, so scheint das Zusammenspiel zwischen Ghetto-Bezug aus der Unterschicht und Rap-Karriere unumgänglich. Dazu gehört auch eine Knastkarriere, um die Credibility und Authentizität zu unterstreichen. Der Künstler des Labels Sektenmuzik MOK (Musik oder Knast) beispielsweise wird in Berichten meist auf seine kriminelle Karriere reduziert, obwohl er dabei ist, sich von dieser zu distanzieren, indem er Musik macht. So jedenfalls lässt es die Bezeichnung Musik oder Knast vermuten. Die Medien schaffen einen Mythos, der lautet: „Durch die Musik raus aus dem Ghetto und raus aus der Kriminalität". Es muss ein sorgsamer und kritischer Blick dahingehend gerichtet werden, der hinterfragt, weshalb erst diese Kombination auf Interesse stößt und immer wieder aktualisiert wird. Es scheint, als wäre dies die einzige Zugangsberechtigung und zugewiesene Rolle, die Menschen mit Migrationshintergrund zusteht, um auf sich aufmerksam zu machen. Erst wenn der hegemoniale Blick, der voyeuristisch ist, bedient wird, dann kann scheinbar auch der Weg in die Medien geebnet werden. Ob das der Grund ist, weshalb diverse Künstler ihre kriminellen Karrieren in den Vordergrund stellen, oder ob tatsächlich ein Artikulationsdrang von den Künstlern selbst ausgeht, ist an dieser Stelle einer der vielen Widersprüche, die bestehen bleiben. Ghettos und Parallelgesellschaften in Deutschland sind nicht vorhanden. Eine Parallelgesellschaft hieße, dass eigene Rechtsnormen und Machtstrukturen vorhanden sein müssten, und zwar in einem von der übrigen Gesellschaft abgeschlossenen Raum. Selbst wenn es einzelne Straßenzüge gibt, in denen ein überdurchschnittlich hoher Anteil an sogenannten Migranten wohnt, so sind das dennoch keine Parallelgesellschaften, weil sie vom Staat durchdrungen sind und dort keine eigenen Rechtsnormen herrschen. Wenn sogenannte Migranten einfach nur als Bürger anerkannt wären und nicht als Türken, Araber, Italiener oder Moslems, dann würde es auch keine Diskussionen über vermeintliche Parallelgesellschaften und Ghettoisierung geben. Was es in der Tat gibt, sind stark vernachlässigte Quartiere. Die HipHop-Forschung in Deutschland steckt im Vergleich zu den USA noch in den Kinderschuhen. Für die Medien ist HipHop beispielsweise nur von Bedeutung, wenn er in Verbindung mit Gewalt und herrschenden Stereotypen aufgegriffen werden kann. Die in diesem Kontext geforderte Anpassungsbereitschaft an eine deutsche Leitkultur kann nicht über strukturelle Defizite hinwegtäuschen. Hierbei muss bedacht werden, dass die Jugendlichen mit sogenannter Migrationsgeschichte, die in der Bundesrepublik Deutschland leben, es gar nicht anders kennen, als mit multiplen Kulturen, die sie in sich vereinen, ihr Leben zu gestalten. Es ist daher dem hegemonialen Machtanspruch zuzurechnen, dass die Integration heute immer noch einen zentralen Platz im Migrationsdiskurs eingeräumt bekommt. Damit werden Menschen, die eigentlich schon immer dazugehörten, darauf verwiesen, dass sie eben doch nicht dazu gehören und Fremde sind. Auf welche Art und Weise sich Jugendliche in dieser Gesellschaft damit arrangieren, wird im empirischen Teil fokussiert werden.

5 Forschungsdesign der empirischen Untersuchung

Die vorliegende Arbeit ist methodisch angelehnt an das Forschungsparadigma der *Grounded Theory*, die in der qualitativen Sozialforschung zur Anwendung kommt. An dieser Stelle möchte ich einleitend Bezug auf die Qualitative Sozialforschung im Allgemeinen nehmen, um dann im weiteren Verlauf auf die *Grounded Theory*, die mir als Auswertungsmethode gedient hat, einzugehen.

Anselm Strauss, einer der Gründer der *Grounded Theory*, der zudem ein Verfechter der verstehenden Soziologie Max Webers[1] war, entstammte der Tradition der Chicagoer Schule. Qualitative Forschung ist ein Oberbegriff für verschiedene Forschungsansätze und somit auch verschiedene Formen von methodischen Erhebungen sowie Zugangs-, Analyse-und Interpretationsformen. Festhalten lässt sich hier dennoch, dass sich „soziale Wirklichkeit als Ergebnis gemeinsam in sozialer Interaktion hergestellter Bedeutungen und Zusammenhänge verstehen lässt." (Flick/Kardoff 2003: 20) Qualitative Sozialforschungsmethoden sind aus dieser Perspektive ein wichtiges Medium und Instrument, um subjektive Sinnstrukturen zu entschlüsseln und somit auch gesellschaftliche Prozesse zu verdeutlichen. Die Geschichte des Subjekts, seine Erfahrungen, die es gemacht hat, geschehen in kollektiven und sozialen Zusammenhängen, in denen es je nach Situation mehr oder weniger große Handlungsspielräume und somit Entscheidungsfreiheiten gibt (vgl. Rosenthal 1999). Die Chicagoer Schule war und ist ein wichtiger Bezugsrahmen für die qualitative Sozialforschung. In den 1920 und 1930er Jahren etablierte sich in Chicago die qualitative Sozialforschung, die die amerikanische Soziologie bis in die 1940er Jahre

---

1 | Max Webers (1864-1920) soziologischer Ansatz war, die Entschlüsselung des subjektiven Sinns im sozialen Handeln der Menschen zu suchen. Unter Rene König wurden im Nachkriegsdeutschland in Köln am Institut für Sozialforschung die quantitativen Grundlagen empirischer Sozialforschung systematisiert und erweitert. Erst in den 1970er Jahren wurde die qualitative Sozialforschung wieder zum Gegenstand der Soziologie.

prägte. Robert Ezra Parks (1864-1944) sowie Ernest W.Burgess (1886-1966) etablierten diese an der University of Chicago. Die Chicagoer Schule prägte und legte die Grundlagen für die Soziologie abweichenden Verhaltens, der Jugendkulturen-sowie Subkulturenforschung[2], die Stadtsoziologie, Untersuchungen der Migration und sozialen Wandels sowie die praktische Sozialarbeit. William F. Whytes Street Corner Society[3], in der er zwei Jahre lang eine teilnehmende Beobachtung unter italienischen Migrantenjugendlichen[4] durchführte, ist genauso als wichtige Studie zu nennen, wie auch Erving Goffmans Studien über totale Institutionen wie die Psychiatrie, Klöster und Konzentrationslager. Auch Howard Beckers Studie zu gesellschaftlichen Außenseitern (Outsiders)[5] haben mit den Studien von Goffman und Whyte gemeinsam, dass ihre entsprechende Forschungsmethode die teilnehmende Beobachtung war. Damit war die Intention verbunden,[6] „möglichst nahe an der natürlichen sozialen Welt unserer alltäglichen Erfahrungen zu bleiben." (Lamnek 19988: 30) Die Feldforschung, die diesem Prinzip am nächsten kommt, da sie in die Lebenswelten der zu „Erforschenden" eintaucht beziehungsweise daran partizipiert, bot damit die Möglichkeit, gesellschaftliche Phänomene von innen heraus zu analysieren, zu beschreiben und zu erklären. Im Gegensatz zu quantitativen Methoden, die, wie die Bezeichnung schon sagt, auf Vermessungen und Standardisierungen ausgerichtet sind, bietet die qualitative Sozialforschung die Möglichkeit, Subjekte und subjektive Bedeutungsmuster und Sinnstrukturen zu erfassen. Quantitative Sozialforschungsmethoden wie standardisierte Fragebögen mögen in bestimmten Situationen und für bestimmte Fragestellungen sicherlich relevant sein, dennoch bin ich der Auffassung, dass gerade in der Migrationssoziologie

2 | Die Subkulturenforschung ist Teil der Cultural Studies. Das Center for Contemporary Cultural Studies wurde 1964 von dem Literaturwissenschaftler Richard Hoggart gegründet. Zu den populärsten Vertretern und Repräsentanten der Cultural Studies zählt zweifelsohne Stuart Hall. Raymond Williams „The Making of the English Working Class" von 1963 ist ein Klassiker. Gramscis Hegemonietheorie und Foucaults Analyse der Macht dienten dazu, Kultur als Feld sozialer Ungleichheit zu identifizieren, auf dem um Macht gekämpft wird. Das Ziel der Cultural Studies ist es, kulturelle Prozesse im Kontext der Machtverhältnisse zu untersuchen. Kultur gilt hierbei als „whole way of life".

3 | William F. Whyte: Street Corner Society. Chicago. 1943 erschien in Deutschland 1981 unter dem Titel: Die Street Corner Society: Die Sozialstruktur eines Italienerviertels.

4 | Übertragen auf den deutschen Kontext, siehe die ethnografische Studie von Tertillt: Turkish Power Boys. (1996)

5 | Becker (1981)

6 | Lamnek bezieht sich in seiner Aussage auf das Blumersche Prinzip, demnach der Forscher in die Lebenswelt der Untersuchten „eintauchen" soll (vgl. Herbert, 1954)

und in der Migrationsforschung in der BRD qualitative Sozialforschung eine entscheidende Stellung für einen Perspektivwechsel einnehmen kann.

5.1 Die „Entdeckung" der Grounded Theory

Die *Grounded Theory* wurde in den 1950er und 1960er Jahren von Barney Glaser und Anselm Strauss entwickelt, um die Kluft zwischen Theorie und empirischer Praxis zu schließen. Den Term *Grounded Theory* ins Deutsche zu übersetzen, wurde mit annähernden Umschreibungen wie „in den Daten verankerte" oder gegenstandsbezogene sowie auf empirisches Material gestützte Theorie versucht. Mittlerweile hat sich *Grounded Theory* in der deutschsprachigen Forschungsliteratur etabliert, so dass von mir im Folgenden der Terminus *Grounded Theory* (GT) verwendet wird. Mit *Grounded Theory* ist ein „Verfahren gemeint, das schon während der Erhebung Schritte der vorwiegend induktiven Konzept-und Theoriebildung zulässt." (Mayring 2002: 103) Glaser und Strauss[7] fassten ihr Hauptanliegen bezüglich der Grounded Theory folgendermaßen zusammen: „Das grundlegende Thema unseres Buches ist die Entdeckung von Theorie auf der Grundlage von in der Sozialforschung systematisch gewonnenen Daten." (Glaser/Strauss 1998: 12) Die Motivation von Glaser und Strauss, „The discoverey of Grounded Theory" zu verfassen, war in erster Linie, einen Leitfaden zu erstellen, wie eine Theorie auf Grundlage empirisch gewonnener Daten generiert (entwickelt) werden kann. Ihre Kritik an den bestehenden Methoden der Sozialforschung war, dass diese überwiegend darauf ausgerichtet waren, bereits bestehende Theorien zu verifizieren, das heißt zu überprüfen. Die *Grounded Theory* ist unter dieser Perspektive eher als ein Forschungsparadigma zu verstehen. Barney und Glaser, die unterschiedlichen Schulen angehörten, boten somit mit „The discoverey of Grounded Theory" eine schrittweise Anleitung zu einem methodischen Vorgehen, das innovativ war und darauf ausgerichtet, „wie die Entdeckung von Theorie aus – in der Sozialforschung systematisch gewonnenen und analysierten Daten – vorangetrieben werden kann." (Ebd.: 11) Demnach biete die Grounded Theory, „am ehesten die Gewähr, den Forschungsprozess nicht in erster Linie zu reflektieren – daran mangelt es nicht in der deutschsprachigen Literatur – sondern ihn voranzutreiben, d.h. mit einem minimalen Aufwand an Datenerhebung ein Maximum an Datenanalyse und folgender Theoriebildung zu erreichen." (Hildebrand 2003: 41) Da beide Forscher im Laufe ihrer Zusammenarbeit eine unterschiedliche Positionierung in Hinsicht auf die Rolle des Forschers und den Einbezug von wissenschaftli-

7 | Das Original erschien 1967 unter dem Titel „The Discoverey of Grounded Theory-Strategies for Qualitative Research".

chen Quellen einnahmen, möchte ich im Folgenden darauf Bezug nehmen, um dann meine Vorgehensweise darstellen zu können.

5.2 Die Methoden der Grounded Theory

Die Theoriegenerierung mittels komparativer Analyse ist eine wesentliche Strategie in der *Grounded Theory*. Die Logik des Vergleichs, die charakteristisch ist für komparative Analyse, kann auf soziale Einheiten jeglicher Größe angewandt werden, damit sind nicht nur große soziale Einheiten gemeint, wie z. B. Organisationen, Nationen, Institutionen und Weltreligionen, sondern auch Individuen oder ihre Rollen. In der Forschungspraxis von Glaser und Strauss sind dies kleine Organisationseinheiten wie Krankenhausstationen oder Schulklassen. Die Studie „Awareness of dying" gilt in diesem Zusammenhang als das erste Werk, das Bekanntheit erlangte. Um eine Theorie im Sinne der *Grounded Theory* zu generieren, schlagen die Verfechter, Glaser und Strauss, ein mehrstufiges Analyseverfahren vor, bei Strauss und Corbin ist dies ein drei-und bei Glaser ein zweistufiger Kodierprozess. Ein wesentlicher Schritt, um zu einer *Grounded Theory* zu gelangen, ist die komparative Analyse. Die Ableitung von Vergleichen, die zum Kern der *Grounded Theory* gehört, soll im Folgenden dargestellt werden. Das Verfahren der *constant comparative method* wurde von Glaser erstmals 1965 beschrieben und dann unverändert zwei Jahre später in „The discovery of Grounded Theory" übernommen. Das Hauptwerkzeug der GT, um die Daten aufzubrechen, die nach Glaser und Strauss lediglich die Oberfläche eines Phänomens bilden, ist die komparative Analyse. Hierzu schlagen Strauss und Corbin einen dreistufigen Prozess vor. Da ich mich in meiner Forschung an dem Kodier-Paradigma von Strauss und Corbin orientiere, werde ich im Folgenden eine Zusammenfassung des Kodier-Prozesses darstellen. Das theoretische Sampling ist vor dem oben beschriebenen Hintergrund damit ein sich erst entwickelnder Prozess, der nicht wie bei anderen methodischen Zugängen von vornherein festgelegt werden kann. Das Ziel ist es, durch die qualitative Datenanalyse induktiv eine Theorie zu erstellen. Dies bedeutet, dass sich das weitere Sampling nach Einsicht und Auswertung des erstmals erhobenen Datenmaterials richtet, was wiederum bedeutet, dass die Erhebungs-Phase ein fortlaufender Prozess ist und erst dann zum Stillstand kommt, wenn eine Sättigung der Theorie erreicht ist. Damit ist kein klassisches Sampling möglich, das von vornherein einen bestimmten Korpus beispielsweise an Interviews anvisiert und diese dann durchführt. Mit der *Grounded Theory* zu arbeiten, bedeutet einen fortlaufenden Forschungsprozess zu durchlaufen. Die Theorie, Praxis, Erhebungs- und Auswertungs-Phase sowie der Einsatz unterschiedlicher Methoden sind ein wechselseitiger und sich bedingender Prozess. Das *Theoretical Sampling* ist eng mit dem Kodier-Paradigma verbunden, dem offenen, axialen und selektiven Kodieren. Aus diesem Grund sprechen Strauss und Corbin in der Anfangsphase der Erhebung auch von offenem Sampling, das eng verknüpft ist mit dem offenen Kodieren. Das Sampling von Beziehungen und Variationen steht in Bezug zu dem axialen Kodieren und das diskriminierende Sampling ist verknüpft mit dem selektiven Kodieren. Die Ergebnisse der Forschung mittels *Grounded Theory* sind ein interaktionistisches Produkt, gleichermaßen von Forscher und Erforschtem erschaffen und damit auch wandlungsfähig, da Phänomene, gesellschaftliche Strukturen und Normen ständigem Wandel unterliegen.

5.3 Das dreifache Kodierparadigma nach Strauss und Corbin

Dass sich die Analysearbeit in differenzierte Kodierparadigma geteilt hat, ist auf die Tatsache zurückzuführen, dass Strauss und Glaser im Laufe ihrer Zusammenarbeit Differenzen entwickelten, die schließlich im Streit mündeten, der von Glaser öffentlich ausgetragen wurde. Die Ursache lag wohl darin, dass beide Forscher zwei unterschiedlichen wissenschaftlichen Schulen und Orientierungen entstammten. Glaser entstammte der von Lazarsfeld geprägten Columbia School, die stark quantitativ ausgerichtet war. Glaser und Strauss, die sich im Laufe ihrer Zusammenarbeit aufgrund von Differenzen wissenschaftlich entzweit haben, haben im Zusammenhang mit der „theoretischen Sensibilität" unterschiedliche Standpunkte formuliert, auf die ich im Folgenden kurz eingehen möchte. Für Strauss und Corbin bedeutet die theoretische Sensibilität

> „ein Bewusstsein für die Feinheiten in der Bedeutung von Daten [...] Die Ausprägung der Sensibilität hängt ab vom vorausgehenden Literaturstudium und von Erfahrungen, die man entweder im interessierenden Phänomenbereich selbst gemacht hat oder die für diesen Bereich relevant sind [...]erst die theoretische Sensibilität erlaubt es, eine gegenstandsverankerte, konzeptuell dichte und gut integrierte Theorie zu entwickeln – und zwar schneller, als wenn diese Sensibilität fehlt." (Strauss/Corbin 1996: 25)

Die Quellen theoretischer Sensibilität lassen sich nach Corbin und Strauss demnach nicht auf einen Aspekt reduzieren, sondern sind vielmehr das Zusammenspiel verschiedener Quellen. Diese sind die Literaturtheorie, Forschungsarbeiten sowie andere Dokumente wie Biographien oder amtliche Unterlagen. Berufliche sowie persönliche Erfahrungen können den Forscher für den Forschungsbereich sensibilisieren. Der analytische Prozess selber stellt hierbei eine weitere wichtige Quelle für theoretische Sensibilität dar (Ebd.: 26ff). Während Glaser von einer *tabula rasa*-Position des Forschers ausging, die er beim Forschungsprozess einnehmen solle, vertraten Strauss und Corbin den Standpunkt, dass Forschung niemals außerhalb der *scientific community* stattfinden und damit auch nicht den Anspruch einer Objektivität des Forschers haben könne.[8] „Wenn Forschung Arbeit ist und Arbeit als dialektisches Wechselverhältnis zwischen Subjekt und Objekt aufgefasst wird, dann muss das Resultat des Prozesses, die erarbeitete Theorie, immer auch ein subjektiv geprägtes Produkt sein." (Ebd.: 26) Das offene, axiale und selektive Kodieren stellen die drei Arbeitsschritte nach Strauss und Corbin dar, nach denen die empirischen Daten kategorisiert und letztendlich entschlüsselt werden sollen. Neben diesem dreistufigem Prozess gibt es noch zahlreiche andere Hilfsmittel, die die Autoren dem Forscher nahelegen, um zu einer Theoriegenerierung zu gelangen. Da die *Grounded Theory* mit keiner a priori-Annahme beziehungsweise Theorie oder Hypothese an den Forschungsgegenstand herantritt, werden auch die Kategorien erst nach dem Sichten des bereits erhobenen Materials entwickelt. Im Gegensatz zu beispielsweise Philipp Mayrings qualitativer Inhaltsanalyse, in der die Kategorien schon vor der Auswertung angelegt werden, ist bei der *Grounded Theory* dies ein sich im Forschungsprozess entwickelnder Arbeitsschritt. Hierzu werden analytische Memos verfasst, um somit am Ende eine analytische Sättigung zu erreichen. „Da die theoretischen Begriffe im Fall der Grounded Theory noch nicht vorliegen, versteht sie Kodieren als den Prozess der Entwicklung von Konzepten in Auseinandersetzung mit dem empirischen Material." (Strübing 2004: 19) Die *Grounded Theory* bietet damit die Möglichkeit, einen offenen Zugang zu einem Forschungsfeld zu erschließen, das wissenschaftlich noch nicht oder nur einseitig erschlossen ist. Für die Überprüfung einer bereits bestehenden Hypothese mag der Arbeitsschritt angemessen sein, die Daten erst zu kodieren und dann zu analysieren. Bei der Arbeit mit der *Grounded Theory* bedeutet dies jedoch, dass von Anfang an kein endgültiges Sampling möglich ist, da eine theoretische Sättigung erst erreicht ist, wenn die für die Kategorisierung notwendigen empirischen Grundlagen vorliegen. Erst durch die komparative Analyse und durch das weitere Kodieren und Konzeptualisieren immer wieder erhobener Daten wird es möglich, zu einer Theorie zu gelangen, die im Datenmaterial verankert ist. Die Verwendung der *Grounded Theory* als Forschungs-und Auswertungsmethode erfordert und ermöglicht eine hohe Flexibilität des Forschers. Theoretisches sowie empirisch praktisches Arbeiten sind in diesem Fall ein sich abwechselnder, zeitgleicher und gegenseitig bedingender Prozess.

5.3.1 Offenes Kodieren

Das offene Kodieren dient am Anfang der Erhebungsphase dazu, die erhobenen Daten zu entschlüsseln und in einen Sinnzusammenhang zu stellen. Hierbei steht die Aufgabe im Vordergrund, den Daten eine Bedeutung zu geben. Das of-

8 | Zum Streit zwischen Glaser und Strauss siehe: Strübing (2004: 63ff.)

fene Kodieren ist für den weiteren Arbeitsauflauf und das weitere Sampling von enormer Bedeutung. Aus diesem Grund ist das Kodieren der ersten Interviews mitentscheidend dafür, wie der weitere Forschungs-und Arbeitsauflauf gestaltet wird. Hierfür werden Kode-Notizen erstellt, ein Typ von Memos. Durch die Entwicklung von Konzepten werden einzelne Ereignisse, Vorkommnisse, Phänomene bezeichnet oder etikettiert. Einzelne Konzepte werden dann in einer Kategorie klassifiziert. Die Kategorie dient also dazu, die Konzepte innerhalb einer größeren Ordnung zu bündeln. „Durch diesen Prozess werden die eigenen und fremden Annahmen über Phänomene in Frage gestellt oder erforscht, was zu neuen Entdeckungen führt." (Strauss/Corbin 1996: 44)

5.3.2 Axiales Kodieren

Das axiale Kodieren ist der Arbeitsschritt, der von dem Kodieren zum Interpretieren und Erklären übergeht. „Offenes Kodieren bricht die Daten auf und erlaubt es, einige Kategorien, deren Eigenschaften und dimensionale Ausprägungen zu identifizieren. Axiales Kodieren fügt diese Daten auf neue Art wieder zusammen, indem Verbindungen zwischen einer Kategorie und ihren Subkategorien entwickelt werden." (Ebd.: 76) Das axiale Kodieren ist darauf ausgerichtet, Kategorien auf die Bedingungen hin zu untersuchen, die das Phänomen verursacht haben. Hierbei stehen der Kontext, die Handlungs-und interaktionalen Strategien sowie die Konsequenzen dieser Strategien im Fokus der Analysearbeit. Offenes und axiales Kodieren sind in dem Arbeitsprozess keine voneinander getrennten Schritte, sondern überschneiden und bedingen sich gegenseitig. Die erstellten Kategorien werden beim axialen Kodieren durch das paradigmatische Modell systematisch und in komplexer Form in Beziehung zueinander gesetzt. Durch die Analyse eines Wortes, einer Phrase oder eines Satzes können erhobene Daten schon aufgebrochen werden, um dann in Bezug zu daraus resultierenden Kategorien gesetzt zu werden. Das paradigmatische Modell ist bei Strauss und Corbin folgendermaßen zusammengefasst: (A) Ursächliche Bedingungen – (B) Phänomen – (C) Kontext – (D) Intervenierende Bedingungen – (E) Handlungs – und Interaktionale Strategien – (F) Konsequenzen (Strauss/Corbin 1996: 78).

5.3.3 Selektives Kodieren

Das selektive Kodieren beinhaltet die Kernkategorie, das heißt, das zentrale Phänomen, um das alle anderen Kategorien integriert sind. Beim selektiven Kodieren ist die Hauptaufgabe, die entwickelten Kategorien zu einer *Grounded Theory* zu integrieren. Hierzu muss eine *Story Line* (der rote Faden der Geschichte) entwickelt werden, das heißt eine beschreibende Erzählung oder Darstellung über das zentrale Phänomen (Kernkategorie) der Untersuchung. Hierzu „müssen Aussagen über Beziehungen gemacht werden und diese Aussagen an den Daten validiert werden." (Strauss/Corbin:1996: 114) Dieser Prozess im Arbeitsschritt führt letztlich zu der sich aus den Daten ergebenden Hypothese, was jedoch die Eingrenzung des Forschungsbereichs voraussetzt.

5.4 BIOGRAPHISCHER ANSATZ

Da Rap-Musik im Kontext von Migration meistens unter stereotypen Repräsentations-Praxen thematisiert wird, war es mir wichtig, die Lebensgeschichten der RapperInnen zu fokussieren, die sie in den narrativen Interviews erzählt haben. Um nicht lediglich auf einem Rap-Diskurs zu verbleiben, der die übrigen Lebensaspekte ausschließt, die für die Analyse jedoch einen hohen Stellenwert haben, habe ich mich für einen biographischen Ansatz entschieden. Bei der Erhebung der Lebensgeschichten der InterviewpartnerInnen boten für mich Elemente aus der Biographieforschung einen Bezugsrahmen. Jedoch habe ich die Biographieforschung nicht als Auswertungsmethode benutzt, sondern beziehe mich lediglich auf Elemente aus ihr, da für mich die gesamten Lebensgeschichten der InterviewpartnerInnen relevant waren und nicht lediglich ihre Rolle als RapperInnen.

Biographieforschung dient der Rekonstruktion von Lebensverläufen. Hierbei steht die individuelle Lebensdeutung im Zentrum des Forschungsinteresses. Da die Erzählung und Rekonstruktion gelebter Biographien der Zielgegenstand ist, ist der Lebensverlauf auch immer eine retrospektive Sicht auf bereits gelebte und erlebte Biographie. Biographische Erzählungen sind somit kognitiv und emotional in bestimmte Strukturen und Kontexte eingeflochtene Konstrukte, die bereits erlebtes Handeln, in Sinnstrukturen eingeordnet, präsentieren. Konstruktionsleistung meint damit ein hergestelltes Produkt, das durch die Erzählung und die ihr beigemessenen Bedeutung und Einordnung immer wieder neu hergestellt wird, also konstruiert wird. Pierre Bourdieu spricht von der biographischen Illusion. Spindler und Bukow sprechen in diesem Zusammenhang kritisch von *doing biography* und beziehen sich an dieser Stelle auf die Performativität von Biographien. In Bezug auf den Forscher und den Erforschten formulieren sie: „Die Auswahl dessen, was ein- oder ausgeblendet wird, bedeutet auch, dass beide eine radikale Situationspolitik betreiben. Die Situation wird zum Spiegel und Teil gesellschaftlicher Ordnungsdiskurse und damit zum Inhalt der Biographieforschung selbst." (Spindler/Bukow 2006: 20) Dass die Biographieforschung sich in der Migrationssoziologie immer weiter hat etablieren können, ist in diesem Kontext zwar als Fortschritt zu werten, da dadurch individuelle, subjektive Sinn-und Deutungsebenen in den Vordergrund treten. Im Rahmen einer dekonstruktiven Perspektive, die Migranten nicht unter zugeschriebenen Haupt-Kriterien wie Herkunft, Religion und Ethnie subsummiert, stellt die Biographieforschung somit einen wichtigen Beitrag zur kritischen Migrationsforschung dar. Bukow und Spindler fokussieren die Biographieforschung jedoch unter veränderten gesellschaftlichen Bedingungen und stellen fest, dass „diese weniger dicht und stabil (sind), als unterstellt." (2006: 20) Die Autoren konstatieren: „Moderne Bedingungen lassen es eher unwahrscheinlich erscheinen, dass es innerhalb eines Lebens zu stärker ausgeprägten subjektinternen, zirkulär-selbstreferentiellen Abfolgelogiken kommt." (Bukow/Spindler 2006: 21) Bukow und Spindler thematisieren in diesem Kontext, dass auch innerhalb der Biographieforschung im Rahmen der Migrationsforschung zum Teil kulturreduktionistische Ansätze reproduziert würden, ohne dass diese generell hinterfragt würden. Als Beispiel führen sie die Kulturkonflikthypothese an und kritisieren, dass in diesem Zusammenhang ganz selbstverständlich mit türkischer Ethnizität argumentiert werde (ebd.: 24). Daraus folgern die Autoren, dass

> „die biographische Rekonstruktion weiterhin nur dann Erfolg (verspricht), wenn man voraussetzt, dass das Individuum mit seinem kognitiven System die letztendlich kleinste Einheit der Wirklichkeitskonstruktion und damit seiner Biographie ist. Der Grund dafür ist einfach: Gerade wenn keine voreiligen Interpretationen gezogen werden sollen, muss sich Biographieforschung ganz auf eine dem Material inhärente Ablauflogik verlassen. Sie setzt bewusst auf die Hilfe des Biographen als Experten in eigener Sache, um eine dem Material zugrundeliegende ‚Logik' aufzuspüren – nur so kann der Interpret eben den Rückgriff auf die ‚eigene Logik' vermeiden." (Bukow/Spindler 2006: 22)

Da Biographieverläufe nicht einer geraden Linie folgen, gibt es somit auch nicht nur eine Biographie im Leben eines Menschen. Vielmehr sind es verschiedene Linien, die retrospektiv eine Biographie erst konstruierbar machen. Gleichzeitig zeichnen einzelne Biographien Vergesellschaftungsprozesse nach, die in der komparativen Analyse zum Ausdruck kommen. Mit diesem Verständnis ist Biographieforschung demnach ein Instrument, um „das Verhältnis von Individuum und Gesellschaft beziehungsweise von Handlung und Struktur- zu analysieren."[9] Biographie beinhaltet somit auch eine „Gleichzeitigkeit von Subjektivem und Gesellschaftlichem" (Ecarius 1998: 133)[10] Durch gesellschaftliche Transformierungsprozesse, durch Migration und Mobilität ist eine gerade

9 | Kohli, Martin: Wie es zur „Biographischen Methode" kam und was daraus geworden ist. Ein Kapitel aus der Sozialforschung, in Zeitschrift für Soziologie, Jg. 10 H.3 1981. S. 273

10 | Ecarius, Jutta (1998) In: Bohnsack, Ralf/Marotzki, Winfried (Hg.): Biographieforschung und Kulturanalyse. Transdisziplinäre Zugänge qualitativer Forschung. Opladen, S. 129-151.

biographische Linie die Ausnahme statt der Regel. Kaum einer bleibt an dem Ort, an dem er geboren wurde. Das Individuum ist mit neuen Situationen und Herausforderungen konfrontiert, die die Biographieforschung nicht ignorieren kann. Die voneinander abhängigen Lebensbereiche der Vergangenheit und Gegenwart, die in der Biographieforschung zum Ausdruck kommen, ermöglichen erst einen Erkenntnisgewinn über die Lebenswelten und Deutungs-Ebenen von Individuen. „Mit jeder Veränderung meiner Lebenslage und meines Selbstverständnisses ändert sich auch meine Auffassung von der Vergangenheit, verschieben sich die Strukturierungsprinzipien, kommen andere Ereignisse in den Vordergrund der Erinnerung, werden andere vergessen." (Fuchs 1984: 63) Etablieren konnte sich die Biographieforschung in der europäischen und klassischen Soziologie Anfang der 1920er Jahre. Hierbei gilt „The Polish Peasant in Europe and America" von William I. Thomas und Florian Znaniecki aus den Jahren 1918-1920 als Pionierwerk. Die Vorbehalte, mit denen die biographische Methode lange Zeit konfrontiert war, bezogen sich auf den zu hohen Interaktionsaufwand und den kritischen Einwurf, die Methode sei eine Einzelfallmethode. In der BRD erlebte die Biographieforschung in den 1970er Jahren einen Boom.

5.5 DAS NARRATIVE INTERVIEW

Um die Lebensgeschichten meiner InterviewpartnerInnen erheben zu können, habe ich biographisch-narrative Interviews geführt. Das qualitativ orientierte narrative Interview ist eine Spezialform des qualitativen Interviews und wurde von dem Bielefelder Soziologen Fritz Schütze entwickelt[11] (vgl. Fuchs 2005: 100). Das Hauptaugenmerk der Narratologie ist die Erzählung, dies bedeutet, dass sie damit in ihrer Struktur den Orientierungsmustern des Handelns am nächsten kommt. Schütze zufolge werden somit Datentexte erzeugt, „deren Analyse auf die zeitlichen Verhältnisse und die sachliche Abfolge der von ihnen repräsentierten lebensgeschichtlichen Prozesse zurückschließen (lassen)." (Schütze 1983: 285) Somit lassen sich Erkenntnisse gewinnen, die nicht nur „[den] „äußerliche[n]" Ereignisablauf, sondern auch über die „inneren Reaktionen", die Erfahrungen des Biographieträgers mit den Ereignissen und ihre interpretative Verarbeitung in Deutungsmustern zum Ausdruck bringen." (Ebd.: 286) Die Betonung des Erzählprinzips im narrativen Interview kommt in ihrer Struktur den Orientierungsmustern des Handelns nahe und beinhaltet eine retrospektive Interpretation des erzählten Handelns. Zudem sind narrative Interviews weder standardisiert noch folgen sie einem Leitfaden, wie dies beispiels-

---

11 | Vgl. Mayring (2002); Lueger, Manfred (2000), Flick/Kardoff/Steinke (2003) Bernart/K.Rapp (2005)

weise in Leitfaden-Interviews, zu denen auch das problemzentrierte Interview[12] gehört, der Fall ist. Der Interviewte hat somit die Freiheit, selbst zu bestimmen, was er zum Inhalt seiner Erzählung macht. Das narrative Interview nach Fritz Schütze orientiert sich an der Erzählstruktur des Alltags und lässt sich in fünf Phasen unterteilen. Am Anfang des Prozesses steht die Definition des Erzählgegenstandes. Der Interviewte muss an dieser Stelle mit dem Forschungsgegenstand sowie dem Forschungsbereich vertraut gemacht werden und auch dem Schwerpunkt der Forschungsfrage. In meinem Fall habe ich meinen Interviewpartnern, nachdem ich mich selbst vorgestellt hatte, das Thema meiner Dissertation erläutert. Nach einer Erzählaufforderung überlässt die Forscherin es dem Biographen, in einer Stegreiferzählung seine Biographie zu rekonstruieren. Nach der Erzählsimulation folgt die Durchführung des Interviews, die Aufgabe der Interviewerin ist es hierbei, den roten Faden beziehungsweise die Erzählstruktur aufrecht zu erhalten. Erst danach hat der Forscher die Möglichkeit, immanente Nachfragen, also Nachfragen in Bezug auf die erzählte Biographie zu stellen. Dabei sollte die Nachfrage erzählchronologisch basiert sein und erzählgenerierend, das heißt, sie sollte den Interviewten zum genaueren Erzählen zu einem bestimmten Punkt aus der Gesamterzählung auffordern. Dies setzt natürlich voraus, dass die Forscherin aktiv während des Interviews zuhört und sich Notizen macht. Auf die immanente Nachfragephase folgt die exmanente Nachfragephase. Hier hat die Forscherin die Möglichkeit, Fragen zu stellen, die der Interviewte bisher nicht angesprochen hat, die für die Analyse und Auswertung der Daten jedoch eine Relevanz haben könnten.

An dieser Stelle möchte ich kurz Bezug darauf nehmen, weshalb ich nicht problemzentrierte oder fokussierte Interviews erhoben habe, was bei der Fokussierung auf Rapper theoretisch auch möglich gewesen wäre. Da im problemzentrierten Interview wie übrigens auch im fokussierten Interview bereits von Anfang an konstruierte Fragestellungen im Mittelpunkt stehen, wären die Narrationen der InterviewpartnerInnen auch nur auf einen begrenzten Raum beschränkt gewesen. Das problemzentrierte Interview arbeitet zwar auch mit einer offenen beziehungsweise halbstrukturierten Befragungs-Methode, dies hat aber zur Folge, dass der Interviewpartner sich in seiner Erzählung immer wieder sortieren und auf das Wesentliche, das, was den Forscher interessiert, konzentrieren muss.

5.6 Feldzugang und Forschungsprotokoll

Das Sampling der Arbeit war anfangs so angelegt, lediglich männliche Rapper aus marginalisierten Quartieren zu interviewen. Erst während des Forschungs-

12 | Witzel (1989)

prozesses entwickelte sich aus der Analyse der bereits erhobenen Daten das Interesse, ebenfalls female MCs sowie Rapper aus der Mehrheitsgesellschaft und außerhalb der Bundesrepublik Deutschland in die Forschung mit einzubeziehen. Besonders interessant war für mich hierbei der Aspekt, ob es in der Fremd-Repräsentation und Kategorisierung von Rappern mit Migrationsgeschichte und jenen, die keine sogenannte Migrationsgeschichte haben, Unterschiede gibt und wenn ja, worin diese liegen. Gleichzeitig stand hierbei im Mittelpunkt, wie die RapperInnen sich selbst positionieren und welche Strategien sie gegen die herrschenden Fremd-Repräsentationen entwickeln beziehungsweise ob sie diese als solche wahrnehmen. Dieser Punkt entwickelte sich jedoch erst im Laufe des Analyse-Prozesses und aufgrund dessen, dass mehrere RapperInnen zu Beginn des Interviews die Repräsentations-Praktiken der Medien kritisierten. Der Arbeitsprozess begann im Sommer 2007 mit Literaturrecherchen und der Akquise von Interview-Partnern. Zu dieser Zeit gab es einen regelrechten Boom an Rappern und teilweise auch Rapperinnen, die den sogenannten „Straßen-Rap" als Sprachrohr nutzten, um ihre Sicht ihrer Alltags-und Lebenswelt zu artikulieren. Auch die Medien griffen dieses Phänomen auf, wie ich im zweiten Kapitel dokumentiert und beschrieben habe. Mich interessierten auf primärer Ebene die Biographien von den teils sehr jungen Rappern und wie sie sich selber innerhalb des vorherrschenden Diskurses Rap und HipHop verorten.Ein erster Termin wurde hierzu mit *Deadline*[13] aus Köln-Porz vereinbart, wo auch das erste Treffen stattfand, um ein erstes Kennenlernen zu realisieren. Fünf Mitglieder der siebenköpfigen Crew waren bei dem ersten Treffen anwesend. Wir vereinbarten in Kontakt zu bleiben, und ich bekam die Versicherung, dass die Crew-Mitglieder als Interview-Partnerinnen zur Verfügung stehen würden. Das erste Treffen und der Aufbau einer Vertrauensbasis waren eine wichtige Grundlage für die Interview-Situation, die im Frühjahr 2008 stattfand. Zeitgleich suchte ich Kontakt zu der Kölner HipHop-Crew Microphone Mafia, die schon seit Mitte der 1980er und in den 1990ern aktive HipHopper waren. Für die komparative Analyse war es von zentraler Bedeutung, HipHopper beziehungsweise Rapper verschiedener Generationen und unterschiedlicher Rap-Sparten mit einzubeziehen, um somit retrospektive Bezüge zu aktuellen Entwicklungen herstellen und deuten zu können. Die Microphone Mafia, die aus drei Mitgliedern besteht, zwei MCs und einem DJ, war nach einem ersten Telefonat bereit, biographisch narrative Interviews zu geben. Durch die Interviews mit der Microphone Mafia wurde deutlich, dass bei der Fremd-Repräsentation der Rapper es im Grunde genommen gleichgültig war, ob sie in einem sogenannten marginalisierten Quartier lebten oder nicht. Da sich bei der Analyse des

13 | Im sechsten Kapitel werden alle Interviewpartnerinnen mit ihren Kurz-Biographien vorgestellt. Wenn ich mich für die Rekonstruktion des Forschungsprozesses namentlich auf Rapper beziehe, dient dies lediglich dazu, diesen transparent zu machen.

Materials herausstellte, dass HipHop von allen InterviewpartnerInnen als *hybride* Kultur verortet wurde, zu der sowohl allochthone als auch autochthone Akteure zählten, war es wichtig, auch Menschen ohne sogenannte Migrationsgeschichte zu interviewen. Hierfür wurden Hannes Loh, Jan Hertel aka Chaoze One und Jens Kameke aka Scope im Sommer 2010 interviewt. Nur so war eine komparative Analyse möglich, deren Ziel keineswegs die Spaltung von „deutschen" und „nichtdeutschen" RapperInnen fokussierte, sondern die fundierte Bildung einer Kategorie aus dem empirischen Material heraus. So ließen sich unabhängig von ethnischer Herkunft, Gemeinsamkeiten feststellen, wie RapperInnen zu der HipHop-Kultur und andersherum die HipHop-Kultur zu ihnen gekommen war. Ohne die Erhebung der zusätzlichen Interviews wäre dieser Aspekt völlig ausgeblendet worden, ebenso wie geschlechtsspezifische Aspekte und Aspekte der öffentlichen sowie wissenschaftlichen Darstellung und als Gegenaspekt die Selbst-Repräsentation von RapperInnen. Aus diesem Grund wurden im Nachhinein auch Rapperinnen in die Forschung mit einbezogen. Das erste Interview führte ich dafür mit MISS PM, einer Rapperin aus der Kölner Südstadt. Im Sommer 2009 erhob ich Interviews mit zwei Frauen der Too Funk Sistaz aus Berlin. Aziza A., ebenfalls eine Berliner Rapperin, wurde im März 2009 interviewt. Akua Naru aus Köln, die ursprünglich aus New York stammt, wurde ebenfalls biographisch interviewt. MC Soom T aus Glasgow in Schottland war die Person, die ich im Sommer 2010 als letzte für die vorliegende Arbeit interviewt habe. Soom T mischt verschiedene Musikstile wie HipHop, Dancehall und Reggae und elektronische Sounds zu einem neuen Sound. Das Sampling, wie es am Anfang solch einer Forschungsarbeit aufgestellt wird, erwies sich in meinem Fall zwar als Grundlage, um einen Einstieg in den Forschungsbereich zu bekommen, die Ausweitung jedoch auf weibliche Rapperinnen und auf RapperInnen der Mehrheitsgesellschaft und auf jene, die außerhalb der BRD leben, haben letztendlich zur Sättigung der Theorie beigetragen.

5.6.1 Interviewdurchführung

Die Interviews wurden von mir erst nach telefonischem und persönlichem Kennenlernen erhoben. Bei den InterviewpartnerInnen, die außerhalb von Köln lebten, war aufgrund der Distanz ein persönliches Kennenlernen im Vorfeld nicht möglich. Bei den Erstkontakten wollten alle InterviewpartnerInnen zuerst eine Versicherung hinsichtlich der Interview-Fragen, bevor sie einem Interview zustimmten. „Was sind denn das für Fragen, die du dann stellst?"– war die erste Frage, die alle InterviewpartnerInnen stellten, nachdem ich ihnen mein Forschungsprojekt vorgestellt hatte. Es war für sie eine Beruhigung, als ich ihnen die Vorgehensweise im narrativen Interview erklärte und ihnen verdeutlichte, dass sie diejenigen sein würden, die bestimmen und entscheiden, was sie in den Interviews erzählen und dass ich erst am Ende des Interviews eventuell noch Fragen stellen würde. Diese Herangehensweise hat sich in meinem Fall bewährt, alle angefragten MCs haben dem Interview zugestimmt. Dadurch, dass die Interviews narrativ erhoben wurden, sind Phänomene und Diskurse angesprochen worden, die mit einem problemzentrierten, fokussierten oder Leitfaden-Interview niemals Gegenstand der Befragung geworden wären. Als Erzählanstoß beziehungsweise Erzählstimulation diente in dem Fall der Satz: „Mich interessiert deine gesamte Lebensgeschichte. Ich stelle dir erst einmal keine Fragen, sondern du kannst frei erzählen. Erst am Ende des Interviews, werde ich, wenn ich noch Fragen habe, darauf zurück kommen." Bei den von mir geführten Interviews wurde in der Regel von den InterviewpartnerInnen das Interview mit dem Satz beendet: „So, das war es", oder aber auch: „Willst du sonst noch irgendetwas wissen?" Da meine InterviewpartnerInnen für mich auch Experten in Bezug auf HipHop waren, konnte ich somit auch ihre Einschätzungen zu für die Forschung wichtigen Aspekten hinterfragen. In der Regel ist in der immanenten und exmanenten Nachfragephase das meiste erzählt worden. Danach folgte als letzte Phase der Abschluss des Interviews. Nach der Durchführung des Interviews bedankte ich mich bei meinen InterviewpartnerInnen für das Interview. Nach dem Abschluss der Interviews hatte ich das Aufnahmegerät trotzdem immer griffbereit, weil meiner Erfahrung nach zum Schluss manche Gesprächspartner immer noch etwas aus dem Interview aufgriffen. Dies hatte ich nach dem Führen der ersten Interviews beobachtet. Ich richtete es auch so ein, dass ich nach den Interviews mit meinen InterviewpartnerInnen abschließend etwas trinken ging oder mit ihnen durch ihr Quartier spazierte, um einen guten Abschluss zu finden und meinen Dank und Respekt zum Ausdruck zu bringen. Hierbei wurden Aspekte aufgegriffen, die im Interview selbst nicht thematisiert worden waren. Die Interviews fanden an unterschiedlichsten Orten statt. Ein Interview wurde telefonisch erhoben, da Aziza A. zum Zeitpunkt des Interviews in Istanbul lebte. Von den Interviews, die in Köln stattfanden, wurden einige im Jugendzentrum, in ruhigen Cafés und einige bei mir zu Hause erhoben, um eine ruhige Ausgangssituation für das Interview voraussetzen zu können. Die Menschen in ihrem gewohnten Umfeld aufzusuchen, hat sich in meinem Fall bewährt, auch für das Sample weiterer Personen erwiesen sich die bereits interviewten Individuen als besonders hilfreich, so dass im Schnellball-System weitere InterviewpartnerInnen angefragt werden konnten.

5.6.2 Transkription

Die Interviews wurden von mir alle auf einem digitalen Aufnahmegerät aufgezeichnet und kurze Zeit später – in der Regel höchstens nach eine Woche – transkribiert. Gerade am Anfang der Erhebungsphase war dieses Vorgehen von enormer Bedeutung, da das offene Kodieren erst so ermöglicht wurde. Erst beim Transkribieren kamen Aha-Effekte, die während der Interview-Durchführung überhaupt nicht aufgefallen waren, da ich dort mit aktivem Zuhören und Notieren von eventuellen Fragen für die Nachfrage-Phase beschäftigt war. Die Transkription erfolgte nach Gehör. Pausen wurden nicht mittranskribiert. Insgesamt habe ich 24 Interviews transkribiert. Die Dauer der Interviews variieren sehr stark. Das kürzeste Interview dauerte eine halbe Stunde, das längste zweieinhalb Stunden. Obwohl die Vertreter der Grounded Theory Corbin und Strauss dazu raten, lediglich die ersten vollständig zu transkribieren, habe ich dennoch alle Interviews vollständig transkribiert. Das war zwar mit einem großen Aufwand verbunden, jedoch hatte ich dadurch Zugriff auf ein komplexes Datenmaterial von Biographien, ohne mir an unklaren Stellen nochmal das komplette Interview anhören zu müssen. Zudem ist für die Kodierarbeit ein transkribiertes und ausgedrucktes Interview leichter zu analysieren und zu bearbeiten gewesen. Von insgesamt 25 geführten Interviews werden für diese Arbeit lediglich Ausschnitte und zur Theorie-Generierung relevante Passagen präsentiert werden. Die Fülle an Material, die im Laufe einer solchen Forschungsarbeit zustande kommt, muss, um kontextbezogen präsentiert werden zu können, auf das Zentrale reduziert werden.

5.6.3 Auswertung des empirischen Datenmaterials

Bei der Auswertung des erhobenen Datenmaterials habe ich nach der ersten Datenanalyse Kodes angelegt und dann gezielt nach anderen Textstellen gesucht, die ähnliche oder kontrastierende Phänomene aufweisen. Nach den ersten Interviews habe ich nach der Erstellung von Kodes weitere InterviewpartnerInnen akquiriert und interviewt, wie es für die Verdichtung der Grounded Theory erforderlich ist. Wie ich bereits beschrieben habe, wurden hierfür auch Rapper aus der Mehrheitsgesellschaft und außerhalb Deutschlands sowie female MCs in die Forschung integriert. Hierbei war auch der Bezug zu US-amerikanischer sowie deutscher Forschungsliteratur zur HipHop-Kultur unerlässlich, um überhaupt einen theoretischen Bezugsrahmen für die komparative Analyse erstellen zu können. Da die HipHop Forschung in der BRD noch in Kinderschuhen steckt, ist es sehr wichtig gewesen, US-HipHop-Forschungsliteratur als komparativen Bezugsrahmen zu nutzen. Insbesondere dadurch konnten Gemeinsamkeiten, aber auch Unterschiede zwischen dem Geburtsland des HipHop und HipHop als angeeignete *World Culture* herausgearbeitet werden. Die erzählten Lebensgeschichten der InterviewpartnerInnen haben hierbei als Grundlage gedient, insbesondere die stereotype Verortung von Rap als Migranten-Ausdrucks-Medium zu dekonstruieren. Die Lebensgeschichten der ersten Generation von Rappern in der BRD weisen die gleichen Bezugspunkte hinsichtlich der Aneignung der HipHop-Kultur auf, sie alle sind durch den musikalischen Aspekt in die HipHop-Kultur eingestiegen, der Gedanke, selbst

Rap-Musik zu machen, kam erst viele Jahre später und war anfangs nicht unbedingt mit einer politischen Motivation verbunden. Der Einbezug von Frauen in die Forschungsarbeit war insofern von Bedeutung für die Forschungsarbeit und die komparative Analyse, als dass hierbei Aspekte zu vorherrschenden konstruierten theoretischen Konzepten herauskristallisiert wurden, die für die Auswertung unter dem Gesichtspunkt von Migrations-Diskursen zentral waren. Die Verdichtung auf eine Hypothese, wie es die Grounded Theory vorsieht, ist durch mehrere Zugänge und Perspektiven auf die Rezeption und Repräsentation von Rap-Musik und RapperInnen realisiert worden. Bevor ich im sechsten Kapitel mit der analytischen und vergleichenden Auswertung des Interviewmaterials beginne, werde ich die Kurzbiographien und Karrierewege der Interviewpartner darstellen, wobei hierbei vordergründig Interviewpassagen zur Rekonstruktion der Karrieren benutzt werden, um eine subjektive Perspektive der Interviewpartner zu repräsentieren. Da die von mir im Folgenden vorgestellten InterviewpartnerInnen durch mich fremdrepräsentiert werden, habe ich mich für die in den Interviews zu Stande gekommene Selbstrepräsentation entschieden. Diese Herangehensweise ist meines Erachtens ein wichtiger Schritt in der wissenschaftlichen und kritischen Migrationssoziologie, den Subjekten eine jenseits von Zuschreibungen liegende Form der Selbstdefinition zu gewährleisten. Auch bei der Präsentation meiner Forschungsergebnisse werde ich mich auf die Selbstbeschreibungen der Interviewpartner stützen. Aus 25 Interviews ergibt sich eine große Menge an Datenmaterial, aus denen ich im Folgenden Konzepte und Kategorien entwickeln werde, so wie es in der Grounded Theory, die als methodologische Grundlage dieser Arbeit dient, vorgesehen ist.

6 Kurzbiographien

Um eine komparative Analyse vornehmen zu können, habe ich eine heterogene Gruppe von RapperInnen in das Sample integriert. Kriterien, wie das Alter, das Geschlecht, die Zugehörigkeit zu der Mehrheits-oder Minderheitsgesellschaft wurden ebenso berücksichtigt, wie auch die „Sparte" der Rap-Musik. Neben sogenannten Conscious-Rappern habe ich ebenso Gangster-und Straßen-Rapper in das Sample mit einbezogen. Dadurch ist eine breite Vergleichbarkeit der Biographien möglich geworden. Um eine übersichtliche Darstellung gewährleisten zu können, werden die InterviewpartnerInnen an dieser Stelle nach Kategorien wie Alter, Geschlecht und Rap-Sparte eingeordnet. Die Kategorisierungen wie Straßen-Rap, Conscious-Rap usw. dienen lediglich der Zuordnung der praktizierten Kunstform. Damit einhergehende Zuschreibungen auf die Akteure sind weder Ziel noch Schwerpunkt dieser Arbeit. Vielmehr sollen dadurch Zuschreibungs-und Aneignungsprozesse sichtbar gemacht und gleichsam die Reproduktion von Zuschreibungsprozessen durch Kategorisierungen und Konstruktionen aufgezeigt werden.

6.1 Die erste Generation von Rappern in Deutschland

Die erste Generation von Rappern ist ähnlich wie in den USA eigentlich das letzte Glied einer vorausgegangenen Entwicklungs-und Etablierungsphase innerhalb der HipHop-Kultur. Die RapperInnen, die heute zu der ersten Generation von Rappern in Deutschland zählen, gleichgültig in welcher Sprache sie rappen oder welchen ethnischen Hintergrund sie haben, sind nicht auf Anhieb Rapper geworden, sondern haben durch die übrigen Elemente wie Graffiti, DJing oder B-Boying ihren Einstieg in das lyrische Element, den Rap, gefunden. Demzufolge ist die oftmals vertretene Theorie, dass Rap per se das adäquate Ausdrucksmedium für Jugendliche mit Migrationshintergrund sei, kritisch zu hinterfragen. Im Folgenden möchte ich die einzelnen InterviewpartnerInnen vorstellen. Im Fokus stehen hierbei der Werdegang zum MC sowie die Einstiegserzählungen aus den von mir erhobenen biographisch narrativen Interviews.

6.1.1 Asia

Asia mit bürgerlichem Namen Kutlu Yurtseven ist ein Kölner Rapper bei der Microphone Mafia, früher TCA. Das Interview mit ihm habe ich am 25. 09. 2008 geführt. Kutlu ist seit 1984 in die HipHop-Kultur involviert, und die Crew zählt in Köln zu einer der ersten HipHop-Gruppen. Zusammen mit Rapper Rossi und DJ RA bilden sie die Microphone Mafia. Die Crew bestand ehemals aus mehreren Mitgliedern und Unterstützern. Kutlu ist in Köln geboren und hat seinen Lebensmittelpunkt immer in Deutschland gehabt. Dennoch galt die Microphone Mafia in der BRD immer als das Aushängeschild einer multikulturellen HipHop-Crew. Die Normalität und Selbstverständlichkeit, die die Jugendlichen für sich in Anspruch nahmen, galt für die Rezipienten als Stigma für Andersartigkeit und Diversität. Parallelen hierzu lassen sich auch in aktuellen Zusammenhängen erkennen. Die Normalität von Migration ist noch lange nicht selbstverständlich, sondern wird in weiten Teilen dazu genutzt, Differenz immer wieder künstlich herzustellen. Kutlu fasst seine Biographie folgendermaßen zusammen.

„Ich heiße Kutlu Yurtseven, bin 34 Jahre alt, bin am 26.04.1973 in Köln-Porz geboren. Hab aber nie in Porz gelebt, sondern bin direkt nach Köln-Flittard, das betone ich noch mal, der schönste Stadtteil von Köln gezogen. Hab dort auch meine Grundschule absolviert, in der Grundschule am Feldrain. Danach Realschule, ja, früher Pestalozzi-Realschule, jetzt Danzierstraße, in Köln Mülheim. Dann habe ich auf dem Herder-Gymnasium mein Abitur absolviert (Lachen). Fing dann irgendwann an zu studieren, erst in Wuppertal und dann in Köln, hab mein Magister in Anglistik und Geschichte. Ja, und parallel dazu (Lachen) hab ich ganz viel Scheiße gebaut (langes Lachen). Nein!"

Kutlu ist zum Zeitpunkt des Interviews Lehrer an einer Schule. Die Musik, die ihn durch seine Jugend begleitet hat, ist immer noch ein wichtiger Bestandteil in seinem Leben, die er jedoch in seiner Freizeit praktiziert. Dieser Fakt ist bei dem Großteil der InterviewpartnerInnen der Fall, außer bei jenen, die sich ausschließlich mit der Musik finanzieren können.

6.1.2 Signore Rossi

Signore Rossi ist ebenfalls Rapper der Crew Microphone Mafia. Auch Rossi ist wie Kutlu in Köln geboren und zählt mit der Microphone Mafia zum „Kölschen Urgestein" der HipHop-Geschichte.

„Ja, ich bin der Rosario Penino, Spitzname ist Rossi. Ich bin geboren in Köln. Am 1.3.1972. Hab' erst mal Severinstraße gewohnt, dann sind wa nach Nippes ausgezogen, dann von Nippes nach Chorweiler, von Chorweiler nach Flittard, von Flittard nach Mülheim - von Mülheim nach Flittard. Das war für uns, also ich hab nicht so mitgekriegt die Umzüge, aber mein Bruder, der hat schon ziemlich mitgekriegt, weil der war halt, der ist sieben Jahre älter als ich. Und der hat auch teilweise, also, er hat mich praktisch erzogen, nicht meine Eltern. Weil meine Eltern halt arbeiten waren. So, ich bin in die Grundschule dann in Flittard gegangen. Also Kindergarten in Flittard Pützlachstraße, dort bin ich sehr gerne hin gegangen. Ich weiß noch, wo ich in 'n Kindergarten eingeschult worden bin, bin ich direkt rein gelaufen, hab gespielt. Dann bin ich in die Grundschule am Feldrain eingeschult worden, erinnere ich mich, da bin ich weinend raus gelaufen so. Und hab dann bis zur vierten Schule, also vierten Klasse Grundschule im Feldrain. Bin dann auf die Lassallestraße in Mülheim, auf die Realschule gegangen. Ähm, fünftes Schuljahr, dann hab ich im 6. Schuljahr hab ich'n super, also von der fünften in die sechste, hab ich'n super Zeugnis gehabt. Da fing es an, dass ich mich dann halt für Mädchen interessiert habe und Blödsinn im Kopf hatte. Hab ich dann die sechste Klasse, sechste Klasse bin ich dann sitzen geblieben. Hab dann die sechste Klasse wiederholt. Bin dann in die siebte gekommen, bin aber die siebte wieder hängen geblieben, bin aber dann automatisch auf die Hauptschule in die achte rein gekommen. Hab dann halt - in Flittard - hab dann meinen Hauptschulabschluss in Flittard gemacht. Hab dann direkt die Lehre angefangen, als Schuhverkäufer bei Deichmann. Hab meine Verkäufer, also als erstes Einzelhandelskaufmann, hab aber ein Jahr dann abgebrochen, weil ich keine Lust mehr hatte. Und hab dann halt nur Verkäufer gemacht. Ja, und dann hab ich dann nach meiner Lehre, nicht weiter als Verkäufer gearbeitet, sondern im Lager bei Deichmann. Hab halt dann sehr gutes Geld verdient. Hab halt dann immer so von halb sieben bis zwei gearbeitet, im Lager. Samstags frei immer."

Rossi hat seinen Lebensmittelpunkt wie Kutlu immer in Köln gehabt. Auch seine Schullaufbahn und Ausbildungswege sind in Köln verwurzelt. Rossis Kindheit ist von vielen Umzügen gekennzeichnet. Alle urbanen Quartiere sind solche in Köln, in den klassischerweise viele Migranten ansässig sind und schon immer gewesen sind, hierzu zählen die Severinsstraße in der Kölner Südstadt, Mülheim und Nippes. Köln-Flittard, wo Rossi letztendlich aufgewachsen ist, so wie Kutlu auch, ist ein Arbeiterviertel. Köln-Flittard ist ein Kölner Vorort an der Stadtgrenze zu Leverkusen. Durch die geografische Nähe zum Bayerwerk in Leverkusen bot Flittard einen Lebens-und Wohnraum für Bayer-Arbeiter.

6.1.3 Hannes Loh

Hannes Loh aka LJ war bis 1998 Rapper bei Anarchist Academy. Er wurde in Iserlohn geboren und ist Autor von Büchern über HipHop in der BRD sowie zahlreichen Artikeln. Loh ist derzeit Lehrer an einem Gymnasium und im Jahr 2010 ist sein neues Buch „Rap at School“ erschienen. Loh wird in der BRD als einer der HipHop-Experten gewertet und dementsprechend ist er als Ansprechpartner besonders im pädagogischen Bereich sehr gefragt, wo er diverse Workshops und Tagungen zum Thema HipHop und Gewalt oder Gangster-Rap angeboten hat. Auch Hannes Loh war Rapper, und auch er hat sich eine Kultur angeeignet, die aus den USA in die BRD ihren Weg fand. Retrospektiv gedeutet, hatten Jugendliche einen individuellen Aneignungs-Punkt beziehungsweise einen springenden Punkt, der sie in diese Kultur einsteigen ließ. Bei Hannes Loh war dies folgendermaßen:

„Ich bin 1971 geboren, bin in Iserlohn groß geworden, eine ja Kleinstadt im Sauerland, 100 000 knapp 100 000 Einwohner. Ich hab das als Kleinstadt wahrgenommen. Aber so dass es da durchaus, es gab da Jugendzentren, es gab da auch also, immer so einen kleinen Ableger von jeder Jugendbewegung gab es da eigentlich auch. Hab 1990 Abitur gemacht und hab in den 80ern schon angefangen – 84 hatte ich eine kurze Breakdance-Phase-86 habe ich meinen Einstieg gehabt mit Rap Musik, mit der dritten Run DMC LP – Raising Hell. Und da habe ich auch angefangen zu texten, zu rappen, indem ich einfach Texte auswendig gelernt habe, teilweise so wie ich sie verstanden habe. Also wirklich auch so Kauderwelsch-Englisch. Weil Englisch war in der Schule immer, das Fach, wo ich wirklich nicht gut war.“

Loh entstammt nach eigener Aussage einem links-alternativen Elternhaus. Sein Vater war Pfarrer und seine Mutter Lehrerin. Er zählt also zu dem, was man die bürgerliche Mittelschicht nennt, welche er selbst in seinen eigenen Publikationen aber immer wieder diskreditiert, wenn es sich um die Anfangs-Erzählungen im HipHop in der BRD handelt.

6.1.4 Killa Hakan

Hakan Durmus aka Killa Hakan ist ein Berliner Rapper. Er war Mitglied der früheren Rap-Formation Islamic Force und seit dem Jahr 2002 Solo-Künstler, nachdem 2001 der Frontmann der Crew, Bülent Ipekci aka Boe B. (R.I.P.), gestorben ist. Auf seinen seit dem Jahr 2002 fast jährlich erscheinenden Alben sind jede Menge Features von anderen Rap-Künstlern sowie Künstlern anderer Musik-Sparten vertreten. Hakan ist ebenfalls als Feature-Artist bei anderen Rappern zu hören; so z.B. bei den La Honda Boys aus Köln. Hakan ist im Vorfeld des Interviews unsicher, was er erzählen soll. Gleichzeitig sagt er: „Diese Geschichten habe ich schon tausend Mal erzählt. Es ist immer dasselbe, wonach ich gefragt werde.“ Als ich ihm sage, dass ich keine Fragen stelle, sondern er einfach erzählen soll, fängt er an:

„(Lacht) Ja, o.k. Ich versuch mal, ich geb mal mein Bestes. Also ich bin geboren in Berlin-Kreuzberg. Im Urban-Krankenhaus, noch im alten Gebäude von Urban (lacht). Wer das kennt, der weiß, was ich meine. Und ja ich bin hier ganz locker eingeschult worden. Ganz normal. Hort war ich nur drei Monate da und danach nicht mehr. Und dann normal Schule [...] Und die Mauer war noch hier damals. Ja das war auch 'ne Zeit, damals hat man hier noch den kalten Krieg gespürt so auf jeden Fall. Weil hier waren nur Gastarbeiter sozusagen und so ältere Deutsche. So. Ich hatte hier oben sogar einen Onkel Heinz noch, von damals. Und Tante Hildegard. Ja und damals, die waren noch cool. Die sind jetzt zwar nicht mehr unter uns, aber es waren coole Onkels und Tanten von damals noch. Es waren hier nicht viele. Ich glaube, die haben sich auch gefreut, dass wir überhaupt hier waren. Mit Familie so. Türkische Familie so. Ja, meine Mutter und wenn sie gekocht hat, hat sie, auch immer mein Vater nach oben gebracht für Onkel Heinz. Der hat mir auch Schokolade und so gebracht. Der war schon auf jeden Fall cool so [...] Und dann waren da auch immer die Omas mit den Kittels, die berühmten deutschen Kittel also. Das war ja damals, jeder hatte das. Also damals die Zeit und jedenfalls bin ich dann in die Schule gegangen so. Und es war hier so eine Haltung, für jede türkische Familie kann ich sagen, dass jede türkische Familie also, so gedacht hat: O.K. jetzt sind wir hier, wir arbeiten Tag und Nacht durch und dann werden, wenn wir Geld genug haben für eine eigene Wohnung, so dass wir keine Miete mehr zahlen brauchen, werden wir dann zurückgehen für immer [...] Irgendwann gehen wir in die Türkei, für uns so und so ist alles scheißegal. Manche sind sogar von der Schule damals abgegangen, weil die sagten: O.K. so 14, 15 Jahre alte Mädchen, Jungs. Wir arbeiten hier, machen Kohle, wir gehen so und so für immer zurück."

Hakan beschreibt hier das Dilemma der ersten Generation der sogenannten Gastarbeiter, für die ein Rückkehrgedanke anfangs stark ausgeprägt war. Auf diesen Punkt werde ich im Verlauf der Analyse noch vertiefend eingehen, da dieser Aspekt bei den InterviewpartnerInnen, die zur zweiten Generation der sogenannten Arbeitsmigranten zählen, ein immer wieder auftretender Punkt ist. Gleichzeitig ist es an dieser Stelle wichtig, diesen Punkt näher zu betrachten, da die Kultur-Konflikt-Hypothese, die den Migranten-Kindern angelastet wurde, ein damit verwobener Aspekt ist. Die Jugendlichen selber identifizierten sich stark mit ihrem urbanen Quartier und vertraten dieses in ihren Rap-Lyrics. Die Betonung der Fremdheit, die ihnen von außen zugeschrieben wurde, artikulierten sie musikalisch, ohne jedoch wie von außen zugeschrieben, die selbstverständliche Selbstverortung in Frage zu stellen.

6.1.5 Scope

Jens Kameke alias Scope von der frühen HipHop-Formation Rude Poets ist ein Rapper der frühen Stunde. Zum Zeitpunkt des Interviews im Sommer 2010 lebt er in Köln und arbeitet in einem Streetwear-Laden in der Kölner Innenstadt. Er selbst macht aktiv keinen HipHop mehr. In den 1990er Jahren hat Jens Kameke aka Scope die HipHop-Sendung Freestyle auf VIVA moderiert. Er ist außerhalb von Köln aufgewachsen. Mit HipHop ist er in der Stadt (Köln) in Kontakt gekommen. Er betont im Interview, dass HipHop eine urbane Kultur war und es sich außerhalb der Großstädte schwierig gestaltete, auf andere HipHopper zu treffen. Kameke, der nicht mehr in die HipHop Kultur involviert ist, hat zum Zeitpunkt des Interviews einen kritisch distanzierten Blick auf die HipHop-Szenen in Deutschland.

„O.K. Ich bin Jahrgang '69. Ich bin in Köln geboren und bin natürlich irgendwie in einen katholischen Kindergarten gegangen (lacht). Dann habe ich ganz normal meine Grundschule und Realschule durchlaufen, hab dann irgendwie Fachabitur gemacht und paar Semester studiert. Ich hab Elektro-Technischer-Assistent studiert und parallel eine Lehre gemacht als Elektro-Technischer-Typ. Und ja, ich war schon eigentlich immer Musik-interessiert und bin eigentlich über diesen Musik-Link zu HipHop gekommen. Und es war so, dass ich irgendwie so früher Musik-Fernsehen, also als ich jung war, da gab es noch kein VIVA und MTV, sondern es gab mal ab und zu so eine Sendung, die sich mit Musik befasst hat im Fernsehen. Und da habe ich halt so Sachen wie, also am Anfang in den 80ern Herbie Hancock mit ‚Rock it' gesehen. Das war so eine Break-Dance-Hymne früher. Und das fand ich super, weil ich noch nie sowas vorher gehört hatte. Und mich hat HipHop total von der musikalischen Seite erwischt. Weil das, weil ich das so cool fand, dass die aus alten Sachen, neue Sachen gemacht haben. Einfach so als Kunstform, fand ich das interessant. O.K. Das habe ich am Anfang gehört in den 80ern, aber irgendwann war diese Breakdance-Welle vorbei und auch die Musik, die damit einherging. Breakdance konnte ich nicht machen, weil meine Eltern sind dann irgendwann in die Voreifel gezogen, und da gab es keinen Menschen, der wusste, was Breakdance ist. Und ich hätte keinen fragen können: Kannst du mir was beibringen, weil gab es einfach keinen. Also der Zugang zu HipHop war deutlich schwieriger als es heute ist. Dann hat sich auch erst mal ziemlich lange nichts getan und irgendwann so Ende der 80er kamen dann so Alben raus, wie Run DMC und Beastie Boys mit ihren ersten Alben und so. Und dann habe ich das eigentlich wieder neu entdeckt [...] Und dann habe ich mit denen (Haluk und Peter von den Rude Poets) zusammen angefangen, selber HipHop-Tracks zu machen. Erst auf Englisch, dann auf Kölsch und dann auf Deutsch. Und irgendwie habe ich dann zügig meine HipHop-Musik gemacht und Anfang der 90er, ich glaube von 93-95 oder so was ähnliches, hab ich auf VIVA so eine HipHop-Sendung moderiert, die Freestyle hieß. Die wurde in Köln aufgenommen, deswegen war das irgendwie ganz normal, dass ich hier irgendwann als Gast eingeladen worden bin. Und denen fehlte da gerade ein Moderator und da haben sie gefragt: Kannst du eine Moderation machen, dann habe ich die Moderation gemacht. Dann haben die gesagt: Willst du das jetzt immer machen? Hab ich gesagt: O.K. Und dann hab ich natürlich auch dadurch noch mal einen ganz anderen Zugang gefunden zu internationalem HipHop, weil alle Leute sind ins Studio gekommen, man musste nichts machen und irgendwie zweimal im Monat wurden einem irgendwie alle möglichen internationalen Künstler und Bands präsentiert beziehungsweise man hat die sich selber eingeladen. Ich war nicht nur in der Moderation, sondern ich war da auch in dem Redaktions-Team. Weil bei VIVA gab's halt auch einfach keine Redakteure, die sich jetzt so tief damit ausgekannt hätten, so wie wir das damals kannten. Wir konnten uns einladen, wen wir wollten eigentlich. Sobald die in Deutschland waren, hatten wir die Beastie Boys auf der Couch sitzen neben uns. Oder irgendwelche anderen Pioniere. Grandwizard Theodore, der das Scratchen erfunden hat irgendwie. Das war natürlich ganz cool und war jetzt für mich so das nächste Level von Musik hier aus Deutschland kennen, und dann im ständigen Austausch mit allen möglichen nationalen und internationalen Typen zu haben, die halt auch HipHop-Musik machen oder Breakdance machen oder Graffiti machen. Also die Sendung war schon so aufgeteilt, dass jetzt nicht nur Musik im Vordergrund stand oder aufgrund des Mediums, Musikfernsehen stand natürlich die Musik im Vordergrund, aber wir haben, so gut es geht, die anderen Aspekte aus HipHop, die ich auch selber sehr liebe und für die ich auch ein großes Interesse habe, immer mit in die Sendung zu integrieren, damit das nicht so ein reines Musik-Abspiel-Format wird, sondern wirklich so ein bisschen das ganze repräsentiert, was es ja auch bis zu einem gewissen Zeitpunkt war. Heutzutage würde ich sagen, brauchst noch nicht mal mehr einen Moderator. Wenn du Musik-Videos hintereinander abspielst, reicht das für die Leute, weil es gibt leider inzwischen sehr wenig Interesse für kulturellen Aspekte von HipHop."

Wie die übrigen Rapper der ersten Generation auch, kam Kameke über den künstlerischen und tänzerischen Part, das B-Boying, zur HipHop-Kultur. Erst nach dem ersten Hype, als Ende der 1980er Jahre eine erneute Welle von modifiziertem Rap in die BRD kam, mit Rap Crews wie Run DMC, Public Enemy usw., entdeckten viele Jugendliche die HipHop-Kultur für sich wieder, so auch Kameke. Gleichzeitig wird an dieser Stelle auch deutlich, dass die Jugendlichen trotz der mangelnden technologisierten Kommunikations-und Informationsmedien einen Zugang fanden, sich die Aspekte anzueignen, die ihre Vorreiter in den USA entwickelt hatten. Der von Kameke beschriebene Aspekt, dass er nach seinem Umzug von der Stadt aufs Land keinen mehr hatte, der ihm B-Boying hätte vermitteln können, deutet auf die starke Verankerung von HipHop als großstädtische Kultur hin. Auf der anderen Seite jedoch muss bedacht werden, dass Hannes Loh in einer Kleinstadt lebte und dennoch mit der HipHop-Kultur in Berührung kam. Auch Kutlu und Rossi von der Microphone Mafia, die in Köln-Flittard ihre Kindheit und Jugend verlebten, sind mit der HipHop-Kultur in Berührung gekommen, obwohl Flittard zu keiner Zeit eine innerstädtische Metropole gewesen ist. Es ist teilweise der Mythologisierung der HipHop-Kultur zuzuschreiben, der die Entstehung in der BRD mit Großstädten in Verbindung bringen muss. Der Ursprungs-Mythos, der die Geburt des HipHop in den innerstädtischen Bezirken von Großstädten wie der Bronx ansiedelt, stimmt nur zum Teil mit dem Bild einer Metropole überein. Die New Yorker Bronx der 1970er Jahre war von strukturellem Zerfall und sozialem Abstieg geprägt. In dieser Atmosphäre ist die HipHop-Kultur entstanden. In der BRD wurde die Entstehungsgeschichte des HipHop teilweise mythisch aufgeladen und bei der Adaption in den „deutschen" Kontext wurde versucht, eine ähnliche Entstehungsgeschichte zu kreieren. Dies ist jedoch nur bedingt möglich, wenn man bedenkt, dass in der BRD die häufig mit Rap in Verbindung gebrachten sogenannten Migrantenjugendlichen in Haushalten aufwuchsen, die keinesfalls mit der Situation US-amerikanischer Großstadt-Ghettos verglichen werden können. Auch der Ursprungs-Mythos von HipHop in den USA muss meiner Meinung hinterfragt werden, da die Ghetto-Jugendlichen per se einer sozial schwachen Unterschicht zugeordnet wurden, die meines Erachtens zum Teil problematisch ist, da dies Teil der rassistischen Unterschichtungspraxis ist.

6.2 FEMALE MCs

Female MCs werden bewusst in einer eigenen Kategorie vorgestellt. Zwar bin ich mir darüber bewusst, dass dadurch Stigmatisierungen und Marginalisierungen reproduziert werden, dennoch ist es an dieser Stelle für die Analyse wichtig, da female MCs mit Diskriminierungen und Marginalisierungen konfrontiert werden, die aufgrund von Geschlechter-Zuschreibungen produziert werden. Um in diesem Fall eine Analyse des empirischen Materials in Hinsicht auf die genannten Diskriminierungsformen zu gewährleisten, ist es notwendig, auf stigmatisierende Zuschreibungen wie female MC zurückzugreifen. Dieser Begriff wird von mir nicht wertend oder einer Hierarchie zuordnend verwendet, sondern ist vielmehr als abgrenzender Begriff zu verstehen.

6.2.1 Duygu DAI

Duygu DAI ist eine Rapperin der Berliner Crew Too Funk Sistaz. Sie wurde in Berlin geboren und besucht zur Zeit des Interviews die 12. Klasse eines Berliner Gymnasiums. Der Kontakt zu den Too Funk Sistaz habe ich per Mail aufgenommen. Durch Telefonate konnte der Kontakt intensiviert werden, so dass eine Grundlagen-Situation für ein Interview in Berlin geschaffen wurde. Das Interview wurde im Mai 2009 geführt.

„Mein Name ist Duygu Sebnem Inci. Ich bin 19 Jahre alt. Am 9.10.89 in Berlin geboren. Meine Eltern kommen aus der Türkei. Meine Mutter ist mit einem Jahr hergekommen. Beide sind hier aufgewachsen. Meine Mutter hat mich mit Ende 19, Anfang 20 bekommen, weiß ich jetzt nicht genau, wie alt sie da war. Und ich bin in Berlin aufgewachsen. Blackout. Ja ich kann mich daran erinnern, wo ich so drei Jahre alt war, da bin ich im

Osten im Kindergarten gewesen [...] Mmh, ja und dann hab ich die Kita gewechselt. Dann war ich in Wedding in einer nigelnagelneuen Kita, die war echt schön. Ich war in der Gruppe der roten Chaoten im ersten Stock, ich kann mich noch ganz genau daran erinnern, wie ich das erste Mal da war. Meine Mutter und ich gehen so rein. Und dann fängt sie auf einmal an zu schreien: Eve Rosini. Ihre alte, ja Kollegin. Meine Mutter hat eine Ausbildung als Kindergärtnerin angefangen und die haben sich wieder erkannt und also meine Mutter kennt echt jeden so. In diesem Bereich. Schule-Kindergarten: Ich konnte echt nie Scheiße bauen. Das ist, das fehlt mir heute voll. Hab ich auch noch nie so wirklich. Ich hab echt noch nie was Schlimmes verbrochen."

Duygu fasst in ihrer biographischen Einstiegserzählung ihren schulischen Werdegang zusammen. Hierbei verknüpft sie die vielen Schulwechsel mit den räumlichen Umzügen. Im letzen Interview-Abschnitt nimmt sie Bezug auf die von ihr zum Zeitpunkt des Interviews besuchte Schule und kritisiert die ungleiche Behandlung von SchülerInnen unterschiedlicher ethnischer Herkunft. Dieser Aspekt der Chancenungleichheit zieht sich wie ein roter Faden durch das gesamte Interview und wird in der Analyse als eigenständige Kategorie unter Einbezug der anderen Interviews analysiert und interpretiert werden.

6.2.2 MC Sinaya

Sinaya aka MC Sinaya ist ebenfalls eine Berliner Rapperin bei den Too Funk Sistaz. Der Kontakt zu ihr kam durch Duygu von den TFS zustande. Nachdem ich Sinaya angefragt hatte, ob sie auch wie Duygu bereit wäre, interviewt zu werden, konnte das Interview im Juni 2009 geführt werden. Ich traf Sinaya im Berliner Mauer-Park. Um wie bei allen anderen InterviewpartnerInnen auch, eine Vertrauenssituation für das Interview zu schaffen, hatte ich im Vorfeld telefonischen und E-Mail-Kontakt mit Sinaya aufgenommen. Hierbei spielte wie bei allen anderen InterviewpartnerInnen auch, die Transparenz der Forschungsrichtung und Interviewform eine wichtige Rolle, dem Interview zuzustimmen.

„Ja, also mein Name ist Sinaya. Und ich bin Mexikanerin, wohne schon seit, wohne seit, Moment - 20 Jahren jetzt in Berlin. Und ich bin 25. Das heißt, ich bin mit fünf Jahren hierhergekommen. Ich habe auf jeden Fall viel, also die ersten fünf Jahre meines Lebens in Mexiko verbracht und trotzdem noch viele Erinnerungen. Und auch die Art und Weise zu denken, und die Mentalität auch durch meine Mutter beibehalten. Die erste Zeit ist natürlich schwer gewesen am Anfang hier. Was ja für jeden irgendwie schwer ist, wenn man die neue Sprache lernen muss auf einmal. Meine Mutter hat einen deutschen Mann geheiratet. Dann hatte ich halt einen neuen Papa auf einmal und 'ne ältere Schwester und neue Schule oder neuen Kindergarten besser gesagt. Meine ersten zwei Worte waren ‚Arschloch' und ‚Tschüss' (lacht). Ja die ersten Phasen waren natürlich schwer so. Auch für die, für meine Mutter selber. Meine Mutter sogar noch mehr als für mich so, aber irgendwann habe ich mich dann eingelebt, bin dann irgendwie von Schule zu Schule gegangen, meine Kindheit war irgendwie cool, aber ich bin trotzdem irgendwie ganz viel von Schulen geflogen (lacht). Ja, weiß gar nicht, wo ich anfangen soll, soll ich dann gleich so einen Bezug zu HipHop machen, oder?"

Sinaya versucht in ihrer biographischen Einstiegs-Erzählung einen retrospektiven Bezug zu ihrer mexikanischen Herkunft herzuleiten. Im weiteren Verlauf nimmt sie Bezug zu dem Zeitpunkt ab ihrem fünften Lebensjahr. Sie bewertet die erste Zeit ab ihrer Ankunft unter dem Aspekt des Neuankommens in einem Land, in dem eine andere Sprache gesprochen wird und in ihrem unmittelbaren Umfeld neue Bezugspersonen relevant werden. Ein neuer Papa, eine ältere Schwester erweitern das Familienumfeld von Sinaya, sind aber auch als Bruch zu ihrem Leben in Mexiko und der dortigen Familiensituation zu sehen, da Sinaya von einem „neuen Papa" spricht, was darauf schließen lässt, dass ihr biologischer Vater nicht mit in die BRD eingereist ist. Auch die Erweiterung der Familie auf eine „ältere Schwester" lässt darauf schließen, dass in Sinayas eigentlicher Kernfamilie keine größere Schwester vorhanden war. Im Verlauf des weiteren Interviews geht Sinaya auf die erste Zeit in der BRD ein und beschreibt, dass diese Zeit nicht einfach war, insbesondere für ihre Mutter nicht. Daran anschließend leitet sie ihren schulischen Werdegang ein und beschreibt diesen als von vielen Wechseln geprägten Weg, der nicht einfach war. Dennoch blickt sie auf eine coole Kindheit zurück und definiert dies somit nicht ausschließlich über die Schule. Zum Zeitpunkt des Interviews ist Sinaya gelernte Tontechnikerin und befindet sich im ersten Semester eines Informatik-Studiums.

6.2.3 MISS PM

Pierra Montenero aka MISS PM ist eine Kölner Rapperin. Der Kontakt zu ihr ist über den Kölner Jugendfilm Club entstanden, wo sie an einem internationalen HipHop-Workshop von *Roots and Routes* teilgenommen hatte. Nachdem ich diverse Jugendzentren und Schulen in Köln angesprochen hatte, ob sie in ihren Einrichtungen female MCs kennen, und ich fast überall auf ein „Nein" traf, nahm ich Kontakt zum JFC auf. Dort war MISS PM die einzige Rapperin, die als Kontakt-und Interview-Person in Frage kam. In mehreren Jugendeinrichtungen wurde mir gesagt, dass es einfacher ist, Sängerinnen zu akquirieren als female MCs, da prozentual gesehen weniger Frauen rappen würden als Männer. Dieses häufig anzutreffende Klischee, HipHop sei eine Männer-Domäne, hält sich immer noch aufrecht und zieht sich auch wie ein roter Faden durch die Interviews der female MCs.

„Also ich wurde am 2.1.1991 geboren. Meine Eltern sind beide aus Italien aus dem südlicheren Teil - Neapel und Umgebung. Und ja, ich bin hier geboren, in der Südstadt im Klösterchen. Und bin auch in Zollstock auf gewachsen [...] ich glaub,'96 müsste das sein, nee, nee, nee gar nicht, '97 wurde ich eingeschult, in der Montessori-Grundschule in der Gilbachstraße war das. Das ist glaub ich fast Ehrenfeld. Und da war ich dann vier Jahre, bin dann auf das Humboldt-Gymnasium gewechselt, was auch in der Südstadt ist mehr oder weniger. Bin da immer noch, bin jetzt mittlerweile in der 12. Klasse. Schule läuft ziemlich gut und werde auch 2010 mein Abitur machen dort. Und danach irgendwas studieren, mal gucken."

Pierra ist in Köln geboren und aufgewachsen und hat ihren gesamten Bildungsverlauf in der BRD gehabt. Auch sie zählt zu den sogenannten Bildungsaufsteigern oder Bildungsgewinnern im höchst selektiven Schulsystem der BRD. Da der Kontakt über die gesamten Forschungsjahre hinweg zu den meisten Interviewpartnerinnen aufrechterhalten worden ist, kann vorweggenommen werden, dass MISS PM im Sommer 2011 im dritten Semester Wirtschaftsrecht an der Kölner Fachhochschule studiert.

6.2.4 Aziza A.

Aziza A, mit bürgerlichem Namen Alev Yildirim, wurde 1973 in Berlin geboren. Sie gilt als die erste türkischsprachige Rapperin. Bezeichnend hieran ist, dass Alev sich selbst als Rapperin beziehungsweise Musikerin in den Vordergrund stellt und nicht als Vertreterin einer ethnischen Minderheit in der BRD, so wie es von den Medien oftmals repräsentiert wurde. Bezeichnend hieran ist auch, dass türkischsprachiger Rap in der BRD entstanden ist und nicht in der Türkei. Dies habe ich im theoretischen Kapitel bereits ausgiebig diskutiert. Der mediale Repräsentations-Zwang war von Anfang an lediglich auf Aziza As Migrationshintergrund fokussiert. Hierbei spielen die Kategorien *Race* und *Gender* einer interdependente Rolle. Als Frau und gleichzeitig als Türkin galt Aziza A in der BRD als Exotin, obwohl Rapperinnen Ende der 1990er Jahre nichts Neues in Deutschland waren. Cora E. war schon seit den 1980er Jahren eine aktive und international bekannte HipHopperin. Und Türkisch als Sprache in Deutschland war auch kein neues Phänomen, wo doch bereits fast 40 Jahre vorher der Anwerbevertrag mit der Türkei abgeschlossen worden war. Dennoch wurde daraus ein neues Genre „Oriental HipHop" erfunden. Aziza A. wurde von mir im März 2009 interviewt. Da sich Aziza A zu der Zeit in Istanbul aufhielt beziehungsweise dort zeitweise lebte, wurde das Interview telefonisch geführt, nachdem ich über den Radiosender Funkhaus Europa Kontakt zu ihr aufgenommen hatte. Aziza A. stellte zu Anfang des Interviews in den Vordergrund, dass sie eigentlich keine Interviews mehr gebe, da sie in der Vergangenheit auf einzelne bestimmte Aspekte in ihrer Biographie festgelegt worden sei. Aziza A. fragte auch, bevor sie dem Interview zustimmte, welche Fragen ich stellen würde. Nachdem ich ihr erklärte, dass ich biographisch-narrative Interviews führe und deshalb keine vorformulierten Fragen hätte, auf die sie antworten müsste, sagte sie dem Interview zu. Dasselbe beklagte übrigens auch Killa Hakan und das ist ebenfalls schwarz auf weiß auf der Website der Microphone Mafia nachzulesen.

„O.K. soll ich los legen? Also 1996 hab ich alte Freunde wieder getroffen und die hatten mittlerweile ein Studio, ein dreistöckiges. Und in der Zeit hab ich ein Studium gemacht, und Studium war eben wegen der Uni so zu sagen. Ich war in der Zeit dort und hab dort in der Zeit ein paar Vocals mit ein paar Sängern, die dort produziert wurden, aufgenommen. Und nach einer Weile gingen denen die Sekretärinnen aus, da waren die schwanger, dann hab ich dort ab zu und halt, an Zeiten, wo ich da war, bin ich ans Telefon gegangen halt ab und zu. Und irgendwann kamen halt die Jungs auf die Idee, ich sollte hochkommen und ein bisschen rappen. Und ich war eh ein großer Fan von HipHop."

Die Interview-Sequenz ist die Einstiegs-Erzählung von Aziza A. Auf ihren schulischen und beruflichen Werdegang beziehungsweise ihren familiären Hintergrund geht Aziza A. erst auf Nachfragen meinerseits ein.

„Ich bin 1971 in Berlin geboren in Tempelhof und dann bin ich auf 'ne ganz normale Schule wie jeder andere auch und hab dann, meine Oberschule war 'ne ganz Besondere für mich, weil die war wirklich toll. Die war sehr autonom und dann hab ich danach erst mal ein Jahr Pause gemacht, weil ich Schule nicht sehr wunderschön fand, weil ich eher ein praktischer Lerner bin als ein theoretischer. Und danach habe ich eine Ausbildung gemacht im Einzelhandel. Da hab ich dann aber Verkäuferin gemacht, weil ich gemerkt habe, dass [...] (unklar) [...] und danach hab ich rumgejobbt. Immer jahreweise, also hab alles Mögliche, hab CDs verkauft, im Plattenladen gearbeitet, bei der Versicherung Aushilfe gemacht, bla bla bla, mit allem, wo man gut Geld verdienen kann als junger Mensch. Danach habe ich meine Ausbildung als Krankengymnastin begonnen, dann habe ich die geschnitten fürs Studium (lacht). Ja."

Aziza A., wie ich im Verlauf der komparativen Analyse noch darstellen werde, hat eine sogenannte Resignation entwickelt, wenn es um ihre private Person in Zusammenhang mit ihrer praktizierten Kunstform geht. Ihre Lyrics, die sie in ihren Raps vorträgt, wurden eins zu eins in die Realität übertragen, obwohl es Erzählungen waren, die Aziza A. aus der Rolle einer Beobachterin oder Erzählerin vortrug. Somit wurden ihre Texte als ihre eigenen Erfahrungen interpretiert, obwohl sie vielmehr ein Statement für die Frauen und Selbstbestimmung waren. In ihrem Song „Es ist Zeit" beklagt Aziza A. die Herrschaft der Männer über Frauen und ruft zum Widerstand auf. Dennoch wird sie als Opfer der Traditionen wahrgenommen[1], obwohl sie eine aktive Akteurin war. Aus diesem Grund geht Aziza A. auf meine Nachfrage, ob sie das Gefühl habe, dass man sie als Musikerin kategorisiere, expliziter auf diesen Punkt ein und konstatiert:

„Ja, deswegen hatte ich eben auch ein Problem gehabt, über meine Eltern, über meine Kindheit und so zu reden. Weil darüber wurde ich drei Jahre lang nur gefragt. Also nur beschissenes Zeug, oberflächliches Hotspot. Es ist nee, sobald es um meine Eltern geht, weil die Kamerateams nach Hause gekommen sind und ich darüber am Anfang hab gar nicht so sehr darüber nachgedacht. Weil ich gedacht hab: Nee, das ist gut für mich. Weil dadurch wird ja meine Musik bekannt. Aber dann wurde eigentlich nur mein sozialer Background bekannt. Und im Nachhinein dann nicht. Ich hab gemerkt, dass die Scheibe bekannter und immer noch meine meist verkaufte Scheibe ist. Und für die Leute, egal was ist, ob irgendwie TV oder was auch immer, jeder kennt meinen Namen, jeder weiß, was ich mache. Jeder will mich einladen und bla bla. Ja?! Aber für mich war es halt ein harter Weg zu lernen: Oh, scheiße, du musst schon ein paar Sachen in den Griff nehmen und musst dich abgrenzen. Und aufpassen, weil ich hab nicht aufgepasst. Das ging mir dann so an die Nieren, dass ich gesagt hab: Lasst mich in Ruhe und ich geb ab jetzt nichts mehr. Kein Interview, kein Nichts, ich bin weg. So! Weil irgendwann denkst du: Ey was soll denn das?! Das ist mein Privatleben!"

Aziza A. wurde in der Rezeption oftmals als Revolutionärin, die sich von ihrem türkischen Elternhaus emanzipiert und somit als Rollenmodel für andere türkische Mädchen agiert, dargestellt. Obwohl sie selbst nie migriert, sondern in Berlin geboren und aufgewachsen ist und auch dort ihren schulischen und beruflichen Werdegang hatte, diente ihr Migrationshintergrund in Rezeptionen und Repräsentationen als treibende Kraft, erst Exotismus zu produzieren und anschließend zu etablieren. Aziza A. ist eine der wenigen von insgesamt 25 InterviewpartnerInnen, die ihre biographische Erzählung an dem Punkt ansetzt, als sie mit ihrer Rap-Karriere begann. Erst nachdem sie ihre biographische Erzählung abgeschlossen hatte, fragte ich im Nachfrageteil nach ihrem familiären und schulischen Hintergrund. Jedoch war dieses Feld für Aziza A. durch vergangene Interview-Erfahrungen dermaßen vorbelastet, dass sie im Vorfeld ihrer Erzählung ausführte, inwiefern Erfahrungen mit Ethnisierungs-und damit einhergehenden Stigmatisierungspraxen die eigene Definitionsmacht und Selbst-Repräsentation auf den Aspekt ihres Migrationshintergrundes reduziert hatten. Ihren schulischen Bildungsweg beschreibt Aziza A. als nicht divergierend zu anderen Bildungsverläufen. Sie sagt, dass sie wie jeder andere auch auf einer normalen Schule gewesen sei. Die Betonung des Normalen ist an dieser Stelle hervorzuheben, da sie nicht nur in Aziza As Interview wiederzufinden

1 | Emma: Mai, Juni 1998. Online abgerufen am 25. Oktober 2010 unter http://www.emma.de/ressorts/artikel/kultur/deutscher-Rap/

ist, sondern auch bei vielen anderen InterviewpartnerInnen zum Ausdruck kommt. Die Normalität, die von den InterviewpartnerInnen wahrgenommen, erlebt und gelebt wird, wird durch Fremddefinitionen jedoch immer wieder in Frage gestellt und als Aufmacher für Exotismus benutzt, der aus Sicht der KünstlerInnen eher unspektakulär ist, da er gelebte Normalität bedeutet. So sagt Aziza A im Interview: „Mein Leben ist nicht anders als das von Tausenden anderen Migranten."

6.2.5 Akua Naru

Akua Naru ist eine afroamerikanische Rapperin mit Wohnsitz in Köln. Zum Zeitpunkt des Interviews im Mai 2009 lebt sie seit zwei Jahren in Köln. Davor hat sie ein Jahr lang in China gelebt. Akua Naru promoviert an der Universität Wuppertal und widmet sich daneben ihrer Musik. In ihrer biographischen Einstiegs-Erzählung fokussiert sich Akua Naru stark auf ihren schulischen Werdegang und bezieht sich ausführlich auf ihre unterschiedlichen Wohnort-Wechsel, die oftmals mit sozialen Veränderungen verbunden waren.

„O.K. I was born on August 20th, 1980 and I lived in many different places; but I was actually born in Connecticut. When I was young, my mom and dad moved to New York for a few years. And we moved back to Connecticut. So when I was in Elementary school I went to an all black school. Elementary school is for us like 5, 6, 7, 8. I went to an all black school. And when I was ten, we moved and I went to an all white school. And I noticed immediately the differences, when I was in an all black school, I was one of the most intelligent students in the class and yeah I learned different kind of things, what we learned, what we talked about. But when I went to this white school, I felt very isolated. I felt very alone, I wasn't happy anymore. It was difficult for me to socialize. Because in the States. O.K., I'm from America, in the States you can live in communities, where you never have to interact with people of other backgrounds. So you, I was born and raised in a black Community. But we don't really have to interact with whites. O.K. you do, because they own the houses you live in, they are the people who are the managers of the banks. You know, like they come to collect the bills that you pay. Maybe this had changed at that time. So also I should say, I come from a very religious Southern black Baptist family. My mother's family is originally from North Carolina. My father's family originally from West Virginia."

Akua stellt zu Beginn ihrer biographischen Erzählung dar, dass sie eine Schwarze Frau ist und verdeutlicht in ihren Ausführungen die Machtverhältnisse und Verteilung von Ressourcen in den USA, mit denen sie konfrontiert war, als sie dort lebte und zur Schule ging. Diese werden in der komparativen Analyse aufgegriffen werden, da Akua Naru in ihren Lyrics unter anderem auch politische Missstände thematisiert. Sie jedoch lediglich darauf zu reduzieren, würde einer Stigmatisierung gleichkommen, da Akua Naru sich selbst als „Poet who raps“ bezeichnet. Gleichsam ist an dieser Stelle schon festzuhalten, dass der Schulwechsel auf eine „all white school“ retrospektiv für Akua mit einer Negativ-Erfahrung verknüpft war, da sie sich sehr isoliert fühlte. Erst im zweiten Teil ihrer Einstiegs-Erzählung nimmt Akua Bezug darauf, dass sie aus den „States“ kommt. Dies ist erst der Fall, als sie von ihrem Schulwechsel, der für sie negativ konnotiert ist, erzählt. An diesem Punkt bezieht sich Akua auch auf ein „We“, als sie sagt: „But we don't really have to interact with whites.“ Zu Beginn ihrer Erzählung spricht Akua von sich als Einzelperson „I“, erst als sie Bezug auf die ungleichen Machtverhältnisse zwischen Mehrheitsgesellschaft und Minderheit nimmt, wechselt sie zum kollektiven „We“. Sie verdeutlicht damit, dass sie sich einer Gemeinschaft zuordnet, die ihrer Erfahrung nach durch die Weiße hegemoniale Mehrheitsgesellschaft von gesellschaftlichen, ökonomischen und politischen Ressourcen ausgeschlossen ist beziehungsweise nicht daran partizipiert. Der Erfahrungsfaktor in der Schule mit der Herstellung ethnischer Differenz und damit einhergehender ungleicher Behandlung wird in der komparativen Analyse ein wichtiger Aspekt sein, da in er Voranalyse bereits ebenfalls im deutschen Bildungssystem von InterviewpartnerInnen mit vermeintlichem Migrationshintergrund ähnliche Erfahrungen vorliegen.

6.2.6 MC Soom T

MC Soom T ist eine female MC aus Glasgow, Schottland. Sie wurde von mir im Juli 2010 in Berlin interviewt. Dort war sie im Rahmen eines Benefizkonzertes im Kato aufgetreten, wo neben ihr noch weitere internationale Musikgruppen vertreten waren. Soom T als klassische Rapperin einzuordnen, wird dem breit gefächerten Musikgenre, das sie vertritt, nicht gerecht. Angefangen mit elektronischen Beats, über Reggae, bis Dubstep und Rap ist MC Soom T auf mehreren Ebenen aktiv und verknüpft verschiedene Musik-Elemente zu einem Gesamtwerk. DJ Disrupt vom Leipziger Sounds-System Jahtari (in Anlehnung an Atari, dem Vorläufer der heutigen elektronischen Spiele-Konsolen) ist ihr Begleiter und Versorger mit Beats. MC Soom T singt und rappt. Zum Zeitpunkt des Interviews lebt sie seit kurzer Zeit in Leipzig. Ihre biographische Einstiegserzählung wird im Folgenden dargestellt:

„My name is Soom T and I'm 30 years old. I started writing more poetry lyrics, when I was about nine years old. My father was very encouraging. When I was about 14, 15 I started listening to, you know, a lot of good music, I thought it was good, like: Rage against the machine, Public Enemy. But at the same time I also listened to you know, a lot of Metal Bands, that my big Brother listened to. I listened to, I also listen to Bjork, I also listened to Prodigy, I'd used to listen to a lot of Music, to tape from the radio, because it was free. So I started writing rap songs, and when I was 17; I was in a band doing HipHop, Rapping. And then for a few years I was MCing in local clubs in Glasgow. Then when I was 19, I started MCing for a Soundsystem, Old School-Soundsystem in Glasgow. After I started Rapping for the Soundsystem, I made a band called ‚Monkey Child'. And I was with ‚Monkey Child' for five years. They are a HipHop Crew from Glasgow. We made experimental electronic TripHop, HipHop, some Jazz-HipHop, very very eclectic, very mixed. And I also at the same time I joined singing for a Jazz-Band. Also for a Balkan music band. Just writing many, many songs and setting different lyrics and different songs to different styles. After a few years I started releasing records, with many people. I released many records. And after releasing the records I began to work with more producers and more recently I finally met some producers maybe on 2006. I started working with Mungos HIFI. They are a local Reggae-Crew, so I started more doing more Reggae but mixing some HipHop inside; like you may hear, a mix of you know Reggae-Ragga-HipHop-some Rapping Songs, so to make it very mixed so everybody can enjoy. People who like HipHop can enjoy some, and then I started working with Jahtari also. Jahtari is a Label from Leipzig. And yes we are producing an album about Ganja (lacht). So we will produce this album and keep singing of Ganja-Songs all over the world and this year we toured a lot. We played, we did a tour of Japan and China, we played in Norway and Finland and I played of course in Germany, in France, we played in Croatia, Romania, yes many, many places. And this year we also advert to do a tour in Mexico, in October. I'm meeting brilliant people and spilling a positive good vibrations-positive music, not music that tells you to wear, to watch TV, but music that tells people to care about other people and but to try to make it sound still enjoyable-but it's not telling people: Yeah, get a gun and shoot - and all this bad stuff. Positive music, conscious music."

Mc Soom T beschreibt im weiteren Verlauf des Interviews, dass sie mit sehr vielen Musik-Stilen und Genres in Berührung kam und dass dies ihre eigene Musik beeinflusste. Dieser Aspekt ist jedoch aus einem weiteren Grund sehr relevant: MC Soom T zeigt dadurch auf, dass die homogene Einordnung in bestimmte Musikstile oder aber auch übertragen auf ethnische Identitäten dadurch dekonstruiert wird, was wiederum bedeutet, dass die angenommene Hybridisierung, wie sie oftmals vertreten wird, in Frage gestellt wird, denn dafür werden homogene und statische Identitäten (im Tierreich: Arten, Gattungen oder Rassen) vorausgesetzt, die in der Realität nicht gegeben sind. Auch die Rezeption von Hybridisierung als das Verschmelzen von Kulturen und Lebensstilen, kulturellen Einflüssen hat angesichts des Bezugs zum Tierreich einen bleibenden Nachgeschmack in den Sozial-und Kulturwissenschaften.

6.3 RAPPER GENERATION 2000

Die Zusammenfassung in der Kategorie „Generation 2000" hat weniger mit der Homogenität einer Altersgruppe, als vielmehr mit der Generation des Rap-Zeitalters zu tun, in dem sich die Akteure bewegen. Alle Interviewpartner, die in dieser Kategorie vorgestellt werden, waren erst im 21. Jahrhundert aktiv in der HipHop-Szene, und im Gegensatz zu der vorher beschriebenen ersten Generation von Rappern in der BRD fanden sie ihren Einstieg meist sofort durch das lyrische und sprachliche Element des HipHop: den Rap. Dieser Punkt wird im Verlauf der komparativen Analyse expliziter fokussiert werden.

6.3.1 OJ Kingpin

OJ Kingpin war zum Zeitpunkt des Interviews Rapper bei der Kölner Crew La Honda Boys. Kurze Zeit darauf gab er seinen Austritt aus der Crew bekannt. Er ist auch in der WDR-Dokumentation „Westside Kanaken" von Peter Schran, einer Dokumentation über Kölner „Gangster-Rapper" vom April 2009 zu sehen. Der Kontakt zu Özgür aka OJ kam über Kontakte zu anderen Rappern zustande. Nach einem Telefonat, in dem ich den Kontext meiner Dissertation und auch die Erhebungsmethode erläuterte, stimmte Özgür dem Interview zu. Wie bei den meisten anderen Interviewpartnern auch, war seine erste Frage bei dem Telefonat: „Was sind das für Fragen, die du in dem Interview stellen wirst?"

„O.K. So, soll ich jetzt einfach anfangen ne. Ja. Mit bürgerlichem Namen bin ich Özgür G. (lacht) Familiennamen braucht man nicht zu wissen, geboren bin ich 1980. Hier in Köln, also gebürtiger Kölner. Bin in Ehrenfeld groß geworden. Ja ich hab ganz normal wie jeder die Schule besucht, wie jeder Andere auch. Grundschule; Realschule, danach Fachabitur gemacht. Ja dann kam ja, hab ich halt einen Platz an der Fachhochschule bekommen, für Betriebswirtschaft. Ja, bis zum 18. Lebensjahr lief eigentlich alles super, ich hatte gute familiäre Verhältnisse, meine Eltern sind noch zusammen und halt Arbeiterklasse, ne. Haben jahrelang gearbeitet hier, haben diesem Land Steuern gezahlt und ja, rechtschaffene Menschen. Ich wurde sehr rechtsschaffen erzogen, nach Recht und Ordnung."

OJ verdeutlicht zugleich zu Beginn seiner biographischen Ausführungen, dass seine Biographie einen „normalen" Verlauf hatte. Er bezeichnet sich selbst als Kölner, stellt also nicht seinen Migrationshintergrund in den Vordergrund. Die Betonung dessen, dass er wie jeder andere auch „normal" zur Schule gegangen ist, verdeutlicht, dass OJ seiner Biographie eine Normalität verleihen möchte. Im Gegensatz zu seiner in der Musik inszenierten Figur, in der sich OJ als harter Gangster darstellt, ist in seiner biographischen Inszenierung im Interview das Gegenteil der Fall. OJ ordnet und interpretiert somit seinen eigenen biographischen Verlauf und versucht zu verdeutlichen, dass seine Inszenierung in seiner Musik nicht zwangsläufig mit seinem biographischen Verlauf und seiner Erziehung beziehungsweise mit seinem Elternhaus zusammenhängt. Andererseits weist OJ in seiner biographischen Rekonstruktion darauf hin, dass: „Bis zum 18. Lebensjahr lief eigentlich alles super. Ich hatte gute familiäre Verhältnisse, meine Eltern sind noch zusammen." OJ, der auch einen Studienplatz hatte, diesen jedoch, wie im Laufe des Interviews erwähnt wurde, aufgab, zählt somit zu den sogenannten Bildungsaufsteigern innerhalb der zweiten Generation der Migranten. Sein Studium, das OJ nicht zu Ende brachte, hat diverse Gründe, die er folgendermaßen begründet: „Zwar hatte ich bis dato gute Schulbildung alles gehabt so, aber der Halt hat gefehlt halt, weißt du? So, weil ich persönlich ein sehr familiengebundener Mensch bin, hat das mich schon aus der Bahn geworfen." Sein sieben Jahre älterer Bruder, der für OJ immer ein Vorbild und Halt in seinem Leben war, wurde, als OJ 18 Jahre alt war, inhaftiert und saß sechs Jahre im Gefängnis.

„Bis dato war der halt mein Vorbild. Er hat halt auch immer dafür gesorgt, dass ich meine Schule besuche und alles. Weil der selber ziemlich viel Scheiße durchgemacht hat. Ja bis dahin, habe ich alles durch seine Augen gesehen. Ja da war der auf einmal weg, dieser Halt war weg, weißt du ja und ich hab dann halt meine Eltern unterstützt die ganze Zeit so. Mein Bruder hat sechs Jahre gesessen und die ersten drei Jahre habe ich permanent mit für die Sache gekämpft. Dass er entlassen wird oder irgendwie, dass er, dass man da, dass er zumindest ne vernünftige Haft bekommt. Das war teilweise so unter komischen Umständen. Er war eigentlich krank. Und die haben den trotzdem ins Gefängnis gesteckt und ihn dort medikamentös behandelt, was die eigentlich nicht dürfen. Das darf man nur im Krankenhaus. Und dagegen hat auch meine Mutter protestiert damals."

OJs Erzählung verdeutlicht an dieser Stelle neben all den problematischen Umständen, welch hohen Stellenwert eine gute Ausbildung für ihn in der Familie hatte. Auch die Tatsache, dass Kutlu von der Microphone Mafia im Interview darauf einging, wie sein älterer Bruder und seine Eltern auf eine gute Ausbildung für ihn drängten, spricht dafür, dass die Bildung der Kinder für die Motivation zur Migration ein wichtiger Faktor war. Die andere Seite der Medaille bedeutet aber auch, dass diese Jugendlichen enormen Druck ausgesetzt wurden, nach dem Motto: „Wir haben nichts erreicht und es schwer gehabt. Du hast die Möglichkeit, was zu erreichen, also nimm sie auch wahr." Insbesondere die zweite Generation von Jugendlichen, die in den 1980er Jahren ihre Schulausbildung begannen, gehören zu jener Gruppe, die mit den hohen Erwartungen der Eltern, die größtenteils als Arbeiter arbeiteten, konfrontiert. Die These also, dass Rapper einen geringen Bildungshintergrund aufweisen und aus diesem Grund zum vermeintlich einfachsten Musikstil, dem Rap greifen, ist durch die Biographien nicht zu untermauern.

6.3.2 Ja2NI

Janni ist zum Zeitpunkt des Interviews Rapper bei der Kölner Crew Deadline, die aus sieben Jugendlichen besteht. Zur Zeit des Interviews macht er sein Fachabitur. Janni beschwert sich schon im Vorfeld des Interviews, dass ihm die Darstellung des Kölner Stadt Anzeigers und auch von Cosmo-TV im WDR zu einseitig und in seinen Augen zu ideologisch gewesen seien. Er ist der Meinung, dass zu viel in die Musik hinein interpretiert werde und sich der mediale Diskurs auf die „multikulturelle" Zusammensetzung der Crew reduziere, was bei den Jugendlichen der Crew selbst eine Selbstverständlichkeit darstelle und gar nicht im Mittelpunkt ihrer Ambitionen stehe. Zunächst soll an dieser Stelle Jannis biographischen Eckdaten dargestellt werden.

„Ja, O.K. Mein Name ist Janni. Bin 18 Jahre alt, bin am 16.3.1989 geboren, in Athen. Und leb schon seit meinem 4. Lebensjahr hier in Köln. Hab erst mal in Deutz gewohnt, über so 'nem Imbiss, über so 'nem Griechen-Imbiss. Danach war ich dann für zwei Wochen in Gremberg, dann hab ich mal in Kalk gewohnt und dann halt nach Eil, nach Porz gekommen. Wohn halt seit so meinem achten, siebten Lebensjahr in Porz. Ja, ich bin ganz normal zur Schule, ganz normal Kindergarten gegangen, danach zur Grundschule. [...] Ja, und meine Eltern: Ja, mein Vater und so ist in Athen auch geboren, wie ich halt. Mein Opa ist auch geboren in Athen, meine Mutter kommt halt vom südlichen Teil Griechenlands."

Jannis Kindheit ist von vielen Wohnortwechseln geprägt. Zum Zeitpunkt des Interviews lebt er mit seinen Eltern in Köln-Porz und hat auch dort seine Schulausbildung durchlaufen. Wie bei den ersten Treffen deutlich wurde, kritisierte Janni, dass die gelebte Normalität in Bezug auf sogenannte Diversity künstlich überladen dargestellt werde und war der Meinung, dass die Musik ein Hobby ist und nicht wie in den Medien dargestellt wird, ein Medium um „Köln-Porz zu retten". Der Bezug zum lokalen Quartier ist für die HipHop-Kultur nichts Außergewöhnliches, sondern sein ausgeprägtes Markenzeichen. Der von Robertson geprägte Begriff Glokalisation ist an dieser Stelle der theoretische Rahmen, um die lokale Verortung in einen globalen Kontext zu verdeutlichen.

6.3.3 Patrik

Patrik ist wie Janni ein Rapper bei Deadline. Patrik dreht, schneidet und produziert die Musikvideos der Crew und ist auch für die Beats verantwortlich. Er hat zum Zeitpunkt des Interviews sein Abitur abgeschlossen und fängt an einer privaten Fachhochschule mit einem Studium der Medienwirtschaft an.

„Also, Name ist Patrik. Bin geboren am 17. März 1989 in Köln. In Köln-Porz. Und ja, mein Vater ist deutsch, meine Mutter ist Mexikanerin. Ist auch dort geboren. Und haben sich auch dort kennen gelernt in Mexiko. Und ja halt, aber ich bin hier geboren. Und ja, wo soll ich anfangen (lacht). Mmh, ich kam in den Kindergarten (lacht), ganz normal, wie jeder andere auch. Hatte ich keine Probleme so mit Kindergarten. Bin ich dann auf Realschule gekommen. Dann Realschule. Und ja, ging ich auf die Höhere Handelsschule Deutz. Weil ich wusste nicht genau, was ich machen wollte so. Ich wusste gar nichts so. Ich wusste nur halt, mein Bruder war auch auf der Schule damals, ne. Aber als ich dann drauf gegangen bin, war der schon wieder weg. Der ging halt auf die Schule, Fachabitur kann man da machen. Und dann dachte ich so, O.K. so, ich weiß nicht, was ich machen soll, also gehe ich auch auf die Schule einfach. Weil mein Bruder das gemacht hat. [...] Aber ich hatte irgendwie keine Wahl dachte ich so, weil ich wusste nicht, wohin so. Bin ich halt dahin gegangen. Und ja, dann hab ich, dann wollte ich studieren. Weil ich wollte auf gar keinen Fall 'ne Ausbildung machen so. Weil ich dachte so, ich weiß nicht so, Ausbildung nicht so. Ich wollte nicht sofort so zur Arbeit gehen und so. Das ist der erste Punkt so, weil ich denke immer so, ich werde den Rest meines Lebens werde ich eh arbeiten so. Warum dann schon so früh anfangen damit so. Find ich nicht richtig einfach. Weil ich bin noch jung so. Und ich kann auch später noch lang genug zur Arbeit gehen. Dachte ich, ich will auf jeden Fall studieren, ich wusste auch nicht genau was, ich wusste nur, dass mir Medien gefallen, halt so Film, Musik und so. Weil ich mache ja halt auch Musik privat und filme gerne und so. Ich wusste auf jeden Fall, ich will irgendwas in diesem Bereich. Und Höhere H, also die Höhere Handelsschule, die war auch spezialisiert auf Wirtschaft und Verwaltung. Dann dachte ich so, wollte ich gucken, ob ich die zwei Sachen zusammen bringen kann. Halt Medien und Wirtschaft. Und dann halt, habe ich mich für Medienwirtschaft halt beworben (lacht). Dann auf einer privaten Fachhochschule, weil es waren auch die Einzigen, die das angeboten haben. Also, soweit ich mich informiert habe. Und es war halt das Problem, also, die ist am Hansaring die Schule. Das Problem war halt wegen dem Geld so. Also, ich hab meinem Vater das da erzählt so, dass ich auf Private gehen wollte so, ne. Meinte der erst so, wie privat und so, ne. Ich so: Ja, Private ist so die Einzige, die das anbietet. Und ich so, ich würde voll gerne auf die Schule gehen und so, ne. Hat der kurz gezögert, dann meinte der aber so, hat der gesagt: Ja, können wir machen. Geld ist kein Problem. Wenn du das machen willst, kannst du das gerne machen. Meinte der, dann denk nicht an das Geld und so. Fand ich voll super so, dass mein Vater mich da auch so unterstützt hat und nicht wegen Geld irgendwie so Nein gesagt hat. Weil 500 im Monat ist das, das ist krass viel. Ich weiß das auch. Ich bin auch voll froh, dass mein Vater das macht. Und wir das Geld dazu auch haben. Ja und dann, ich wurde auch angenommen. Ja, und jetzt bin ich halt erstes Semester in Medienwirtschaft, bin ich am studieren. Ja, also das war's, dann zum Schulischen."

Patrik, der sich in seiner biographischen Einstiegs-Erzählung stark auf seinen schulischen Werdegang fokussiert, zeigt auch auf, wie sein Vater bei seiner Berufswahl und der Auswahl der Hochschule unterstützend mitgewirkt hat, indem er sich bereit erklärte, die finanzielle Belastung von 500,00 Euro monatlich zu tragen. Dies zeigt auch, inwieweit die vereinfachte Darstellung von Jugendlichen aus marginalisierten Quartieren mit der Realität dieser Jugendlichen divergiert. Folgt man den Medienberichten zu der Crew Deadline, der Patrik angehört, so ist lediglich die problematische Darstellung des Quartiers zu beobachten, die Jugendlichen sind für die Medien von Interesse, weil sie alle unterschiedlichen Herkunftsländern angehören und auf unterschiedlichen Sprachen rappen. Dass die Musik, die die Jugendlichen produzieren, nur einen Aspekt inmitten ihres Alltagslebens darstellt, ist in der medialen Berichterstattung untergegangen, so dass es aus diesem Grund noch einmal wichtig ist zu erwähnen, dass Leitfaden oder fokussierte Interviews, die den Medien-Diskurs aufgreifen, keine neuen Erkenntnisse für die Arbeit geliefert hätten. Eine Erkenntnis, die ich an dieser Stelle festhalten und im weiteren Verlauf detailliert ausführen werde, ist die „gelebte Normalität" der InterviewpartnerInnen. Diese wird vom hegemonialen Mehrheits-Diskurs jedoch nicht rezipiert, da sie nicht dem skandalisierenden und stigmatisierenden Stereotypen bestimmter Migranten-Gruppen in bestimmten urbanen Quartieren entspricht.

6.3.4 Dihad

Dihad ist neben Janni und Patrik ein weiterer MC bei der Deadline-Crew. Zum Zeitpunkt des Interviews macht er sein Abitur auf einem Kölner Gymnasium.

„Das Jahr 89, 1989, am 10.2.1989 bin ich geboren. Ravi ist mein Name. Ich bin in Heidelberg geboren. Bin auch dort meine ersten sieben Lebensjahre aufgewachsen. Auch da bin ich auch zum Kindergarten gegangen, hatte meine erste kleine Freundin im Kindergarten(lacht). Ja, da hat halt das ganze Spiel begonnen. Ja, halt zur Kindergartenzeit. So dann bin ich mit sieben, hat mein Vater in Heidelberg seine Arbeit, also sein Restaurant geschlossen und ist nach Köln gezogen. Weil das war halt so Metropole und man wollte halt noch mal ein bisschen weiter gehen, 'nen Schritt weiter gehen im Leben. Ich bin hierhin gekommen, bin zur, ähm in die Grundschule gegangen. In die Don-Bosco-Grundschule in Porz-Eil: Dann war ich halt in der Grundschule, da gibt's nichts groß Erwähnenswertes. Das war halt ganz normal, als hyperaktives Kind. Also ich war von Anfang an schon so ein bisschen hyperaktiv, immer in der ersten Reihe, egal was war. Auch gute Sachen, schlechte Sachen. Wenn man in der Schule anstrengend war, war ich in der ersten Reihe. Dann bei, wenn man mit, als kleines Kind so Scheiße gebaut hat, dann war ich auch in der ersten Reihe. Ärger habe ich immer als erstes bekommen. Ich war halt immer so, der, der versucht hat, den anzuführen so. Und dann bin ich mit zwölf, glaube ich. Nee, wann kommt man in die Realschule?

5. Klasse. Mit 11 in die fünfte Klasse in die Realschule gekommen. Ähm, hatte davor einen Schnitt, also auf der Grundschule einen Schnitt von drei glaube ich - also war nicht gut. War nicht 'n besonders guter Schüler. Bin auf die Realschule gekommen und ähm [...] Dann war ich auf einmal so, von der fünften Klasse - in der fünften Klasse, war ich auf einmal so Musterschüler, hab einen Schnitt von 1,3 gehabt, bis zur sechsten Klasse, im zweiten Halbjahr. Aber habe auch gleichzeitig, so in der Schule viel Scheiße gebaut so. Viel Lehrer geärgert oder so Bilder von Lehrern gemalt oder so. Hatte, war halt gewissermaßen unterfordert, aber damit hat halt keiner gerechnet. Und ich hab einfach immer alle Leute abgelenkt, immer, weiß ich nicht. Viele dumme Sachen gemacht halt, die man als kleines Kind so macht. Und dann haben die Lehrer halt, in der sechsten Klasse, im zweiten Halbjahr, entschieden, dass ich weg muss von der Schule. Da ich aber halt 'nen guten Schnitt hatte, 1,4 oder 1.3 damals, und dann habe ich halt oder sogar 1,2 - ich bin mir nicht sicher. Auf jeden Fall haben die dann entschieden, dass die mich von der Schule haben wollen, weil ich konnte nicht mehr da bleiben, weil ich hab halt immer alle abgelenkt. Oder halt die Klasse wechseln. Und dann haben sich meine Eltern dafür entschieden, dass ich aufs Stadt-Gymnasium komme, halt, zur siebten Klasse halt auf das Stadt-Gymnasium gewechselt. Jetzt bin ich in der 13 und Schule läuft wieder anständig. Schule ist wieder in den Mittelpunkt gekommen des Lebens so."

Dihads Bildungskarriere weist mehrere Parallelen zu den Karrieren der übrigen Crew-Mitglieder auf. Trotz guter schulischer Leistungen blicken sie retrospektiv auf eine schwierige Schulzeit zurück, die erst zum Ende hin wieder einen wichtigen Stellenwert einnimmt. Die Jugendlichen weisen alle einen sogenannten Bildungsaufstieg auf, wie im Verlauf der Analyse noch deutlicher werden wird. Die These, Rap sei ein Sprachrohr von „minderbemittelten", marginalisierten Unterschicht-Jugendlichen muss schon an dieser Stelle kritisch hinterfragt werden. Dihad, der am Anfang der Sekundarstufe 1 einen sehr guten Notendurchschnitt hatte, wurde dennoch von der Realschule verwiesen. Wie Dihad retrospektiv interpretiert „war (er) halt gewissermaßen unterfordert, aber damit hat halt keiner gerechnet." Zum Zeitpunkt des Interviews befindet sich Dihad in der 13. Klasse, und die Schule hat nach eigener Aussage einen wichtigen Stellenwert in seinem Leben.

6.3.5 Ashraf

Ashraf, ebenfalls Rapper bei Deadline, wurde von mir im August 2008 interviewt. Zum Zeitpunkt der Erhebung hatte er eine Lehre als Autolackierer begonnen und verdeutlicht im Interview, dass für ihn der erfolgreiche Abschluss seiner Ausbildung zu dem Zeitpunkt die höchste Priorität hat.

„Ich wurde in Tunesien geboren. '89. Und Grundschule war in Tunesien. Dann bin ich mit [...] 2001 nach Deutschland gekommen. Also jetzt bin ich sechseinhalb Jahre hier in Deutschland. Siebeneinhalb kann man sagen so. Ja, ich habe hier meine Schule gemacht. Ich war hier auf der Hauptschule. Hab ich meinen Abschluss gemacht. Danach habe ich eine Ausbildung gefunden. Ich bin jetzt in der Ausbildung dabei. Autolackierer."

Die biographische Rekonstruktion von Ashraf beschränkt sich auf seinen schulischen und beruflichen Werdegang und die damit verbundenen Ziele. Die Musik und sein Wirken als Rapper stellen für ihn der eigenen Erzählung nach eine Freizeit-Aktivität dar, die für ihn nicht mit beruflichen Ambitionen verknüpft ist, da für ihn die Musik lediglich zum Spaß dient. Ashraf fasst seine Lebensziele so zusammen, dass er gerne seine Ausbildung erfolgreich beenden möchte. Die Repräsentation und Rezeption durch Medien und Öffentlichkeit kann er nicht teilen, da für ihn die Musik als Ausgleich zu seiner Ausbildung dient, quasi als Hobby. Seine Ausbildung als auch seine weiteren Lebensziele sind in keiner Weise mit der Vorstellung verbunden, als großer Rapper Berühmtheit zu erlangen.

6.3.6 David

David ist Manager einer Kölner Rap-Crew. Zum Zeitpunkt des Interviews ist er mit den Aufnahmeformalitäten für eine Private Fachhochschule beschäftigt. Er ist für den Studiengang Management an einer Privaten Fachhochschule aufgenommen worden. David, der als Einziger der Crew von mir interviewt wurde, ist neben dem Management für das Entertainment innerhalb der Crew zuständig. Er rappt zeitweise auch mit den anderen aus der Crew, jedoch gilt er mehr als „Mann hinter der Bühne." Er wurde von mir als Interviewpartner gewählt, da es im Verlauf der Arbeit und Forschung immer wichtiger wurde, auch die Strukturen und Hintermänner/frauen mit einzubeziehen, die beispielsweise hinter einer Videoproduktion stehen und die Auskunft über Organisations-und Vermarktungsstrategien geben können. Natürlich ist neben diesen Aspekten auch die Frage zentral, aus welcher Gruppe sich das Hauptpublikum zusammensetzt beziehungsweise von wem die Musik konsumiert wird. Hierbei stellt sich die Frage, ob es hierbei Divergenzen zwischen der Zielgruppe beziehungsweise den Adressaten und den tatsächlichen Konsumenten gibt. David hat hierbei einen detaillierten Einblick geben können. Nichtsdestotrotz sind seine biographischen Daten genauso wie bei den anderen Interviewpartnern auch wichtig, um seine subjektiven Wege und seine Erfahrungen sowie Aneignungsprozesse der HipHop-Kultur verorten und somit dem theoretischen Kontext zuordnen zu können.

„O.K. mein Name ist David. Ich bin geboren 1987 in Köln-Porz, wo ich halt auch bis heute lebe. Und auch einen großen Teil meiner Jugend verbracht habe. Ja, wat bleibt zu sagen?! Also ich bin halt komplett in Köln-Porz aufgewachsen. Hab halt von Geburt an. Von Beginn an, mit meinen Eltern in Demo-in Köln-Porz gewohnt, also Köln-Porz-Finkenberg. Und war sehr viel mit meiner Mutter alleine, weil meine Mutter äh ja, hier ihren Job hatte. Mein Vater sehr viel im Außendienst war, sehr viel unterwegs war [...] O.K. fangen wir mit dem Kindergarten an. Kindergarten war ich halt, ich war im Kindergarten direkt neben dem Geschäft von meiner Mutter. Also die hat ein Geschäft und direkt daneben war der Kindergarten und darum war ich halt immer in der Ganztagsbetreuung im Kindergarten und ich muss sagen ich war eigentlich so, ich war eigentlich mehr so'n unauffälliges Kind so, eher ruhig, immer eher zurück haltend. Nicht wirklich frech, weil ich war so, ich hab halt gelernt, mich zu benehmen so. Meine Mutter war immer genervt, war jetzt so gestresst schon, wenn die von der Arbeit kam, da wollte ich der halt nicht weiter Stress machen, schon als ich klein war. Und da ist jetzt im Kindergarten, bis auf paar mal, wo ich auffällig geworden bin, wo ich mich mit Leuten gestritten hab, nie wirklich was passiert. Und die Grundschule verlief ähnlich, war ich sehr, war sehr wenig, weil ich war halt immer ein ruhiges Kind. Bis auf, wo ich halt meine Sachen hab. Es gibt halt Sachen, die ich mit halt einfach nie, die ich mir nie bieten lassen konnte, wo ich halt immer ausgeflippt bin. Aber ich denke, das hat Jeder irgendwo. Und dann hab ich halt angefangen, auf einer weiterführenden Schule, war ich auf einem Gymnasium, so."

David schafft zu Beginn seiner retrospektiven biographischen Erzählung, eine Vernetzung seiner Sozialisationsinstanzen mit seinem Verhalten herzustellen. Er interpretiert rückblickend sein Verhalten und setzt es in Bezug zu seinen sozialen Verhältnissen. Er wuchs als Einzelkind bei seiner alleinerziehenden Mutter auf. David rekonstruiert im weiteren Verlauf des Interviews, dass seine Eltern sich trennten. In dieser Interview-Sequenz nimmt er Bezug auf seinen Vater, der viel im Außendienst war. Die Mutter von David arbeitete seit seiner Kindheit als Selbständige und war der Doppelbelastung als alleinerziehende Mutter und Berufstätige ausgesetzt. David machte auf dem Gymnasium Abitur. Er ist neben dem Management für die Crew auch als HipHop-Workshop-Leiter in diversen Kölner Jugendzentren und Ferienfreizeiten tätig, womit er sich finanziert. Durch die Anbindung ans Jugendzentrum hatten David und seine Crew von Anfang an die Möglichkeit, einen Proberaum für ihre Musik zur Verfügung zu haben. Die Bewertung beziehungsweise Überbewertung von Jugendeinrichtungen für die Entwicklung und Etablierung von HipHop in der BRD wird in diesem Kontext in erhobenen ExpertInnen-Interviews analysiert, und es wird hierauf ein theoretischer Bezug genommen werden, da nach wie vor einige Wissenschaftler davon ausgehen, dass die Jugendarbeit ein entscheidender Faktor für die Etablierung von HipHop in der BRD gewesen sei.

6.3.7 MC Hasso

MC Hasso, ein Kölner Rapper, ist zum Zeitpunkt des Interviews am Ende seiner musikalischen Karriere. Er ist Besucher des Jugendzentrums Northside in Köln-Chorweiler Nord, über das auch der Kontakt zu Hasso zustande gekommen ist. Hasso ist einer der wenigen Rapper unter den Interviewpartnern, der sagt, dass er von einem Tag auf den anderen mit dem Rappen aufgehört habe. Dies sagt er allerdings erst im Interview und nicht bei der Kontaktaufnahme. Hasso hat auf einem Gymnasium sein Abitur gemacht. Trotz der Tatsache, dass Hasso einen guten Schulabschluss gemacht hat, musste er anfangs aufgrund fehlender Deutsch-Kenntnisse den Schulkindergarten besuchen.

„Ja ich bin der Hasso. Bin 18 Jahre alt. Meine Wurzeln liegen in Afghanistan und bin geboren im August 1990. Bin hier in Deutschland sozusagen als Immigrantenkind hier hin gekommen. Mit meiner ganzen Familie halt. Ja und ich hab sechs Geschwister. Fünf, sind fünf Jungs und ein Mädchen. Ich war hier im Kindergarten. Ja ich war im Kindergarten. Erst mal zwei Jahre im Schulkindergarten. Da mein Deutsch also da mein Deutsch nicht so, relativ so war schon schlecht so. Deswegen musste ich zwei Jahre Schulkindergarten machen. Danach musste ich in den Kindergarten. Und danach mit der Schule angefangen [...] Ja, meine Erzieherin, da kann ich mich noch dran erinnern. Die hieß Frau P. Die war so relativ nett so. War schon 'ne nette Frau. Ansonsten gab's nichts Besonderes in meiner Schulzeit [...] Ja, meine Mutter war in Afghanistan Lehrerin. Und mein Vater war Oberst-Kommandant. Immer in Afghanistan. Wurde eingesetzt in Kriegen und in verschiedene Sachen halt. Meine Mutter war halt Englisch-Lehrerin und hat Afghanisch auch anderen Leuten beigebacht. Die wollten's lernen halt."

Wie bei allen anderen InterviewpartnerInnen auch, bewertet Hasso seine schulische Laufbahn retrospektiv als „normal", die nicht von etwas Besonderem geprägt war. Da die Betonung des Normalen bei allen InterviewpartnerInnen anzutreffen ist, bedarf dies in diesem Zusammenhang einer näheren Analyse und Interpretation, die im Laufe der komparativen Analyse ausgeweitet werden wird. Zudem spricht Hasso in dem Interview den Status als sogenanntes Immigrantenkind an, und verdeutlicht, dass diese Bezeichnung für ihn keine selbst gewählte Beschreibung darstellt. Hasso verdeutlicht auch, dass eine automatische Unterschichtung stattfindet, wenn Migranten in marginalisierten Quartieren thematisiert werden, ohne auf die tatsächlichen Familiengeschichten zurückzugreifen. Hasso beschreibt, dass er eigentlich aus einer bürgerlichen Familie stammt, seine Mutter war Lehrerin und der Vater Kommandant. In der BRD sind beide Eltern arbeitslos, obwohl sie eine Ausbildung haben. Dies verdeutlicht nicht zuletzt die Unterschichtung von MigrantInnen in der Bundesrepublik Deutschland, die aufgrund nicht anerkannter Bildungs- und Berufsabschlüsse einem aufgezwungenem sozialen und finanziellen Abstieg ausgesetzt sind. Die Mutter, die in Afghanistan neben Englisch auch Afghanisch unterrichtete, wird somit in der BRD auf die Stufe eines Kleinkindes zurückgeworfen. Hasso sagt nach dem Interview, dass er nicht mehr rappe, weil er jetzt andere Ziele im Leben habe. Er sagt, dass er in der islamischen Gruppe des Salafisten Pierre Vogel sei, und dieser gesagt habe: „Im Islam ist die Musik, die mit Instrumenten unterlegt ist, verboten. Der Beat ist das Werk des Teufels."

6.3.8 Mighty Maho

Mahir Özkara alias Mighty Maho alias Rapkrank ist ein MC. Zum Zeitpunkt des Interviews ist er 24 Jahre alt. Er lebt in Köln Chorweiler. Der Kontakt zu ihm ist durch das Jugendzentrum Northside in Chorweiler zustande gekommen, wo Maho beim HipHop-Workshop erst als Teilnehmer aktiv und später als Leiter tätig war. Maho bildet mit dem DJ Illa Skilla die Crew *„Das Kollektiv"*. Mighty Maho ist in mehreren Zusammenhängen als „Jugendlicher aus Chorweiler" interviewt worden, beispielsweise in einem Dokumentarfilm über junge Erwachsene und ihre Bildungschancen im Bildungssystem[2] und auf dem Arbeitsmarkt.

„Mein Name ist Mahir Özkara. Geboren in Köln. Aufgewachsen in Köln, bin 24 Jahre alt. Deutsch-Türke, mein Vater kam in den 70ern hier in Deutschland. Fing an bei Ford zu arbeiten. Ist immer noch bei Ford. Meine Mama ist Hausfrau. Ich hab zwei Geschwister. Eine ältere Schwester, eine jüngere Schwester. Die ältere Schwester studiert, die Jüngere macht eine Ausbildung. Ich bin in die Grundschule in Chorweiler gegangen. Dann war ich in der Gesamtschule bis zur Zehnten. Hab dann Fachabi versucht zu machen. Hat nicht geklappt. Hab nebenbei dann, also hab danach hier und da gejobbt. Im Einzelhandel. Zurzeit bin ich nicht arbeitstätig."

Maho bezieht sich gleich zu Beginn seiner biographischen Rekonstruktion auf seine Geburtsstadt Köln und bezieht auch seinen Vater in seine biographische Erzählung mit ein. Er beschreibt, dass sein Vater als „Gastarbeiter" bei Ford anfing und dort immer noch tätig ist. Maho beschreibt sich selbst als Deutsch-Türken. Dies verdeutlicht, inwiefern Fremdzuschreibungen, die den aktuellen Diskurs bestimmen, von den Menschen übernommen werden und somit wirksam werden. Obwohl Maho in weiteren Gesprächen und Treffen, die nach dem Interview stattfanden, erzählt, dass sein Vater der kurdischen Minderheit in der Türkei angehört, beschreibt er sich in seiner biographischen Erzählung als Deutsch-Türken, obwohl dies in den Erzähl-Anstößen von mir nicht erwähnt oder herausgefordert worden war.

---

2 | Unter 25. http://contrib.koeln-vernetzt.info/Media/News/4b3ca8ed-f360-4b76-943e-7ef97ab5e438.pdf

6.3.9 Chaoze One

Jan Hertel alias Chaoze One ist ein MC aus Mannheim. Er wird in den Medien und insbesondere in HipHop Zeitschriften oder Sendungen als „Polit-Rapper" oder „Chaoze One ist der MC, der „Conscious-Rap auf ein neues Level hebt", repräsentiert.[3] Das Interview fand im Mai 2010 statt, als Chaoze One im Rahmen eines Benefiz-Konzertes in Leverkusen auftrat. Der Kontakt kam über Kutlu von der Microphone Mafia zustande, und es fand vor dem Interview ein schriftlicher Austausch statt, um für die Interviewsituation eine gewisse Vertrautheit zu entwickeln. Chaoze One war einer der wenigen Interviewpartner, die es anfangs ungewohnt fanden, dass es keine Fragen gab. Jan Hertel, wie Chaoze One mit bürgerlichem Namen heißt, ist Logopäde und rappt seit dem Jahr 2000. Gemeinsam mit der Microphone Mafia und weiteren anderen Künstlern haben sie die Bewegung *La Resistance* ins Leben gerufen und 2009 das gleichnamige Album herausgebracht. Außerdem ist Chaoze auch auf dem Album der Microphone Mafia mit den Bejaranos vertreten, das „Per la Vita" (Für das Leben) heißt und ebenfalls im Jahr 2009 erschien.

„Also ich rappe ungefähr seit 2000. Mit Auftritten. Vorher habe ich halt nur zu Hause für mich gerappt. Davor war ich eigentlich so in der Reggae-Ska-Punk- Ecke, auch musikalisch. Und ich habe dann irgendwie ganz viel Rap gehört, so Ende der 90er und hab dann angefangen irgendwann selber Texte zu schreiben und hab 2000 dann so das Demo-Album aufgenommen. Und also eigentlich war Rap für mich so die erste Musik, in der ich rundum ausdrücken konnte, was ich fühle oder was ich sagen will. Hatte ich immer so das Gefühl. Weil in diesem Ganzen, diese ganzen Musikrichtungen in denen du immer nur Gesangstexte schreiben kannst, da bleibt einfach zu wenig Platz, finde ich. Und deswegen war Rap halt die richtige Möglichkeit. Und deswegen habe ich erst mal auch überhaupt nicht auf Formen geachtet, sondern hab eigentlich ein Album geschrieben wo ich nur, ja, wo ich mich einfach ausgekotzt hab so. Das war so 'ne Zeit, wo ich weder mit meinem Leben noch mit der Welt zufrieden war. Und da war Rap so die beste Möglichkeit sich da auszulassen. Und erst seit 2000 oder seit 2003 habe ich dann angefangen auch mir über so Sachen wie Flow oder Doppelreime oder so was Gedanken zu machen. Aber erst mal war das einfach nur, ja so ein bisschen rausbrüllen. Und Rap hat natürlich auch den Vorteil, dass man nicht auf irgendjemand anders angewiesen ist. Also du kannst dich einfach irgendwo hinsetzen, entweder du hast Instrumentals auf Platte, von anderen, über die du rappst, oder du hast halt die Möglichkeit selber Instrumentals zu machen. Und du brauchst niemanden außer dir selber dafür. Das ist der Unterschied zu allen anderen Musikrichtungen. Gesprüht habe ich damals auch schon, aber da wusste ich eigentlich noch gar nicht, dass das

3 | Chaoze One: Der MC, der Rap auf ein neues Level hebt. Interview vom 18.02.2007. Rap.de: Online Link: http://Rap.de/features/652 Zugriff am: 25.07.2011

was mit HipHop zu tun hat. Genau, und irgendwann bin ich dann – also ich war parallel sehr aktiv in Antifa-Gruppen und hab dann in der Zeit relativ viel Überschneidungen zwischen HipHop und Antifa gehabt in den Texten. Und so hat es dann angefangen, dass ich eigentlich zu 80, 90 % in besetzten Zentren gespielt hab, besetzten Häusern, in selbst verwalteten Zentren. Und da so ein bisschen, na ja so der Polit-Rapper geworden bin. Oder der Antifa-Rapper. Wobei ich gestehen muss, dass mir der Label Antifa-Rapper nicht wirklich gefällt. Weil ich halt denk, dass so die Zusammenhänge, in denen man sich bewegt immer politisch sind. Und wenn man ehrlich wäre, müsste jeder politische Songs schreiben beziehungsweise dann schreibt halt Kool Savas auch politische Songs, auch wenn er jetzt nicht explizit politisch ist, aber das was er äußert, das zeigt ja auch sein Bild von der Welt. Und insofern finde ich, gibt es eigentlich keinen unpolitischen Rap. Nur habe ich ihn vielleicht expliziter und mit mehr Parolen."

Seine biographische Einstiegserzählung beginnt Hertel ab dem Zeitpunkt, als er mit dem Rappen anfing. Der Aspekt, den Hertel beschreibt, ist, dass man zum Rappen nichts und niemanden braucht außer sich selbst. Hertels Beschreibung, wie er zum Polit-Rapper geworden ist, ist in diesem Kontext als überaus wichtig einzuordnen, weil dies den Weg der Konstruktion aufzeigt, die Musiker wie Hertel in Kategorien einordnet, die von außen auferlegt werden, um Musiker zu beschreiben. Im HipHop-Kontext hat dies jedoch noch mal eine andere Bedeutung, da HipHop beziehungsweise Rap-Musik in starkem Maße auch unterschwellig nach ethnischen Kategorien unterteilt wird. Chaoze One konnte zum Conscious-Rapper werden, weil zu der Zeit, zu der er anfing zu rappen, eine Menge Rapper in der öffentlichen Arena präsent waren, die nicht zum Conscious Rap zählten und ihr Image so inszenierten, als würde ihre Härte und Lebenserfahrung in ihrer Musik widergespiegelt. Dass Hertel als Polit-Rapper betitelt wird, geht also nicht auf ihn zurück, sondern ist ein durch Wiederholungen der Erzählung des politischen Rappers hervorgebrachtes Konstrukt, wie folgender Satz verdeutlicht: „So der Polit-Rapper geworden bin." Im Laufe des Interviews geht Hertel auf Nachfrage auch auf seinen privaten Lebens-und Bildungsweg ein:

„Ich hab, ich bin ziemlich rastlos so glaube ich, was mein Leben angeht. Das zieht sich so durch alles durch. Ich bin ziemlich chaotisch würde ich sagen. Ich überlege grad, ich bin eigentlich in Uerdingen geboren in Krefeld und bin dann mit fünf weg gezogen in die Pfalz, hab da in so einem Provinz-Nest gelebt, bis ich 14 war, mit einer einjährigen Unterbrechung ungefähr. Und hab dann also, ja, so den ganzen Standard Scheiß, Mittelstands-Familie, keine schlechte Kindheit aber auch keine problemlose. Mit 13, 14 hat sich mein Bruder ermordet, hat sich vor den Zug geworfen, was mich damals echt ziemlich geschockt hat. Ähm naja und dann eben Realschule so, da war ich nicht der Schlechteste, nicht der Beste und habe dann irgendwie gedacht, O.K. jetzt muss ich das Abi noch probieren wegen den schlechten Zukunftsaussichten, habe dann das halbe Jahr Gymnasium verbracht um mich da von Nazis – wirklich Nazis – als Schmarotzer und stinkende Zecke bezeichnen lassen müssen. Also keine Nazis, sondern Lehrer, die Nazis waren. Und dann habe ich da eben geschmissen und hab ja so gearbeitet, so Aushilfsjobs gemacht irgendwie ein Jahr lang. Und hab mich dann dafür entschieden, Logopäde zu werden. Da war dann wieder mein Glück, dass ich aus dem Mittelstand kam, dass mein Daddy bereit war, länger zu arbeiten, um mir die Ausbildung zu finanzieren. Und jetzt bin ich Logopäde und selbständig und arbeite eigentlich ganz gerne in dem Job. Und die Musik ist, sag ich jetzt mal, Ausgleich zu dem Ganzen so."

Hertels biographische Erzählung, die er im Interview retrospektiv rekonstruiert, verbindet den zeitlichen Bruch mit dem räumlichen Bruch. Schon bevor er auf den tragischen Selbstmord seines Bruders eingeht, macht er durch den Bezug auf die einjährige Unterbrechung deutlich, dass in diesem Zeitraum ein einschneidendes Ereignis geschehen sein muss, auf dass er dann auch im weiteren Verlauf Bezug nimmt. Hertel folgt hierbei einer inneren Logik, die zeitliche Dimensionen retrospektiv mit Erfahrungen verknüpft, die räumlich daran gekoppelt sind. Hertel wurde von mir interviewt, obwohl er, wie es anfangs für das Sample geplant war, keinen sogenannten Migrationshintergrund hat. Im Verlauf der empirischen Untersuchung jedoch kristallisierte sich immer weiter heraus, dass der von den HipHoppern wahrgenommene und praktizierte Ansatz sehr divergiert zu dem, was die wissenschaftliche, journalistische und öffentliche-mediale Darstellung betrifft. Aus diesem Grund wurden auch Rapper der sogenannten Mehrheitsgesellschaft in die empirische Untersuchung einbezogen. Dies soll den Forschungsprozess retrospektiv betrachtet transparent machen und auch schon ein Hinweis sein, dass HipHop oder vielmehr Rap nicht den konstruierten Kategorien eines „Neuen deutschen Sprechgesangs" oder multikulturellen HipHop entspricht, sondern ganz im Gegensatz zu der gesellschaftlichen Realität, eine gelebte Selbstverständlichkeit hat, was den Umgang mit „Diversität" betrifft.

6.4 Expertinnen-Interviews

Daniel Heimbach, Sozialarbeiter in einem Kölner Jugendzentrum ist neben seinem Beruf Rapper bei der *Cologne Convex Crew*. Heimbach hat das Kölner HipHop Netzwerk mitgegründet. Das Kölner HipHop Netzwerk ist ein Zusammenschluss verschiedener Institutionen der Jugendarbeit, die in Kölner Jugendzentren HipHop-Projekte anbieten beziehungsweise einrichtungsübergreifende HipHop-Veranstaltungen initiieren.

„Ich war, bin in Bilderstöckchen auf gewachsen, bis ich acht Jahre war. Da bin ich auch zum Kindergarten gegangen und in die Grundschule bis zur dritten Klasse, in der dritten Klasse bin ich gewechselt. Also Anfang Vierte war ich, dann sind wir nach Langel gezogen, in der Nähe von Chorweiler. Ist aber alles super ländlich. Und nach der vierten Klasse bin ich dann in Weiler aufs Gymnasium gegangen. Da waren auch sehr viele Leute aus Chorweiler auf der Schule und demnach bin ich halt auch viel in Chorweiler gewesen. Privat, mit Freunden und so weiter. Zum Jugendzentrum hab ich da gefunden als ich 15 war [...] angefangen Schlagzeug-Unterricht zu nehmen. Das gab's da im Jugendzentrum. Das war so quasi mein erster Kontakt. Und sonst war ich nie JZ-Besucher. Also ich war immer mit Freunden irgendwie draußen oder zu Hause oder später Musik machen in irgendwelchen Räumen, Proberäumen und so. Und ja, nach dem Gymnasium hab ich halt Zivildienst gemacht. Und nach dem Zivildienst hab ich angefangen Sozialpädagogik zu studieren. Hab halt parallel dann, nach dem Schlagzeug-Unterricht, den ich bekommen hab, hab ich den halt nachher da weiter geführt, weil der Lehrer da aufgehört hat und ich hab das halt erst mal so, das mit den nur Kindern so gemacht. Und hab das später dann auf Honorar-Basis und halt während des Praktikums. Wie gesagt '99 dann angefangen Workshops zu machen. Im HipHop-Bereich. Und bei mir war's halt immer parallel, so Schlagzeug und Rappen. Das war ja immer so eine Sache, die parallel gelaufen ist und die sich gegenseitig auch immer beeinflusst hat. Das war so, im Prinzip so ne typische Mittelstandskind-Karriere sozusagen."

Daniel Heimbach ist, wie viele andere HipHop-Workshop-Leiter auch, selbst in die HipHop-Kultur involviert gewesen, bevor er selbst HipHop-Workshops angeboten hat. Der Kontakt zu Jugendlichen und BesucherInnen von Jugendzentren war schon teilweise vorhanden, bevor die Workshops angeboten wurden. Die HipHop-Kultur wurde also nicht von außen an die Jugendlichen herangetragen, sondern war schon etabliert. Die Workshops wurden als Reaktion auf das bestehende Interesse angeboten. Die oftmals vertretene These, die Jugendarbeit habe eine wichtige Rolle bei der Etablierung von HipHop in der BRD gehabt, ist von diesem Standpunkt aus kritisch zu hinterfragen. Gleichsam ist die dem HipHop inhärente Ideologie des *each one teach one* nicht zu vernachlässigen, da HipHop als orale Kultur auch durch das verbale Mitteilen und Weitervermitteln so lange hat bestehen können. Dennoch bleibt festzuhalten, dass es die Jugendlichen waren, die HipHop in der BRD etabliert haben und nicht Pädagogen, die mit der Kultur nichts zu tun hatten. Die Jugendlichen haben die HipHop-Kultur in die Jugendzentren hereingetragen, die Pädagogen haben dies aufgegriffen und daraus Angebote entwickelt, um die Jugendlichen an die Jugendzentren zu binden. Heimbach nimmt in der folgenden Interviewsequenz Bezug auf das HipHop-Netzwerk und beschreibt, dass mit dem Netzwerk die Kinder und Jugendlichen vor Ort angesprochen werden sollten.

„Und dann hab ich das immer weiter gemacht und hab halt 2005 das Netzwerk mit sechs Einrichtungen gegründet. Das Konzept war, wir sind in jede beziehungsweise ich bin in jede Einrichtung reingegangen, hab vor Ort halt mit den Jugendlichen gearbeitet, Texte geschrieben, dann die Lieder aufgenommen mit Equipment, was ich immer mit gebracht hab. Das heißt, wir konnten in der gewohnten Umgebung von jedem Jugendlichen, also in quasi, im Haus, in der Einrichtung halt direkt vor Ort halt Sachen machen. Und das war halt so dieses, das Konzept dahinter. Das halt flexibel bei denen zu machen, in der Einrichtung oder in der Umgebung, wo die sich halt wohl fühlen und zu Hause fühlen. Und ja da, dazu gehörte auch oder gehören auch, Auftritte da zu machen. Und das haben wir immer in so, dreimal im Jahr so eine große Veranstaltung gemacht. In den drei größten Jugendzentren, die da halt dran beteiligt waren. Und das war Chorweiler, die Glashütte in Porz und das Klingelpütz am Hansaring. In der Innenstadt. Und ja, das haben wir dann halt bis letztes Jahr genauso gemacht. War ich halt mit einer halben Stelle dafür angestellt. Und bin halt jetzt fest in Niehl und koordiniere das von hier aus weiter. Wir haben jetzt Workshop-Leiter, also Honorarkräfte, die das in den einzelnen Häusern weiterführen. Und mit denen gibt's halt so Treffen und Arbeitskreise, ja versuchen wir das halt so zusammen zu halten, und diesen Netzwerk-Gedanken nicht aus den Augen zu verlieren. Sonst könnte jetzt jeder so, würd Chorweiler sein Ding machen und Höhenhaus, oder wer auch immer und wir wollen das aber weiter so als Netzwerk zusammenhalten, um halt diesen Austausch hin zu kriegen, um halt die Jugendlichen aus verschiedenen Stadtteilen auf unseren Veranstaltungen zusammen zu führen, um Austausch zwischen den Jugendlichen zu machen, um zusammen zu arbeiten, musikalisch wie auch privat."

Auf meine Nachfrage, wer die Zielgruppe der Workshops ist, antwortet Heimbach:

„Also ich würd sagen die Zielgruppe ist hauptsächlich Migrantenkinder. Also ich glaub an den ganzen Workshops kannst du an einer Hand abzählen, wie viel, wie viel deutsche Kinder da sind. Und ist natürlich ne, liegt daran, dass das Haupt-Klientel dieser Jugendeinrichtungen, also das sind alles Brennpunkt ne, oder Einrichtungen halt mit besonderem Erneuerungsbedarf, politisch korrekt. Und ja deshalb ist halt die kulturelle Vielfalt sag ich mal auf jeden Fall gegeben. Ganz viele aus verschiedenen, egal, Ägypter, Tunesier, halt Araber allgemein. Türken, Kurden egal. Also es ist wirklich bunt durch gemischt. Russen, Kroaten irgendwie, also alles. Alles drin. Und die fangen so an, ich würd sagen bei 12 - 21 ist glaube ich momentan unser Ältester."

Heimbach beschreibt, dass die Gruppe der Workshop-Teilnehmer heterogen zusammengesetzt ist und dass neben Hauptschülern auch ein großer Teil an Real-und Gesamtschülern sowie einigen Gymnasiasten und arbeitslosen Jugendlichen vertreten ist. In der folgenden Interviewsequenz nimmt er Bezug auf die Inhalte der Texte, die die Jugendlichen schreiben:

„Also ist ganz unterschiedlich. Also ich würd sagen, ich sag immer die, die Inhalte sind genau so vielfältig, wie die Leute, die bei uns sind. Also ne, wie die Kulturen, was auch immer. Und ich denke halt, das sind ganz typische Jugendthemen, wie irgendwelche Liebesgeschichten oder aber auch Geschichten, wo halt das Leben beschrieben wird, auch glorifiziert wird, gerade bei diesen Straßen-Geschichte halt. Dieser ja, ich würde es jetzt nicht Gangster-Rap nennen, weil halt die meisten sind bei uns eher, wenn dieser, wenn die in diese Richtung gehen, gehen die halt in diese Richtung Straße. Ich erzähle halt was passiert bei mir herum. Manchmal auf einem glorifizierenden Weg, wo halt alles toll gemacht wird und noch bisschen ausgeschmückt wird. Ja zum Teil dann auch, und ich denke das sind dann halt so, das kommt wieder auf die Persönlichkeiten an, wird das dann auch reflektiert oder hinterfragt oder auch negativ dargestellt. Es kann aber auch beides in einem sein. Also dieses, dieses Schizophrene ist auf jeden Fall im HipHop gerade immer mit drin, ne. Wenn ich jetzt krasse Beispiele nehme, ist einmal irgendwie ein Lied für die Mutter, wo die Mutter die ganze Zeit gelobt wird, auf der anderen Seite jemand gedisst wird und gesagt wird: Ich ficke deine Mutter. Also ist auch genau dieses Ding, das geht beides, das ist beides möglich."

Heimbach nimmt auf meine Nachfrage auch Bezug auf die pädagogischen Ziele der HipHop-Workshops:

„Also die Auftritte, die so zentrale Sache sind, das ist halt ganz klar so ein Mobilitäts-Ding. Also ich weiß nicht, wie du das empfindest, aber ich hab das Gefühl, die sind in ihren, in ihren Stadtteilen sind die mehr oder weniger gefangen. Die fahren mal in die Stadt mit Freunden einkaufen, ins Kino oder was auch immer, aber in andere Stadtteile kommen die nicht. Und mit diesem Konzert, mit diesem Austausch in verschiedenen Stadtteilen gibt's da auf jeden Fall so, hat da so 'n Austausch stattgefunden. Die sind halt auch mal, da konnte man halt auch mal von Chorweiler nach Porz ne, weil das sehr weit auseinander und beides irgendwie berüchtigte Gegenden sind, konnte man da hingehen. Am Anfang war das halt alles mit sehr viel Angst und mittlerweile gibt´s guten Austausch. Und klar, Ärger gibt's auch immer wieder. Aber ja, es gibt einfach dieses, diesen Mobilitäts-Gedanken einfach raus zu kommen und halt ja in einen anderen Stadtteil zu gehen, wo man halt, wo man nicht die Leute kennt und so weiter. Ohne halt Angst haben zu müssen, da irgendwie auf Ärger zu stoßen. Das ist ein ganz klarer, ganz klarer Zielgedanke und überhaupt die Arbeit mit dem Medium HipHop, mit den verschiedene Techniken ne, ob's jetzt irgendwie so am Computer Musik machen ist, ob's selber aufnehmen ist, sich mit Sprache auseinanderzusetzen. Das ist auch ganz klar ein Ziel. Viele kommen auch an und sagen, ich möchte auch, dass du persönlich mir sagst, wenn da z. B. jetzt grammatisch was falsch ist. So ich biete das halt immer an und ich sage, wenn du das einfach Slang-mäßig benutzt, nur damit's dir bewusst ist, ich kann's dir sagen. Die meisten sagen direkt: Ja bitte mach das. Ich hab keine Lust, dass irgendwer sagt so, ja guck, der kann kein Deutsch. Irgendwie das, das ist schon so eine Sache, wo ich auch sage, ganz klar diese Auseinandersetzung mit Sprache, wie auch geschrieben, wie auch gesprochen oder gerappt in dem Fall. Ist auch ganz klar ein pädagogisches Ziel. Also Kompetenzen in dem Bereich sind halt Medienkompetenzen und halt Sprachkompetenzen. Und klar, also im Endeffekt die Standard-Sachen sind natürlich Stärkung des Selbstbewusstseins. Und ja, einfach einen Bereich finden, oder der Jugendliche kann sich auch einen Bereich erschließen, wo er halt wirklich Stärken hat. Die er halt sonst in der Schule oder so, also der Schulversager kann bei uns brillieren, der kann ganz klar nach vorne gehen, kann da halt sein Ego darstellen. Wir bieten eine Plattform dafür. Das ist natürlich ganz klar so ein wichtiges Ziel."

Volker Krettek-Tritt arbeitet seit über 30 Jahren im Jugendzentrum Pauline in Köln-Flittard, in dem auch die Microphone Mafia in ihren jungen Jahren etliche Konzerte gegeben hat. Zudem haben sie dort die Möglichkeit gehabt, Equipment für ihre Musik-Produktionen zu nutzen. Krettek-Tritt jedoch betonte im Interview, dass die Jugendlichen HipHop in das Jugendzentrum gebracht haben und dass sie als Pädagogen das bestehende Interesse lediglich aufgegriffen hätten. Ayse Caglar beispielsweise schreibt dem Berliner Senat, der die Jugendarbeit finanziell unterstützt habe, in diesem Zusammenhang eine sehr große Rolle zu, die von Künstlerinnen wie Aziza A.[4] und Killa Hakan[5] aus Berlin jedoch kritisch revidiert wird. Aziza A. wehrt sich auch gegen eine Vereinnahmung durch wissenschaftliche und öffentliche Verortungen, die sie als Statistin einordnen und damit ihre individuellen Ambitionen in den Hintergrund rücken. Die These, HipHop sei durch die Jugendarbeit entstanden, ist alleine schon deshalb kritisch zu betrachten, weil Jugendliche sich in der Jugendphase versuchen von Erwachsenen abzugrenzen, und Jugendarbeit zum Scheitern verurteilt wäre, wenn die Sozialarbeiter den Jugendlichen Subkulturen nahebringen würden und nicht umgekehrt. Diese Perspektive, die die Rolle der Jugendarbeit und Sozialarbeit bei der Etablierung von HipHop relativiert und hinterfragt, ist in diesem Kontext als wichtiger Faktor einzustufen, da man ansonsten die autonome Rolle der Jugendlichen in Frage stellen und sie somit auf die Rolle von Hilfsmaßnahmen abhängigen Objekten der Jugendarbeit reduzieren würde, wo stattdessen jedoch die autonome und aus eigener Initiative entstandene Aneignung von HipHop im Vordergrund stehen sollte. Dieser Aspekt ist von zentraler Bedeutung für die Formulierung einer Hypothese, da die Jugendlichen als handelnde Subjekte im Vordergrund stehen und nicht als

4 | Blau. Femzine Berlin: Du kämpfst dafür, so zu leben, wie es dir gefällt. Aziza A. im Interview mit Gaby Frank. http://www.txt.de/blau/blau17/aziza.htm. Online-Zugriff am 15. 10. 2010.

5 | Killa Hakan im Interview mit Doris Akrap: Ich will keinen Augenkontakt. http://www.kozmopolit.com/Subat03/Kultur/killahakan.html. Online-Zugriff am 13.10.2010. Original-Interview in Jungle World Nr. 9 vom 19. Februar 2003

Statisten von mehrheitsdeutschen Akteuren der Pädagogik. Damit sind sie Teil einer Geschichte, in der sie ansonsten nur unter problematisierenden Aspekten repräsentiert werden: Parallelgesellschaften, Integrationsverweigerer, sprachliche Defizite und das Stigma des Bildungsverlierers. Andererseits ist diese Lesart die Anerkennung von Potenzialen, die auf einer Selbst-Definition beruht, und hebt das interaktionistische Moment der HipHop-Kultur als glokale Kultur hervor, statt sie auf eine Minderheiten-Kultur zu reduzieren.

7 Bildungswege: „Ganz locker eingeschult worden!"

„Ganz locker eingeschult worden",

lautete der Einstieg in Killa Hakans biographische Narration. Die Einstiegserzählungen der InterviewpartnerInnen zeigen auf, dass ein Großteil von ihnen sich in einem Studium befindet, ein Studium abgeschlossen hat oder eine Berufsausbildung absolviert hat. Was hat Bildung mit einer Dissertation über Rap zu tun, könnte die berechtigte Frage an dieser Stelle lauten. Um diese Kritik gleich von Anfang an zu entschärfen, ist ein kleiner Exkurs nötig, um die Kontextualität zu verdeutlichen, in der die Parallelen der beiden Diskursstränge liegen. Bildung wird Rappern im Allgemeinen abgesprochen, da diese aufgrund ihres Migrationshintergrundes der Unterschicht zugeordnet werden, der wiederum auch eine Bildungsferne angedichtet wird. Vor diesem Hintergrund ist es wichtig, die Bildungsverläufe der InterviewpartnerInnen sowie die familiären Hintergründe einer Analyse zu unterziehen. Wie ich schon an mehreren Stellen verdeutlicht habe, dient diese Analyse nicht dazu, nach Nützlichkeitskriterien zu sortieren und auch nicht zu zeigen, dass es sehr wohl Migranten gibt, die Bildungserfolge aufweisen. Vielmehr dient dieser Schritt der Analyse dazu, die strukturellen Rahmenbedingungen zu beleuchten, trotz derer die InterviewpartnerInnen am Bildungssystem erfolgreich partizipieren. Der Bildungserfolg hat also weniger mit dem Bildungssystem und der Bereitschaft der Inklusion von vermeintlich Anderen zu tun, als vielmehr mit den Strategien, die die Jugendlichen entwickelt haben. Wenn sie bildungserfolgreich sind, sind sie es nicht aufgrund von schulischen Angeboten, die auf ihre Integration oder Inklusion abzielen, sondern trotz des schulischen Alltags, der in großen Teilen immer noch davon geprägt ist, „Andere" zu reproduzieren. Die Schulwege der InterviewpartnerInnen beinhalten bei aller Verschiedenheit dennoch einige Parallelen, auf die ich im Folgenden konkreter eingehen möchte. Einige der InterviewpartnerInnen weisen, gemessen an den Bildungsabschlüssen der Eltern, einen Bildungsaufstieg auf. Dies bedeutet jedoch nicht, dass dies eine Selbstverständlichkeit darstellt, sondern war in den meisten Fällen mit rassistischen Unterschichtungs-Praxen verbunden. Dieser Fakt führt dazu, dass auch in der kritischen Migrationsforschung Verwertbarkeitsprinzipien fokussiert werden, wenn beispielsweise die Bildungsabschlüsse von Jugendlichen mit sogenannter Migrationsgeschichte lediglich im Kontext ihrer ethnischen Herkunft aufgegriffen werden und als Erfolgsgeschichten präsentiert werden.

Die Bildungsaufstiege sind somit die Festschreibung und Reproduktion von rassistischen Schemata, da es für Migranten scheinbar etwas Besonderes darstellt, wenn sie das Abitur erreichen. Der damit zusammenhängende Kontext, der viel tiefgreifender ist, wird dabei meistens nicht mit einbezogen und ist für die Rezeption der geringen Anzahl von Migrantenjugendlichen mit Abitur fatal, denn hier werden unterschwellig rassistische Theorien von Intelligenz reanimiert, die nicht zuletzt von Thilo Sarazzin ausgiebig in seinem Buch „Deutschland schafft sich ab" diskutiert wurden. Aber auch die Interviewsequenzen, die ich im Folgenden heranziehen werde, spiegeln deutlich eine rassistische Unterschichtungs-Praxis wider und verweisen darauf, wie Exklusionsmechanismen legitimiert werden. So zeigt sich auf der anderen Seite aber auch, welche Strategien genutzt werden, um gegen diese Mechanismen anzugehen beziehungsweise mit ihnen umzugehen. Dies soll nun exemplarisch und intensiv an dem Bildungsweg von Kultu Yurtseven von der Microphone Mafia rekonstruiert werden, die dann komparativ in Bezug zu den anderen erhobenen Daten gesetzt wird.

„Also, ich hab die ganze Laufbahn durchgehauen. Ich war im Kindergarten, Kinderhort und dann in der Grundschule [...] Und ja und dann kam die Realschule. Die Grundschule, vierte Klasse, meine Lehrerin wollte, ich hatte nur eine Vier, wollte aber unbedingt, dass ich auf die Hauptschule geh'. Und mein Vater meinte, der hat nur Zweien, der soll aufs Gymnasium. Und da danke ich auch meinem Vater, dass er mich unterstützt hat. Ich hab gesagt, ich will erst auf die Realschule, ich will kein Gymnasiast von Anfang an werden. Und bin ich auf die Realschule, und meine Lehrerin, die damalige Lehrerin, die konnte es einfach nicht wahrhaben, dass ich's geschafft habe, also die Lehrerin als ich auf der Realschule war: Boah, das wird schwer, du musst dich auch nicht schämen, wenn du wieder auf die Hauptschule musst. Und da war ich auf dem Gymnasium: Ooh, hoffentlich schaffst du das, das wird schwer! Ich weiß nicht, ob die Frau noch lebt, die war eigentlich 'ne sehr Nette, aber sie hat's einfach nicht ja, das war auch keine Böswilligkeit, ich glaub das war so Schablonendenken ganz einfach. Und ich weiß nicht, ob die Frau jetzt noch lebt, aber wenn sie mich jetzt sehen würde, würde sie glaube ich immer noch nicht glauben, dass ich einen Magister habe. Vielleicht würde sie denken, dass ich dat aus Peru gekauft habe oder so. Ja und aber es war wie gesagt, und dann, wenn ich so zurückblicke, ich bin immer gerne in die Schule gegangen. Wir waren ja früher da, ich hab nie geschwänzt, weil ich immer das Positive gesehen hab. Ich hatte vielleicht auch das Glück, dass ich zum größten Teil immer nur korrekte Lehrer gehabt habe. Ich glaub so wie man's in den Wald rein schreit, so kommt's auch wieder zurück. Es liegt zum Teil auch bei einem selber, nur dann hat man auch Lehrer gehabt, die einem vor allem auf'm Gymnasium, faschistoid waren, da konntest du noch so respektvoll sein, so nett sein. Und dann musst dich einfach arrangieren. Du darfst dich einfach nicht unterkriegen lassen und viele der Kids verwechseln das heutzutage damit, dass sie asozial sein müssen. [...] Wir mussten noch um was kämpfen! Das war unsere Jugend. Wir mussten uns beweisen, wir dachten ja, wir gehören nicht hier hin und wir müssten, wir mussten besser sein als viele Deutsche, um uns zu beweisen. Und das ist jetzt nicht mehr gegeben. Ich glaube, das ist einer der größten Unterschiede zwischen der damaligen Zeit. Und unsere Eltern haben uns eben so unterstützt. ‚Wir mussten arbeiten, den Buckel krumm machen, dein Bruder musste arbeiten, den Buckel krumm machen. Schaff Du was!‘ Wir haben alles dafür getan, dass wir in der Schule vorankommen, dass wir einen ganz anderen Werdegang haben. Und das hat auch unsere Jugend beeinflusst zum größten Teil. Positiv zu denken und immer nach vorne und was zu erreichen. Ja!“

Im weiteren Verlauf des Interviews nimmt Kutlu Bezug auf den Lehrer auf dem Gymnasium, den er als faschistoid beschrieben hatte:

„Ja, das war der erste Tag, ich mein wir kamen von der Realschule, und wir eben alles Sunnyboys. Mit 17, nee? Mit? Klar! 16, ich war 16, ich war damals, ich war immer der Jüngste in der Schule, weil ich ein Jahr früher eingeschult worden bin, mit fünfeinhalb. Und es war dann so, dass wir kamen, es war die 11f, weil die, die aus dem Gymnasium, aus der Realschule gekommen sind, die wurden in zwei Klassen aufgeteilt, um dieses Halbjahr, also so ein halbes Jahr Gymnasium-Luft zu schnuppern. Und da war ein Deutschlehrer. Der kam rein und meinte: Guckt euch alle die noch mal an, die Realschüler, nach einem halben Jahr wird keiner von euch hier bleiben, werdet ihr viele Gesichter nicht mehr sehen, das gilt vor allem für die Ausländer hier. Und da wir Sunnyboys waren und Realschüler, sind wir immer ein bisschen relaxter und haben gedacht: ‚Wat will der Blöd von uns?!‘ Und wir haben's durchgezogen und ich hab mein Abitur mit 2,6 oder 4, ich glaub 2,6 glaub ich. Und dann bin ich zu dem hin und hab da so mein Zeugnis gezeigt und meinte: ‚Ich hab's doch geschafft! Und die anderen vier, die mit in der Klasse waren auch!‘ ‚Ja, ich wollt ja nur, dass ihr einen Ansporn habt, dass ihr kämpft‘. Und da meint ich so: ‚Es hätte alles sein können, aber nicht so eine Nazi-Scheisse, die sie abgezogen haben.‘ Ja, und dann bin ich auch gegangen. Ich mein, das konntest du ja in der 12 oder so nicht bringen. Dann hättest du ja direkt ne Fünf auf dem Zeugnis gehabt. Ja, auch in der Schule, also bei uns auf der Realschule gab's zum Beispiel nie Faschos, zumindest keine, den wir so kannten. Weil jeder kannte jeden, wir kannten uns familiär. Auf dem Gymnasium hat sich das geändert, weil da, da war auch die Kluft viel größer. Da waren Kinder, also da war einer, der war der Sohn vom Dekan, von der juristischen Fakultät in Köln. Es gab, es waren Ärztekinder und die kamen natürlich auch, das war ein ganz anderes Klientel. Und auch so Leute, die nicht so viel Geld hatten, aber dann eben in Köln-Mülheim in der Zehntstraße gewohnt haben. Und die Keupstraße als Feindbild hatten. Und bei jedem Geburtstag mit der deutschen Nationalhymne angefangen haben. Hatten wir alles auf dem Gymnasium (lacht). Aber im Endeffekt geht's einem dann am Arsch vorbei, also zu der Zeit, weil du weißt ja, warum da bist. Man hat dann die Sticheleien versteckt gemacht. Ja, das war's."

Kutlu beschreibt zwei Situationen in seiner schulischen Biographie, die einen Bruch und eine Entwicklung einer Strategie bewirkten. Einmal ist dies in seiner Hort-Zeit anzusiedeln, als er zum Beten die Hände falten sollte anstatt die Hände nach oben zu öffnen. An dieser Stelle ist ein Bruch mit einer staatlichen Bildungsinstitution zu beobachten. Kutlu, der zu der Zeit ein Grundschüler war, hat aufgrund von stattgefundener rassistischer Diskriminierungden weiteren Besuch des Horts verweigert und ist nach eigener Aussage zum Schlüsselkind geworden. Diesen Bruch erlebte Kutlu jedoch nicht als einen Bruch, den er als negativ einstuft, sondern vielmehr als positiven Bruch, da er sich dem rassistischen Assimilations-Zwang widersetzt hatte. Ein weiterer Bruch, der Kutlus biographischen schulischen Werdegang kennzeichnete, war der Wechsel von der Realschule auf das Gymnasium. Die Interview-Sequenz, in der Kutlu das Verhalten eines Lehrers beschreibt, der zwischen „ausländischen" und deutschen Schülern unterscheidet und diese Unterscheidung mit einer rassistischen Unterschichtung sinnhaft auflädt, führte bei Kutlu zu der Strategie, dass er Diskriminierung und Unterschichtung zwar als solche wahrnahm, diese jedoch nicht von Anfang an kritisierte, da er einer hierarchischen Machtkonstellation unterlag, wie es in der Schule die Normalität ist. Durch die Macht der Noten haben die Lehrer die Schüler sozusagen in der Hand, und Kutlu wollte nicht, dass sich seine hervorgebrachte Kritik eventuell schlecht auf seine Noten auswirkte, woraufhin er folgende Strategie entwickelte: „Aber im Endeffekt geht's einem dann am Arsch vorbei, also zu der Zeit, weil du weißt ja, warum da bist. Man hat dann die Sticheleien versteckt gemacht." Das heißt, es wurde eine Strategie gefunden, um mit Diskriminierungen umzugehen. Es wurden subversive Handlungsstrategien entwickelt, um mit diskriminierenden Verhalten umzugehen. Das bedeutet, sie wurden, wie im Rap in eine umgedeutete Botschaft gepackt und nach außen getragen. Dieser Aspekt ist enorm wichtig, da er den Subjekten Handlungsspielraum ermöglichte, wo ansonsten vielleicht eine Resignation an gleiche Stelle getreten wäre.

Bei Jan Hertel aka Chaoze One führte eben diese Resignation dazu, dass er das Abitur auf einem Gymnasium abbrach, weil das Schubladen-Denken und die Diskriminierungen der Lehrer für ihn demotivierend waren. Hertel absolvierte daraufhin eine Lehre als Logopäde und bringt seinen Dank seinem Vater gegenüber zum Ausdruck, der ihm die Ausbildung finanziert hat. Dies knüpft Hertel an die Tatsache, dass seine Eltern der Mittelschicht angehören und die nötigen finanziellen Mittel hatten, ihn während seiner Ausbildung zu unterstützen. Duygu S. Ince, die im Sommer 2010 ihr Abitur gemacht hat, beschrieb in dem Interview, wie allochthone und autochthone Kinder beziehungsweise Jugendliche auf einem Berliner Gymnasium unterschiedlich behandelt wurden und dass bei allochthonen Jugendlichen eine Exklusion dahingehend stattfand, an Austausch-Projekten und dergleichen zu partizipieren.

„Mmh, ja also, meine Grundschulzeit, wie soll ich sie beschreiben? Meine Mutter hat in meiner Grundschule gearbeitet und als sie dann dort nicht mehr gearbeitet hat, bin ich auf die Schule gegangen. Ich konnte nie Scheiße bauen, wirklich nie. Weil sie halt die Lehrer kannte und meine Klassenlehrerin war auch damals ihre Lehrerin. Das heißt meine Mutter und meine Lehrerin waren befreundet und die haben ständig über mich geredet [...] Ja, aber ich wurde immer bevorzugt und so was. [...] Na ja, dann bin ich auf die Oberschule gekommen. Ich bin in Moabit zur Schule gegangen. Es war 'ne recht gute Gegend und die Schule war auch sehr gut. Und ein Jahr später bin ich dann nach Neukölln. In, also nach Neukölln auf eine Schule. Weil ich umgezogen bin. Ich bin nach Treptow gezogen und dann war ich dort in der Schule und ich wünschte, ich wär da niemals drauf gegangen. Die Schule hat zwar einen guten Ruf, aber jeder der auf dieser Schule war, weiß wie schrecklich sie ist. Weil wir auch Schnellläufer haben, Schüler, die paar Klassen überspringen und im letzten Jahr hatten wir noch eine 14-Jährige, die in der Zwölften war. Und jetzt ist sie 15 geworden. So ein Klugscheißer – und alle Lehrer lieben sie. Und wir die Normalen dann, also wir sind natürlich dann die Dummen. Die Lehrer bevorzugen die immer und so kam's, dass über 20 Leute oder so in der 12. hängen geblieben sind. Das heißt, alle mussten dieses Jahr nochmal wiederholen, das gab´s auch noch nie. Ja und jetzt bin ich in der 12., wiederhole das Jahr und es läuft momentan recht gut [...] Also meine Schule ist in Neukölln im Brennpunkt so. Und da sind so viele Türken und Ausländer. Und da, aber die Lehrer unterscheiden das schon. Es gibt immer eine Türken-Klasse und eine deutsche. Also eine Ausländer-Klasse und eine Deutschen-Klasse. Und am Ende der Elften fängt es an, wo wir zusammen gewürfelt werden und ja das Niveau ist auch ganz anders. Deswegen sind wir ja immer diejenigen, die dann dumm sind. Die kriegen alles in den Arsch gesteckt. Die werden gefragt, ob die nach Amerika wollen. Oder die werden gefragt, ob sie an dem und dem Projekt teilnehmen wollen. Wir haben nichts gemacht. Gar nichts, und das sind die Leute, die haben natürlich gar nichts gegen Ausländer!"

Die Interview-Sequenz verdeutlicht, wie ethnische Differenz in der Schule erst hergestellt wird, in einen Kontext verortet wird und letztendlich unterschiedliche Behandlungen damit legitimiert werden. Gleichsam zeigt die Interview-Sequenz auch, inwiefern machtvolle hegemoniale Diskurse zwar übernommen werden, „Also meine Schule ist in Neukölln, im Brennpunkt so", jedoch mit alternativen Erklärungsansätzen kritisch hinterfragt und eher die sozialen und strukturellen Aspekte in den Vordergrund gerückt werden: „Die Lehrer unterscheiden das schon [...] ja das Niveau ist auch ganz anders. Deswegen sind wir ja immer diejenigen, die dann dumm sind. Die kriegen alles in den Arsch gesteckt.“ Somit kann von einem fraglosen Annehmen beziehungsweise Adaptieren der hegemonialen Diskurse keine Rede sein. An dieser Stelle drängt sich ebenfalls die Frage auf, inwieweit das Gymnasium auf die sogenannte Vielfalt der Gesellschaft eingeht. Dies gilt nicht nur für die ethnische Vielfalt, sondern auch und vor allem für die Vielfalt von sozialen Schichten. Jan Hertel, der keinen Migrationshintergrund hat, aus einer Mittelschicht-Familie stammte, hat das Gymnasium verlassen, da er dort aufgrund seines linkspolitischen Habitus von Lehrern verbal angegriffen wurde. Auch Kutlu, der wie Hertel nach der Realschule auf das Gymnasium wechselte, sah sich mit ähnlichen verbalen Angriffen und Diskriminierungen konfrontiert, die sich jedoch inhaltlich nicht auf seine politische Einstellung, sondern auf seine vermeintliche ethnische Herkunft bezogen. Dies wiederum spiegelt wider, inwieweit ethnische Zuschreibungen, die mit rassistischen Inhalten aufgeladen werden, essentiellen Rassismus in Deutschland weiterhin aufrechterhalten, ohne dass dafür der Glaube an „Rassen“ oder deren Vorhandensein relevant sind . Der Migrationshintergrund ist an dieser Stelle gleichbedeutend mit geringerer Intelligenz, und diese Perspektive bewirkt, dass ungleiche Behandlung zur Normalität führt, gerade auf dem Gymnasium, wo Kinder und Jugendliche mit Migrationshintergrund nach wie vor unterrepräsentiert sind. Diejenigen, die dennoch das Gymnasium besuchen und wie in Duygus Fall, eins mit hohem Migrationsanteil, sehen sich dennoch mit der Tatsache konfrontiert, dass sie ungleich behandelt werden. Der Fakt also, dass in urbanen Quartieren mit hohem Migrationsanteil die Gymnasien eine sogenannte interkulturelle Öffnung erfahren, ändert nichts an der Tatsache, dass das Lehrpersonal bestimmte Muster im Kopf hat, wer das eigentliche Klientel der Gymnasien zu sein scheint. Auch die Interviewsequenzen weiterer Interviewpartner belegen, dass das Gymnasium als Bildungsinstitution sehr stark mit exkludierenden Mechanismen arbeitet, sobald das Klientel nicht den Normen entspricht, die den bisherigen Habitus geprägt haben. Janni erinnert sich im Interview an seine Zeit auf dem Gymnasium:

„Aber erst mal meine Schullaufbahn. Erst mal zur Grundschule: also Kindergarten, Grundschule. Danach habe ich Realschule gemacht, bis zur zehnten Klasse, mit Quali. Danach bin ich aufs Gymi gegangen, aufs Gymnasium ein Jahr lang halt am Stadt-Gymnasium. Da hat's aber nicht so ganz geklappt, gab ein paar Probleme mit den Lehrern und so was. Und dann bin ich halt sozusagen geflogen. Dann bin ich halt auf ein anderes Gymi gegangen, da hat es halt auch nicht so geklappt. Auch das Gleiche. So mit Lehrern und nicht reingehängt, faul gewesen. Ja, und jetzt momentan bin ich auf der Höheren Handelsschule, mach mein Fach-Abitur jetzt, brauch noch eineinhalb Jährchen und dann hab ich halt Fach-Abitur und dann hab ich hoffentlich was geschafft. Ne?“

Janni geht im weiteren Verlauf des Interviews expliziter darauf ein, weshalb er denkt, dass es auf dem Gymnasium nicht geklappt hat.

„Ja, da war ich halt auf dem Gymnasium. Auf dem Stadt-Gymnasium. (Räuspern, tiefes Luft holen). Ja, ja am Anfang lief es ganz O.K. so. Danach keine Ahnung so. Hatte, hatten halt mit so 'n paar Lehrern paar Konflikte und so. Hab auch selber, muss ich zu geben, viel Scheiße gebaut, bisschen zu viel Scheiße gebaut halt [...] Und ja, dann meinten die halt, da haben die halt so einen Grund gesucht, uns da rauszuschmeißen. So vier Leute sind rausgeschmissen worden. Äh, wir waren Neu-Einsteiger, also wir sind ja, wir sind ja nicht immer auf dem Gymnasium gewesen. Wir sind halt neu von der Realschule reingekommen, in die 11. Das war halt was anderes für die. Und keine Ahnung war halt bisschen kompliziert.“

Jannis subjektive Wahrnehmung zu seiner Realschul-Zeit, die er kontinuierlich vom fünften bis zum zehnten Schuljahr besuchte, fasste er folgendermaßen zusammen:

„Ja, Realschul-Zeit war super. Also in der Realschule gab's viel Spaß immer so. Das hat Spaß gemacht. Alle, alle die Jahre von der Fünften bis zur Zehnten. Jedes Jahr war lustig. O.K. wir haben auch viel Scheiße gebaut da, aber halt so, in den letzten Jahren Neunte, Zehnte hat man sich halt ein bisschen angestrengt. Bisschen rein gehauen, hat man was geschafft dann. So am Ende. Aber gab immer viel Spaß, Klassenfahrt war super Bombe einfach. Hat auf jeden Fall Spaß gemacht auch. Das Lernen hat auch Spaß gemacht.“

Janni beschreibt zwei verschiedene Schulformen, die für ihn unterschiedlich konnotiert sind und für ihn retrospektiv eine unterschiedliche Bedeutungs- und Deutungsebene aufweisen. Die Lehrer auf dem Gymnasium kamen Jannis Einschätzung nach nicht mit der Situation zurecht, dass „anderes“ Klientel auf die Schule kam: „Das war halt was anderes für die.“ Janni beschreibt die Situation am Ende der Interview-Sequenz als „kompliziert.“ Gleichzeitig weist er auch darauf hin, dass sein eigenes Fehlverhalten mit dazu beitrug, dass er letztendlich die Schule verlassen musste. Auf der anderen Seite beschreibt er in der Interview-Sequenz zu seiner Realschul-Zeit, dass er auch dort „viel Scheiße gebaut hat“, am Ende der Schulzeit jedoch, als es darauf ankam, sich angestrengt hat, um den Realschulabschluss mit Qualifikation für die gymnasiale Oberstufe zu erlangen, was ihm auch gelungen ist. Inwieweit es ein reziproker Prozess ist, der letztendlich eine sich selbsterfüllende Prophezeiung darstellt, wie im Fall der Schulverweise aufgrund von Fehlverhalten von Janni, wäre an dieser

Stelle nur mit suggestiven Schlussfolgerungen zu belegen. Fakt ist jedoch, dass alle InterviewpartnerInnen, die ein Gymnasium besuchten, die Erfahrung teilen, dass sie aufgrund ihres fremd-konstruierten Migrationshintergrundes einer abneigenden Haltung der Lehrkräfte gegenüberstanden, die mit sozialen und rassistischen Unterschichtungspraxen einhergingen. Daran ändert auch der Fakt nichts, dass im Vergleich immer mehr MigrantInnen auf Gymnasien vertreten sind. An dem Gymnasium von Janni gab es einen Vertrauens-Lehrer für Migrantenjugendliche:

„Herr P. ist Türke, hat nicht mal 'n Lehramt gemacht, aber ist trotzdem da Immigranten-Schutzlehrer oder so – sollte uns eigentlich helfen – hat aber einen Scheiß gemacht für uns. Äh, hat auch, hat einfach akzeptiert, dass wir rausgeschmissen werden. Hat gesagt: ‚Ja, ich mache euch einfach den Abgang bisschen schöner.' Wie kann man einen Abgang von der Schule schöner machen?! Ich versteh das nicht."

Auf meine Nachfrage kennzeichnet Janni deutlich, dass es auch Lehrer gab, bei denen er etwas gelernt und wo der Unterricht Spaß gemacht hat:

„Der Unterschied zwischen diesen und den anderen Lehrern war, dass man in den Unterricht reingegangen ist, man hat gelernt, aber auch Spaß gehabt. Das heißt, man hat, man ist gerne in den Unterricht gegangen. Bei den anderen, z. B. Herr W. ist man nicht gerne in den Unterricht gegangen, weil man sowieso weiß, dass man am Ende nichts davon hatte. Da kann man gleich schwänzen oder nicht dahin gehen, weil man sowieso kein Mathe am Ende kann."

Es fand also trotz der Probleme auf dem Gymnasium eine kritische Bewertung der Lehrkörper statt, die nicht nur nach Sympathie und Antipathie kategorisiert war, sondern vielmehr zum Inhalt hatte, wie der Lehrer die Lerninhalte vermittelt und mit welchem Wissen der Unterricht verlassen wurde. Aus diesem Grunde kommt Janni im Verlauf des Interviews darauf zu sprechen, dass es mehrheitlich sein eigenes Verhalten war, dass zu seinen schlechten Noten und letztendlich zu seinem Schulverweis führte:

„Ja, ehrlich gesagt war das meine eigene Sache, war das einfach meine eigene Dummheit und meine eigene Faulheit. Lehrer sind auch nur Menschen. Die, ist halt so. Die kommen halt zur Schule, hatten die mal 'nen abgefuckten Tag, dann sind die halt auch abgefuckt auf die Schüler. Aber, wenn da so ein Schüler ist, wie ich, dann bin ich halt auch abgefuckt auf den Lehrer und dann kommt's zum Konflikt und dann passiert halt so was. Aber es liegt halt an einem Schüler selbst. Man hat einfach die Schnauze zu halten und seine Sachen zu machen, seine Arbeiten zu machen und den Lehrer einfach reden lassen und einfach richtig so einen auf Vorzeige-Schüler machen. Ich bin auf jeden Fall, definitiv kein Schleimer gewesen. Wenn dann will ich bewertet werden, für das, was ich leiste, nicht für das, wie tief ich in irgendeinen Arsch von einem Lehrer krieche mit einem Kopf und so eine richtige Schleimspur hinterlasse. Da habe ich keinen Bock drauf. Verdient, die Note muss verdient kommen! Und nicht weil ich irgendeinen Lehrer gelutscht habe oder so.“

Seinen Ansporn, Musik zu machen, beschreibt Janni folgendermaßen und fokussiert hierbei auch eine Zielgruppe seiner Musik. An der folgenden Interview-Sequenz wird meines Erachtens deutlich, dass die subjektiven Erfahrungen von Janni prägend dafür sind, wen er mit der Musik erreichen möchte. Auch wenn er, wie im Interview deutlich wird, selber keine Erfahrungen mit direkter rassistischer Diskriminierung gemacht hat, so beschreibt Janni dennoch, wie er selber erlebt hat, dass sein Vater aufgrund von rassistischer Diskriminierung nicht in dem Beruf arbeiten konnte, den er Zeit seines Lebens ausgeführt hatte.

„Die Sache ist ja, wie vorhin gesagt, so einfach, dass es einfach viel wichtiger ist, Leute anzusprechen, die auf der Straße sind, Probleme haben, für vier Euro die Stunde arbeiten, in so Plattenbauten leben, einfach von der Gesellschaft total isoliert werden. Richtig, von der, die Politiker scheißen einfach darauf und das ist halt besser, wenn man darüber Musik macht und diese Leute ansprechen will.Diesen Leuten halt 'n bisschen Mut, was heißt Mut, so ja doch, Mut kann man sagen so. Dass die halt ein bisschen aufgeputscht werden, anstatt, dass ich jetzt so romantische Liebes-Dinger mache und damit reiche, verwöhnte deutsche Gören ansprechen will, die sowieso gut leben. Die sowieso irgendwie von Papas Tasche leben und in schönen Häusern leben, mit Swimming-Pools und Sauna und wat weiß ich, wat die alles haben, in diesen verwöhnten Bonzen-Gegenden. Ich weiß es nicht. Das ist halt, die will ich gar nicht ansprechen, mit den Leuten will ich auch gar nichts zu tun haben. Das ist auf jeden Fall nicht meine Liga, nicht meine Klasse. So für manche Leute, die sagen: ‚Ja, die sind in einer höheren Klasse wie wir, so. Ja, die haben reiche Eltern und so, die können sich was leisten.‘ Nein, aber eigentlich sind wir die höhere Klasse, weil wir arbeiten für das, was wir machen. Wir schuften für das, was wir machen. Es ist viel, viel schwerer für einen Ausländer, Erfolg in der Schule zu haben, als für einen Deutschen. Und wenn der Deutsche Erfolg in der Schule hat und der Ausländer auch, bekommt der Deutsche sowieso den Arbeitsplatz. Ist einfach so. Warum? Weil man will doch in der Firma keinen Schwarzkopf haben. Kommt der Kunde rein, so ein reicher Kunde, sagt: Oh Mann, der hat schwarze Haare, von dem würd ich mich aber nicht beraten lassen. Der verkauft mir nur komisches Zeugs! Jo!“

Obwohl Janni selber keine schwarzen Haare hat, sondern braune, positioniert er sich selbst in die Kategorie des „Schwarzkopfs“ und verdeutlicht damit, dass diese Bezeichnung vielweniger auf phänotypische Merkmale bezogen ist, sondern vielmehr einen Status beschreibt, der einem aufgrund konstruierter Zuschreibungen zugesprochen wird. Janni verdeutlicht damit auch, dass eine gewisse Resignation vorherrscht, die mit dem Wissen über Unterschichtungs-Praxen verbunden ist. Dieses Wissen ist ausschlaggebend für die Selbstverortung innerhalb einer Mehrheits-Minderheits-Figuration.

„Die Frage, die ich mir jeden Tag stelle, ist: Mein Vater kann wie ein Gott Autos reparieren, der ist einfach Profi in seinem Gebiet. Richtiger Profi in seinem Gebiet. Der ist, der ist damit auf gewachsen. Seitdem er sechs war, und bis sein Vater gestorben ist, hat der an Autos rum gehangen. Nichts gemacht, nur an Autos. Der kennt die in und auswendig. Warum bekommt dann so ein deutscher Bauer, einen Arbeitsplatz, also in 'ner Auto-Werkstatt, und kann nicht mal Öl wechseln. Und mein Vater macht das auf der Straße, für seine Freunde und so, in zwei Minuten. Zack zack, einfach so. Warum? Warum bekommt mein Vater nicht den Job?! Das ist, das ist diese Scheiße, die einfach in diesem Scheiß-System ist einfach. Der kann perfekt Autos reparieren, und was muss der machen?! Er muss putzen. Weil, da, da muss man immer schön die Ausländer, die Schwarzhaarigen, die nicht reden können, die stumm sind, die sich nicht wehren können – und lässt die putzen. Ja! Die Deutschen putzen einfach nicht. Die lassen uns putzen!"

Ein Großteil der erhobenen Interviews deutet darauf hin, dass das komplexe Zusammenspiel von ethnischer Zugehörigkeit und dem Bildungsaufstieg unter erschwerenden Umständen realisiert wurde und keine Selbstverständlichkeit darstellt, die den gesellschaftlichen Konsens repräsentiert. Die beispielsweise von Duygu beschriebene Separation in der Sekundarstufe II geht auf eine rassistische Unterschichtungs-Logik zurück, da die allochthonen Jugendlichen per se als homogene Gruppe subsummiert und einer Sonderbehandlung unterzogen werden. Alleine der Fakt also, dass sie einen anderen Namen und eine andere Familiengeschichte haben, dient dazu, sie in separierten Klassen zu unterrichten und somit auch zu stigmatisieren, indem ihnen suggeriert wird, dass sie erst das Niveau von autochthonen Schülern erreichen müssten. Die von Kutlu beschriebene Situation, in der der Lehrer von Anfang an davon ausgeht, dass die Schüler, insbesondere die ausländischen, es nicht schaffen werden, zeugt von der Tatsache, dass die ethnische Differenz in der Institution Schule erst hergestellt werden muss, da Kutlu sich selbst als Realschüler, die lockerer sind, präsentiert, und nicht als Ausländer.

Mighty Maho, der auf einer Gesamtschule in Köln-Chorweiler war, beschreibt, dass er sich in der Schule nicht in der Form repräsentiert fühlte, in der er es sich gewünscht hätte. Vielmehr rekonstruiert er in der Interview-Sequenz, dass er auf der Gesamtschule erst zum Migranten gemacht wurde:

„Umso älter man wird, umso mehr versteht man auch von der Welt, versteht man von den Menschen. Und auf der Gesamtschule hat man auch schnell kapiert, was man ist. Man ist ein Junge mit Migrantenhintergrund so. Und was mich immer angekotzt hat in der Gesamtschule, dass man jedes Jahr im Geschichtsunterricht oder im Politikunterricht den Nationalsozialismus behandelt hat so. Das hat mich immer angekotzt. So, ich dachte, O.K., wir haben es kapiert. Hallo, ist O.K. ich meine man sollte das nicht vergessen. Aber ja, keine Ahnung. Man hat verstanden, O.K., ist einsichtig. Das ist passiert, alles klar. Was mich dann halt genervt hat, dass man so über die Geschichte der Migranten, dass wir dieses Thema zu wenig behandelt haben so. Das hat mich halt bisschen genervt. Also ich hab in der Schule echt wenig über die Geschichte der Migranten gelernt. Man musste sich halt selber finden. Man musste selber schauen, wer man ist, was man ist so. Von wo man kommt und so. Und in der Gesamtschule hat man uns darüber wenig informiert. Oder da hat die Integration find ich voll gescheitert so, ist die Integration gescheitert. Man hätte da viel mehr machen müssen, finde ich so. Jetzt reden die über Integration, dies das. Wenn ich jetzt zurück denke, kann ich mir vorstellen, warum das alles nicht geklappt hat so. Wenn man jetzt sieht so, was los ist. Ja, Bildungsschwäche wahrscheinlich. Ja und das Schulsystem ist auf jeden Fall auch dafür verantwortlich find ich so. Man hat uns auch mehr so isoliert anstatt uns irgendwie, keine Ahnung, uns zu verstehen, und uns eine Chance zu geben so. Und an uns anzupassen. Wenn man uns unfair behandelt hat, dann wollten wir uns auch gar nicht anpassen. Dann haben wir halt Mist gebaut so. Oder uns war es auch schnuppe.“

Maho beschreibt, dass er zwei Schwestern hat, von denen eine studiert und die andere eine Ausbildung macht. Er selbst ist zum Zeitpunkt des Interviews nicht berufstätig, da sich der Kontakt jedoch über das Interview hinaus gehalten hat, kann an dieser Stelle gesagt werden, dass Maho sich im Winter 2011 auf einer Abendschule befindet, wo er das Abitur nachholt. Danach möchte er studieren. Die Lebensgeschichten und Schulverläufe der InterviewpartnerInnen zeigen deutlich, dass die meisten die Allgemeine Hochschulreife besitzen und oder eine abgeschlossene Berufsausbildung oder ein abgeschlossenes Studium haben, hierbei macht es keinen Unterschied, ob die InterviewpartnerInnen in einem marginalisierten Quartier leben oder nicht. Die Erfahrungen, die sie im Bildungssystem gemacht haben, weisen Parallelen auf, und es stellt somit eine vereinfachte und pauschalisierende Perspektive dar, wenn man Erklärungen aus der Marginalität von Quartieren und ihrer Bevölkerung ableitet. Viel wichtiger ist es, den Blick darauf zu richten, wie es dazu kommt, dass die Bevölkerung in marginalisierten Quartieren konstruiert wird und wie damit Identitäts-Politik betrieben wird, wenn der sogenannten sozialen Unterschicht von vornherein bestimmte Eigenschaften zugeschrieben wird.

7.1 Familiärer Kontext und die Konstruktion von sozialen Schichten

Jugendliche mit sogenanntem Migrationshintergrund, insbesondere jene der zweiten Generation, werden oftmals als Bildungsverlierer und Angehörige der unteren sozialen Schicht repräsentiert. Ihren Eltern wird oftmals ein niedriger Bildungsstand und eine Modernitätsdifferenz attestiert, so dass die bereits in den 1980er Jahren kritisierte Kulturkonflikthypothese dennoch für Jugendliche mit Migrationshintergrund wirksam ist und als theoretisches Erklärungsmodell ständig revitalisiert wird, so dass am Ende eine Wirklichkeit erzeugt wird, die tatsächlich die damit assoziierten negativen Zuschreibungen als reell wirksam erscheinen lässt. Der Diskurs in diesem Zusammenhang ist so stark, dass der Versuch einer neuen Erzählung, oder besser gesagt einer anderen Gewichtung des HipHop, von Anfang an zum Scheitern verurteilt ist, da die herrschenden Erzählungen über die Anderen eine Verfestigung erfahren und sich als Alltagswissen etabliert haben. Das Wissen über die Migranten als homogene Gruppe scheint sich in den Köpfen der Mehrheitsgesellschaft verselbständigt zu haben, so dass Einwände von seriösen, kritischen Migrationsforschern sowie Rassismus-Forschern dem hegemonialen Diskurs gegenüber ohnmächtig erscheinen. Nicht nur aus diesem Grund sind vermeintliche Tabubrecher wie Thilo Sarazzin am Ende einer Debatte die Gewinner, auch wenn sich anfangs über den darin expliziert artikulierten Rassismus pikiert wird. Die Bildungsverläufe der InterviewpartnerInnen zeigen, dass ein Aufstieg im Bildungssektor für sie selbst eine Selbstverständlichkeit darstellt, jedoch von außen als etwas Außergewöhnliches wahrgenommen wird. Dies wird an Kutlus Bildungsverlauf sehr deutlich und es zeigt auch, inwiefern die verfestigten Bilder und das Wissen über vermeintlich „Andere" in diesem Kontext zu rassistisch unterschichtenden Aussagen wie der des Gymnasial-Lehrers führen können. Der Mythos des Rappers mit sogenanntem Migrationshintergrund in der BRD liest sich folgendermaßen: Da man für HipHop nicht viel braucht, nur einen Stift und ein Blatt Papier, waren auch viele Jugendliche in Rap involviert. Die Interviews sprechen jedoch eine andere Sprache: Viele der InterviewpartnerInnen haben in ihrer Kindheit ein Musikinstrument gespielt. Musik hat bei dem Einstieg in und bei der Identifikation mit der HipHop-Kultur schon immer eine wichtige Rolle gespielt. Meines Erachtens ist dieses gängige Klischee eine Fortführung von sozialen Zuschreibungen und Teil einer Praxis der rassistischen Unterschichtung. Und mit der Verortung geht eine Kategorisierung des Intellekts einher, die zum Teil unbewusst stattfindet. Doch spätestens, wenn Rapper nur noch auf ihre vermeintlichen Wurzeln reduziert werden, zeigt sich, dass der Mythos auf fruchtbaren Acker gefallen ist und die Ethnisierung anhand von kulturellen und sozialen Stereotypsierungen fortgeführt wird, selbst von wissenschaftlichen Experten. Dabei geht der Blick für die tatsächlichen Lebensrealitäten verloren. Wenn

Martin Greve beispielsweise Rap als Ausdrucksmedium von männlichen Jugendlichen aus der migrantischen Unterschicht beschreibt und sich auf Islamic Force aus Berlin bezieht, die als die erste türkische Rap-Crew bezeichnet wurden, hält er sich nicht an die tatsächlichen Fakten, wenn er seine These aufstellt. Zu keiner Zeit hat Islamic Force nur aus sogenannten türkischen Jugendlichen bestanden. DJ Derezon hat einen spanischen Migrationshintergrund, die Sängerin Nelly, die ebenfalls zu der Crew zählte, hat einen albanischen Hintergrund, Boe B. und Killa Hakan haben Eltern, die aus der Türkei kamen, wobei auch nicht klar ist, ob sie nicht einer anderen ethnischen Minderheit angehörten. Nelly von Islamic Force beherrscht zwar die türkische Sprache, dies ist im Kontext von weltweiten globalen Migrationsbewegungen jedoch nichts Außergewöhnliches. Auch Rossi von der Microphone Mafia versteht die türkische Sprache. Und Kutlu, der einen sogenannten türkischen Migrationshintergrund hat, versteht auch italienisch. Dies hat sich nicht aus der HipHop-Kultur ergeben, sondern war vorher schon gelebte Normalität. Rossi und Kutlu, die schon seit ihrer Kindheit befreundet sind, haben in ihrer Freizeit jeweils viel Zeit in der Familie des anderen verbracht und somit auch die Sprache der Eltern durch alltägliche Kommunikation und den Konsum von Musik aufnehmen können. Dass dies im HipHop lediglich als Adaption an die Lebenswelt zum Ausdruck kommt, kann daher nur für den verwundernd wirken, der die gelebte Selbstverständlichkeit mit verschiedenen Einflüssen als exotisch einstuft. Dies spiegelt sich somit auch in der Berichterstattung über HipHop wider, wenn beispielsweise das Rappen in verschiedenen Sprachen hervorgehoben wird, obwohl es für die Jugendlichen normal ist. Die von Greve vertretene These zur Rap-Musik als männliches Minderheiten-Ausdrucksmedium kann stellvertretend für viele pauschalisierende Darstellungen geltend gemacht werden, die Rap-Musik als Ausdrucksmedium von Minderheiten verorten. Die damit einhergehende Zuordnung als Austragungsort männlicher Machtkämpfe verdeutlicht zudem das komplexe Zusammenwirken von essentialistisch zugeschriebenen Geschlechterkonstruktionen und dem Kategorisieren und Einordnen der Rap-Musik. Männliche Rapper mit sogenanntem Migrationshintergrund werden allzu gern als antirassistische Akteure oder multikulturell zusammengewürfelte Crews stigmatisiert oder als harte Gangster mit geringem Bildungsstand repräsentiert. Bei weiblichen MCs wie beispielsweise Aziza A. oder auch Lady Bitch Ray steht der türkische Migrationshintergrund im Vordergrund, um sich der Kunstform Rap zu nähern. Damit einher geht die Verfestigung und Verselbständigung von vermeintlichem Wissen über „Andere“. Der Fakt, dass in den öffentlichen Medien nur ein geringer Anteil von Menschen mit sogenanntem Migrationshintergrund vertreten ist und wenn, dann meistens unter stereotypisierenden Repräsentationspraxen, führt auch dazu, dass ein großes Interesse besteht, das vermeintlich Fremde aufzugreifen und in bestehende Diskurse einzuordnen, die jedoch meistens zu einer Verfestigung von bereits herrschenden Stereotypen und Stigmatisierungen führen. Die Wege der InterviewpartnerInnen, die sie zum Rap führten, stehen meines Erachtens diametral den oftmals rezipierten Mythen von Rap im Kontext einer Minderheiten-Subkultur entgegen. Gleichzeitig belegen die Interviews, dass die InterviewpartnerInnen stabile familiäre Bindungen hatten und nicht, wie oftmals mit der Unterschicht in Verbindung gebracht wird, in vernachlässigten oder autoritären Familienhäusern sozialisiert wurden. Kutlu beschreibt seine Kindheit als sehr schön und nimmt Bezug auf Aspekte, die ihm die Kindheit erschwerten. Diese liegen jedoch nicht innerhalb seiner Familie, sondern sind in äußeren Einflüssen wie dem Bildungssystem zu verorten:

„Darum hatte ich echt, ich hab eine sehr schöne Kindheit gehabt. Ich hab alles gehabt, was ich brauchte. Ich hab in Flittard auch an einer Stelle gewohnt, wo es überall grün war und ich hatte sehr viel Freizeitmöglichkeiten, auch jetzt ohne Fernsehen und so weiter. Und meine Grundschule war einfach bis zur vierten Klasse sehr schön. Und dann fing das Ganze aber an, dass man ja, also es fing dann bei mir im Kindergarten an. Und dass ich dann aufgehört habe. Ich hab gesagt, ich gehe nicht mehr in den Kinderhort. Weil ich, ich würd den Namen nicht nennen, aber ich kenn den Mann noch. Nach der Grundschule der Hort, da war's dann so, dass es an einem Tag gab's Essen und wir sollten beten. Ich werd' das nie vergessen! Und alle haben natürlich, jeder betet auf seine Art und Weise. Und die Christen haben eben ihre Hände so gefaltet, oder so nach oben und ich habe eben meine Hände geöffnet. Und dann hat mir mein Hortleiter damals verboten, so zu beten. Dann hab ich gesagt: Nein, ich bete so. Ich bin ja kein Christ. Und jeder soll ja so beten, wie er es möchte. Und dann meinte der: Dann bekommst du nichts zu essen, wenn du nicht so betest. Ist kein Witz. Und ich hab dann das Essen weggestoßen, bin dann aus dem Hort und bin da auch nie wieder in den Hort rein gegangen. Und dann wurde ich zum Schlüsselkind. Ähm, das war aber auch kein Problem, weil das Problem, ich glaub Schlüsselkind sein ist kein Problem. Es kommt nur darauf an, die Zeit, die du mit dem Kind hast, als Vater, Mutter, ob du die nutzt oder nicht. Du kannst auch nur zwei Stunden mit deinem Kind, also so aktiv am Tag, aber wenn du dich mit dem Kind auseinandersetzt, sprich, was sehr wichtig ist, ist zusammen essen, beim Abendessen, dass man zusammensitzt, auch wenn das Kind erst zwei Jahre ist, dass man fragt: Was hast du heute gemacht. Und das war alles gegeben. Also mein Vater, es gab Zeiten, wo ich meinen Vater eine Woche nicht gesehen hab', weil sich das eben mit seiner Spätschicht und mit meinem Unterricht immer geschnitten hat. Und da war's dann so, dass dann am Wochenende wurde immer was unternommen, sei es nun unser Nationalsport Grillen (lacht), oder sei es jetzt dass wir im Safaripark, Phantasialand, man hat immer was gemacht. Und das gibt dem Kind das Vertrauen, eben wenn er Zeit hat, dann ist er mit dir da und es gibt 'nen Austausch. Und das gab es alles."

Kutlu beschreibt an dieser Stelle, dass die Familie ein Ort des Rückzugs war, als er im Hort mit den rassistischen Aufforderungen des Erziehers konfrontiert war. Er beschreibt seine Kindheit als schön und blickt auf eine Reihe Erlebnisse zurück, die er im Laufe der Jahre mit seiner Familie erlebt hat. Lediglich in den Institutionen, in denen er sich bewegte, gab man ihm das Gefühl, anders zu sein: im Hort, auf dem Gymnasium und mit 16 Jahren, als er seinen eigenen Pass bekam.

„Ich glaub durch die Musik haben wir erst ein politisches Bewusstsein bekommen, weil wenn ich überlege: Mit 16 war mir alles scheißegal. Ich fand, das 16. Lebensjahr ist aber auch so ein Punkt, wo du dann deinen Pass bekommst, den türkischen Pass, wo du dann merkst: Ey, du bist doch nicht Teil von dieser Gesellschaft, weil du was anderes in der Hand hast. Und ja, und ich bin auch der Meinung, dass Rap, es ist einfach - DIE Jugendkultur - also ich hätte nie gedacht, dass es solche Ausmaße bekommt.“

Sein Familienleben erlebt er nicht als problematisch, vielmehr sind es die Fremdzuschreibungen und Handlungen, sowohl im Alltagsleben als auch im Kontext als Rapper, die ihn zum Fremden stigmatisieren. Der Prozess des *Othering*, der im Umgang und der Repräsentation von RapperInnen zum Ausdruck kommt, ist also kein unabhängiger Vorgang, sondern reiht sich in die öffentlich wirksamen Diskurse ein und kommt dort überspitzt zum Ausdruck. Auch die Darstellung von Aziza A. und Lady Bitch Ray innerhalb ihres türkischen Migrationshintergrund in Verbindung mit ihrem Geschlecht und den dazugehörigen Konnotationen sind nicht aus dem HipHop beziehungsweise alleine mit der Rap-Musik zu erklären, sondern sind ebenfalls eine Fortführung herrschender Diskurse. Aziza A. gibt an, dass ihre Migrationsgeschichte nicht anders verlaufen ist als die von vielen anderen Migranten in der Bundesrepublik Deutschland. Sie macht ihre Aussage nicht an einer ethnischen Kategorie fest, sondern bezieht sich auf Migranten im Allgemeinen:

„Na gut, meine Eltern sind genauso wie Tausende von anderen Eltern irgendwie nach Deutschland gekommen, um Geld zu verdienen. Das war der Traum von meinem Vater, nach Deutschland zu kommen. Und in der Zeit, wo die das beantragt haben, wurden nur die Frauen zugelassen. Und so kam als erstes meine Mutter mit meiner Tante rüber. Und ich glaub ein Jahr später oder so kam mein Vater dann. Meine Mutter und meine Tante haben bei Sarotti gearbeitet. Schokoladenfabrik.“

Aziza A. erlebte ihr Dasein in der BRD als Normalität, und ihre Familiengeschichte verortet sie aus dieser Perspektive in einem größeren Sinnzusammenhang: Sie war nicht die Einzige, deren Eltern in die BRD eingewandert waren, und es stellte für sie somit auch nichts Außergewöhnliches dar. Und auch, dass sie rappte, war für sie nicht außergewöhnlich, sondern war mit einem Interesse an der Musik verbunden und ergab sich nicht aus ihrer vermeintlichen Migrationsgeschichte heraus. Dennoch dominieren drei herrschende Konzepte die Rezeption von HipHop als Minderheiten-Kultur in der Bundesrepublik: Zum Einen als Rapper innerhalb einer multikulturellen Crew, zum Anderen als Gangster-oder Straßen-Rapper, der sich somit seinen Weg aus dem Ghetto bahnt und zuletzt als Rapperin, die sich durch den Rap von traditionellen Rollenmustern befreit, wie es bei Aziza A. reklamiert wurde. Demgegenüber steht jedoch, dass Rap zwar sehr wohl ein Medium der Artikulation und auch der Interaktion sowohl mit den Konsumenten als auch auf einer Minderheiten-Mehrheits-Ebene ist, auf der anderen Seite jedoch eine Freizeitbeschäftigung, ein Hobby oder ein Ausgleich zum Arbeits-oder Schulalltag ist. Die Wege und Motive, die die InterviewpartnerInnen nennen und in denen sie sich positionieren, werden im folgenden Kapitel dargestellt. Diese divergieren zu dem oftmals vertretenen Ansatz, dass Rap per se das adäquate Ausdrucksmedium für Jugendliche aus der migrantischen Unterschicht sei.

Die automatische Verortung von Jugendlichen mit vermeintlichem Migrationshintergrund in der sogenannten sozialen Unterschicht schließt von vornherein eine differenzierte Betrachtungsweise im Kontext der HipHop-Aneignung aus, da HipHop gleichzeitig als Medium des Widerstands und Sprachrohr der Marginalisierten verortet wird. Dies wiederum bedeutet, dass die Jugendlichen lediglich im Kontext ihres vermeintlichen Migrationshintergrundes wahrgenommen werden und lediglich in diesem Rahmen unter vorgefertigten Kategorien und Theorien ein Zugang zur Erforschung von Rappern möglich erscheint. Die oftmals auf eine Fragstellung fokussierten wissenschaftlichen Arbeiten schaffen keine neuen Erkenntnisse, da sie die Perspektive auf die Jugendlichen beibehalten, anstatt die Perspektive umzukehren und HipHop erst einmal als globale Kultur zu verorten, die nicht zwangsläufig mit Widerstand verbunden sein muss und auch nicht nur das Sprachrohr für Marginalisierte darstellen muss. Dies würde die Dekonstruktion einer automatischen Kategorisierung von Jugendlichen mit Migrationshintergrund voraussetzen, die jedoch in der bundesrepublikanischen Forschungs-Realität nicht gegeben ist. Vielmehr besteht ein Kategorisierungszwang und -wettbewerb, der Menschen in Kategorien einordnet und sie alleine damit stigmatisiert und dabei jegliche Kritik ignoriert und ausschließt mit der Begründung, bei der Thematisierung von Ungleichheit und Diskriminierung müsse man schließlich auf vorherrschende Kategorien zurückgreifen können, um diese sichtbar zu machen. Dass dadurch jedoch Kategorien und Stigmatisierungen immer weiter reproduziert und etabliert werden und dass dies Teil des Problems bei der Konstruktion von Anderen ist, scheint im Bewusstsein der herrschenden Weißen Mehrheitsgesellschaft nicht präsent zu sein. Dies spiegelt sich insbesondere in der Unterschichtung von Jugendlichen wider, die Akteure in der HipHop-Kultur sind, aber meistens als Objekte dargestellt werden, ganz so, als müssten sie aufgrund ihrer Migrationserfahrung im HipHop aktiv sein. Somit wird von vornherein ausgeschlossen, dass es individuelle Geschichten und Motive sind, die die Akteure präsentieren. Die biographischen Erzählungen der MCs deuten darauf hin, dass die voreingenommene Perspektive auf Rap im Kontext von Migration Teil der rassistischen Unterschichtungspraxis ist. Die komparative Analyse und Auswertung der empirischen Erhebungen haben gezeigt, dass bereits vor dem Einstieg in die HipHop-Kultur ein Interesse an Musik allgemein bestand. Außerdem zeigen die Ergebnisse, dass die InterviewpartnerInnen selbst auch aktiv Instrumente gespielt haben. Duygu Dai hat in ihrer Kindheit Klavier gespielt, Rossi von der Microphone Mafia hat Keyboard gespielt und Mighty Maho hatte sechs Jahre lang professionellen Saz-Unterricht. Die Assoziation mit Migration und sozialer Untererschicht ist die Fortführung rassistisch-hegemonialer Verortungspolitik. Nicht nur aus diesem Grund stellt die Biographieforschung einen wichtigen Bestandteil dar, der dieses negativ konnotierte Migrations-Konstrukt entmachten könnte. Diese rassistische Einordnung in soziale Schichten ist verknüpft mit Macht und institutioneller Machtsicherung. Menschen mit Migrationsgeschichte per se einer unteren sozialen Schicht zuzuordnen, erhält den Status Quo der Mehrheitsgesellschaft. Dadurch wird eine Einteilung und Gegenüberstellung in Intelligente und Privilegierte und auf der anderen Seite minderintelligente Arme vorgenommen, die den vorherrschenden gesellschaftlichen Diskurs sichern sollen. Die automatische Einordnung der ersten Hip-Hopper-Generation in der BRD als Unterschicht und die Verknüpfung dieses Aspekts mit dem scheinbaren Wissen über die Anderen, in diesem Fall die Lebenssituation von ehemaligen Gastarbeitern, lassen das Interesse für Rap plausibel erscheinen, so wie Martin Greve oder aber auch Eva Kimminich es einordnen: HipHop als Sprachrohr für marginalisierte und arme Jugendliche. Dieser Erklärungsansatz ist nicht neu, sondern auch aus den USA bekannt. Auch dort wird HipHop als Schwarze und damit genuine Unterschichts-Musik kategorisiert. Die soziale Schicht dient in diesem Kontext dazu, negative Eigenschaften zu essentialisieren und damit auch externalisieren zu können, anstatt sie in einen breiten gesamtgesellschaftlichen Kontext zu verorten. Wie ich im ersten Kapitel dieser Arbeit deutlich gemacht habe, verfügten Afrikaa Bambaataa und Grandmaster Flash über riesige Plattensammlungen und ebenso über technisches Equipment, was nicht zu der Einordnung in den Ghetto-Diskurs passen will. Nimmt man marginalisierte Räume an sich unter die Kritik, so sind diese Formen der Erklärung und Analyse fruchtbar, weil sie die institutionellen Formen von Rassismus und Diskriminierung aufdecken. Ansonsten jedoch verbleiben sie in einem Schicht-Rassismus, der Parallelen zu anderen Formen von Rassismen aufweist, da er soziale Ungleichheiten als naturgegeben erklärt, wie in diesem Fall, wenn Migranten in der BRD per se einer auf allen Ebenen marginalisierten Unterschicht angehören. Kameke, der aus keiner Unterschicht-Familie kommt und auch keinen Migrationshintergrund hat, gab während des

Interviews zu bedenken, dass Ende der 1980er und Anfang der 1990er Jahre die technische Ausrüstung im Vergleich zu heute viel teurer war und es für einen Jugendlichen unmöglich war, sich das leisten zu können:

„Und hab dann angefangen mir mit also mir technisches Equipment zuzulegen, so total rudimentär, so mit Kassettenrecordern irgendwelche Beats zusammengeschnitten und so. Weil einen Sampler zu kaufen, war undenkbar, das war irgendwie so teuer wie ein Mercedes-Benz."

Die Interviews verdeutlichen zum Anderen auch, dass der Einstieg in die Hip-Hop-Kultur nicht zwangsläufig mit der Zugehörigkeit zu einer sozialen Schicht verbunden war beziehungsweise dass die Zugehörigkeit zur Mittel-beziehungsweise Oberschicht zur damaligen Zeit keine Rolle für die Identifikation mit und Aneignung von HipHop oder Rap gespielt hat. Gleichzeitig zeigt dies auch, dass sich das ökonomische Kapital der Eltern nicht zwangsläufig auf die finanziellen Ressourcen der Kinder auswirkte. Dies lässt sich auch auf die Bildungsaufstiege der InterviewpartnerInnen mit sogenannter Migrationsgeschichte übertragen, die trotz der niedrigen Bildungsabschlüsse der Eltern einen Bildungsaufstieg aufweisen, wobei die Eltern immer eine zentrale Rolle gespielt haben, dass die Kinder eine gute Ausbildung erhalten:

„Ja also mein Papa, der war bei der Stadt Köln Straßenkehrer. Und meine Mama war halt Hausfrau und Putzfrau. Und mein Bruder, der hat Pizzabäcker gelernt. Dann ist er zu Bayer gekommen. Meine kleine Schwester, die war immer schlau, also die hat auch Gymnasium und alles, ne! Und das war genau wie beim Kutlu auch, wir sind, mein Vater wollte immer wieder zurück. Meine Mutter hat ihn immer ein bisschen gebremst und meinte, wir müssen unseren Kindern eine gute Chance oder eine gute Zukunft geben. Lass uns noch die Grundschule fertig machen, dann fahren wir zurück. Grundschule fertig, dann meinte meine Mutter, nee, die müssen noch die richtige Schule fertig machen. Schule fertig gemacht, dann mussten wir noch die Lehre machen. So, und irgendwann gehst du auch nicht mehr zurück. Meine Mutter möchte auch nicht mehr zurück. So! Mein Vater möchte zwar immer noch zurück, aber ohne meine Mutter geht der nicht. Und meine Mutter geht nicht ohne ihre Kinder, und deswegen Rattenschwanz. Und das Ding ist einfach, wie gesagt, mein Bruder, der hat viel mehr auf mich aufgepasst. Weil mein Vater und meine Mutter haben abends noch nach der normalen Arbeit bei Ford geputzt. Und mein Bruder hat dann abends so seine Parties oben geschmissen. So, und der kleine Rossi war halt immer dabei, so. Und ich war auch nicht so 'n Schlüsselkind wie der Kutlu. Ich hatte also, wenn ich nach Hause gekommen bin immer meine Mutter da, weil sie halt Nachmittag erst arbeiten gegangen ist. Und abends halt mit meinem Bruder so."

Der Bezug auf marginalisierte und vernachlässigte Quartiere ist vor diesem Hintergrund auch kritisch zu hinterfragen, da damit von politischen und strukturellen Defiziten abgelenkt wird und die Menschen in den Quartieren selbst zum Problem definiert werden. Auch die Jugendlichen, die nicht in marginalisierten Quartieren leben, haben dieselben Erfahrungen gemacht, wie jene, die dort leben. Es liegt also nicht alleine an der Herkunft aus solch einem Quartier, sondern am Umgang mit Jugendlichen mit sogenannter Migrationsgeschichte im Allgemeinen. Das Quartier und die ihm zugeschrieben Faktoren verstärken die Stigmata, jedoch ist dies nur ein Faktor innerhalb der Ethnisierungs-Praxen und den daraus resultierenden Exklusionsmechanismen. David, der seit seiner Kindheit in Köln-Porz lebt, einem Quartier, das in der öffentlichen Wahrnehmung häufig mit Desintegrationstendenzen in Verbindung gebracht wird, nahm im Interview Bezug auf die nachbarschaftlichen Beziehungen im Quartier und verdeutlicht damit nicht zuletzt, dass die mediale und öffentliche Thematisierung des Quartiers sich lediglich auf die Probleme im Quartier fokussiert und nicht das gesamte Quartier im Blick hat:

„So Porz ist halt in erster Linie sozialer Brennpunkt hin und her so. Was aber oft nicht gesehen wird so, Porz ist nicht nur hier, Porz-Finkenberg, Demo und so. Porz ist halt 'n Ticken größer so. Natürlich so, du wächst halt je nachdem wo du aufwächst und mit wem du aufwächst so, jeder ist ein Produkt seiner Umgebung, wächst du halt mit anderen Idealen und mit anderen Wertvorstellungen auf. So, aber so oft heißt es halt, dieses: Du kommst aus 'ner Plattenbau-Gegend oder aus 'ner Hochhaus-Gegend, oder aus 'nem Asi-Viertel und bist automatisch direkt voll der Asi und so. So das kann man nicht so pauschalisieren. Weil ich mein, wir haben in Porz, wir haben hier ein Naherholungsgebiet. Wir haben Sandstrand am Rhein so. Wir haben Möglichkeiten einzukaufen. Jetzt nicht so groß, natürlich nicht. Aber ich sag so: Am Ende des Tages ist man nicht gezwungen in Porz, den ganzen Tag in Demo abzukacken so. Ich hab halt meine Kindheit viel mit, ja sagen wir so, puuh, ich hab viel rum gehangen, war einfach unterwegs so. Das ist halt die Sache, auch viel mit den falschen Leuten unterwegs. Hab halt früher immer mit meinen Jungs Basketball gespielt. Was haben wir nicht gemacht so? Wir haben bei uns das Baggerloch so. Im Sommer, früher als wir kleiner waren, als wir 12, 13 waren, hingen wir immer am Baggerloch rum, haben da gechillt. So das ist halt die Sache. Ich war jetzt nie so Einer, von diesen Innenstadt-Kindern, die irgendwie den ganzen Tag irgendwie in die Stadt fahren, die da abhängen. Für mich war immer, wenn nichts zu tun ist, läufst du durch Porz, irgendwen triffst du immer. Das ist jetzt halt noch dasselbe so. Wenn ich jetzt mal im Bus, keine Ahnung, von Porz-Markt ins Demo fahre so, treffe ich immer vier, fünf Leute so, die ich gut kenne. Mit denen ich direkt am quatschen bin und hin und her so. Darum fahre ich einfach auch gerne Bus. So, wenn ich in Porz bin, brauche ich halt kein Auto und nix, fahre ich einfach lieber Bus, weil ich einfach: man sieht halt viel mehr Leute, hat viel mehr Austausch und so.“

David schafft in seiner Erzählung, seine subjektive Sichtweise auf das Quartier dem hegemonialen Diskurs entgegenzusetzen und ihn ein Stück weit zu entkräften, indem er ganz normale Alltagssituationen zum Gegenstand seiner

Erzählung macht, die jenseits des Problematisierungs-Diskurses über marginalisierte Quartiere liegen. David, der wie Patrik von Deadline auf einer privaten Fachhochschule in Köln studiert, merkt hierzu an, dass ohne seine familiäre Unterstützung für ihn ein Studium auf einer privaten Schule nicht möglich wäre und schafft eine Dekonstruktion von bildungsfernen Schichten in marginalisierten Quartieren:

„Mein Vater wohnt in Porz, aber wir haben uns halt. Ich hab den mal gesehen und der hat mich nicht mehr erkannt so, weil ich halt damals, natürlich so, vor zehn Jahren war ich 'n kleines Kind, sah ich anders aus natürlich. Ist halt auch schon hart, wenn man das weiß so. Vielleicht wollte der mich auch nicht kennen, ich weiß es nicht. Also wir haben jetzt seit neuestem wieder Kontakt halt wegen dem Studium. Weil ich mir das halt alleine nicht leisten kann. Weil ich halt von dem die Hälfte, musste ich den halt drauf ansprechen, ob ich die Hälfte bekomme von ihm. Weil er hat halt 'nen guten Job. Ich selber hätte halt nicht die Möglichkeit dieses Studium so zu machen so, ich meine es kostet grad 400,- Euro im Monat. 200,- bekomm ich von ihm, 50,- von meiner Oma, 50,- von meiner Mutter und 100,- muss ich selber aufbringen so. Und das ist halt so wirklich die Grenze. Vielmehr könnte ich mir auch nicht leisten, sagen wir so. Sonst wär für mich kein Studium an 'ner privaten Fachhochschule drin einfach."

David beschreibt an dieser Stelle, dass er durch die Unterstützung seiner Familie auf einer privaten Fachhochschule studieren kann, was er sehr schätzt, da dies für ihn keine Selbstverständlichkeit darstellt. Kameke, der in der Kölner Weidengasse lebt, die mehrheitlich von türkischen Geschäftsleuten geprägt ist, formuliert einen ähnlichen Standpunkt wie David und schafft auch somit eine Entdramatisierung herrschender Sichtweisen auf Quartiere, in denen Migranten wohnen und arbeiten. Die Weidengasse, die nah an der Kölner Innenstadt liegt, ist zwar kein marginalisiertes Quartier wie Köln-Porz, dennoch werden auch mit der Weidengasse stereotype Klischees assoziiert, weil dort viele türkische Geschäftsleute ansässig sind. Kameke nimmt in der Interviewsequenz von sich aus darauf Bezug:

„Wie viele Deutsche kenne ich, die noch nie in der Türkei waren, wenn die dann mal irgendwann in die Türkei fahren, sagen die, man die Türken waren alle so total nett in der Türkei. Es ist Wahnsinn, ich habe noch nie so einen netten Türken in Deutschland getroffen. Und an der Stelle frage ich mich dann: O.K. woran liegt das? Liegt das an den Türken oder liegt das an Deutschland. Und solange die Leute nicht an den Punkt kommen, sich diese Frage zu stellen und vielleicht einzusehen, dass ein großer Teil davon wirklich dadurch geprägt sind, wie sie hier in Deutschland aufgenommen werden und wie man ihnen entgegentritt, geht diese Klischeebildung immer weiter und das ist halt schade. Ich wohne ja jetzt auf der Weidengasse, ne. Und da gibt's praktisch, würde ich mal sagen, zu 70 % türkische Geschäfte, also die Wohnsituation ist anders, da wohnt alles gemischt, aber die Geschäfte sind ungefähr zu 70 % würde ich mal sagen, in türkischer Hand. Und als ich dahin gezogen bin, haben unsere alten Nachbarn gesagt: Boah, ach du Scheiße, auf der Weidengasse, das ist bestimmt total laut und da sind voll viele Asis und da hast du eine Schlägerei jede Nacht vor der Tür und so (lacht). Und in Wirklichkeit war es aber so, dass wir von unseren türkischen Nachbarn erst einmal mit wunderbaren türkischen Süßigkeiten beschenkt worden sind, als wir da eingezogen sind, und die wirklich alle total nett grüßen und wirklich toll sind und das für mich total nicht mit diesem Medien-Bild von Migranten zusammenpasst, was wirklich geprägt ist durch grobe asoziale Rand-Gruppen. Es gibt auch genug Leute, die das durchschauen und Scheiße finden und zu läppsch finden."

Die Interview-Sequenzen und die darin enthaltenen Selbst-Verortungen zeigen, dass die Quartiere und der Lebensalltag der InterviewpartnerInnen als normal beschrieben und wahrgenommen werden. Kameke, der dort lebt, beschreibt, dass die Wohnsituation im Gegensatz zu den Geschäften durchmischt sei und schafft damit eine Dekonstruktion der Weidengasse als sogenannte „Türken-Straße".

Die Interviews mit den RappernInnen, die zur zweiten Generation von MigrantInnen gehören, belegen, dass beide Eltern erwerbstätig waren, und finanzielle Not wird bei keinem/keiner der InterviewpartnerInnen zum Thema gemacht. Ebenfalls blicken die InterviewpartnerInnen auf Familien zurück, in denen sie gerade hinsichtlich ihrer Bildungswege großen Rückhalt und Unterstützung erhielten. OJ Kingpin sagte im Interview, dass er zwar einen Studienplatz hatte, ihm aber der familiäre Rückhalt gefehlt habe, nachdem sein Bruder in Haft genommen wurde. Die häufig vertretene These, Rap-Musik sei das adäquate Ausdruckmedium marginalisierter Jugendlicher, ist bereits an dieser Stelle nicht nachvollziehbar, soll im Folgenden jedoch weiter dekonstruiert werden. Hierfür möchte ich die Wege nachzeichnen, die die InterviewpartnerInnen zur Rap-Musik führten.

7.2 „Ich sag nicht Rap, weil ich mit Rappen überhaupt nichts am Hut hatte!"

In diesem Kapitel werde ich die unterschiedlichen Motivations-und Aneignungswege der MCs darstellen. Hierbei gibt es klare Unterschiede zwischen den MCs, die HipHop in ihren Anfangszeiten in der BRD miterlebt haben, und jenen, die HipHop zu einem späteren Zeitpunkt für sich entdeckt haben. Hierzu werde ich eine geschlechtsspezifische Darstellung vornehmen und mit den male MCs beginnen. Die Darstellung wird chronologisch erfolgen, wobei ich mit den „älteren" Rappern beginne und mit den jungen Rappern abschließen werde. Diese Hierachisierung hat keinen beurteilenden Charakter, sondern soll lediglich die unterschiedlichen Motivationsgründe der Aneignung, die HipHop im Laufe seines nun fast 30jährigen Bestehens erfahren hat, darstellen.

Asia von der Microphone Mafia beschreibt seinen Weg in die HipHop-Kultur folgendermaßen:

„Und irgendwann so 1987, bin ich dann zum ersten Mal in Berührung mit der HipHop-Kultur gekommen, ich sag nicht Rap, weil ich mit Rappen überhaupt nichts am Hut hatte – sondern so eher mit dem Breakdance, mit der Breakdance-Musik. Weil es auch das erste war, was aus den Staaten gekommen ist. Ich glaub immer, Tanzen kommt vorher, als selber Musik machen. Und dann waren wir immer öfters im Jugendzentrum, in der Pauline, in Köln-Flittard. Haben dann eben Mr. Robot gehört, das war damals der Weltmeister im Breakdance, der hat auch Musik gemacht. Haben, man glaubt es kaum, Kraftwerk gehört, Falko, dazu wurde auch getanzt. Falko war auch der erste Rapper für uns, der deutschsprachige Rapper, erste deutschsprachige Rapper. Und irgendwann hat's dann aufgehört mit dem Breakdance. Was bei Breakdance nur interessant war, ist, dass wir früher nicht in viele Discos reingekommen sind, weil's immer nur eine begrenzte Zahl an ausländischen Besuchern geben musste. (Rossi im Hintergrund: Wie immer) Wie immer? Ja! Aber, ich will gar nicht darauf eingehen warum und das ist eben 'ne Politik, die auch menschlich einfach, es sind nicht immer die Türsteher, die die Schlimmen sind, mal davon ab, also kein Türsteher macht das. Auf jeden Fall, um wieder zur Musik zu kommen, war das auch der erste Schritt, dass wir als Breakdancer oder als Tänzer, ich war jetzt nie der super Breakdancer. Ich war eben aber in 'ner Breakdance-Gruppe, also mit den Leuten, die in der Breakdance-Gruppe waren, und das Besondere war einfach, dass in die Clubs in die wir vorher nicht reingekommen sind, wir diesmal Geld bekommen haben, um reinzukommen, damit getanzt wurde. Weil das dann eben interessant war für die Leute Breakdancer zu sehen, die sich auf dem Kopf drehen und irgendwas machen, irgendwelche Figuren machen. Und das hat war für mich so das erste Mal, dass ich gesehen habe, dass Kreativität auch was Positives bewirkt, dass es ein anderes Bild auf dich wirft. Und vor allem kommst du von der Straße weg, mal davon ab [...] Und dann kam eben Rap. Für Rap brauchte man einfach nur ein paar Platten, man braucht 'n Blatt Papier, 'n Stift und man konnte einfach schreiben. Man konnte so, vor allem konnte man endlich schreiben und andere haben dir zugehört, weil uns gab's ja gar nicht, es gab uns ja nicht mal: Wir waren ja die Generation 2 B, also nach unseren Brüdern. Und es war ja so, dass wir vollkommen marginalisiert waren. Wir waren ja, weder waren wir für die Deutschen da, noch richtig für die Türken. Und deswegen waren wir immer in so 'ner Off-Szene, und ich glaub, durch unsere Musik konnten wir endlich erzählen: Hört mal uns gibt es hier und hört uns zu und die Leute haben uns zugehört! Weil wir es musikalisch rübergebracht haben. Ja, und was daraus geworden ist? Eben 18 Jahre Band-Geschichte als Microphone Mafia, eigene Plattenfirma, eigener Vertrieb, und wir, also ich unterrichte jetzt Musikpädagogik an Schulen, oder unterrichte Deutsch anhand von Musik, mit auffälligen, sozial auffälligen Kindern. Und das bin ich! Das hat mir sehr viel gebracht, ich glaub, ich hab, es hat mir in der Hinsicht sehr viel gebracht, dass ich da einfach, Vorstrafen her oder auch Problemen mit dem Gesetz sehr wenig vorzuweisen habe. Und darum wird man auch in meinen Texten nie darüber was hören, dass ich Gangster oder 'ne harte Jugend gehabt hätte. Die hatte ich nicht. Wir hatten alle keine harte Jugend. Wir hatten 'ne Jugend voller Zwiespälte. Es war auch ein täglicher Kampf. Aber wir hatten es eigentlich trotzdem noch gut."

Kutlu beschreibt in der Sequenz sehr deutlich, dass der Rap erst viel später eine Rolle spielte als vielerorts angenommen. Die Identifikation mit und Aneignung des körperlichen Ausdrucksmittels, dem B-Boying, fand vor dem Griff zu Stift und Papier statt. Die Produktion von eigenen Reimen stand also am Anfang für die Jugendlichen nicht zur Debatte, sondern entwickelte sich erst mit der Zeit, vor allem in der *golden era* des Rap, die in der zweiten Hälfte der 1980er Jahre angesiedelt wird, als Crews wie Public Enemy und Run DMC die HipHop-Kultur mit neuen Sounds und Lyrics revitalisierten. Kutlu nimmt auch Bezug auf die positive Resonanz, die er sowohl für das B-Boying als auch für Rap erhielt. Gleichzeitig beschreibt Kutlu an dieser Stelle, dass HipHop und Rap für ihn die Möglichkeit war, nicht in kriminelle Kreise zu kommen. Kutlu, der einen Freundeskreis in Flittard hatte, war selbst nicht einer Gang, hat keine sogenannte kriminelle Karriere und bezieht sich dennoch auf diesen Aspekt. Dies zeigt zum Einen, wie machtvoll der herrschende Diskurs über sogenannte Migrantenjugendliche im Zusammenhang mit Kriminalität ist und auch von diesen rezipiert wird. Zum Anderen beruht Kutlus Aussage auch auf erlebten Erfahrungen, die seinen Freundeskreis geprägt haben. Ihre erste Platte widmeten TCA Microphone Mafia ihrem Freund Tuncay, der in der JVA Siegburg unter mysteriösen Umständen ums Leben gekommen war. Für Jugendliche, wie Kutlu und Rossi es damals waren, war dies sicherlich ein schockierendes und einschneidendes Erlebnis. Kutlu verortet HipHop beziehungsweise Rap jedoch retrospektiv in diesen Kontext. Am Anfang steckte keine politische Intention dahinter. Kutlu beschreibt für die Adaption der Rap-Musik in seinen Lebensalltag, dass die Vorbilder in den USA richtungsweisend gewesen seien, zum Einen, was die Inhalte der Musik betrifft und zum Anderen, was die Präsenz von Menschen angeht, die vorher nicht im deutschen Fernsehen zu sehen waren:

„Der Einstieg für HipHop, für Rap ist einfach. Für Jeden. Jeder Mensch hat schon mal Gedichte geschrieben, jeder Mensch hat ja schon mal über sein Leben 'nen Text geschrieben, es muss ja nicht nur reimen, so. Warum HipHop so politisch ist, ist natürlich der Ursprung. Ich mein, es kommt aus dem schwarzen Ghetto, wo die Schwarzen diskriminiert werden, weil ja, gegen soziale Ungerechtigkeit. Und die Schwarzen haben darüber erzählt. Sie haben über ihr Leben in der Bronx erzählt, wie die Jugendlichen sterben, wie die Jugendlichen Hunger haben, wie es keine Jobs gibt. Und wie sie eben diskriminiert werden. Und deswegen war die Musik einfach für uns prädestiniert, weil ich weiß noch, ich hab damals Beat Street gesehen und hab gesagt: Puh, das will ich auch erzählen. Ich will auch über mein Leben was sagen. Und damals war es so, ich hab sehr viele, durch die Realschule sehr viele afrikanische Freunde gehabt. Die haben sich dann mit den ganzen Schwarzen aus dem Film identifiziert. Und da es grad in der Bronx zu der Zeit nicht viele Türken gab, haben wir uns die Puertoricaner eben ausgesucht, weil die so aussahen wie wir. Und der Ursprung ist einfach war schon politisch. Also kam man erst gar nicht auf die Idee, über Frauen zu rappen. Man ist der, obwohl das ja auch dazugehört. Das hat ja auch was damit zu tun, dass man in seinen Songs erzählt, ich bin der Coolste, ich bin der Beste, ich kann das und das, weil man sich ja vorstellt. Das gehört ja auch dazu. Es ist ja, du bildest dir, in dem du die Gedichte und die Musik machst, erschaffst du ja jemanden, du erschaffst dich ja neu in dem Augenblick. Und natürlich, jemand der diskriminiert wird und Probleme hat, der schafft natürlich ein neues Bild von sich. Und man will ja auch der Beste sein, in dem was man macht, in allem was man macht und darum gehört auch dieses Prahlerische mit dazu. Und eben das Politische, dass du den Leute sagst: Ey, wir haben hier 'n Scheißleben und kein Schwein kümmert sich drum. Und darum ist der Ursprung schon, war der richtungsweisend, darum kam in Deutschland erst mal auch keiner auf die Idee so einen Scheiß wie heute zu machen, so Porno-Rap und so weiter."

Kutlu beschreibt, dass für ihn das Prahlerische und das Politische im HipHop wichtig waren, und dass sich das Politische aus der Tatsache ergab, dass er Diskriminierungen erlebte. Er fokussiert in dieser Sequenz den Ursprungs-Mythos des HipHop als Widerstands-Kultur, wenn er auf das Element Rap zu sprechen kommt. Im Rap sah Kutlu die Möglichkeit, sich neu zu erschaffen und durch das *boasting* seine Person so gesehen auch mit Macht auszustatten. Es war in diesem Fall also nicht nur der politische Charakter des HipHop der springende Punkt, sondern erst die Verknüpfung mit dem Stilmittel des *boasting* bot in diesem Fall die adäquate Kombination, jenseits von ethnischen und diskriminierenden Zuschreibungen agieren zu können.

Rossi, MC bei der Microphone Mafia, beschreibt ebenfalls sehr ausführlich, dass am Anfang seiner HipHop-Karriere nicht der Rap im Mittelpunkt stand, sondern ähnlich wie bei Kutlu der Tanz. Rossi spielte auch schon, bevor er in Kontakt mit der HipHop-Kultur kam, Instrumente und hatte Lieder getextet:

„Das erste Mal bin ich 1984 in Berührung gekommen mit HipHop, wie der Kutlu auch. Breakdance hab ich angefangen. Hab dann ne' Breakdance-Gruppe gehabt. Mit dem Yücel und Oki aus Flittard. Und dann haben wir halt einige Wettbewerbe gewonnen, Breakdance-Wettbewerbe und so. Das war halt schon cool. Hab, bin dann halt so in Berührung mit HipHop gekommen. Hab mich dann immer mehr interessiert für DJing, hab dann mal versucht mit Platten bisschen rum zu machen, auch in der Disco-Gruppe in der Pauline. Und das war mir aber nicht so gut und irgendwann hab ich dann den Kutlu kennen gelernt. Was heißt, wir kannten uns schon eigentlich von klein an, nur der hat halt immer andere Wege gemacht wie ich. Also, der ist dann brav zur Schule gegangen, ich nicht. Und der ist dann Gymnasium, ich Hauptschule und so. Und wir kannten uns halt mehr vom Fußball und von der Pauline her. Und ich weiß nicht mehr, wie's genau war. Da saßen wir eines Abends am Marktplatz, nach der Pauline. Und ich hab dann halt angefangen Beatbox zu machen, und der Kutlu hat dann irgendwelche englischen Texte gerappt, von Ice-T und so. Das waren halt damals so richtige Vorbilder, auch für mich. Und dann meinte irgendeiner, ich glaub der Kutlu war es: Lass uns doch 'ne Gruppe aufmachen! Ich denk ja, ich wollt immer Musik machen, weil ich hab in 'ner Schülerband gespielt, Schlagzeug, hab mit 10 Jahren mein erstes Lied geschrieben, auf Italienisch, so 'ne Schnulze. Hab Keyboard gespielt und so. Und so fing das eigentlich an. Ja! Und dann haben wir einen Auftritt gehabt, '92 war das, unser erster Auftritt im Stadtgarten. Wir haben in der OT unsere ersten eigenen Parties gemacht, und sind dann beide aber auch aufgetreten. Und ich muss sagen, das Ding war voll, war immer voll! Und dann fing das an, das wir halt 'nen DJ damals hatten, der ist nicht mehr bei uns. Der hat dann halt so B-Seiten gehabt von Rap-Platten, also so ohne Rap. Und da haben wir unsere Raps drauf gemacht. So. Wir haben das richtig einstudiert, die Takte gezählt, und unsere Raps drauf gemacht. Ja, so fing das alles eigentlich an.“

Hannes Loh von Anarchist Academy, der keinen Migrationshintergrund hat und aus einem sogenannten bürgerlichen Haushalt stammt, rekonstruiert in seiner biographischen Erzählung die Anfangszeiten von Anarchist Academy:

„Und dann mit Bomba ging das los, dass wir angefangen haben, Anarchist Academy zu gründen und zu texten und da war dann eigentlich, das war auch so eine Super-Schnittstelle, weil da ging es los mit diesem Neo-Nationalismus nach 1989 und den Anschlägen. Und da war für uns klar: Ja wir verstehen uns als, ja Polit-Rap-Gruppe. Für uns war klar, wir sind so was wie Public Enemy auf Deutsch, ne. Und haben dann unser erster Hit war ‚Knall sie ab‘, wo wir halt gegen Nazis gerappt haben. Eigentlich noch bisschen so auf einer Multikulti-Schiene ne. Und gesagt: Unsere Homies kommen von überall her und so. Scheiß-Nazis. So bisschen diese Ebene. Und so hat sich das entwickelt bis hin zu Anleihen aus anarchistischen und sozialistischen Ideologie-Fragmenten. Ja und dann sind wir relativ schnell erfolgreich mit gewesen, weil wir vor allem von dieser Punk/Hardcore-Szene unterstützt wurden. Und die fanden das super, haben behauptet wir seien die Slime des Rap, was totaler Quatsch ist. Aber das hat dann dazu geführt, dass wir von denen gebucht wurden und die hatten einfach Anfang der 90er Jahre eine total gute Infrastruktur. Die hatten überall autonome Jugendzentren, besetzte Häuser, waren von den Veranstaltungen her gut organisiert. Und dann spielten wir da ständig mit irgendwelchen Punk-und Hardcore-Bands. Das war natürlich ein bisschen komisch, aber wir haben da unheimlich viel gelernt und Erfahrungen gemacht. Und dann stand diese Band eben auch im Vordergrund und auch die Auseinandersetzung mit der HipHop-Szene und wir haben uns dann auch mit der Band relativ früh, das war 95/96 journalistisch beschäftigt, mit HipHop, haben ein Magazin gegründet: Anarchist to the front.“

Loh beschreibt retrospektiv, dass sein Einstieg als Rapper eine Schnittstelle war, da mit der Wiedervereinigung von Ost-und Westdeutschland eine Nische für die Art der Musik entstanden war, und sie sich vor diesem Hintergrund als Polit-Rap-Gruppe definierten. Diese Selbst-Verortung war also an gesellschaftliche Zusammenhänge gekoppelt und ist nicht aus sich selbst heraus entstanden, weil Rap an sich politisch oder widerständig ist, sondern weil die Erfahrungen und Kontexte, die daran geknüpft sind, Rap sein politisches Potenzial verleihen. Rap als Schwarze Musik aus den Ghettos der USA ist nicht ein zu eins auf den deutschen Kontext übertragbar, sondern die Erfahrungen und der Glaube an ähnliche Erfahrungen bilden die Grundlage für die Adaption in der Bundesrepublik Deutschland. Loh beschreibt, dass sie sich als Public Enemy auf Deutsch verstanden, obwohl Loh selbst keinen sogenannten Migrationshintergrund hat, keiner Minorität angehört, sondern im Gegenteil aus einem privilegierten Elternhaus stammt. Es war die rebellische Attitude von Public Enemy, die ihn ansprach, was auch bei den Rappern mit sogenannter Migrationsgeschichte der Fall war. Während aber bei allochthonen Rappern oftmals mit einer Mehrheit-Minderheiten-Figuration argumentiert wird, wenn es um die Darstellung von Rap-Musik im Kontext von Migration geht, so geschieht dies bei autochthonen Rappern lediglich im kleineren Rahmen, wie beispielsweise als pubertäre Form der Rebellion und Abgrenzung gegen das Elternhaus. Dieser Aspekt wird bei Rappern mit Migrationsgeschichte jedoch von vornherein ausgeschlossen, weil dies auch bedeuten würde, dass man sie als ganz normale Jugendliche betrachten müsste anstatt als Migranten.

OJ Kingpin, der zu der neueren Generation von Rappern zählt, beschreibt seinen Einstieg in die Rap-Musik als eine Beschäftigungstherapie, die anfangs nicht an eine bestimmte Absicht gebunden war:

„Damals waren die ersten Videos im Fernsehen. Ich kann mich noch daran erinnern, wie dieser Savas-Eko-Diss gegenseitig war. Das hat schon so 'nen Boom in Deutschland ausgelöst. Wo auf jeden Fall jeder meinte: Die sind Gangster, ich bin krasserer Gangster! So war es auch bei uns der Fall, weißt du. Aber ich habe das mehr so gesehen am Anfang, ganz am Anfang so wie eine Beschäftigungstherapie. Ich hab mir so ein Mikrofon geholt für 30 Euro. Hab mir auch einen Magic-Music-Maker geholt für 50,00 Euro, 60,00 Euro. Insgesamt 95 Euro. PC hatten wir im Büro gehabt. Haben wir angeschlossen und extrem amateurhaft so halt Tracks aufgenommen. Und halt die sind auch dementsprechend ausgefallen. Natürlich haben wir die auch nicht veröffentlicht. Aber es war für uns schön, überhaupt uns so zusammen zu treffen. Abends nach der Arbeit und alles und irgendwas zu machen in der Hinsicht. Ja und mit der Zeit hat man sich halt immer gebessert und dann kam es mal halt zu dem Punkt, dass wir einfach mal zwei Diss-Tracks gemacht haben. Damals war das halt gegen den Fler. Wobei ich sagen muss, ich hatte nie mit dem Probleme oder Ärger gehabt. Das war eigentlich so aus dem Bauch heraus. Er war gerade aktuell in den Medien. Hat auf dieser deutschen Welle rumgeritten. Dann war das halt in der Umgebung so gängig: Hey, wat will der. Guck mal der Nazi dies und das. Obwohl wir selber so diese Meinung nicht so krass vertreten haben, aufgrund, weil unser Umfeld halt so irgendwie dagegen so Dings gezeigt hat, ja so 'nen Hass hatte, so sich dagegen gestellt hat, haben wir gesagt: O.K. das können wir aufgreifen. Halt für unsere regionalen Leute. Vielleicht werden wir dadurch punkten so. Haben wir auch gemacht, kam einigermaßen gut an. Natürlich halt bei der Gegenseite nicht und wir haben dann diese Diss-Tracks rausgebracht. Ja, dadurch ist auch Eko auf uns aufmerksam geworden, weil wir auch mit dem Produzenten von Eko zu dem Zeitpunkt uns auch kennen gelernt haben. Ja dadurch haben wir auch Eko kennen gelernt. Eko hat bisschen strukturiert die ganze Sache, bin Eko sehr dankbar heute."

Die Interviewsequenz mit OJ zeichnet nach, wie bereits vorhandene Videos von bekannten Künstlern als Ausgangspunkt genommen wurden, um eigene Musik zu produzieren. Anders als bei den ersten Rappern in Deutschland, bei denen Schallplatten als Grundlage dienten, stehen bei der heutigen Form der Aneignung ganz stark visuelle Aspekte im Vordergrund, was auch bei der Inszenierung in den Rap-Videos zum Ausdruck kommt. Eko Fresh, auf den sich OJ an mehreren Stellen im Interview bezieht, hat die Musik unterstützt, und dies ist innerhalb der HipHop-Kultur, die lediglich eine kleine Nische im Musikproduktionsmarkt bildet, ein wichtiger Faktor. Gleichzeitig verdeutlicht OJ auch, dass der Glaube daran, dass die regionalen Leute das, was sie machen, gut finden könnten, ebenfalls ein Faktor war, in eine bestimmte Richtung zu gehen.

Ravi von Köln-Porz Deadline beschreibt nicht nur den Weg in die Musik, sondern verortet sie auch retrospektiv in einen breiteren Zusammenhang.

„Musik war auch zwischendurch. Und das war halt nur so eine Sache, die man aus Spaß und nebenbei gemacht hat. Wo, wo man sich eigentlich, auch bei diesen gesellschaftskritischen Texten so, das sind Sachen, die wir einfach tagtäglich in den Medien sehen so. Und dann verfestigen die sich im Kopf so. Und deshalb haben wir das gemacht. Das war jetzt aber nicht so, dass wir uns da hin gesetzt haben und überlegt haben. Ja, was könnten wir so gesellschaftskritisches sagen. Und dann halt so 'nen Text geschrieben haben. Sondern einfach, das kam einfach. Wir haben einfach gesagt: So, wir machen jetzt einfach. Keine Ahnung, z. B. wir machen jetzt Straße und dann haben wir halt Texte geschrieben. Und dann kam halt dabei so raus, dass diese Sachen, diese z. B. da kam auch dieses ganz neue, dieses Brennpunkt. Das ist der Brennpunkt. Porz ist 'n Brennpunkt. Demo ist 'n Brennpunkt und Mülheim ist 'n Brennpunkt. Keupstraße ist schlimm und so Sachen. Das gab's ja vorher gar nicht. So, da war entweder Stadtteil war gut oder ähm Stadtteil war schlecht. Aber dafür, da gab's dieses Brennpunkt noch nicht und das wurde nicht alles so, alles so auf Ausländer, oder was weiß ich, abgestritten so. Und das hat sich halt so ergeben. Und dann haben wir das gemacht und da haben wir uns auch nicht viel bei gedacht. Ehrlich gesagt.

Im Nachhinein, dann wenn man darauf angesprochen wird, wenn man dann sagt: Was habt ihr euch dabei gedacht. Dann macht man sich halt seine Gedanken. Und sagt O.K., das und das und das hab ich mir dabei gedacht, was aber eigentlich gar nicht wahr ist so."

Ravi bezieht sich an dieser Stelle auf Zuschreibungsprozesse von außen, die in die Inhalte der Musik hinein interpretiert werden, obwohl diese von den Jugendlichen nicht in der Art kodiert wurden, wie sie dekodiert werden. An dieser Stelle entsteht eine zu einseitige Interpretation von Inhalten, die jedoch mit dem herrschenden Diskurs übereinstimmt und letztendlich aus Sicht der Mehrheitsgesellschaft logisch erscheint, obwohl die Rapper sich selbst falsch repräsentiert sehen. Wichtig ist an dieser Stelle auch der Verweis auf hegemoniale Redeweisen, da diese auch von den Jugendlichen selbst aufgegriffen werden, auch wenn sie dabei eine andere Perspektive einnehmen.

Auch Aziza A., die ihren Weg in die Rap-Szene beschreibt, hat sich anfangs, wie sie sagt, nicht ein Konzept überlegt, mit dem sie auftreten wollte. Vielmehr verdeutlicht die Interview-Sequenz, dass sie schon immer Freude daran hatte zu performen. Der Griff zum Mikrofon kam nicht einfach so zustande, sondern knüpfte an bestehende Interessen und Kompetenzen an:

„Ich hab angefangen und hatte überhaupt kein Ziel, weil ich nicht gedacht hab, dass das irgendwo hingeht. Sondern es war einfach nur in dem Moment ein Gedanke und eine Leidenschaft, die ich in mir entdeckt hab, am Anfang. Und die neu war. Und ich bin sehr neugierig, und bin ins kalte Wasser gesprungen und hab gemerkt, das ist das Wahre. Dass ich noch nie länger in 'nem Job war, als in dem als Künstler. Und dass es genau auch das ist, was meine Person ausmacht: frei zu sein, die Leute zu unterhalten, Leute glücklich zu machen, Leute zum Nachdenken zu bringen, sozial zu sein, Kulturen kennen zu lernen. Unterwegs zu sein, in Gruppen zu sein, immer mit Musik zu sein. Und auch der Film war nicht immer weit weg von mir. Sondern ich bin auch schon immer gern ins Kino gegangen. DVDs gucken und so war schon immer. Deswegen war es dann auch nicht weit weg, dass ich dann irgendwann Filmmusik gemacht hab und selbst gespielt hab. Weil ich hatte in der Oberstufe nämlich als zweites Wahlpflichtfach Schauspiel. Siehst du, da kommen mir so Sachen in den Kopf! Ja, in der Grundschule war ich schon sehr theaterfixiert und ging auf die Bühne und so da. Also ich habe kein Problem, vor Tausenden von Leuten zu improvisieren oder was auch immer. Ja. Ich kann alles machen. Aber ich hab ein Problem damit, wenn mir jemand versucht, mein Wissen zu kontrollieren, oder – also ich bin ein Mensch, ich hab Prüfungsangst. Krieg Blackout. Also ich kann so viel lernen, wie ich will, und mir so sicher sein, wie ich will. Wenn so zwei, drei, vier Leute vor mir sitzen und mein Wissen prüfen, ist es mit mir vorbei. Genauso, wenn ich unterschreiben soll und du guckst mir auf die Hand, kann ich nicht schreiben. Das ist so 'ne Macke. Aber ich kann, wo andere Leute gehemmt sind, kann ich mich bewegen, als wäre ich zu Hause. So, das ist wahrscheinlich einer der Gründe, warum ich viel lieber auf Tour bin oder auf 'ner Bühne bin, als im Studio, obwohl ich das natürlich auch gerne mach, aber das ist 'ne ganz andere Sache einfach. Und das war der Ansporn. Hab dadurch entdeckt, was noch in mir steckt, um mich zu beschreiben.“

Die Interview-Sequenzen belegen eindeutig, dass nicht der Migrationshintergrund oder die subjektiv erfahrene Marginalisierung, wie oftmals dargestellt wird, die Gründe waren, mit dem Rappen anzufangen, sondern die künstlerischen Aspekte im Vordergrund standen. Auch die Themen, die in der Rap-Musik aufgegriffen werden, erklären sich somit nicht aus sich selbst heraus, sondern entwickelten sich erst im Laufe der Jahre und waren immer an gesellschaftliche Ereignisse gekoppelt, wie ich bereits ausgiebig im zweiten und dritten Kapitel dargestellt habe. Welche Rolle oder Bedeutung haben also vor diesem Hintergrund ethnische Kategorien für die RapperInnen selbst? Die oftmals zugeschriebene essentialistische Sichtweise auf Rapper mit sogenanntem Migrationshintergrund wird von ihnen abgewiesen, wie ich im folgenden Kapitel darstellen werde, bleibt aber in den öffentlichen, politischen und alltäglichen Diskursen machtvoll. Um dieser hegemonialen Dominanz entgegenzuwirken, ist eine subjektive Selbst-Verortung und Repräsentation von großer Bedeutung.

7.3 „Wir kannten nicht den Türken, den Italiener. Wir waren einfach Wir!“

Die oftmals mit dem HipHop assoziierte multikulturelle Komponente wird meistens künstlich aufgeladen und als wichtigster Faktor mit HipHop in Verbindung gebracht. Die für die Jugendlichen als selbstverständlich erlebte Form des sogenannten multikulturellen Zusammenlebens wird von außen als das einzig wichtige Element dargestellt. Zudem ist in diesem Kontext Multikulturalität lediglich auf ethnische Herkunftskulturen fixiert und somit für globalisierte, transnationale Kontexte unbrauchbar, da der Begriff von einem homogenen Kultur-Verständnis ausgeht, das in der Realität kritisch zu revidieren ist. Diese Herangehensweise ist nach den Pogromen in den 1990er Jahren zustande gekommen, als die Medien ein verstärktes Interesse an den Tag legten, die multikulturell zusammengesetzten Gruppen als gelungenes Beispiel einer multikulturellen Gesellschaft zu präsentieren und sie für antirassistische Projekte zu instrumentalisieren. Die von außen inszenierte multikulturelle Folklore in Form der Rap-Crews wird der Realität des selbstverständlichen Zusammenlebens nicht gerecht, da er diese als Endprodukt der Rap-Welt ansieht, obwohl der Rap oder HipHop nicht das multikulturelle Zusammenleben hervorgebracht haben. Dieses war schon vor der Formierung zu HipHop-Crews eine Selbstverständlichkeit. Das Aufgreifen von Konzepten wie Multikulturalität oder Fremdheit entsprang aus dem Fakt heraus, dass Jugendliche in einen Legitimationszwang hineingerieten, der aufgrund vorausgegangener Stigmatisierungen entstanden war. Der Boom in den 1990er Jahren an sogenannten antirassistischen Statements von diversen Musikern war jedoch auf die politische Stimmung und die vorausgegangenen Pogrome zurückzuführen und nicht auf den Fakt, dass die HipHop-Crews dem Multikulturalitäts-Hype verfallen waren. Die Lyrics von Erci E. (s. u.) verdeutlichen, dass sein Statement und seine Selbstpositionierung nicht um seiner selbst willen entstanden sind, sondern als eine interaktionistische Form der Positionierung in den herrschenden Diskurs zu verstehen sind und sich nicht aus sich selbst ergeben. Die intertextuelle beziehungsweise interaktionistische Prägung im HipHop ist wichtig, um die Statements der Rapper in einen höheren Zusammenhang stellen zu können, ohne sie damit einer essentialistischen Kategorisierungs-beziehungsweise Stigmatisierungs-Praxis zu unterziehen.

„Fast in allem bin ich Schuld, man nennt mich liebevoll Kanake / Dein größtes Problem, dein Pickel an der Backe. / Dass ich packe - und geh, darauf kannst du lange warten. / Solange ich da bin - guck ich weiter böse und mach 'nen harten. / Auch wenn's nicht so wär, du würdest es weiterhin so sehen. / Es war schon immer sehr schwer, dein Verhalten zu verstehen. / Ich nimm dir deine Frau weg, danach mach ich dich arbeitslos. / Deutschland tut mir so gut, was machen wir da bloß / Und überhaupt: Deine Frau weggenommen? / Soll ich dir was sagen?/ Sie ist von ganz alleine mitgekommen. / Natürlich bin ich Schuld an euren Arbeitslosenzahlen. / Ich kriege haufenweise Jobs und alle wollen mir viel bezahlen. / Du bist so hasserfüllt, deine Blicke machen das deutlich. / Da wird er gleich nervös, weil ein Türke besser Deutsch spricht. / Komm heul nicht, bin schon da für Nachhilfeunterricht. / Du freust dich, das der Refrain mich unterbricht./Refrain: Aaayyy aaayyy aaaayyy yeah / Weil ich Türke bin, bist du gestresst [...]In dieser Rolle als Bösewicht, siehst du mich am liebsten. / Wenn du dir das so sehr wünschst, bitteschön, dann kriegste ihn. / Doch eigentlich braucht das keiner, weder du noch ich. / Dein Buhmann für alle Zeiten, geht sowieso nicht. / Türken und Deutsche - ein faszinierendes Liebespaar. / Ich lese Freud und sehe extreme Triebgefahr. / Viel blabla - meistens überflüssiges Gelaber. / Im Grunde ist: ich lebe hier und - komme von da. / Ich bleib hier und das hast du schon lange befürchtet. / Wo wart ihr als ihr Erci E. zum Kanzler kürtet?“[1]

Die Single von Erci E. aus dem Jahr 1999 steht an dieser Stelle exemplarisch für die Rezeption von ethnischen Kategorisierungen in der Rap-Musik, wie sie in den frühen 1990er Jahren anzutreffen waren und sich bis heute wiederfinden lassen. Größtenteils ist die Bezugnahme auf die eigene ethnische Zugehörigkeit oder aber auch auf die Minderheiten innerhalb der Majorität damit

1 | Erci E, Weil ich ein Türke bin (Single). 1999

verbunden, Missstände aufzuzeigen. Hierbei spielt der Bezug auf Ethnien lediglich die Rolle, Diskriminierung aufzuzeigen und zu dekonstruieren. Die Rezeption von ethnischen Kategorien ist immer auch eine Reproduktion von eben diesen. Gleichzeitig dient dies dazu, sich seiner Rolle innerhalb der Mehrheitsgesellschaft zu vergewissern und eben dieser einen Spiegel vorzuhalten. Die Single „Weil ich ein Türke bin" ist der ironische und überspitzte Versuch, die als willkürlich und überheblich wahrgenommene Stellung von Seiten der Mehrheitsgesellschaft in Frage zu stellen. In der theoretisch-wissenschaftlichen Aufarbeitung von HipHop sowie in den Praxisbezügen wird oftmals die These vertreten, in der HipHop-Kultur spiele es keine Rolle, woher jemand komme, welche ethnischen Hintergründe er habe oder welchem sozialen Milieu er oder sie entstamme. Dennoch wird in der öffentlichen als auch wissenschaftlichen Rezeption Ethnizität und Zugehörigkeit immer wieder thematisiert und trägt somit auch zum Fortbestehen und Manifestieren von Realitäten bei. Rossi beschreibt in der Interviewsequenz, dass die ethnische Zugehörigkeit für das alltägliche Zusammenleben keine Relevanz hatte und dass er die Kategorisierungen erst viel später kennengelernt hat:

„Wir hatten immer viele Kumpels so, aber richtige Freunde hatte ich damals, so einen besten Freund hatte ich eigentlich nie. Bis ich dann halt mehr in Kontakt mit Kutlu gekommen bin. Seit der Gruppe. Ich hatte halt den Marokkaner, Türken, Kurden, Jugoslawen. So! Da waren Deutsche auch, aber nur 'n paar Mann. Paar, nicht viele. Italiener, aber wir waren halt alle so, wir waren WIR! Es gab nicht der Kurde oder der Türke. Das hab ich erst viel, viel später eigentlich so kennen gelernt, dass es Kroaten-Serben gibt. Türken-Kurden, ja! Neapolitaner-Sizilianer. So, das kam erst viel, viel später. Wir waren halt wir! Wir waren Marktplatz-Gang. So! Das war halt das Besondere. Und der Önder ja auch. Also der Önder war z. B. hab ich schon vor dem Kutlu schon Kontakt gehabt. So richtig Kontakt, weil ich war mit ihm auf einer Schule, wir sind morgens zusammen zur Schule gegangen, der hat mir immer Zigaretten gegeben, weil ich hatte nie Zigaretten und der Önder hat immer viel Geld gehabt so ne."

Lange Zeit wurde und wird heute immer noch die Microphone Mafia als Paradebeispiel einer multikulturell zusammengesetzten Rap-Crew präsentiert, auf ihrer Webseite distanzieren sie sich von dieser Zuschreibung und verdeutlichen, dass sie sich die Form der Repräsentation nicht selber ausgesucht haben. Rossi beschreibt in der Interview-Sequenz, dass es für ihn das Besondere war, dass ethnische Kategorien nicht im Mittelpunkt standen. Er dreht die Perspektive damit um und dekonstruiert den künstlich erzeugten Stellenwert von ethnischen Zugehörigkeiten im Kontext von multikulturellem Zusammenleben.

Hannes Loh aka. LJ von Anarchist Academy geht im Interview auch auf seinen gemischten Freundeskreis ein. Er beschreibt jedoch, dass er zwei verschiedene Freundeskreise hatte, was er auf die Tatsache zurückführt, dass zu der damaligen Zeit Gymnasiasten, zu denen er selber zählte, nicht zu den Besuchern der Jugendzentren zählten:

„Ich hatte da meine ersten deutschen Texte auch schon geschrieben, war so ein Exot da in dieser Community in Iserlohn. Und habe so zwei Freundeskreise gehabt: einmal so meinen Alternativ-Gymnasiasten-Freundeskreis und dann in den 80ern schon relativ, so ab 87/88 habe ich mich dann auch im Jugendzentrum rumgetrieben, was eigentlich ungewöhnlich war, weil da die Gymnasiasten gar nicht aufgetaucht sind. Da waren in erster Linie Kinder mit Migrationshintergrund, ganz wenige Deutsche und aber, über HipHop war irgendwie, war das plötzlich egal. Also da habe ich, da bin ich da hin, früher bin ich da nur zum Flohmarkt hin und weil ich mich so an den normalen Tagen oder zur Disco nicht getraut hab, weil ich da niemanden kannte. Und als dann klar war irgendwie, ich rappe auch. Und das ist mir wichtig Leute kennen zu lernen, die das auch machen. Das war gar kein Problem. Nur die haben sich jetzt auch nicht groß dafür interessiert, was ich jetzt, was so mein Bildungsgang ist oder so und ich mich auch nicht für deren. Wir hatten so ein Thema: HipHop! Und das war für mich so die erste ganz wichtige Erfahrung mit HipHop, dass es egal ist, welchen Lebenslauf man so mitbringt, wenn man sich für HipHop interessiert, dann trifft man sich und dann tauscht man sich aus, plant was, macht was, zeigt sich irgendwas, rappt sich gegenseitig irgendwas vor, zeigt sich seine Skizzen oder was auch immer. Und das hat mich sehr begeistert. Das war für mich auch so ein bisschen Weg raus aus dem linksalternativen-bürgerlichen Elternhaus. Meine Mutter war Lehrerin, mein Vater Pfarrer und das fand ich einfach total attraktiv und es war auch total schön, diese beiden Welten zu haben. Auf der einen Seite so meine eher so Indie-Rock/Punk, ja so 70er Rock angehauchten links-alternativ angehauchten Gymnasiasten-Freunde, und auf der anderen Seite eben meine HipHop-Freunde."

Hannes Loh beschreibt, dass er selber zwei verschiedene Freundeskreise hatte. Er beschreibt die HipHop-Szene als eine, in der es keine Rolle spielte, welche ethnische Zugehörigkeit jemand hatte. Gleichzeitig jedoch sagt Loh, dass es „plötzlich" keine Rolle mehr spielte, welchen Hintergrund jemand hatte. Dies lässt darauf schließen, dass es jenseits des HipHops sehr wohl eine Rolle spielte, welchen Hintergrund jemand hatte. Ethnische Differenz im HipHop ist für die Erzählungen im HipHop und für die journalistische und wissenschaftliche Darstellung von Beginn an relevant und prägend gewesen. Obwohl Rapper und Rapperinnen auf ungleiche Machtverhältnisse innerhalb der Gesellschaft aufmerksam machten, wurden sie in der Fremd-Repräsentation auf die ethnische Herkunft reduziert. Dies ist in Deutschland und ebenfalls in den USA der Fall gewesen und ist bis heute für die Rezeption von HipHop als sogenannte Minderheiten-Kultur relevant. Die Herstellung und auch die Rezeption dieser ethnisch hergestellten Differenz haben somit mit eine Reproduktion dessen geschaffen, was Rapper und Rapperinnen in ihren Lyrics dekonstruieren beziehungsweise aufzeigen wollten. Während RapperInnen sich hierbei auf ungleiche strukturelle, gesellschaftliche und politische Machtverhältnisse fokussierten, wurde in der Rezeption das Gegenteil vollzogen. Die individuelle Identität von RapperInnen im Kontext von ethnischen Kategorien nahm einen wichtigen Stellenwert ein und führte in Deutschland zu dem, was unter dem Phänomen Deutsch-Rap und Oriental-Rap sowie Gangster-oder „Kanaken"-Rap wiederzufinden ist. Durch die Verlagerung von künstlerischen Ausdrucksformen auf die ethnische Festschreibung, sozusagen auf die Fremdethnisierung, ist der künstlerische Ausdruckscharakter von Rap-Musik in den Hintergrund gerückt. Dieses Dilemma ist einerseits der Dialektik von Kommunikationsschemata zuzuschreiben, andererseits dem hegemonialen Mehrheitsdiskurs, der „Andere" nur in anderen Kontexten thematisieren kann. Mit Dialektik der Kommunikation meine ich an dieser Stelle, wie Botschaften und Inszenierungen von Rappern verortet und entschlüsselt werden. Ich habe schon an anderer Stelle beschrieben, dass sich in den 1990er Jahren nicht nur Rapper mit sogenanntem Migrationshintergrund antirassistisch positioniert haben. Gleichwohl wurden sie aber dennoch als Multikulti-Rapper kategorisiert und das Rassismus-Problem erfuhr eine gesamtgesellschaftliche Externalisierung. Somit dient der Etikettierungs-Zwang im Rap lediglich dazu, hegemoniale Handlungsmuster in Bezug auf Zuschreibungen zu verfestigen und als natürlich gegeben zu kontextualisieren. Gerade die 1990er Jahre wären der richtige Zeitpunkt gewesen, Menschen mit Migrationsgeschichte nicht länger als Fremde zu markieren, sondern rechtlich und formal zu inkludieren. Die Inhalte der Rap-Musik wurden von der Mehrheitsgesellschaft nicht als Aufruf zur Gleichberechtigung interpretiert, sondern lediglich als antirassistische Statements rezipiert. Dies führte dazu, dass die Jugendlichen weiterhin auf den Status eines Migranten, eines multikulturellen Objekts reduziert wurden.

Das Phänomen der Etikettierung lässt sich auch in den USA beobachten, wenn bis heute die Frage im Raum steht, wer realen HipHop verkörpert. Die überbewertete Aufmerksamkeit, die der Weiße Rapper Eminem erfuhr, zeigt, wie sehr HipHop in den USA immer noch ein umkämpftes Terrain darstellt, wenn nach wie vor zwanghaft nach Kategorisierungs-und Bewertungsmustern gerungen wird. In den USA lässt sich eine ähnliche Methode im Zuschreibungsprozess der Aneignung erkennen. „Vom Gangster zum Rapper" ist das vielversprechende Modell, auf dass sich die Medien stürzen, wenn Stars wie beispielsweise 50 Cent geboren werden.[2] Hierbei spielt seine kriminelle Vergangenheit eine weitaus größere Rolle als seine künstlerischen Fähigkeiten. Diese stehen lediglich im Vordergrund, wenn sie sich in den herrschenden Diskurs über kriminelle, hypersexuelle und misogyne Schwarze Männer einreihen

2 | 50 Cent, mit bürgerlichem Namen Curtis Jackson, ist ein New Yorker Gangster-Rapper aus Queens.

lassen. Nachdem der Gangster-Rap in der BRD Anfang des neuen Jahrtausends für Aufsehen sorgte, war ethnische Differenz sowohl für die Akteure als auch für die Rezipienten ein Hauptfaktor, wenn auf die HipHop-Kultur oder Rap Bezug genommen wurde. Auch wenn die ethnische Differenz, wie beispielsweise von King Kool Savas, nicht zum Aufhänger gemacht wurde, so wurde in der Darstellung seiner Künstler-Biographie dennoch darauf verwiesen, dass er türkischstämmige Eltern hat, dies aber nicht zum Inhalt seiner Texte mache und nicht in den Fokus stelle. Durch die Wiederholung und damit die Reproduktion von Wissen über Andere, wird der Andere erst konstruiert. Die automatische Assoziation beziehungsweise Ableitung, dass die HipHop-Kultur aus dem Grunde multikulturell sei, weil in ihr Jugendliche aus unterschiedlich ethnischen Herkunftsfamilien zusammenkommen, ist im Laufe meiner empirischen Forschungsarbeiten widerlegt worden. Die Frage nach der ethnischen Herkunft ist wie in sonst keiner anderen Musikrichtung ein HipHop-spezifisches Phänomen. Die These, dass HipHop aufgrund von unterschiedlich ethnischen Mixen multikulturell wird, ist in diesem Zusammenhang auf die reduktionistische Rezeption des Kultur-Begriffs zurückzuführen. Multikultur wird hierbei nicht im Sinne eines auf alle Lebenswelten und Weisen übertragbaren Kontextes eingeordnet, sondern folgt einem essentialistischen Strukturmuster, in dem Kulturen als statische und homogene Blöcke repräsentiert werden. Diese sich gegenseitig bedingende Form der Selbst-und Fremdethnisierung, die von Bukow und Llaryora in der BRD schon relativ früh aufgegriffen, analysiert und kritisiert wurde, ist in weiten Teilen des Rap in Deutschland wiederzufinden. Sie dient, wenn sie von RapperInnen praktiziert wird, mehr der Auflösung der festgeschriebenen Zuschreibungen, während die Rezeption meist auf eine Reproduktion ausgerichtet ist und somit durch Wiederholungen erzeugt wird.

7.4 „Ich mag's nicht, wenn man Deutsch-Türkin sagt!"

Die Ethnifizierung ist ein Instrument, bestehende Machtverhältnisse aufrecht zu erhalten, indem Minderheiten immer wieder als solche konstruiert werden und durch Zuschreibungsprozesse als Einheit (an)greifbar werden. Der durch Reputationen erzeugte Glaube an Andere, Fremde ist in diesem Kontext fatal, da selbst bei MigrantInnen, die bereits in der dritten Generation in der BRD leben, von einem Fremdheits-Komplex ausgegangen wird. Sowohl für die Minorität als auch für die Majorität wird diese Konstruktion zum reellen Bezugsrahmen. Für die Minorität ist dies in strukturellen und institutionellen Barrieren erfahrbar und endet nicht zuletzt in einem Rechtfertigungszwang, wer man sei oder woher man komme oder hingehöre.

„Ich weiß nicht mal wo ich hin gehöre, in der Türkei bin ich immer die Deutsche und so. Und hier in Deutschland, Kanake natürlich. Das ist, ich weiß nicht so, einfach so eine neue – keine Ahnung, wie man es nennen soll: Ich mag's nicht, wenn man Deutsch-Türkin sagt. Ich mag das einfach nicht. Da muss ein neues Wort her für uns."

Duygu fordert eine neue Bezeichnung für sogenannte Deutsch-Türken und verdeutlicht auch, dass sie sich selbst mit der Bezeichnung nicht identifizieren kann. Der Bezug auf das Wort „Kanake" spiegelt ihre Wahrnehmung von Stigmatisierung und Marginalisierung wider und dient in diesem Kontext als Bezugsrahmen zu einer kollektiven Gruppe. Sie positioniert sich selbst nicht als Türkin in Deutschland, sondern, indem sie den Begriff „Kanake" in ihre Narration einbezieht, schafft sie eine Distanzierung von ethnischen Zuschreibungen.

David konstatiert in diesem Zusammenhang, dass das Label Türkisch bei ihm lediglich der Einfachheit halber benutzt werde, um sich zu positionieren:

„Mein Vater ist Deutscher, also mein Vater ist Deutscher und meine Mutter ist halt Türkin mit albanischer Abstammung. So und jetzt hier und da – noch bisschen griechisch und alles, bisschen dabei. Wenn du mich jetzt groß fragst, sag ich, ich bin Türke, weil das ist halt das einfachste. Ich mein, ich bin halt in 'ner türkischen Familie aufgewachsen."

MC Soom T, die ihre Kindheit und Jugend in Glasgow/Schottland verbrachte, verdeutlicht in ihrer Interview-Sequenz, dass durch den Zusammenschluss mit unterschiedlichen Menschen aus unterschiedlichen Kontexten und Musikstilen die ethnische Herkunft als Alleinstellungs-Merkmal unwichtig wird und die Zuschreibung als Minderheit sich dadurch für sie auflöst.

„And even though my parents were Indian, I feel I'm Scottish-Glaswegian, because I lived in Glasgow my whole life. I was educated in Glasgow, I went to school in Glasgow, I listened to music in Glasgow, I started making music in Glasgow. And I think even if you are a minority group if you are willing to also share other cultures then you no longer feel like a minority."

Soom T bezieht sich in ihren Ausführungen nicht nur auf Herkunftskulturen, sondern hat einen erweiterten Kulturbegriff, der alle kulturellen Einflüsse mitdenkt. Die verbindende Komponente macht es möglich, sich selbst in einen breiteren Kontext zu verorten. Dennoch ist sich Soom T über Rassismus und Vorurteile im Klaren und kritisiert in diesem Zusammenhang die Medien als einen Faktor, rassistische Diskurse aufzugreifen und zu ihrer Manifestierung beizutragen:

„I think everywhere you suffer prejudice. But I think deep down most people don't want to be prejudiced. They are only racist sometimes or prejudiced against somebody's colour, their religion, sexual orientation, because they just don't know, are not experienced with it. But if anything makes it worse it's the media. A night like tonight Benefit Beats, people come here from all over Europe: Francesco you met, he was from Italy, a friend who said Goodbye he is from Denmark, our friend, that come from Granada. We come from all over the world, but we meet here, because we don't believe in these prejudices. We come here to celebrate diversity, unity, sharing each other's cultures and this is what makes it special. I would not be able to do what I do, if I would not appreciate Jamaican Culture, American Culture, African-American Culture, French Culture; German Culture, Turkish Culture, any ethnic culture, because we really come from all this places. So I think prejudice is slowly dying more and more, all we can do in our lifetime, is trying help to move this forward and so that in our life, we have done something good with our life, trying to make the next generation more tolerant."

MC Soom T setzt dem herrschenden Diskurs ihre Ansicht von gelebter Diversität entgegen. Sie beschreibt dies exemplarisch an dem Benefizkonzert in Berlin, wo ich sie interviewt habe und wo diverse Musik-Gruppen aus unterschiedlichen europäischen Ländern aufgetreten sind. Für Soom T ist das Besondere daran, dass ein Austausch und eine Anerkennung von unterschiedlichen Musikstilen zu beobachten ist. Sie hat eine optimistische Perspektive auf das Zusammenleben und auch was die Dekonstruktion von Vorurteilen betrifft. Soom T überträgt ihr Empfinden innerhalb der Musikszene, in der sie sich bewegt, auf gesamtgesellschaftliche Kontexte und plädiert dafür, diesen Weg weiter fort zu führen, damit die kommenden Generationen toleranter werden.

Kameke beschreibt im Interview, dass die subjektive Wahrnehmung und die Repräsentationen von außen nicht miteinander übereinstimmen. Er überträgt den herrschenden Alltags-Diskurs auf die HipHop-Kultur und schafft damit eine Loslösung von HipHop und ethnischen Kategorisierungen. In der Interview-Sequenz verdeutlicht er seinen Standpunkt am Beispiel vom *Battle of the Year* und thematisiert in diesem Kontext Hannes Lohs Perspektive auf die HipHop-Kultur, die seiner Meinung nach von vornherein auf einen bestimmten Aspekt gerichtet ist, was auch in dem Buch „Fear of a Kanak Planet" zum Ausdruck kam. Jens Kameke vertritt den Standpunkt, dass Loh von vornherein mit einer ideologischen Perspektive an die HipHop-Kultur herantrete und damit auch zur Manifestierung von Diskursen beitrage:

„Also ich habe das als Breakdance-Happening des Jahres wahrgenommen und Hannes hat das wahrgenommen als eine interkulturelle Veranstaltung, wo sich Migranten mit Deutschen mischen vielleicht oder so was. Für mich hat das nie eine Rolle gespielt. Was weiß ich, wo die Typen hergekommen sind. Ich glaube der war da schon immer mit einer bestimmten Sensibilität für das Thema unterwegs, weil er durch diesen linksalternativen politischen Hintergrund für das Thema vielleicht sensibler war als andere Leute."

Auch Kutlu von der Microphone Mafia beschreibt in dem folgenden Zitat, wie Differenzen von außen zugeschrieben und somit erst künstlich hergestellt werden, die in dem Moment für die Repräsentation eigentlich belanglos sind:

„Zum Beispiel in Essen waren wir auf 'm Festival, und da sind Bands aufgetreten, und dann kamen wir, sollten wir, und jetzt wird's multikulturell, jetzt kommt 'n Türke, 'n Italiener und so auf die Bühne. Und ich so, warum sagste denn das? Sag: Jetzt kommt Mikrophone Mafia, 'ne Band aus Köln, fertig. Nee, da mussten erst mal die ganzen Nationalitäten, die in unserer Band sind, aufgezählt werden.“[3]

Die Biographieverläufe zeigen deutlich, dass die InterviewpartnerInnen mit Unterschichtungs-und Exklusionsmechanismen in Berührung kommen, obwohl sie sich als selbstverständlichen Teil der Mehrheitsgesellschaft positionieren und sich in dieser bewegen. Dies lässt sich genauso auch auf die HipHop-Kultur übertragen, in der die Jugendlichen aktiv sind. Jens Kameke nimmt in diesem Kontext auch Bezug darauf, weshalb er von der neuen Form der Visualisierung und Medialisierung der Rap-Musik Abstand genommen hat und welche Aspekte noch vor 20 Jahren eine Rolle spielten, die für ihn wichtig waren:

„Das ist auch so bisschen der Grund, weswegen sich mein Interesse nach einer Zeit wieder gelegt hat, weil mir das inzwischen, also erstens entwickelt man sich natürlich weiter, man ist jetzt vielleicht in einer völlig anderen Lebenssituation, als man das damals war. Mein Leben ist auch gar nicht mehr so Musik-zentriert, das war mal eine Zeitlang total der Fall. Und ich hab aber auch echt gemerkt, dass mich das nicht mehr so sehr interessiert, seitdem diese kulturellen Aspekte irgendwie total weg sind und einfach so ein paar Grundwerte von HipHop, die ich immer einzigartig fand, inzwischen keine Relevanz mehr haben. Die sind mittlerweile völlig egal, also frag irgendein Kid in der U-Bahn, was Azad auf dem Kopfhörer hat, ob ihm HipHop dabei geholfen hat, als Immigrant in so quasi ohne irgendwelche Grenzen, soziale Grenzen oder irgendwas mit anderen Leuten zusammen zu kommen, würde der sagen: He, was ist das denn für ein blödes ideologisches Gelaber, ey. Und das war halt in den 90ern anders, weil alle Leute, die in Deutschland aktiv HipHop gemacht haben, kannten sich halt. Es war jetzt nicht familiär oder so, aber man hat sich bei Veranstaltungen getroffen und so und da gab es halt so einen Spirit, den man merken konnte. Ich kenne ganz viele Leute, die sich das zurückwünschen, aber ich sehe das halt nicht mehr. Das existiert glaube ich nicht mehr. Und alle Leute sind durch diese Musikrichtung oder irgendwelche kulturellen Aspekte was auch immer, damals zusammengekommen und wurden unter

3 | Almut Schnerring und Sascha Verlan: Eine lange Nacht mit jungen Migranten. Vaterland und Muttersprache. Online-Link: http://www.dradio.de/dlf/sendungen/langenacht/1370351/ Zugriff am 25.09. 2011.

diesem Schirm vereint und jeder wusste, dass er da hingehört. Und dann war es völlig unwichtig so. Heute spielen z. B. Klamotten eine total wichtige Rolle."

Die Interview-Sequenz von Jens Kameke schafft einen Zugang zu HipHop, der jenseits von ethnischen Kategorien liegt. Er beschreibt, dass es einen Spirit gab und dieser sich unter dem Schirm von HipHop entfaltete. Die Verknüpfung von HipHop mit dem Migrations-Diskurs bewertet er als ideologisch. Die Stellen im Interview, in denen sich Kameke auf den Begriff Kultur bezieht, dienen dem Bezug auf die HipHop-Kultur und auf ethnische Herkunftskulturen der einzelnen Rapper. Dieser Aspekt kommt besonders in der folgenden Interview-Sequenz zum Ausdruck:

„Dann hast du ja immer noch das Problem, der Hannes Loh würde dieses Interview, was wir jetzt gerade geführt haben, auch anders geführt haben, als du das jetzt z. B. geführt hast. Es würde unter Umständen auch zu anderen Antworten führen [...] Beim Hannes bin ich so ein bisschen stutzig geworden, als ich irgendwann mal rausgefunden habe, dass ich in einem Buch von dem unterschwellig als ausländerfeindlich dargestellt werde. In welchem weiß ich nicht genau. Ich glaube, ich weiß nicht, ob das in dem ‚Fear of a Kanak Planet' ist. Da stellt der so eine Theorie auf, dass in deutschen Rap-Texten latent schon immer ausländerfeindliche Schwingungen oder ausländerfeindliche Klischees bedient wurden. Und zwar weil wir sowas gerappt haben wie, ach ich hab keine Ahnung man! Wir verdienen mehr Reime als Polens Mafia Autos oder so was. Irgendwie so einen total lächerlichen Vergleichsreim, der den Hannes aber dazu beflügelt hat, in seiner kreativen Art zu schreiben, zu sagen, wir: Bums, siehst du die Polen klauen nur Autos. Ist ein ausländerfeindliches Klischee. Tja, muss ich jetzt mit leben, bin ich jetzt ein ausländerfeindlicher Rapper. Weißt du was lustig war? Der Hannes hat dann so einen Abend in der Feuerwache gemacht, wo er sein Buch vorgestellt hat. Und dann waren da die Jungs von Microphone Mafia und Axel und der andere Rapper von den Venturas, der Emek. Jedenfalls haben wir den dann damit kontrontiert damit, dass er das schreibt, und alle in dem Raum, irgendwie die Microphone Mafia-Typen, irgendwie Emek und Axel, die ja auch beide einen Migrationshintergrund haben und noch ein paar andere Leute waren total erschüttert, dass der das geschrieben hat und so. He was, sprechen wir vom gleichen Typen, von dem da? Den kennen wir seit 20 Jahren so. Nach dem Motto: ‚Wie kannst du dem sowas unterstellen'?!"

Kameke beschreibt an dieser Stelle, dass er sich mit Vorwürfen konfrontiert sah, die er von sich weist. Durch die Unterteilung von Rappern in Deutsche und Nichtdeutsche kommt somit ein Bewertungs-und Kategorisierungs-Schema zustande, dass die Künstler von unterschiedlichen Standpunkten aus bewertet. An dieser Stelle soll nicht darüber debattiert werden, ob die gereimte Zeile von Kameke ausländerfeindlich oder rassistisch ist oder zu der Reproduktion von Klischees beiträgt. Viel wichtiger ist an dieser Stelle meines Erachtens danach zu fragen, weshalb selbst von Rappern, die Teil der HipHop-Szenen waren, Kategorien geschaffen werden, die deutsche Rapper und Rapper mit Migrationshintergrund einer künstlichen Differenzierung unterwerfen, obwohl die Rap-Crews gleichberechtigt und selbstverständlich zusammengesetzt waren und dies ja auch von Hannes Loh selbst in seinen publizierten Büchern so vertreten wird. Dennoch schafft auch er selber durch seine Einteilung in marginalisierte Migranten-Kids und nicht-Marginalisierte Deutsche Rapper einen künstlichen Graben, der den Diskurs begrenzt und nur noch aus einer bestimmten Perspektive greifbar macht. Das führt zur Reproduktion dessen, was eigentlich dekonstruiert werden soll: die Reduktion der HipHop-Kultur auf den Migrations-Aspekt einerseits und auf die Zweiteilung der Rapper andererseits. Aziza A., die abwechselnd in Istanbul und Berlin lebt und arbeitet, schafft eine starke Abgrenzung zwischen ihrer Zwischenstation in Istanbul einerseits und Berlin als ihrer Heimat andererseits und verdeutlicht somit, dass die Selbstverortungen und Selbst-Repräsentationen mit der Fremd-Repräsentation nicht übereinstimmen:

„Seitdem ich mehr hier (Istanbul) bin, merk ich wie deutsch ich eigentlich bin. Ja, natürlich hab ich 'ne gewisse türkische Kultur in mir. Ich wurde ja auch von türkischen Eltern erzogen! Aber ich merke ganz doll, wie stark deutsch ich bin, dass ich viel selbstverständlicher, wenn ich in Berlin durchatme und durch die Straßen gehe und alles super selbstverständlich. Und hier ist dann: Oh, den Bezirk kenn ich noch nicht, O.K. geh ich mal vorbei. Ah ja. Also hier ist man immer noch so ein bisschen mal herum forschen und machen und tun. Und gewöhnt sich immer erst ein bisschen mit der Zeit. Also eigentlich bin ich jemand, wie die haufenweise Amis und Engländer und Franzosen und Spanier und Italiener, die hierher gezogen sind. Genauso bin ich. Nur dass ich die Sprache besser kann (lacht). Mittlerweile. Das war am Anfang auch nicht so! Ich komme erst in die Kunst der türkischen Sprache und merke, wie viele neue Wörter es gibt und wie grammatikalisch und wie der Ton in den Sätzen, die setzen ja ganz andere Töne, ja der Fluss und die Melodie in den Sätzen, ist ja ganz anders in der Sprachmelodie [...] Türkisch ist meine zweite Sprache. So ist es und das ist Fakt. Und deswegen muss ich fragen. Fertig, Punkt aus! Mit einem Selbstbewusstsein kriegt man auch sehr schnell Respekt."

Aziza A. beschreibt in dieser Interview-Sequenz, dass sie einen gewissen Teil der türkischen Kultur in sich habe, weil sie von türkischen Eltern erzogen wurde, positioniert sich aber selbstverständlich als Berlinerin. In der Türkei verortet sie sich als Fremde in dem Sinne, dass sie dort neu ist und sich, genau wie die anderen Ausländer, die dort auf Dauer oder zeitweise leben, erst zurechtfinden muss. Es findet hierbei eine Loslösung von zugeschriebenen ethnischen Kategorien statt, der Bezug auf Deutsch dient in diesem Kontext der geografischen Selbstverortung in Deutschland und als Teil dessen. Der Bezug darauf, dass

Türkisch die Zweitsprache von Aziza A. ist, ist in diesem Kontext wichtig, da damit auch deutlich wird, dass sie sich als Teil der deutschen Gesellschaft sieht, sich dort positioniert; in der Fremd-Repräsentation wird sie jedoch immer wieder auf ihr Türkisch-Sein reduziert, obwohl sie selbst beschreibt, dass sie sich in Deutschland selbstverständlicher bewegt, weil ihr alles vertraut ist.

OJ Kingpin, der als Gangster-Rapper in der Crew La Honda Boys aktiv war, nimmt auch Bezug auf ethnische Kategorien im HipHop selbst. Er selbst hat ein gespaltenes Verhältnis zu der Fokussierung auf Ethnizität, weil er der Ansicht ist, dass dadurch auch Menschengruppen ausgeschlossen werden. Er nimmt somit eine retrospektive Analyse seiner eigenen Rap-Videos vor, in denen beispielsweise kurdische Flaggen zu sehen waren:

„Also ich werde, das heißt jetzt nicht, dass ich jetzt von heute auf morgen so Blümchen-Rap machen werde, das passt nicht, weißt du. Ich werd zwar eine gewisse Umgangsform immer beibehalten. Weil das bin ich einfach. Ich kann das nicht einfach so umstellen. Geht nicht. Heute bist du Rambo, morgen bist du Gandhi. Das geht gar nicht. Verstehst du, das ist ein Unding. Man kann gewisse Sachen bisschen abschwächen. Das ist was anderes. Das ist ja auch, wenn die mich ansprechen sollen, also mich nicht fragen sollen, wenn die mich ansprechen: Bist du Kurde, Bist du Türke, bist du Alevite, bist du Sunnite? Magst du Türken. Magst du Kurden? Hasst du Türken oder hasst du Kurden? Leute, spricht mich nicht mehr an sonst. Weil das fuckt mich ab. Weil das ist so ein Disrespekt für mich, verstehst du. Kann sein, ich mein es muss ja nicht jedem gefallen, was ich mache, so weißt du. Für mich war es damals richtig, was ich gemacht habe. Heute stehe ich nach wie vor dahinter, aber das heißt nicht, dass ich diesen Weg so weiter verfolgen möchte. Ich möchte jetzt halt einen neuen Weg gehen, wo ich mehr in diese künstlerische Schiene einsteige und nicht nur mich als Gangster-Rapper betitele und nur aufgrund meiner Straßen-Credibility Erfolg haben möchte. Guck mal, ich kann dazu sagen, das ist für mich Heuchelei, weißt du. So Sachen zu nehmen, in eine andere Sache rein zu mischen, weißt du und zu sagen: Hier! Deswegen musst du jetzt mich lieben. Oder z. B. ne kurdische Flagge zu nehmen und zu sagen: ‚Biji Kurdistan' und so, weißt du. Das ist auch für mich, also ich find es auch nicht korrekt, ne. Auch wenn gewisse Freunde von mir das machen, zwar respektiere ich das, wenn die das machen, insbesondere bei der kurdischen Geschichte. Da gab es auch viel Verfolgung, vielleicht kann man es eher verstehen als bei einer Nationalität, die schon ihr Land haben und ihr System haben. Weil bei den Kurden ist das so, die haben ja nach wie vor diesen Drang irgend, die müssen ja irgendwie erhört werden, von jemandem. Die sind, ist ja ein gottverlassenes Volk, weißt du was ich meine. So, daher kann ich das noch verstehen. Daher habe ich ja noch diesen Respekt. Aber ich persönlich denke da noch ein bisschen differenzierter zu der Sache. Ich denke mir so, ich will nicht das Leid eines Volkes dafür ausnutzen, um Erfolg zu haben. Wenn ich Erfolg habe, dann will ich helfen. Dann will ich die Flagge heben. Aber vorher möchte ich das nicht. Die sollen mich kennen lernen und schätzen wegen meiner Musik. Weil dann finde ich eher ein Gehör, um solche Problematiken anzusprechen. Andersrum sieht das so aus: Du nutzt dieses Leid des Volkes, um dich selber zu profilieren, weil du weißt, als Kanake kommst du hier in Deutschland eventuell nicht gut an, also was bleibt dir: Deine eigene Base. Weißt du. So und das ist für mich eigentlich, driftet so Richtung Faschisten-sein. Ist so. Hört sich hart an. Weißt du, ich möchte mit meiner Musik Niemanden ausschließen. Im Gegenteil. Ich wäre gerne die Brücke halt dazu so, dass die Leute anfangen sollen, sich gegenseitig zu verstehen, weißt du.“

OJ bezieht sich in der Interview-Sequenz auf Tendenzen in der Rap-Musik, in der insbesondere im Gangster-Rap, wie er in den 2000er Jahren aufgetreten ist, der Bezug auf ethnische Zugehörigkeiten mit ein zentraler Bezugsrahmen für die Medialisierung und Vermarktung von Rap-Musik war. OJ beschreibt gegen Ende der Interview-Sequenz, dass diese Form der Selbst-Ethnisierung damit verbunden ist, die eigene Base zu erreichen, er meint damit die eigene Community, die sich als ethnische Gruppe mit der Musik identifizieren kann. Hierbei spielt seiner Meinung nach der Faktor eine zentrale Rolle, dass man als „Kanake“, wie er es ausdrückt, keine wirkliche Chance auf dem Musikmarkt hat und sich aus diesem Grund auf die eigene Base stützen muss. OJ verortet sich hierbei als Kanake und nicht als Türke oder Kurde und verdeutlicht damit, dass es weniger die Ethnizitäten an sich sind, auf die er sich dabei bezieht, sondern der Status, den er mit der Bezeichnung „Kanake“ assoziiert.

7.5 „Für ein Mädchen ist die aber echt gut!“

Der Mythos, dass HipHop eine Männerdomäne ist, hat sich über die Jahre hinweg aufrecht erhalten können. Damit wird die Deutungshoheit festgelegt und Frauen, die rappen, werden nicht an ihren Talenten, Kompetenzen und Potenzialen gemessen, sondern sie werden in binärer Opposition zu ihren männlichen Kollegen gesehen. Dabei werden die männlichen Rapper als Original konstruiert, und female MCs gelten als Abbild beziehungsweise Mimesis dessen. Aussagen wie: „Ja, für eine Frau ist die schon ganz gut.“ oder aber auch „Es gibt in der BRD keine einzige Frau, die es auch nur annähernd an einen männlichen Rapper in Deutschland schafft“, sind keineswegs Ausnahmen, sondern die Regel. Die Interviews, die ich mit sechs Frauen geführt habe, weisen alle in ihrer Unterschiedlichkeit eine Parallele auf: Alle female MCs sind zwar durch männliche HipHopper zur HipHop-Kultur gekommen. Als Antriebsfaktor, selber mit der Musik anzufangen, dienten jedoch weibliche Rapperinnen als Rollenmodell, wie sich in den folgenden Beschreibungen der Interviewpartnerinnen ablesen lässt. Gleichsam ist es ein gemeinsames Ziel der *female MCs*, eben nicht als solche gemessen und beurteilt zu werden, sondern vielmehr auf gleicher Ebene mit ihren männlichen Kollegen wahrgenommen zu werden. Die Fremdzuschreibung als *female MC* ist in diesem Zusammenhang eine Reproduktion und Hierarchisierung, innerhalb derer Machtverhältnisse festgelegt und aktiviert werden. Die Inhaber der Labels und Plattenfirmen sind überwiegend männlich, und auch die Promotions-und Produktionsfirmen befinden sich in männlicher, weißer, heterosexueller Hand. Der Zusammenschluss zu einer Solidargemeinschaft bedeutet nicht, dass es eine homogene Gruppe von female MCs gibt. Vielmehr ist hier wie auch in sonst allen gesellschaftlichen Milieus eine diverse Menge an unterschiedlichen Stilen und Facetten auszumachen. Dies ist im Vergleich zu den USA ähnlich gestaltet, mit dem einzigen Unterschied, dass in den USA female MCs es bis nach ganz oben geschafft haben, wohingegen es im deutschen Mainstream keine vergleichbare female MC gibt, die an den kommerziellen Erfolg von Missy Elliot, Eve, Nicki Minaj, Foxy Brown, Lil Kim oder weiteren anderen anschließen könnte. Ob das lediglich an dem im Vergleich größeren amerikanischen HipHop-Markt der USA liegt oder noch andere Faktoren bezeichnend sind, müsste näher untersucht werden. Reyhan Sahin alias Lady Bitch Ray, die im Jahr 2007 große mediale Aufmerksamkeit erfuhr, ist nach zwei Jahren schon kein Thema mehr gewesen. Die mediale Aufmerksamkeit richtete sich damals auch vielmehr auf ihren türkischen Migrationshintergrund und ihre explizit inszenierte Sexualität als auf ihre praktizierte Kunstform, den Rap. Lady Bitch Ray war durch obszöne Rap-Texte aufgefallen und argumentierte dahingehend, dass sie damit die türkischen und arabischen Frauen emanzipieren wolle. Den Zusatz *Bitch* verwendete sie im Sinne des subversiven Widerstands für starke und emanzipierte Frauen, die wissen, was sie wollen. Durch Auftritte im deutschen Fernsehen, in denen sie einen obszönen und sexistischen Sprachgebrauch an den Tag legte, ist mit dem Andenken an ihre Person neben ihrem hypersexuellen Sprachgebrauch und Habitus auch in Erinnerung geblieben, dass sie den hegemonialen Weißen Feminismus in Frage gestellt und entmachtet hat. Dadurch, dass sie als selbstbewusste Frau aufgetreten ist, die sich bewusst der Mechanismen der Kulturindustrie bedient, hat sie im Kontext ihres türkischen Migrationshintergrundes einen Raum für sich geschaffen, der jenseits der Zuweisung der Opferrolle lag, die türkische Frauen im deutschen Mainstream zugewiesen bekommen. Wie bereits konstatiert, kann von einer homogenen female HipHop-Szene nicht die Rede sein. Im Folgenden sollen anhand von Interview-Sequenzen mit female MCs die unterschiedlichen Biographieverläufe sowie der Weg in die HipHop-Kultur aufgezeigt werden. Duygu Dai von den Too Funk Sistaz aus Berlin weist den klassischen Weg über die künstlerischen beziehungsweise technischen Ausdrucksformen des HipHop hin zur verbalen Ausdrucksform, dem Rap, auf. Sie startete ihren Weg in der HipHop-Kultur mit B-Girling und war eine Zeitlang auch Sprayerin.

„Ich hatte eine Freundin. Sie heißt Ayten und ihr Freund war Rapper. Sie ist ein paar Jahre älter als ich und so kam's dass ich angefangen hab, Rap zu hören. Und dann hat sie mir etwas von Pyranja geschickt. Und Pyranja war die erste Rapperin, die ich jemals gehört habe. Und dann habe ich nur noch sie gehört. Und in der achten Klasse, da hab ich so einen Ahmet kennen gelernt, mit dem ich später dann auch noch Musik gemacht habe. Da habe ich angefangen bei ihm aufzunehmen. Lieder aufzunehmen. Und später wurden wir dann eine Crew. Output 83! 83 – weil er in Steglitz gewohnt hat, das ist die Zahl 41 – und ich in Tempelhof 42. Zusammen sind es 83 (lacht). Ja, ja so hat's dann angefangen. Dann war ich mal in der Bibliothek. Wir wollten Mathe lernen und Sinaya hat dort einen Rap-Workshop gegeben. Aber der ist irgendwie gefloppt. Da war halt keiner oder so gut wie keiner. Und dann sind die dort, die haben dann einfach dort Leute gesucht, die noch daran teilnehmen wollten. Ich meinte: Ja, auf jeden Fall und so. Ich dachte, ich bin denen überlegen. War ich natürlich nicht. Sie hatte halt viel mehr Erfahrung und so was als ich [...] weil ich bin eigentlich recht schüchtern. Ich glaub, ich war auch sehr ruhig, glaub ich. Sie sagt zwar, dass ich frech war (lacht). Oder? Ja, wenn ich unsicher bin, dann werd ich manchmal frech glaube ich, aber nicht wenn ich alleine bin. Meine Freundin ist da noch mit mir hingegangen. Aber beim nächsten Treffen, da war ich alleine – da war ich ruhig! (lacht) Ja und dann in der Elften, nein seit September 2007 gibt's dann ja seitdem gibt's die Too Funk Sistaz. Es hat angefangen, dass Sinaya und Caliz zusammen Musik gemacht haben, aber nur auf Spanisch. Und dann haben sie mich mal eingeladen, ob ich nicht mal mitkommen möchte zu Auftritten. Und dann bin ich halt mit aufgetreten. Und es wurde dann so zur Gewohnheit, und dann hat sich irgendwann die Frage gestellt so: Ja, wollen wir nicht eine Crew zu dritt bilden?! Ja – und so sind die Too Funk Sistaz entstanden [...] Also am Anfang haben wir es so gemacht, dass jeder hat schon Texte parat und die haben wir dann einfach zusammen gewürfelt. Und sind so aufgetreten. Und irgendwann, wo wir uns entschlossen haben, dass wir eine Crew sind, haben wir halt gemerkt, so geht das halt nicht mehr weiter. Und dann haben wir angefangen, zusammen zu schreiben. Also wir waren halt alle zu dritt, haben ein Thema festgelegt und dann hat jeder drauf los geschrieben. Und heute machen wir das so, dass wir wirklich alle Texte zusammen schreiben. Also wir versuchen es. Es klappt nicht immer, aber wir versuchen es. Wenn Sinaya jetzt z. B. ein Wort fehlt oder so, dann versuch ich ihr zu helfen oder auch umgekehrt. Sie überfliegt meine Texte und sagt: Nee, sag mal das hier noch bisschen direkter und das ist zu oberflächlich und so was. Und ich bin immer für die Reime zuständig.“

An dieser Interview-Sequenz wird deutlich, dass HipHop erst eine Freizeitbeschäftigung war und durch das zufällige Zusammentreffen unterschiedlicher Charaktere der Gedanke entstand, eine Crew zu bilden. MISS PM hat ähnlich wie Duygu durch Freunde und Verwandte ihren Einstieg in die HipHop-Kultur gehabt. Sie ist durch den Konsum von Rap-Musik selbst dazu gekommen, Texte zu schreiben und hat sich das Hintergrundwissen zur HipHop-Kultur selbst angeeignet.

„Seit ich zehn bin, höre ich ungefähr HipHop. Samy Deluxe und so. Also so hat das alles angefangen. Und amerikanischen HipHop auch, durch meine Kusinen, Cousins oder durch meine Schwester. Hab dann aber, also hab mich dann von alleine aber immer mehr informiert, auch über die 80er Jahre. Sugarhill Gang und so weiter, wie das alles anfing. Es hat mich auch sehr interessiert, hab im Internet recherchiert und so was. Also ich wollte das alles nachholen. Dann habe ich irgendwie mit 12 oder so angefangen, Texte zu schreiben, die aber auch keinem gezeigt, weil die relativ schlecht waren und so. War auch einfach nur so, einfach nur aus Langeweile, glaube ich. Und ja dann mit 13 glaube ich, habe ich auch angefangen, Basketball zu spielen, im Verein. Bei den 99ers. Damals Rheinenergie, spiele jetzt immer noch, nur musste dann aber 'ne Pause machen, weil ich ein Problem mit meiner Schulter hatte. Und hab jetzt seit einem halben Jahr wieder angefangen, spiele jetzt in der U18, bin ja noch 17. Noch eine Woche und ja, und Rappen habe ich aber immer weiter gemacht, also da habe ich auch nicht irgendwie aufgehört plötzlich oder so was, und so weiter. Dann hab ich mit 14, Ende 14, Anfang 15 meine ersten Lieder aufgenommen, in Lucky's Haus in Bilderstöckchen. Und bin dann durch Flo, der da arbeitet in Lucky's Haus, dem das Studio eigentlich gehört, an Roots and Routes gekommen, wurde zur Talentsichtung geschickt, sage ich mal. Ich wollte es natürlich auch. Und bin dann mit 15, hab ich dann diese Woche Workshops mitgemacht. Bin dann bei der Summer Jam aufgetreten. Also ich hab halt zwei Jahre mitgemacht und ich hab da auch viel gelernt, was Performance jetzt angeht, wie man ein Mikrofon hält. Die ganzen Grundlagen irgendwie. Weiß ich nicht, ich hab viele Leute kennen gelernt, die eben auch Musik machen, mit denen ich jetzt sehr gut befreundet bin. Oder ja. Ja, doch! Das was, also was mich da weitergebracht hat, ist einfach das Treffen von anderen Leuten, die halt dasselbe machen wollen wie du. Vielleicht auch besser sind. Die eigenen Erfahrungen sammeln können, um halt zu wachsen. Und ich glaub seit Roots and Routes nehme ich einfach die Musik ein bisschen ernster. Hab halt gemerkt, dass ich wirklich Talent hab, 'n gewisses und ja. Ich hatte halt krasse Erfahrungen so. Summer Jam! Mit 15 Jahren bin ich auf der Summer Jam aufgetreten so. Das können, glaube ich, wenige andere von sich sagen so. Wenn überhaupt jemand. Das Jahr darauf war ich beim Juicy Beats Festival, beim SOMA Festival mit dabei so. Das sind auf jeden Fall Erfahrungen, die mir keiner nehmen kann. Und das sind auch gewisse Referenzen, die man bestimmt auf jeden Fall vorzeigen kann. So auf der Hauptbühne von der Summer Jam. Ja, es hat ja und außerdem bin ich auch selbstbewusster, was das Rappen eben angeht so. Ich sehe mich jetzt wirklich als MC und nicht mehr als kleine, keine Ahnung, kleines Mädchen, das sich irgendwie, das irgendwie ein bisschen Musik macht. Und. das war auch eine Chance für mich, einfach zu beweisen, dass ich wirklich, dass ich das auch wirklich will einfach. Weil man wird halt erst mal, mit 15 Jahren Musik machen nicht so ernst genommen. Und Ältere verstehen vielleicht auch nicht, dass man wirklich sein

Herzblut da reinsteckt. Und dass man's wirklich will, weil die denken: Ach, die ist 15. Ist nur eine Phase. Und das war halt eine Chance. Allen zu zeigen, dass das wirklich mein Ding ist.“

Pierra beschreibt in der Interview-Sequenz, dass sie durch Familienmitglieder und Freunde sowie durch eigenes Interesse an die HipHop-Kultur/Musik herangekommen sei. Durch das Intensivieren ihres Wissens, das sie sich durch ihr Interesse für die HipHop-Kultur angeeignet hat, und durch das Zusammenspiel mehrerer anderer Faktoren hat Pierra ihre Kompetenzen erweitert und blickt retrospektiv selbstbewusst auf für sie wertvolle Erfahrungen zurück. Die Auftritte auf großen Musik-Festivals sowie die internationale Vernetzung durch das HipHop-Netzwerk Routes and Roots sind für sie Stationen in ihrer Rap-Entwicklung gewesen, ein Selbstvertrauen als MC zu entwickeln und nicht als „kleines Mädchen, das irgendwie ein bisschen Musik macht“, definiert zu werden. Sinaya von den Too Funk Sistaz ist im Jugendzentrum mit HipHop in Berührung gekommen. Bevor sie als MC angefangen hat, war sie als B-Girl aktiv. Auch heute noch, eine Dekade später, ist Sinaya neben dem MCing ein aktives B-Girl. Sie bietet Workshops für junge Mädchen an und ist in unterschiedlichen Netzwerken engagiert, wie beispielsweise dem „We B*Girlz – Women in HipHop Projekt“, das jährliche Battles für aktive Akteurinnen im HipHop organisiert. Sinaya ist, wie sie selbst beschreibt, von der Straße ins Jugendzentrum gekommen und hat dort ihre ersten Eindrücke von HipHop bekommen, die sie sofort angesprochen haben, so dass dann eine Aneignung der verschiedenen Elemente des HipHop stattfand.

„Und in Spandau habe ich dann selber angefangen mit Straße und abhängen und bla. Mein Glück war halt, dass um die Ecke ein Jugendclub, dass es einen Jugendclub gab, wo viele Leute, wo ‚Music Instructor‘ gebreakt haben, das ist eine Crew. Die hießen Twano und Tim und so. Und ich bin da einfach hingegangen, hab mir das angeguckt und fand das voll cool, was die da machen. Natürlich waren es nur Männer so. Aber ich fand's, ich hab ja gar nicht daran gedacht, mir war es eigentlich völlig egal. Also, weil ich da auch gar nicht, also völlig um, also ich hatte noch keine Vorurteile oder irgendwas. Ich wusste ja nicht, dass es eine Männerdomäne ist. Ich bin einfach hin und meinte so: Hey kann ich auch anfangen?! Und dann meinten die: Ja klar, bring ein paar Sportsachen mit. Und dann war ich natürlich am nächsten Tag da. Hab aber eine Leggins dabei gehabt und so Turnschuhe. Sah natürlich ganz anders aus als die mit ihren XXL-Sachen so. War echt lustig. Ich glaub die ersten zwei Jahre habe ich dort ja erst mal gebraucht. Ich habe so lange gebraucht, um zu checken, was ich da überhaupt mache. Also, dass es HipHop ist, dass es eine Kultur ist. Ich hab auch mit, in der Zeit habe ich dann auch gemerkt, dass es echt schwer ist, weil im Endeffekt kam ja auch so 'ne Sprüche wie: Ja und, also du machst das ja schon ganz gut, aber so als Frau, ich weiß nicht. Und für 'n Mädchen, für Mädchen bist du schon O.K. So halt. Andererseits gab es auch, also es gab immer so diese Macho-Typen, die bei mir so blöde Sprüche gemacht haben, aber es gab auch andere Typen, die dir dann auch was gezeigt haben. Ja! Ich glaub, das war auch meine Rettung, weil sonst wüsste ich nicht, wo ich dann irgendwie gelandet wär."

Sinaya beschreibt wie Pierra, dass die Rolle der Frau im HipHop nicht das eigene Selbstverständnis repräsentiert, sondern in Widerspruch zu der eigenen Wahrnehmung steht. Sprüche wie: „Ja und also du machst das ja schon ganz gut, aber so als Frau, ich weiß nicht. Und für 'n Mädchen, für Mädchen bist du schon O.K." trugen erst dazu bei, dass Frauenbilder konstruiert wurden. Sinaya, wie sie selbst beschreibt, bewegte sich vorurteilsfrei in dem Milieu. Erst durch die Kommentare der männlichen Kollegen wurde der Geschlechter-Aspekt in den Diskurs eingespeist. Sinayas Interesse bezog sich anfangs lediglich auf die HipHop-Kultur selbst. Dass dort nur Männer präsent waren, spielte für sie erst einmal keine Rolle oder es stand nicht zur Debatte. Erst durch die Ausgrenzungs-Mechanismen, die durch Differenzierungsstigmata, wie in diesem Fall das biologische Geschlecht, in Gang gesetzt wurden, wurde es von Bedeutung, dass die HipHop Kultur eine vermeintliche Männerdomäne sei. „Also ich hatte noch keine Vorurteile oder irgendwas. Ich wusste ja nicht, dass es eine Männerdomäne ist."

An dieser Stelle wird deutlich, dass die Wiederholung der Erzählungen und die erlebten Erfahrungen zur Wirklichkeits-Konstruktion beitragen. Wenn Sinaya beschreibt, dass sie anfangs nicht wusste, dass HipHop eine Männerdomäne ist, so ist dies nicht als Zugeständnis zu lesen, dass Männer damit per se die Vertreter des HipHops sind und Frauen eine untergeordnete Rolle spielen. Gleich zu Beginn unseres Treffens, bevor das Interview los ging, sagte Sinaya: „Ich wurde oft interviewt, und die erste Frage, die gestellt wurde, war: Und, wie ist es als Frau in einer Männerdomäne?!"

Akua Naru, die ihre Kindheit in den USA verlebt hat und dort die Zeiten miterlebt hat, als HipHop noch eine Urban Street Culture war, ist durch ihren Onkel, der nur wenige Jahre älter als sie war, mit der HipHop-Kultur in Berührung gekommen. Es wäre jedoch einseitig, würde man die Erzählung darauf reduzieren, dass Männer die Frauen zum HipHop gebracht haben, denn Akua Naru erinnert sich:

„I'll talk about HipHop. When I was born, HipHop was just coming up. 79 they say- 80, so when I grew up, when I was, no, I grew up, you know, always seeing people wearing cap-robes, big baggies, breakdancing on the streets. And when I was maybe seven years old, I saw Roxanne Shante. I don't know, if you know Roxanne Shante?! She was like: I'm Shante, I'm Shante - the baddest around - What - so I'm Shante. And I, she was only maybe 14. But to a seven or eight year old, a 14 year old is like an adult. So I saw her doing that, and I thought: Wow. I wanna do that! That's what I want to do. So that´s what I - I always was a poet, always was interested in literature, in reading, in writing, and in thinking. But HipHop was like, just gave me a way to read and to write and a different ways you do it. And to reach people. Like my peers, you know, 'cause that was like our library of congress. The music that we listened to. So yes I started to write raps, actually I recorded them. So I've some tapes somewhere, my uncle may have them, where I was rapping. My uncle, I have an uncle, he's only three years older than me. And we grow up kind like a brother and sister. And he also wrote raps and my cousins, we have a big family of cousins and more cousins and more cousins and we have like different rap groups and rap battles. And it was a lot of fun. And so yeah, I mean I started doing that. So I went to middle-school of course, but I always had this. O.K. I did this in school, but on the side, I was a Rapper. I mean I was a poet. I didn't always rap. Sometimes I just wrote poems. Because I wanted to write them, I didn't want to rap them.“

Akua beschreibt ihren Einstieg in die HipHop-Kultur als das Hineinwachsen in die Kultur. In ihrer Kindheit erlebte sie HipHop als Straßen-Kultur mit und durch ihren nur wenige Jahre älteren Onkel, der rappte, war es retrospektiv gesehen ein Einstieg in ein bestehendes Netzwerk. Auf der anderen Seite jedoch verdeutlicht Akua, dass sie schon immer Interesse daran hatte, Gedichte und Reime zu schreiben: „I always was a poet, always was interested in literature, in reading, in writing, and in thinking. But HipHop was like just gave me a way to read and to write in a different ways you do it. And to reach people.” Als einschneidendes Erlebnis beschreibt Akua, als sie das erste Mal Roxanne Shante hörte und sah und dachte: „Wow. I wanna do that! That's what I want to do.”

Es war also keine von Anfang an geplante Intention, unbedingt in die Hip Hop-Kultur einzusteigen und zu rappen. Der Automatismus in Bezug auf Schwarze in den USA und Jugendliche aus der vermeintlichen migrantischen Unterschicht, die aufgrund ihres sozialen Hintergrundes quasi natürlich in die HipHop-Kultur einsteigen oder diese adaptieren, ist keineswegs das, was die Interviews stützen. Im Gegenteil, am Anfang stand ein Interesse an den anderen Elementen im Vordergrund.

Sinaya, die erst B-Girl war und dann mit dem Rap anfing, verdeutlicht in einer weiteren Interview-Sequenz, dass die Reduzierung auf das Geschlecht beziehungsweise die Konstruktion von Geschlechter-Identitäten sich wie ein roter Faden durch ihre biographischen Stationen ziehen und sich nicht nur auf den künstlerischen Raum in ihrer Biographie beschränken:

„Und ja für ein 14-jähriges Mädchen ist es halt schon anstrengend. Weil du keine Leitung hast oder jemand der dich leitet. Aber es war O.K. Dann genau, also ich habe mit Breakdance angefangen und Twano, der auch Rapper war, also auch Breaker und Rapper, der hat irgendwann mit mir mit dem Rappen angefangen. Also ich bin halt zu ihm, hab ihn auch wieder genervt und meinte so: Ey, ich will auch rappen. Er hat auf Englisch gerappt. Und ich hab einen englischen Text geschrieben, der war ganz schlimm und (lacht) haben auch 'ne englische Aufnahme gemacht, mit der krassen Piepsstimme und, also total daneben der erste Auftritt war auch auf der Schule. Und das war aber so schlecht, dass ich sofort wieder aufgehört habe. Und hab eigentlich nur gebreakt, hatte später auch 'ne Crew. 'Ne Female Crew gehabt, Femaleartistics hießen wir. Wir sind viel rumgereist, haben viele Battles mitgemacht, haben teilweise auch gewonnen und sind eigentlich auch so deutschlandweit bekannt geworden und ich hab dann auch jemand kennengelernt, der hieß Mesia. Den Produzent. Das war aber schon 2005, also vor vier Jahren und da habe ich dann richtig mit Rappen angefangen. So Ende 2004, 2005 so. Dann waren auch so die ersten reifen Produktionen da und die ersten Tracks auf Spanisch. Ich hab dann auch wieder so, wie zu meinen Wurzeln zurück gefunden, hab dann auch meine Sprache wieder verbessert. Weil vorher habe ich ja immer nur mit meiner Mutter gesprochen, also nur auf Spanisch mit meiner Mutter gesprochen, und ja, das hat mir auch geholfen, so ein bisschen zu reflektieren und zu sehen, wer bin ich und woher komme ich. Das hat sich natürlich, spiegelt sich in meinen Texten auch wider, und alles, was irgendwie mir in der Zeit passiert ist auch so. Der ganze Kampf, den du dann auch führen musst, weil im Endeffekt. Ich hab ja halt da mit dem Breakdance angefangen und war ja eigentlich die einzige Frau. Und später habe ich dann 'ne Ausbildung gemacht in Tontechnik und da gab es zwei Frauen von 23 Männern. Und jetzt studiere ich Informatik und bei 80 Leuten gibt es vielleicht fünf Frauen oder so. Also im Endeffekt, ich weiß nicht, warum ich immer wieder in diese Schiene gerate, warum ich immer wieder diesen Weg gehen muss. Aber jetzt fühl ich mich wohl in der Rolle. Vorher war es anstrengend, jetzt ist es O.K.!"

Damit ist die HipHop-Welt lediglich ein kleiner Ausschnitt gesamtgesellschaftlicher Machtverhältnisse und die Unterschichtung von Frauen im HipHop ist kein spezifisches HipHop-Phänomen. Die Konstruktion von female MCs dient dazu, den männlichen Status Quo des HipHop aufrecht zu erhalten und Frauen, die sich innerhalb der Kultur selbstverständlich bewegen, zu marginalisieren. Auf der anderen Seite dient dies dazu, auch ein Abhängigkeitsverhältnis zu erzeugen und die Spielregeln festzulegen. Dies kommt besonders darin zum Ausdruck, wenn female MCs beschreiben, dass nur bestimmte Konzepte von Weiblichkeit in Musiksendern wie VIVA oder MTV erfolgsversprechend sind: sexualisierte Inszenierungen müssen von female MCs in gewissem Maße verkörpert werden, wenn sie medial Erfolg haben wollen. Die Forderungen, die die Interviewpartnerinnen in diesem Kontext formulieren, werden im folgenden Kapitel analysierend dargestellt werden.

7.6 „FRAUEN SOLLEN IN DEUTSCHLAND EINFACH NUR ALS MCS AKZEPTIERT WERDEN!“

In den von mir erhobenen narrativen Interviews mit female MCs hat die Analyse ergeben, dass die Selbst-Repräsentation von female MCs und die Fremd-Repräsentation durch Medien und Öffentlichkeit sehr große Differenzen aufweisen. Während alle Interviewpartnerinnen sich einfach als MCs wahrnehmen, werden sie von außen meistens auf Geschlechterkategorien reduziert. Bei MCs mit Migrationshintergrund findet somit eine doppelte Stigmatisierung statt, da beide Kategorien, *Gender* und *Ethnicity*, die künstlerischen Komponenten völlig in den Hintergrund rücken. Während MCs aus der Mehrheitsgesellschaft lediglich auf die Kategorie Geschlecht reduziert werden, wird bei MCs mit Migrationsgeschichte das Zusammenspiel beider Kategorien zum ausschlaggebenden Punkt bei der Konstruktion von Identitäten und damit zwangsläufig auch einer vorgeschobenen Zielgeraden, die die Ambitionen der Künstlerinnen automatisch in den vorherrschenden Diskurs einordnen: Die Künstlerinnen bekommen die Rolle der Revolutionärin zugeschrieben, die sich somit angeblich von ihrer patriarchalen Herkunftskultur befreit. Obwohl HipHop von den Akteurinnen als Kunstform praktiziert wird, werden die Erzählungen im Rap eins zu eins in die Realität übertragen und die Protagonistinnen dementsprechend kategorisiert. Hieraus resultiert, dass in der medialen sowie öffentlichen Rezeption die Protagonistinnen als Vertreterinnen einer Ethnie dargestellt werden und Themen, die das Persönliche und Private betreffen, von den Medien öffentlichkeitswirksam thematisiert und inszeniert werden können. Dies führt zu einer Verfestigung und Reproduzierung von bestehenden Erzählmustern und dient dazu, Fremdheit immer wieder zu revitalisieren und ableiten zu können. Hierbei wird nach bewährtem Muster verfahren, indem binäre Oppositionen vorausgesetzt werden, die durch Erzählungen in den Diskurs eingespeist werden und durch Wiederholungen als Realität konstruiert werden. Die Künstlerinnen entwickeln jedoch Strategien, um mit diesen Formen der Zuschreibungen und Fremd-Repräsentationen umzugehen. Miss PM geht mit diesem Problem nach einer Definition folgendermaßen um:

„Ich trenn da auf jeden Fall Musik und Freundschaft so. Das ist, also ich hab zwar viele Freunde, mit denen ich Musik mache, aber wenn ich ein Problem mit denen auf musikalischer Ebene habe, dann lass ich den Menschen da außen vor. Und es ist halt so, entweder die Leute sind total enthusiastisch, also es gibt auch selbst MCs, die oft nach Frauen suchen, weil die auch mal eine Frau auf ihrem Track haben wollen. Oder eben so Ablehnung, weil die Leute sagen halt, das ist halt eine Männerdomäne und das sind dann meistens die, die wirklich sehr lange rappen so. Die sehen dann, also das ist auch bei diesem Kumpel von mir, z. B. der mag keinen Frauen-Rap. Der findet das, der meint, das ist halt wie Fußball. Das ist ein Männer-Ding. Und Frauen sollten da irgendwie außen vor gelassen werden. Aber trotzdem bin ich halt mit dem befreundet, weil das einfach, er ist, er schätzt mich trotzdem als MC und sieht halt, was ich für Fortschritte mache, aber trotzdem würde er sich das nie irgendwie selbst 1000 mal am Tag anhören oder so. Und das ist dann halt sehr unterschiedlich. Viele sagen auch, geht gar nicht, also die sehen dann, was auch wahrscheinlich daran liegt, dass in Deutschland, die meisten Frauen, die rappen, also jetzt, die aus Berlin und so weiter irgendwie sehr männlich sind. Also ja, keine Ahnung. Lady Scar z. B., die ist sehr männlich, wenn man die sieht. Oder auch, aber auch schon Sabrina Setlur, die eigentlich sehr weiblich ist vom Aussehen her, hat dann doch wenn sie rappt, so 'ne männliche Aggressivität in der Stimme. Und 'ne sehr dunkle Stimme und so. Also es ist schon so, dass es in Deutschland die HipHop-Szene insgesamt, nicht so weit entwickelt ist, wie in Amerika. In Amerika gibt's Frauen, wie Missy Elliott, Eve, die total akzeptiert sind. Die schon seit zehn Jahren irgendwie im Musik-Business sind und auch Platten verkaufen. Aber hier in Deutschland gibt's einfach keinen Super-Star, wie Sido oder so, keinen Rap-Star, der wirklich weiblich ist und auch wirklich Erfolg hat. Was halt daran liegt, dass alles seine Zeit braucht so. Es gibt halt wie gesagt Rapper, die lehnen das komplett ab oder eben Leute, die das total gut finden. Die das total feiern. Also es ist sehr unterschiedlich. Aber ich geh auch, also die Leute, die dann mit Ablehnung da gegenüber stehen, das ist mir egal so. Weil, wenn ich jede Kritik irgendwie an mich ranlassen würde, dann könnte ich es eh vergessen. Und wenn die Leute mich nicht feiern, alles klar. Muss ja nicht deren Ding sein. Vielleicht finde ich die auch nicht gut, oder es gibt immer MCs, die man nicht gut findet oder eben besser findet. Es ist kein Problem. Aber Frauen sollten auch als MCs, einfach nur als MCs, nicht als female MCs akzeptiert werden. Und das da auch noch mal unterteilt wird. Wie es eben bei den Männern ist."

Und auch Sinaya formuliert am Ende des Interviews Forderungen, die ihrer Ansicht nach in der Rap-Musik mehr Gewicht bekommen müssten:

„Ja, also was ich halt ganz doll vermisse, ist, es gibt auf jeden Fall Frauen im HipHop. Es gibt mehr, als man eigentlich glaubt und wenn man, du weißt es ja selber, wenn man dann anfängt zu recherchieren, dann trifft man ja doch noch die eine oder die andere und dann die andere. Was ich einfach nur vermisse, ist einfach, Frauen, die auch was zurückgeben so. Also meiner Meinung nach reicht es nicht, einfach da zu sein und präsent zu sein und auf der Bühne zu stehen. Und klar, du öffnest damit vielleicht auch Türen für andere Frauen. Aber es reicht nicht aus. Ich finde man muss halt echt in die Jugendclubs gehen und in die Schulen. Und man muss halt Workshops machen, und ja Jugendarbeit machen. So, weil Tatsache ist nun mal, dass HipHop eine Jugendkultur ist, die viele Jugendliche anzieht. Und so junge Mädchen hören sich das an, und hören diesen ganzen Gangster-Rap-Shit und denken natürlich: ‚Das ist so. Ich muss mich jetzt so auch benehmen.' Und dagegen muss man ganz deutlich ankämpfen. Und das kannst du leider nicht als Frau, indem du irgendwie jetzt gute Musik machst. Weil der

Weg, wenn du, es reicht ja nicht aus, dass du gute Musik machst. Also im Endeffekt, weil du ja für dieses, musst um raus zu kommen, und um bei MTV gezeigt zu werden, musst du ja irgendwie sexy oder bitchy sein. So, und das ist das Problem. Das heißt, du kommst da nicht richtig raus. Das heißt, du musst unten anfangen. Du musst bei den Jugendlichen anfangen, und dort was weitergeben. Und wenn man dann irgendwie mit der eigenen Karriere dann rauskommt, obwohl man eben nicht bitchy ist, oder so, dann ist das auch gut. Aber trotzdem musst du vorher schon was gemacht haben. Und das machen so wenige. Oder machen erst zu spät. Ja. Auf jeden Fall, das versuchen wir ja auch ganz klar. Wir versuchen ganz klar in diese Richtung zu gehen. Und wir träumen jetzt nicht irgendwie 'nem Riesen-Platten-Deal hinterher oder so. Also ist nicht mein Aspekt, das ist nicht mein Ziel eigentlich."

Auch Akua Naru formuliert Forderungen nach einem höheren Level von bewusster Musik. Sie sieht aktuell keine female MC, die einen hohen Grad an qualitativer Tiefe in ihren Reimen ausdrückt. Mit ihrer Musik versucht sie diese Lücke zu schließen und kreiert die Art von Musik, die sie vermisst:

„I'm a poet. So what I feel is missing from the music is the poetic quality. Like I used to, in the past listen to a rapper, listen to a MC and I felt challenged by the poetic allusions and the poetic quality of the language. And I came away with something and I try to put that in my music. I just, I write poetry. I write about love, about political things, because I'm pretty interested in politics, in social justice. So I write about god, I mean I'm also a spiritual person. I mean, I don't know, I just write my experiences, my thoughts, my fears, my anger, my happiness, my joy, my pain. I think at the moment in that, there is no real female, there are no female voices in the music. Any anywhere. You know. I mean, ok. Lauryn Hill, but I don't think Lauryn Hill is coming back, you know. And that shatters me, because I made a point, where like I want to hear music, that's on a higher level of consciousness. That has a certain intelligence. So I have to download like stuff from like 15 years ago, you know. Yeah, it's about 13, 96-95, 13-14, 15 years ago in order to connect, you know. So I just try to write the music that I want to hear. That I want to hear, that I feel is missing. And I hope, like I write my story and I, it's honest to me and I hope that people connect to it."

Aziza A. bringt es mit ihrer Forderung auf den Punkt, wenn sie sagt: „Ich kenn eine Schauspielerin und die hat mal einen ganz schönen Satz gesagt. Die hat gesagt: Wir sind in Deutschland erst mal von Beruf Türke. Dann sind wir Schauspieler oder Musiker oder Sänger oder Rapper. Hier in der Türkei kräht kein Hahn danach. Hier bin ich einfach nur Rapper. Nichts anderes."

Die Interview-Sequenz von Aziza verdeutlicht, dass ihr vermeintlicher Migrationshintergrund in Deutschland immer im Vordergrund stand. In der Türkei, wo sie ebenfalls ein Album produziert hat, wurde sie einfach als Musikerin, als Rapperin wahrgenommen. „Hier kräht kein Hahn danach" verdeutlicht somit auch, dass es die Perspektiven und Form der Zuschreibungen sind, die erst den Anderen reproduzieren. Aziza A., die eine gewisse Resignation in dieser Hinsicht entwickelt hat, verdeutlicht, dass es ihr eine wichtiges Anliegen ist, einfach nur als Rapper wahrgenommen zu werden. Zu ihrem Leben in der Türkei nimmt Aziza A. auch Bezug und konstatiert dadurch nicht zuletzt, dass Berlin ihre wirkliche Heimat ist:

„Die fragen, du bist in Deutschland aufgewachsen. Lala Schalala. Ja, O.K.! Ich kann auch auf Tour gehen in der Türkei und ich weiß, dass niemand irgendwie mit dem Finger auf mich zeigt und: Oh, du bist in Deutschland aufgewachsen. Du musst ja jetzt anders sein. Also natürlich gibt es hier auch so ein kleines Klischee, dass Deutschländer halt ein bisschen zurückhaltend sind. Was auch stimmt! Es ist ja nichts, wo man, wo wir irgendwie 'nen großen Stempel aufs Gesicht gedrückt kriegen, oder in ein Schubfach kommen. Erst mal nur, die merken halt, wenn wir irgendwo reinkommen, sehen die uns an, oder zumindest damals haben die das gesagt, jetzt mittlerweile sieht mir niemand mehr an, dass ich aus dem Ausland komme. Haben die gesagt: man sieht euch an, dass ihr nicht aus der Türkei seid, weil ihr seid zurückhaltend einfach. Ihr sagt so oft Bitte (lacht) und ihr seid vorsichtig. Und daran am Verhalten merkt man, dass ihr nicht von hier seid. Was ja auch stimmt. Wir sind ja auch nicht von hier. Ich bin ja auch nicht ZURÜCK nach Istanbul, sondern ich BIN grad in Istanbul. Das erste Mal, dass ich hier irgendwie drei Jahre lang stationiert bin und nicht zurück. Ich fahr immer wieder zurück nach Berlin, ja in meine Heimat."

Female MCs fordern, wie aus diesem Kapitel hervorgeht, eine Repräsentation, die sich auf ihr künstlerisches Schaffen bezieht und nicht auf ihr biologisches Geschlecht oder ihre vermeintliche ethnische Herkunft. Die beiden konstruierten Kategorien dienen in diesem Fall lediglich dazu, bestehende ungleiche Machtverhältnisse aufrecht zu erhalten und zum anderen die Definitions-Hoheit zu bewahren, die weiterhin davon ausgeht, dass HipHop eine Männerdomäne ist, obwohl weltweit Frauen in die HipHop-Kultur involviert sind und auch erfolgreich sind. Dennoch werden weiterhin Mythen reproduziert, die das Gegenteil behaupten und Frauen somit in eine marginale Position rücken, obwohl sie sich selbstverständlich als Akteure innerhalb der HipHop-Kultur verorten. Die Fremd-Repräsentation fokussiert jedoch meistens das Geschlecht und wenn ein sogenannter Migrationshintergrund vorliegt, auch diesen, insbesondere wenn es sich um einen sogenannten türkischen Migrationshintergrund handelt. Diese Herangehensweise ist jedoch meines Erachtens reduktionistisch und stellt somit konstruierte Zuschreibungsmerkmale in den Vordergrund, anstatt die praktizierte Kunstform an sich zu analysieren. Dies ist die Fortführung eines rassistischen und sexistischen Diskurses, der in der Fremd-Repräsentation von Rapperinnen auftaucht und bis heute bestehen geblieben ist. Die Statements der Interviewpartnerinnen greifen diese Diskurse auf und schaffen durch die eigene Darstellung und Selbst-Verortung eine erweiterte Perspektive, die verdeutlicht, wie durch die Wiederholung von Erzählungen zur Konstruktion der Realität beigetragen wird und welche Strategien sich daraus ergeben. Auch wenn jede einzelne der Rapperinnen für sich Wege findet, mit den herrschenden Diskursen und Repräsentations-Praxen umzugehen, so entsteht dennoch eine Situation, in der sie ihre Präsenz als Rapperin erklären müssen, was bei Männern selten in diesem Maße gefordert wird. Zwar wird auch bei Rappern, wenn ein Migrationshintergrund vorliegt, in der Tat dieser als Hauptfaktor genommen, um sich dem Phänomen Rap zu nähern. Dennoch kommt bei Frauen hinzu, dass sie sich zusätzlich auf der *Gender*-Ebene grundsätzlich erklären müssen. Somit wird ihnen auch immer wieder suggeriert, dass sie eigentlich doch nicht dazu gehören.

Diese Herangehensweise, die Frauen innerhalb einer Männerdomäne rezipiert, ist also äußerst kontraproduktiv, da sie somit bestehende Geschlechter- und Machtverhältnisse nicht generell in Frage stellt, sondern quasi als natürlich rezipiert und aus dieser Perspektive Frauen eine marginale Position einräumt. Damit werden Frauen per se als binäres Gegenbild von Männern konstruiert. Jedoch ist die Analyse aus diesem Kontext heraus die Reproduktion von bestehenden patriarchalisch-hierarchischen Verhältnissen, die Frauen nicht als eigenständige Individuen rezipiert, sondern in diesem Fall von der Norm des hegemonialen männlich dominierten HipHops ausgeht und somit Frauen unterschichtet und unterordnet. Dies ist jedoch kein HipHop-spezifisches Phänomen, sondern ist, wie der Ethnizitäts-Diskurs auch, lediglich die Adaption eines gesamtgesellschaftlichen Diskurses in den HipHop. Die Kritik der sexistischen Zur-Schau-Stellung von Frauen im HipHop beziehungsweise in Rap-Videos ist somit nichts anderes als die höher dosierte Variante bereits bestehender sexistischer Repräsentationen von Frauen. In der Bundesrepublik Deutschland sind Frauen in Führungspositionen eher die Ausnahme als die Regel. Frauen mit sogenanntem Migrationshintergrund haben in dieser Hinsicht noch schlechtere Bedingungen, somit ist die Konstruktion der marginalisierten Rolle von Frauen im HipHop lediglich die hegemoniale und sexistische Reproduktion von bereits bestehenden ungleichen Geschlechterverhältnissen. Frauen im HipHop werden also durch männlich konnotierte Erzählungen marginalisiert und nicht aufgrund der rein quantitativen Quote im HipHop selbst. Kommt ein Migrationshintergrund dazu, so dient dies als zusätzliches Instrument, um eine imaginierte Differenz-und Grenzlinie zu konstruieren, die jedoch nicht von den Rapperinnen selbst produziert wird. Wenn Frauen sich auf ihr „Frau-Sein" im HipHop beziehen, so dient dies dazu, die ungleichen Machtverhältnisse zu thematisieren und kritisieren. Es ist also wie bei der Thematisierung von Ethnizität auch kein selbstgewähltes Konzept, sondern stellt eine Art Rechtfertigungs-Zwang dar. Durch die Stilmittel des Rap, wie beispielsweise das *boasten*, haben Frauen die Möglichkeit, auf sexistische, patriarchale und ungleiche Machtverhältnisse einzugehen und darüber hinaus sich selbst zu überhöhen und damit gleichzeitig die imaginierten Gegner im Rap zu dissen, das heißt einerseits zu diskreditieren und zum anderen aber auch einen Raum für alternative Modelle jenseits der herrschenden Verhältnisse zu kreieren. Dies ist meines Erachtens die Basis für eine selbstbestimmte Repräsentation, ganz gleich, ob diese Repräsentationen dabei sexistisch sind oder nicht. In diesem Kontext sexistische Inszenierungen von Künstlerinnen lediglich als gewinnmaximierend zu beurteilen, ist meiner Ansicht nach reduktionistisch, da dadurch die Selbstermächtigungs-Prozesse und das damit verwobene subversive Potenzial nicht angemessen berücksichtigt werden.

7.7 „Die wichtigen Sachen, die vielleicht dazu beitragen, dass man das besser versteht, die haben die ausgelassen. So wie es halt im Journalismus ist."

Die mediale, öffentliche sowie wissenschaftliche Repräsentation von MCs mit Migrationshintergrund in der BRD hat einen erheblichen Beitrag zu der Stigmatisierung und gleichsam Marginalisierung beigetragen. Diese Marginalisierung war in doppelter Weise wirksam: durch die Stigmatisierung als Migranten, die rappen, wurde eine Fremdheit konstruiert, die sogar dahin führte, dass ein eigens dafür erfundenes Etikett verwendet wurde: Oriental HipHop. Zum zweiten wurde durch die Verknüpfung von ethnischen Kategorien und Geschlechter-Zuschreibungen für beispielsweise türkische und arabische MCs ein Konstrukt geschaffen, das die vorherrschenden Stereotype verstärkt zum Ausdruck brachte. So galt Aziza A. als Kämpferin und Vorbild für „ihre türkischen Schwestern." Ihre männlichen Kollegen wie beispielsweise Xatar oder die La Honda Boys stehen als negatives Gegenbild zum Weißen, deutschen Mittelstands-Rap.

Kein anderes Musik Genre wurde in der öffentlichen und medialen Rezeption eine annähernd ähnliche Projektionsfläche für gesamtgesellschaftlich verankerte Diskurse wie die Rap-Musik. Rap-Musik, so scheint es, steht und fällt in der BRD mit Diskursen, die auch die täglichen und seit Jahren andauernden Debatten um Migration und Integration bilden. In diesem Zusammenhang scheint das offensichtliche Vorhandensein von sogenannten Migrantenjugendlichen in der HipHop-Kultur, in diesem Fall spezieller der Rap Musik, die Mehrheitsgesellschaft zu überfordern. Das beinahe 30-jährige Bestehen von HipHop in Deutschland hat an dieser Tatsache nichts ändern können. Auch aktuell werden Rapper nach ethnischen Kategorien differenziert und stehen als Projektionsfläche für negative Aspekte. Um diese Projektionsfläche nutzen zu können, müssen Differenzen immer wieder aktiviert und reproduziert werden, auch von Rappern, die sich in der privilegierten Position wiederfinden, sich in den Diskurs einzuklinken und zu artikulieren. Jens Kameke beschreibt in diesem Zusammenhang, dass die oftmals aus ideologischer Perspektive beurteilte HipHop-Kultur zu Ergebnissen führe, die Teil der Differenzmaschine sind. Jens Kameke geht in der folgenden Interview-Sequenz auf Tendenzen ein, die seiner Meinung nach Diskurse begrenzen. Er bezieht sich auf die HipHop-Publikationen des ehemaligen Rapper Hannes Loh:

„Also da bin ich halt irgendwie stutzig geworden und habe mir gesagt, vielleicht sieht der Hannes das wirklich aus einer ideologischen Perspektive und sucht sich die Puzzleteile zusammen, die dann diese Theorie untermauern. O.K. das macht jeder Wissenschaftler auf eine bestimmte Art und Weise, das ist nun mal so in der Beweisführung musst du halt die Beweise dafür haben, dass du irgendwas behauptest. Das ist nicht nur in der Wissenschaft so, das ist auch vor Gericht so. Wenn du irgendeine Auseinandersetzung mit jemandem führst, und du die besseren Argumente hast, die du mit Fakten untermauern kannst, dann stehst du halt besser da. Nur bei dem denke ich mir, manchmal dreht und wendet der die Fakten so lange, bis sie in seine spezielle Richtung passen. Und das finde ich dann nicht mehr gut. Also ich finde auch die Darstellung von der HipHop-Szene in den 80ern in Deutschland total lückenhaft und teilweise total falsch, die der in seinen Büchern beschreibt. Und mir tut das irgendwie leid, weil ich das einfach. Ohne dass der Autor das schreibt, merke ich aber, dass es so total aus der eigenen Sicht des Autors bestimmt ist. Als der in seinem – ich weiß nicht wo der früher gewohnt hat – Remscheid oder Lüdenscheid, das ist irgendwie aus der Sicht von einem Typen aus Lüdenscheid geschrieben, der dann später versucht hat, noch andere Fakten zusammenzutragen, aber nichtsdestotrotz hat das immer diesen persönlichen Anstrich vom Hannes. Und ich finde, wenn man sich anmaßt, ein objektives Buch über die HipHop-Historie in Deutschland zu schreiben, dann ist das der falsche Weg. Dann darf man das nicht so aufziehen. Also dann ist es so gefragt, dass man sich total an die Fakten hält oder dass man so viele Interviews mit so vielen Zeitzeugen macht, dass man das ganze Buch nur aus Zitaten bestreitet. Weil dann ist klar, jeder hat seine eigene Sicht der Dinge gehabt, aus ganz verschiedenen Positionen und Punkten in Deutschland. Seine Wahrnehmung, die will ich dem auch gar nicht absprechen, dem Hannes. Das ist genauso sicherlich wie er es erlebt hat, aber ich habe es anders erlebt. Und von einem Buch erwarte ich mir einfach 'ne Runde mehr Objektivität und Nähe mehr an Fakten, die es gibt. Weißt du, dieses Migranten-Ding ist EIN Ding. Aber dann auch so der Historien-Schreiber so von HipHop in Deutschland zu sein, das hat für mich auch schon nicht hingehauen. Oder so dem deutschen Bildungsbürgertum erklären zu wollen, was HipHop ist, wo es herkommt und wie die Geschichte so in Deutschland ist. Also das hat für mich nicht hingehauen. Und zu erklären, wie die Position der Migranten in dieser Subkultur ist, hat für mich auch nicht hingehauen. Weil ich halt finde, dass der da extrem, da bin ich natürlich durch meine eigene Erfahrung geprägt, durch die Anekdote, die ich die eben erzählt habe, mit diesem Rap-Text, den er von mir zitiert, weil ich halt da finde, dass er sich die Puzzleteile ein bisschen sehr einfach zusammenlegt. Also ich glaube, dass er in beiden Fällen keinen Spitzen-Job gemacht hat. Es gibt Bücher über amerikanischen HipHop, die ich besser finde, weil ich daran mehr sehe, dass sich die Leute die Zeit genommen haben, Fakten und Zeitzeugen zu sammeln, und daraus irgendwie eine Historie gestrickt haben [...] Ich glaube es gibt auch keinen, such mal nach literarischen Standard-Werken über das Thema HipHop in Deutschland. Auf welchen Autor triffst du als erstes? Wenn irgendwas total gut funktioniert warum sollst du dann nicht das zweite, dritte, vierte und fünfte Buch schreiben?"

Hannes Loh, der in Zusammenarbeit mit Murat Güngör und Sascha Verlan drei HipHop-Werke verfasst hat, wird in jeder wissenschaftlichen Arbeit rezipiert, beziehungsweise die Interviews, die er geführt hat, dienen als Grundlage für viele wissenschaftlichen Arbeiten. Dadurch dass, wie Kameke aber richtig anmerkt, Lohs Vorgehensweise von vornherein auf bestimmte Aspekte fokussiert ist, ist auch der Diskurs, in dem er sich bewegt, ein sehr kleiner und führt damit zwangsläufig zu einseitigen Verortungen von Rappern mit sogenannter Migrationsgeschichte. Zwar ist dies nicht Lohs vordergründiges Ziel, sondern es geht ihm vielmehr darum, die Machtverhältnisse zu beleuchten, dies gelingt ihm jedoch nur begrenzt, weil er nicht die bestehenden Konstrukte an sich in Frage stellt, sondern sie als quasi natürlich gegeben rezipiert und somit im hegemonialen Diskurs verbleibt. Auch Hannes Loh selbst nimmt im Interview Bezug auf sein Buch „Fear of Kanak Planet" und konstatiert:

„Diese Berlin-Geschichte war mir persönlich noch mal sehr wichtig, aber es ist natürlich jetzt nicht eine Faktengeschichte. Es ist eher eine Geschichte über gute Erzählungen, die bestimmte Dinge exemplarisch macht. Z.B. diese Lüdenscheid-Geschichte, an der ich sehr nah dran war. In der aber unglaublich viel sich verdichtet, was meines Erachtens mit der Besonderheit von HipHop in Deutschland zu tun hat. Und als ich den Murat kennen gelernt habe, wir haben ja schon, das steckt ja in „20 Jahre HipHop" schon bisschen drin. Dieser Sonderweg von HipHop in Deutschland und diese besondere Verknüpfung mit Migrationsgeschichte und HipHop. Also das ist uns schon aufgefallen. Und als ich Murat kennen gelernt habe, haben wir überlegt: Mensch, das müssten wir eigentlich mal separat aufarbeiten, ne. Daraus ist ‚Fear of a Kanak Planet' entstanden. Das ist eher ein Buch, mit dem ich nicht so zufrieden bin, wo ich mir, Murat auch nicht, also wo wir sagen: Mensch da hätten wir vielleicht die Hälfte weglassen können und das ein bisschen komprimierter und vielleicht weniger engagiert an paar Stellen schreiben können. Also wir haben z. B. bei ‚20 Jahre HipHop', glaube ich, haben wir instinktiv immer die richtigen Leute gehabt vor dem Mikrofon. Und wir haben bei ‚Fear of a Kanak Planet' das nur zum Teil. Da haben wir z. B. mit, als wir uns auf M. eingelassen haben oder C. Ich weiß nicht, ob du dich an das Kapitel erinnerst, also ein eigentlich ein totaler Selbstdarsteller, das haben wir aber viel zu spät gemerkt, und das haben wir irgendwie in dem Augenblick gedacht, das ist eine Super-Geschichte. War es aber nicht, ne. Oder da gibt es noch so ein paar andere Interviewpartner, wo wir die einfach, wo wir gedacht haben, das ist zu, das ist ein bisschen zu episch. Das haben wir zu platt gewalzt, ein paar Sachen. Man hätte es komprimierter machen können an ein paar Stellen. Denn diese Art und Weise, meine Kapitel, also diese Abrechnung mit diesem Deutsch-Mittelstands-Rap finde ich ein wenig zu polemisch, würde ich heute ganz anders schreiben. Es ist sicherlich als Material-Sammlung ganz gut ne, weil wir haben unheimlich viel Interviews abgedruckt. Insofern kann man da sicherlich ganz gut mit arbeiten so ne, aber es ist kein großer Wurf. Wo ich jetzt sagen würde, ‚20 Jahre HipHop‘ ist wirklich ein Buch, da kommt man nicht dran vorbei, wenn man sich mit HipHop in Deutschland beschäftigten will. Und aus ‚Fear of Kanak Planet‘ hätten wir eigentlich viel präziser auch eine Geschichte der Migration und [...] Also wir haben auch, vielleicht ist es auch dieses, wir haben da ja versucht zwei Sachen versucht ins Boot zu holen. Diese Nazi-Rap-Sache und diese Migrations-Geschichte. Und diese Nazi-Rap-Sache hat sich jetzt im Nachhinein eigentlich als total richtig rausgestellt. Es war in den ersten zwei, drei Jahren nach dem Erscheinen des Buches überhaupt nicht so absehbar. Da haben wir auch viel Hohn und Spott für geerntet. Inzwischen ist es nicht mehr so, da bin ich auch ganz stolz drauf. Allerdings hätte ich das, würde ich das glaube ich auch anders darstellen jetzt. Also das ist, es sind halt eigentlich zwei verschiedene Themen, die da, wir haben unheimlich viel versucht da reinzupacken in das Buch. Und dadurch ist es nicht mehr so organisch gewesen.“

Loh reproduziert in seiner Vorgehensweise HipHop als Migranten-Kultur, da er eine imaginierte Grenzlinie zwischen allochthone und autochthone Rapper setzt. Auf der einen Seite stehen für ihn die marginalisierten Jugendlichen mit sogenannter Migrationsgeschichte und auf der anderen Seite die Mittelstands-Rapper. HipHop in der BRD ist aber niemals nur eine Kultur von sogenannten Migranten gewesen. Und auch nicht alle dieser Migranten stammten aus der sogenannten Unterschicht. Häufig wird in diesem Kontext mit dem überaus hohen Anteil an Migranten argumentiert, die in die HipHop-Kultur involviert waren, was auch den Tatsachen entspricht. Jedoch ist dieser Faktor meiner Meinung nach darauf zurückzuführen, dass HipHop die erste Jugendkultur war, in der in dem Maße sogenannte Migrantenjugendliche involviert waren. Dass daraus jedoch eine sogenannte Minderheiten-Kulturen konstruiert wurde und wird, ist in meinen Augen die Reproduktion von ungleichen Machtverhältnissen, da in der Repräsentation die Rapper mit sogenannter Migrationsgeschichte als Opfer darstellt werden und damit eine paternalistische Haltung eingenommen wird, für diese Menschen zu sprechen. Auch wenn durch Interviews ein Raum geboten wird, selbst zu sprechen, so ist alleine durch die Eingrenzung des Diskurses und die Fokussierung auf Exklusions-Prozesse ein sehr begrenztes Feld für Antworten und Handlungen vorhanden. Damit wird zur Konstruktion von Marginalisierung beigetragen. Auch die mediale Repräsentation von

HipHop im Kontext von Migration wird oftmals aus einer engen Perspektive betrieben. Köln-Porz beispielsweise, das Quartier, in dem die meisten der Crew-Mitglieder von Deadline leben, wird in den Medien meistens als problematisches Parallelviertel dargestellt. Als die Medien auf Deadline aufmerksam wurden, wurden sie für lokale Sender und Zeitungen interviewt. Im Nachhinein nimmt Ravi eine kritisch-distanzierte Haltung zu der Repräsentation seitens der Medien ein, da diese seiner Meinung nach eine zu einseitige Darstellung fokussiert hätten, obwohl sie auf eine große Fülle an Filmmaterial hätten zurückgreifen können, um eine andere Darstellung zu ermöglichen:

„Ja, also ich finde halt, dass die Medien so, keine Ahnung. Das war ja WDR oder auch im Kölner Stadt-Anzeiger. Die haben bisschen übertrieben in den Sachen so z. B. 14-jährige, 15-jährige oder 16-jährige denken nicht so darüber nach. Ich glaube nicht, dass wir so, also ich kann das jetzt nicht mehr beurteilen so, weil jetzt denk ich darüber nach. Aber früher hab ich, glaube ich nicht darüber, also ich zumindest, hab nicht darüber nach gedacht wie die Gesellschaft ist oder wie... dass es, dass irgendwelche Leute sagen, dass wir, dass das sozialer Brennpunkt ist. Porz oder so Sachen. Darüber hab ich nicht nachgedacht. Ich hab nicht gedacht, dass die Leute sagen, dass Ausländer daran schuld sind, dass Deutschland zugrunde geht oder so Sachen so. Keine Ahnung. Ich hab darüber nicht nachgedacht. Ich hab mir eher nur so den Fernseher angemacht und vielleicht Nachrichten geguckt manchmal. Und dann lief halt immer: Oh sozial,kritischer Brennpunkt Berlin oder keine Ahnung Kreuzberg und so Sachen halt. Und dann denkt man sich seinen Teil. Und dann ist das halt so verfestigt innerlich. Und man sagt einfach dann, das was einem so durch den Kopf geht. So, wir haben uns hin gesetzt, haben gesagt ‚Straße', so. Was kann man über die Straße sagen? So. Dass das falsch bewertet wurde, das haben wir auch in einem Video, haben wir auch am Anfang geschrieben, dass das alles, Rap generell, dazu neigt, dass Übertreibungen darin verwendet werden. Aber dann haben wir, das wurde halt auch übersehen, einfach so. Das hat auf, darauf hat keiner so uns angesprochen oder so. Eher darauf immer, was in den Texten gesagt wird. Und das ist halt meiner Meinung nach falsch so. Dass man sich nur den Teil raus nimmt, den man da so haben möchte. So, und das war auch, was der Janni gesagt hatte, dass WDR zum großen, zum größten Teil einfach nur das aus diesen Stellen, die haben Unmengen von Videos gehabt, ehrlich. Das waren zwei oder drei Tage, an denen die den ganzen Tag aufgenommen haben. Und die haben nicht die Sachen genommen, die wir gesagt haben, also so Sachen, wie es gibt genauso viele, es macht keinen Unterschied, ob das Ausländer oder Deutsche sind. Oder es gibt es gibt genug, weil es gibt genauso viele arbeitslose Deutsche wie arbeitslose Ausländer so. Ausländer ist nicht die Überzahl in Deutschland, so dass man sagen kann, das sind alles die Ausländer schuld. Und so was haben die nicht genommen, die haben eher genommen, wo wir gesagt haben: Ja, man muss sich verteidigen, man muss schlagen und so Sachen. So Sachen, so, die die haben wollten, was zu diesem sozialen Brennpunkt und so Sachen passt. Zu so was haben die genommen. Und haben die wichtigen

Sachen, die vielleicht dazu beitragen, dass man das besser versteht, die haben die ausgelassen. So wie es halt im Journalismus ist.“

Auch Janni findet die Repräsentation in Cosmo TV als zu grob und vereinfachend dargestellt, wobei er den Aspekt, im Fernsehen gewesen zu sein, als positiven Aspekt an der ganzen Sache bewertet.

„Und das mit Cosmo TV ja, war auf jeden Fall 'ne coole Sache. Dass so WDR uns so 'n bisschen filmen wollte und so. Ich halte jetzt nichts besonders viel davon. Boah, cool wir waren im Fernsehen und so! Weil die haben auch ein bisschen in dem Bericht übertrieben. Und so. Ja, keine Ahnung, wir haben halt, wir haben sehr viel gefilmt, und die haben von diesem Zeug, was wir gesagt haben, was unserer Meinung nach aussagekräftig sein sollte, nur dieses meiner Meinung nach, so, keine Ahnung, die groben Sachen genommen. So, nicht ausführliche Sachen genommen. Haben keine Ahnung. Ich fand den Bericht nicht so gut, aber halt O.K. Wir waren im WDR. War ganz O.K.“

Auf meine Frage nach der multikulturellen Zusammensetzung der Gruppe, die in der medialen Darstellung oftmals ein Hauptfaktor inszeniert wird, positioniert sich Janni folgendermaßen: „Das ist einfach Zufall. Wir wohnen halt in so einem, Porz ist generell multikulturell. Da sind halt alle Kulturen auf einmal, auf so einem Haufen zusammen geschmissen so. Und ist halt Zufall, dass einer jetzt Mexikaner ist, der andere ist Inder, ich bin Grieche so, Araber, haben wir alles. Alles gemischt.“

An dieser Stelle verdichtet sich die These, dass die sogenannte multikulturelle Zusammensetzung der Rap-Crews für diese selbst eine Selbstverständlichkeit darstellt und mit HipHop in der Bundesrepublik an sich nichts zu tun hat. Die Freundeskreise, die schon vor dem Zusammenschluss als Rap-oder HipHop-Crews bestanden, waren also schon vorher unhinterfragte und gelebte Normalität. In der Bundesrepublik Deutschland jedoch, wo trotz globaler Migrationsbewegungen immer noch nationale Erzählungen vorherrschend sind, wurde dies als Hauptfaktor in den Mittelpunkt gerückt, genauso wie es in den übrigen gesellschaftlichen und politischen Instanzen der Fall ist, wenn sogenannte Migranten thematisiert werden.

7.8 „Oh Gott, wo tun wir denn diese Scheibe hin in den Läden?“

Die Kategorisierung von Rap-Musik und den dahinterstehenden KünstlerInnen ist eine (negative) Begleiterscheinung, die mit der Kommerzialisierung der Rap-Musik einherging. Während einige Rapper explizit selbst auf eine Kategorisierung ihrer Musik zurückgreifen, um diese zu vermarkten, wie es beispielsweise bei Gangster-Rap der Fall ist, empfinden andere die Kategorisierung als eine Form von Stigmatisierung. Aziza A. erzählte im Interview, dass bei ihrer Musik in den Läden eine Überforderung entstanden war, weil nicht klar war, in welches Fach die Platte sollte:

„Wird halt immer wieder versucht, in Schublade gesteckt zu werden. Die versuchen das halt irgendwie auch in der Musik! Die Leute haben den Vertrieb gefragt: Oh Gott, wo tun wir denn diese Scheibe hin in den Läden? Bei HipHop oder bei World-Music? Und bei Dittman gab es dann 'ne ganz geile Lösung. Bei denen war nämlich HipHop und World-Music, das hat sich so zusammengespitzt, das war Rücken an Rücken die Fächer. Und an der Spitze war dann eine Abstellplatte, und dazwischen haben die meine CD getan."

Die Forderungen von Rapperinnen richten sich gegen jegliche Art von Kategorisierungen, sei es in Bezug auf ihre Musik oder in Bezug auf ihr Geschlecht. Die folgende Interviewsequenz von Aziza A. zeigt eindrücklich, welch enormer Kategorisierungszwang vorherrschend ist, und wie wenig dies mit der gelebten und erlebten Selbstverständlichkeit beziehungsweise Normalität der Künstlerinnen zusammenhängt.

„Ich hab ja internationale Freunde. Das ist gleich! Und Afroamerikaner und Afro-Deutsche und hier und da. Das ist so. Ich meine, das ist ja gar nicht mehr weg zu denken! Wir sind doch alle so grenzenlos. Und das ist das Perverse. Wird halt immer wieder versucht, in Schublade gesteckt zu werden. So! Dann diese Frage: ‚Sitzt du, stehst du zwischen den Stühlen?' Und bla bla. Das war in der Zeit sehr aktuell. Das ging drei Jahre lang und ich hab, weiß ich nicht, letztes Jahr oder so mal, ein Interview mal gegeben, da kamen dieselben Fragen. Also es hat sich nichts geändert. Obwohl jetzt wesentlich mehr Schauspieler, Moderatoren, Produzenten, Künstler, also in jeder, also nicht mehr dieses Döner-Möner, sondern wirklich irgendwie Ärzte, Architekten, Ingenieure, alle sind voll breit parat, ja! Integriert! Weil sie nicht merken, dass das Migranten sind, oder Migranten-Stämmige."

Auch Jan Hertel, der viel in linken und autonomen Zentren aufgetreten ist, wurde in Ankündigungen und Flyern oftmals mit dem Zusatz „Polit-Rapper" betitelt. Es fand auch hier eine Kategorisierung statt, die jedoch auch wie bei Aziza A. zu Strategien führte, damit umzugehen, um damit auch wieder die eigene Definitionsmacht zu erlangen:

„Also wir bitten inzwischen darum, wenn Konzerte ausgemacht werden, dass wir z. B. auf Flyern und Plakaten nicht mehr steht: Polit-Rap oder so, sondern einfach mit HipHop. Punkt. Weil das bringt es so ziemlich auf den Punkt. HipHop ist so vielseitig, dass ich mich davon nicht irgendwie noch weiter von distanzieren muss. Also HipHop an sich. Ja und ich versuch da wirklich ganz extrem drauf zu achten, dass die Polit-Songs nicht mehr so am Stück hintereinander weggeballert werden. Das ist irgendwie gar nicht so einfach. Aber es ist halt – also ich werde auch nicht weniger politische Sachen machen, weil ich einfach, weil es einfach nach wie vor mein Leben beeinflusst, wie 'ne Liebe die in die Hose geht oder was weiß denn ich. Deswegen werde ich jetzt auch nicht weniger davon machen. Wenn ich jetzt als Polit-Rapper betitelt werde, haben die Leute irgendwie ein Problem, aber ich nicht."

Auch Jens Kameke nimmt Bezug auf die Kategorisierungstendenzen, mit denen HipHop-Künstler konfrontiert waren. Er stellt auch einen Bezug her zu den Fantastischen Vier, die in den 1990er Jahren als die Vertreter eines neuen deutschen Sprechgesangs von den Medien mythologisiert wurden. Jedoch verdeutlicht Kameke auch, dass dies ein von außen konstruiertes Produkt ist, an dem auch die Wissenschaften mitbeteiligt sind. Auf meine Frage, wie er das Auftauchen der Fantastischen Vier selbst erlebte und ob tatsächlich eine Spaltung in deutschen und Oriental HipHop stattfand, nimmt Kameke folgendermaßen Bezug:

„Also das war echt zu einer Zeit, als so die Skillz, die man mitgebracht hat, viel wichtiger waren, als wo man herkommt und wie man aussieht und so. Das war auf der einen Seite schön und romantisch, auf der anderen Seite haben die Fanta Vier da auch überhaupt nicht reingepasst. Weil, also hätte ich das Geld gehabt, um mich cool anzuziehen, hätte ich mich auch niemals so angezogen, wie sich die Fanta Vier angezogen haben, weil die einfach einen beschissenen Geschmack haben. Oder hatten zu der Zeit. Es gab auch keinen anderen, der so rumlief wie die Fantastischen Vier. Also die sind irgendwie so ein Ding für sich so. Die haben das auch durch Zufall gemacht und die haben halt irgendwie dieses ‚Stumpf ist Trumpf'-Phänomen für sich ausnutzen können und haben halt damit einen Riesen-Erfolg gehabt. Und haben dann später nochmal bisschen versucht, die Kurve zu kriegen, aber glaub ich auch eher aus Selbst-Gewissen-Beruhigungs-Gründen. Aber für mich hat sich das damals überhaupt nicht so dargestellt, dass es auf einmal zwei Fronten gab. Und es gab Migranten und also in meiner Gruppe wo ich gespielt habe, da war der Haluk mit drin – der Türke ist, und der Peter, der Serbe ist. Und ich war die deutsche Quoten-Kartoffel. Aber ich hab nie mitgekriegt, dass irgendwie eine Band außer vielleicht Microphone Mafia aus Gründen von: Ja, wir wollen noch eine coole Migranten-Band auf der Bühne haben – irgendwohin gebucht wurden oder so was. Also ich glaube Fresh Famillee und Microphone Mafia werden dann zu so HipHop-Jams im Jugendzentrum eingeladen, weil die Typen, die Sozialarbeiter, die da arbeiten, glaubten, die müssten das dem HipHop-Publikum bieten, damit die Migranten-Schiene abgedeckt ist, aber ich glaube weder die Migranten noch die deutschen HipHop-Fans haben da sich zu der Zeit irgendwie für interessiert. Also keine Ahnung, ein anderes Beispiel ist No Remorze, die haben halt einen türkischen Frontmann, und die hat auch keiner gebucht, weil der ein Migrant war, sondern weil die halt derbe gute Musik gemacht haben. Das war halt irgendwie völlig wurscht. Ich glaube, das ist dann echt so ein wissenschaftlicher Aspekt, der sich da ziemlich leicht zusammengereimt wird."

Kameke gibt abschließend auch zu bedenken, dass der Erfolg von Künstlern heutzutage nicht mehr an ihren Skillz gemessen werde, sondern das Image die Basis für den Erfolg bildet:

„Mittlerweile werden Rapper nur noch durch ihre Images vermarktet und nicht mehr durch die Musik, die da hinter steht oder so was. Oder zumindest ist ein Übergewicht festzustellen, was diese Tendenz angeht. Und blöderweise gibt der Erfolg denen Recht. Es funktioniert in einer Gesellschaft so. Also bis zu einem bestimmten Zeitpunkt hat es anders funktioniert, weil alle Leute, die HipHop gehört hatten, auf einem Wissensstand waren, um wirklich beurteilen zu können, was kann derjenige. Mittlerweile ist es aber ein Massen-Phänomen und klar, kann man nicht von jedem Hanswurst im kleinsten Kuhkaff erwarten, dass der weiß, was guter Rap ist und was schlechter Rap ist. Man kann nur erwarten, dass er vielleicht zu stumpf findet und deswegen blöd findet. Also, wenn du dieses Berlin-Rap-Phänomen anguckst und ziehst da so ein Fazit – dann ist halt so asimäßig, in verschiedenen Schattierungen. Drogenmäßig, sexmäßig und gangstermäßig. Alles in verschiedenen Schattierungen, immer weiter durchgemischt. Und da kommen immer wieder neue Gesichter drauf, aber im Grunde ist dieses Fundament immer das gleiche. Solange die Leute darauf Bock haben! Ich glaube es gibt schon so eine Wechselwirkung, wie es gibt irgendwie diese vorgefertigten Klischees und ich glaube es funktioniert gut, die zu erfüllen und noch ein Schüppchen mehr drauf zu werfen, um halt ein Alleinstellungsmerkmal zu haben. So wenn einem nichts Besseres einfällt, kann man das schon mal machen. Manche Leute machen die Musik auch, um Geld zu verdienen, das darf man nicht vergessen, ne. Also wir hatten nie die Motivation Geld zu verdienen, sondern uns ging es nur um das Ausleben unserer künstlerischen Interessen. Das ist ein Riesen-Unterschied! Wenn du dir einmal überlegst, wie kann ich am meisten Geld verdienen, dann kommst du natürlich auf verrückte Ideen und dann rechtfertigt das auch vielleicht diese total stumpfe Masche zu schrauben. Dann rechtfertigen sich eine Menge Sachen ne. Wenn du auf einmal sagst, O.K. ich will Erfolg haben, was ist dafür nötig: Titten im Video, 'ne geile Schlagzeile in der Express, 25 Mal eingestochen, keine Ahnung, in allen Interviews möglichst asozial tun, damit jeder Horst sagt: Boah, der ist noch krasser als der Letzte, den wir hatten. Das kann man sich schon zurecht bauen. Ob die Typen so schlau sind, diesen Plan auszudenken, weiß ich nicht. Oder ob das einfach daher kommt, dass die das Spiegelbild sind, von dem, was die Gesellschaft von denen erwartet."

Dieser Aspekt, den Kameke anspricht, ist wichtig, um das dialektische Zusammenspiel von Nachfrage und Produktion beleuchten zu können. David, der Manager einer Kölner HipHop-Crew, nahm im Interview Bezug darauf, in welchen

Städten die Crew besondere Aufmerksamkeit erfuhr und welchen Stellenwert er retrospektiv dem HipHop zuschreibt:

„Über die Jahre wurde das Ganze halt immer mehr noch durch die Musik aufgefüllt. Da hieß es dann halt am Wochenende, anstatt rumhängen am Basketball-Platz irgendwo, bei irgend 'nem Typen, mit 'ner Flasche Wodka und so, hieß es dann halt: O.K. Auftritt machen, andere Stadt fahren, Auftritt machen, bisschen Randale machen. So bisschen Star-Bonus ausnutzen. Da bisschen auf cool machen, in 'ner anderen Stadt. Wir hatten halt viel immer Auftritte so in Wiehl, Wermelskirchen, immer so kleineren Orten. Wo man halt direkt, sagen wir mal, bisschen Welle schiebt, Kölner ist und bisschen einen auf cool macht. Direkt für die auch der Coolste der Welt ist. So, dann haben wir halt immer bisschen genossen und so. Und ja, es wurde halt immer mehr durch Musik ersetzt. Weil anstatt rum zuhängen, Scheiße zu bauen, dann bist du vielleicht betrunken, dann legst du dich mit irgendwem an. Oder du hängst rum auf irgend 'ner Party, boxt dich mit irgendwem, dir ist langweilig, du schmeißt irgendwie ein Fenster ein, oder irgendwer kommt auf die Idee einen Kiosk auszurauben so. Und man ist einfach dabei, weil man gerade nichts anderes zu tun hat und rumhängt, so wie es halt auch sehr oft war, so. Das wurde halt immer mehr ersetzt durch Musik. So, und dann habe ich, es wurde halt immer mehr. Als wir das erste Studio hatten, dann hieß es, täglich nach der Schule so, wir treffen uns, wir gehen erst mal zwei, drei Stunden ins Studio, oder abends hängen wir halt ein bisschen rum so. Aber es war immer mehr so, es wurde immer mehr ersetzt durch Musik. Ich sag so: die Musik hat am Ende des Tages dafür gesorgt, dass ich zu – oder sagen wir anders: Die Musik hat dafür gesorgt, dass ich nicht zur falschen Zeit am falschen Ort war, sondern einfach zur richtigen Zeit am richtigen Ort. Dass ich nicht irgendwie auf der Straße rumhing und Scheiße gebaut hab, sondern dass ich im Studio war und wat aufgenommen hab. Das ist halt am Ende des Tages einfach, irgendwo so mein Leben dahin gebracht hat, wo es ist. Jetzt so. Und halt generell auch, diese ganze Musik, was ich hab. Ich sag so, ich bin zur Schule gegangen, hab Englisch gelernt so, und meine Motivation Englisch zu lernen, war nicht um irgendwie in der Schule klar zu kommen oder um ein Berufsleben auf die Reihe zu kriegen. Meine Motivation war, als ich jung war, Englisch zu lernen war, damit ich amerikanische Rap-Sachen verstehe. Dass habe ich so lange, bis ich jetzt fließend Englisch spreche und das hat mich auch einfach so, weil ich halt sehr viel poetische Rap-Sachen gehört hab, was mich halt auch irgendwo so geistig weitergebracht hat. Auch wenn man das jetzt sehr schnell bestreiten kann. Wenn man sagen kann: Ist ja alles dieselbe Scheiße. So aber, es gibt halt auch Rap-Songs mit Inhalt, wo ich halt sage, die mir auch irgendwo, die auf jeden Fall einen gewissen Einfluss auf mich hatten, als ich jünger war. Die mir halt auch einfach irgendwo wat gegeben haben.“

David verortet HipHop retrospektiv als wichtigen Faktor, dass er nicht auf der Straße rumhing und „Scheiße gebaut“ hat, sondern durch HipHop eine Beschäftigung hatte, die dafür gesorgt hat, „dass (er) nicht zur falschen Zeit am falschen Ort war, sondern einfach zur richtigen Zeit am richtigen Ort."

Auch Kutlu verortet die HipHop-Kultur retrospektiv als einen Faktor, dass er nicht auf die schiefe Bahn geriet. Dies verdeutlicht meines Erachtens, dass die gängige Annahme, HipHop oder Rap habe für Gangs ein Medium der Kanalisation geboten oder sei eine Arena für Wettbewerbe gewesen, nicht mit der Realität übereinstimmt:

„Und das hat, war für mich so das erste Mal, dass ich gesehen habe, dass Kreativität auch was Positives bewirkt, dass es ein anderes Bild auf dich wirft. Und vor allem kommst du von der Straße weg, mal davon ab. Also wir haben ja damals in Köln-Flittard, was hatten wir? Wir hatten Fußball, das hat jeder gemacht. Und waren auch ziemlich erfolgreich, unter anderem mit deinem Bruder (lacht). Und irgendwann wusste man aber, dass man eben kein Fußball-Star wird! Und eben, um nicht auf dumme Gedanken zu kommen, war dann eben die Musik da. Ich glaub wir hatten einfach auch nur Glück, dass wir die ersten waren, die Bock drauf hatten, selber Musik zu machen."

Anders als also in den USA diente in der Bundesrepublik Deutschland HipHop dazu, nicht erst kriminell zu werden. Viele der Jugendlichen, die in Freundeskreisen zusammen waren, haben im HipHop die Möglichkeit gefunden, sich zu artikulieren und sich dadurch in den Diskurs zu platzieren. Die These, dass im HipHop ganginterne Wettbewerbe ausgelebt werden konnten, ist so meiner Meinung nach nicht auf die HipHop-Kultur übertragbar. Viele der Jugendlichen waren nicht in Gangs, die den Strukturen der Gangs in der New Yorker Bronx oder South Compton entsprochen hätten. Gangs sind in diesem Sinne eher mit Freundeskreisen übersetzbar. Die automatische Verortung von sogenannten Migrantenjugendlichen in Gangs ist in diesem Sinne also Teil der rassistischen Unterschichtungs-Praxis, da männliche Jugendliche per se als homogene Gruppe konstruiert und wahrgenommen werden und ihre Präsenz in einer Gruppe mit abweichendem Verhalten gleichgesetzt wird. Wie auch die folgende Interview-Sequenz von OJ verdeutlicht, wurde von den Jugendlichen selbst der Freundeskreis nicht als Gang wahrgenommen.

„Ehe man sich versehen hat, war man schon in gewissen Kreisen drin halt, wo es halt bisschen rabiater zuging. Es waren halt gewisse Regeln. Wir waren ein Freundeskreis. Von außen wurden wir als eine Gang gesehen. Viele kennen auch die Gang. OG. Das lief auch beim WDR als Doku und so. Und ja, wie soll ich dir das erklären? Die Zeit war so, diese OG-Zeit war so 'ne Sache so. Man hat das selber gar nicht realisiert als Gang oder so. Man hat, man hat einfach miteinander abgehangen. O.K. es gab dann Streitigkeiten halt zwischen anderen Gruppierungen. Also anderen Freundeskreisen, die uns halt als Vorbild gesehen haben und sich auch 'ne Gang gegründet haben. Wobei ich sagen muss: Es war nie unser Ziel irgend 'ne Gang, also es war nicht mein Ziel irgend 'ne Gang zu bilden. Ich war mit meinen Problemen beschäftigt.“

Die Selbst-Repräsentation der Rapper und Rapperinnen und ihre Darstellung von außen nehmen somit gegensätzliche Positionen ein. Diese Art der Fremd-Repräsentation ist in diesem Kontext die Fortschreibung bereits bestehender Kategorien in Bezug auf ihren zugeschrieben Migranten-Status und ihre vermeintliche ethnische Herkunft. In der Musikwelt werden somit herrschende Konzepte und Diskurse als Erklärungsansätze verwendet, die jedoch mit den Erzählungen der Rapper und Rapperinnen zum Teil sehr stark divergieren. Die Darstellung in den Medien ist stark verknüpft mit herrschenden hegemonialen Diskursen und ist somit ausgerichtet auf eine stereotype Repräsentation. An dieser Stelle werden somit Mythen aufgegriffen, die den herrschenden Diskurs bestätigen. Aus diesem Grund ist der Erfolg von beispielsweise Gangster-Rap auch nicht verwunderlich, da er bis dato nicht in den Medien präsent war und in seiner Form, wie er von zumeist Rappern mit sogenanntem Migrationshintergrund praktiziert wird, auch keine Konkurrenz zu etablierten Künstlern aus der Mehrheitsgesellschaft darstellt. Somit erhält der Gangster-Rap Aufmerksamkeit, weil er einerseits schockiert, andererseits aber auch, weil er als Bestätigung der eigenen Position dient, die in Abgrenzung zu den sexistischen, rassistischen und misogynen sowie homophoben Inszenierungen des Gangster-Raps verortet wird. Die Darstellung und Kategorisierung von Rap-Musik und ihren Vertretern steht somit stellvertretend für die gesamtgesellschaftlichen Repräsentations-Praxen und Machtverhältnisse, die die Künstler auch außerhalb der HipHop-Kultur und Rap-Musik antreffen. Das *Signifying* in der Rap-Musik ist somit einerseits die Aneignung und Umdeutung von Machtpositionen, andererseits jedoch die Reproduktion von eben solchen, um Erfolg haben zu können.

Um auf die Kategorisierungs-Praxen zurückzukommen, mit denen Rap-Musiker konfrontiert werden, möchte ich abschließend auf die Verortung von türkischem HipHop zurückgreifen, die Killa Hakan im Interview fokussiert. Für Hakan hat türkischer HipHop viel mehr mit einer unterschichteten und marginalisierten „Stellung“ zu tun als mit einem nationalstaatlichen Konzept. Er schafft im Interview eine Abgrenzung zu Rappern in der Türkei und nimmt Bezug darauf, dass es nicht einfach war, „türkischen“ HipHop in Deutschland dahin zu bringen, wo er heute ist:

„Wir mussten viel leiden und türkisch Rap, wir mussten so und so von vornherein immer aufpassen. Was wir schreiben, damit die Familien und Eltern, damit türkisch Rap durchkommt so, weißt du. Wir hatten harte Zeiten. [...] Und deswegen gibt es in der Türkei, gibt es nicht Leute, die wie ich schreiben können. Die staunen darüber so. Wie das sein kann so. Wie das sein kann, dass ich mich da in diesem Moment besser ausdrücke. Und das ist natürlich eine Arbeit gewesen. Und das kann einer in Istanbul, Rapper nicht gehabt haben so. Weißt du, wie ich meine. Also kein Anderer. Weil wir Gastarbeiter genauso. Dieser Rap fängt ja dadurch an. Weißt du, Rap fängt ja dadurch an, dass du wie bei den Schwarzen so. Auch so, Gastarbeiter und zack das ergibt das gleiche so. Unsere Arbeit ist deswegen auch so fein, weil wir das auch so erleben und immer noch so sind so. Immer noch diese Stellung haben."

Hakan verknüpft türkischen HipHop in diesem Sinne mit einer Stellung, die er mit dem marginalisierten Status von Schwarzen Menschen in den USA verknüpft. Er stellt hierbei die zugewiesene Stellung in den Mittelpunkt und weniger die unterschiedlichen Formen des Rassismus und der Exklusions-Praxen. Damit schafft er sich selbst einerseits eine (imaginierte) gemeinsame Ursprungsgeschichte, auf der anderen Seite jedoch schafft er damit die Anerkennung von „türkischem" HipHop, die in Deutschland lange Zeit nicht gegeben war. Somit ist die Kategorie „türkischer HipHop" keine nationalstaatliche Verortung und Verknüpfung, sondern der Bezug auf einen Status. Türkischer HipHop und Rap wird somit zum Raum für alternative Modelle jenseits von zugeschriebenen und hegemonialen, nationalen Erzählungen. Killa Hakan konstatiert im Interview weiter, was sein persönlicher Antrieb war, HipHop nicht aufzugeben:

„O.K. Alter. Ich lass Boe B´s Fahne nicht auf dem dreckigen Boden liegen, ich nehme die jetzt hoch, wenn ich raus gehe. Und ich werde weitermachen, weil er so vieles gemacht hat. Und das ist jetzt nicht mehr da. Wenn ich das jetzt nicht mehr weitermache, ist es gestorben. Also Boe B. wird es nie wieder geben so. Und türkisch HipHop wird es auch nicht so geben. Überhaupt nichts wird es geben davon. Und genau ab dann, im Jahr 2000, danach bin ich raus gekommen (aus dem Gefängnis, Anm. d. Verf.), im August bin ich rausgekommen, hab das dann durchgezogen so. Und in diesen neun Jahren habe ich das so weit gebracht, dass jetzt Türkisch HipHop da ist. Es lebt! Türkisch HipHop ist da und lebt! [...] Diese Zeit habe ich miterlebt, auch erlebt. Die ganz erste Zeit von HipHop. Die mittlere Zeit, wo es hochging und jetzt z. B. die Zeit: die endlose Zeit. Auch für den türkischen HipHop-Markt. Voll jetzt dabei. Geht auch nicht mehr weg. Ich bin einer der Vorreiter so. Voll viel Respekt. Aber ich habe die ganze Zeit erlebt und ich weiß, wer whack ist und wer gut ist, wirklich gesagt. Und ich kann nur sagen, das ist Musikbranche so. Du kannst gut sein, egal! Manchmal hängt das vom Timing und von anderen Sachen ab so. Alles. Und es gibt noch bestimmte Mächte so, die einen auch nicht unbedingt da rein lassen wollen."

Für Hakan ist türkischer HipHop also keine nationalstaatliche Kategorie, sondern ist geknüpft an Erinnerungen, Erfahrungen und damit einhergehende Strategien, denen somit eine Form von Empowerment inhärent ist. Damit dient der Rückgriff auf nationale Kategorien im Rap und im HipHop nicht dazu, wie auf hegemonialer Ebene eine künstliche Differenzlinie zu erstellen, sondern eben diese aufzubrechen, indem „Türkisch“ mit einer Stellung, einem Konstrukt konnotiert wird und nicht mit einer nationalistischen Verknüpfung. Das Türkische, wie es von Hakan benutzt wird, könnte durch jede andere Zuschreibung ersetzt werden. Der Bezug auf das Türkische hat somit eine Gleichzeitigkeit von Ohnmacht und Macht. HipHop ist in diesem Fall der Raum, in dem eigene Standpunkte machtvoll nach außen getragen werden und somit eine Ermächtigung beziehungsweise Gegenmacht darstellen. Somit ist HipHop eine machtvolle Repräsentations-Praxis, die jenseits der stereotypen und hegemonialen Etikettierungs-Praktiken verwurzelt ist.

8 Resümee

> „I'm a poet. So what I feel is missing from the music is the poetic quality in the language. So I just try to write the music, that I want to hear. That I feel is missing."
> AKUA NARU

In diesem abschließenden Kapitel möchte ich pointiert die Forschungsergebnisse meiner Arbeit zusammenfassend darstellen. Hierzu werde ich vorerst auf den theoretischen Rahmen der Arbeit eingehen, um daran anschließend die Ergebnisse der empirischen Forschungen fokussierend aufgreifen zu können. Im ersten Kapitel wurde die Entstehungsgeschichte der HipHop-Kultur in den USA dargestellt und diese in einen historischen, politischen, ökonomischen sowie gesellschaftlichen Kontext eingebettet. Den zentralen Bezugsrahmen für die empirische Auswertung hat hierbei die Entstehungsgeschichte der Rap-Musik gebildet, die zwar oftmals automatisch mit subversivem Widerstand der Schwarzen Minderheit in den USA assoziiert wird, jedoch eigentlich als Party-Musik begann. Ohne Frage war die HipHop-Kultur Anfang der 1970er Jahre als öffentlich gelebte, urbane Street Culture von Beginn an eine politische Kultur, da die öffentlichen Räume, die eine Dekade vorher durch die rassistische Segregation für Schwarze und Weiße getrennt waren, durch die HipHopper eine Aneignung erfuhren. Eindeutig entstand durch die Kombination von Party und politischer Botschaft ein subversives Potenzial, das nunmehr seit vier Dekaden Bestand hat, was vor dem HipHop keine andere Jugendkultur in dem Maße geschafft hat. Dass innerhalb destruktiver Verhältnisse eine derart starke Kultur entstehen konnte, die auf globaler Ebene in unterschiedlichen Formen eine lokale Aneignung erfahren hat, geht unter anderem darauf zurück, dass Rap-Musik einerseits aus allen anderen vorangegangen Schwarzen Musikstilen und politischen Bewegungen schöpft und zum anderen durch ihren interaktionistischen Charakter ständig vital bleibt. Rap-Musik schafft somit einen Raum zur Formulierung eigener Standpunkte und stellt eine Gegenmacht zur etablierten hegemonialen Macht dar. Die Artikulation von gesellschaftlich und politisch ungleichen Machtverhältnissen wird auf musikalischer Ebene in den Diskurs eingespeist und erzeugt eine Interaktionsfläche für gesellschaftlich Marginalisierte. Hierbei spielen die explizit misogynen und gewaltverherrlichenden Texte, die auf gesamtgesellschaftlicher Ebene eine Rebellion gegen den scheinheiligen Weißen, hegemonialen Mainstream darstellen, bei aller berechtigten Kritik dennoch auf interaktionistischer Ebene eine wichtige Rolle für das Fortbestehen der Rap-Musik, da dadurch auch immer eine machtvolle Gegenposition aktiviert wird.

Ähnlich wie in seinem Geburtsland war HipHop auch in Deutschland anfangs Party-beziehungsweise Breakdance-Musik. Dies wurde im zweiten Kapitel ausführlich fokussiert. Die HipHop-Kultur war die erste Jugendkultur in Deutschland, in die in starkem Maße auch sogenannte Migrantenjugendliche involviert waren. Jedoch war HipHop in der BRD zu keiner Zeit ausschließlich eine Kultur von Minderheiten. Anders als in den USA, wo HipHop und Rap-Musik eindeutig als *black culture* verortet werden, hatten HipHop und Rap-Musik in Deutschland einen anderen Stellenwert. Das Subversive hieran war, dass entgegen der hegemonialen und nationalen Diskurse ein im Alltag verankertes Gegenmodell von gelebter „Multikulturalität" praktiziert wurde, ohne dass dies jedoch wie im hegemonialen Diskurs als Besonderheit hervorgehoben oder skandalisiert wurde. Die meisten Jugendlichen in Deutschland fingen erst Ende der 1980er Jahre selbst an zu rappen, meist auf Englisch. Das Rappen in den sogenannten Familiensprachen wurde erst lange Zeit später praktiziert und war lediglich die Adaption alltäglicher Normalität von Mehrsprachigkeit. HipHop, wie er Anfang der 1980er Jahre in der Bundesrepublik Deutschland eine Aneignung erfuhr, entstand genau zu jener Zeit, als der Zugang zu den damals sogenannten Ausländer-Jugendliche von Hypothesen wie Kulturkonflikten und Modernitätsdifferenzen geprägt war. Politisch fiel das in die Zeit, als das Rückkehrförderungsgesetz aufgrund der wirtschaftlichen Rezession erlassen wurde und die Frage vorherrschte, wie man die sogenannten Gastarbeiter auf legalem Weg zur Ausreise „motivieren" konnte. Der öffentliche und politische Diskurs war also von Redeweisen geprägt, die die sogenannten Migranten und ihre Kinder immer wieder als nicht dazugehörig definierten und somit ausgrenzten, obwohl ein Großteil der Jugendlichen in der BRD geboren war und sich selbst als selbstverständlichen Teil der Gesellschaft wahrnahm. Dies wird durch die empirischen Ergebnisse untermauert.

Durch die Artikulation über die Rap-Musik wurden Rapper mit sogenanntem Migrationshintergrund folglich aus eigenem Antrieb sichtbar, ohne dass sie willkürlich und zwanghaft den Status von multikulturellen Objekten zugewiesen bekamen, wie dies unter anderem in den 1990er Jahren insbesondere von der interkulturellen Pädagogik forciert wurde. Zeitgleich mit der Modifikation der Rap-Musik in Deutschland fand die Wiedervereinigung von Ost-und Westdeutschland statt. Nationalstaatlich definierte Diskurse von Zugehörigkeit, die zu der Zeit aktualisiert wurden, wurden auf die HipHop-Kultur projiziert, und dies hatte zur Folge, dass Rapper mit sogenanntem Migrationshintergrund auf ihre vermeintliche ethnische Herkunft reduziert wurden.

Die Verhältnisse in den USA, wo bis Mitte der 1960er Jahre die rassistische *Jim Crow Era* herrschte, sind hierbei auf keinerlei Ebene auf bundesdeutsche Verhältnisse übertragbar, und somit ist in Deutschland HipHop und Rap-Musik immer eine übergreifende Kultur gewesen, in der die Authentizität von Künstlern nicht nach der Kategorie *Race* definiert wurde. Auch wenn in Deutschland damals wie heute institutionelle Diskriminierungen auf dem Wohnungs- und Arbeitsmarkt sowie im Bildungssystem herrschen, so fand zu keiner Zeit eine staatliche Segregation statt, wie sie in den USA vorzufinden war. Durch die Positionierung gegen Rassismus und rechte Gewalt nach den rassistischen Pogromen in den 1990er Jahren wurde die Rezeption von Rap-Musik als multikulturelle Folklore vollendet und dies wiederum hatte zur Folge, dass Plattenverträge für viele Künstler nicht zustande kamen, da der Mainstream vorherrschte, Nicht-Deutsche würden nicht die Zielgruppe von Musiksendern und Konsumenten repräsentieren, die als Weiße, deutsche Jugendliche aus der Mittelschicht definiert wurden. Die Rap-Musik insbesondere in den 1990er Jahren bewegte sich jedoch immer in Richtung Gesellschaft und kämpfte um Anerkennung und gleiche Rechte und nicht umgekehrt, um sich von der Gesellschaft zu entfernen, wie dies beispielsweise in der Punk-Musik der Fall war. HipHop und Rap hatten somit trotz der System-Kritik, die in den Liedern zum Ausdruck kam, einen konstruktiven Charakter. Das Ausleben der Elemente des HipHop geschah hierbei über national imaginierte Grenzen hinweg, wobei sich die sogenannten Migrantenjugendlichen dabei in erster Linie als Jugendliche und erst an zweiter Stelle aufgrund ihres Migrationshintergrundes und damit als Teil einer Minorität mit der HipHop-Kultur identifizierten. Es stellt nur eine Seite der Erzählung dar, wenn HipHop ausschließlich mit sogenannten Migrantenjugendlichen in der Bundesrepublik Deutschland und mit Minoritäten im Allgemeinen assoziiert wird, und dies wiederum ist auf die kulturreduktionistischen Praxen im Umgang mit vermeintlichen jugendlichen Migranten zurückzuführen. Die politischen Inhalte und antirassistischen Positionierungen von Rappern in den 1990er Jahren, auf die sie lange Zeit reduziert wurden, sind lediglich eine Antwort auf gesellschaftliche Ereignisse und Diskurse gewesen. Die Analysen und die Kritik am politischen System und dem Alltagsrassismus, der in der Mitte der Gesellschaft seit jeher präsent war, waren die Inhalte der Rap-Musik in den 1990er Jahren. Jedoch fand zu dieser Zeit nicht nur innerhalb der Rap-Musik eine Positionierung gegen rassistische Praktiken statt, sondern auch Musiker anderer Sparten setzten ein Zeichen gegen Rassismus und rechte Gewalt. Neben dem Boom an antirassistischen Rap-Songs hatten in den 1990er Jahren weiterhin HipHop-Jams ihre Blütezeit, wobei der Party-Aspekt sowie der spielerische Wettkampf untereinander die elementaren Ziele waren, die die Jugendlichen antrieben.

Nach dem Boom von Gangster-und Straßen-Rap ab dem Jahr 2000 wurde die mediale Darstellung von Rappern mit sogenanntem Migrationshintergrund an Integrations-Diskurse gekoppelt, wobei der Rückgriff auf sprachliche Defizite, Sexismus, Homophobie und Gewaltverherrlichung einerseits als Rap-spezifisches Problem behandelt wurden und andererseits diese damit gesamtgesellschaftlich eine Externalisierung erfuhren. Die Verknüpfung dieser Diskurse mit Geschlechter-Verhältnissen, die in misogynen Rap-Texten zum Ausdruck kamen, wurden in diesem Kontext nicht etwa dazu genutzt, um eine Geschlechter-Gerechtigkeit herzustellen, sondern um vermeintliche Differenzen zwischen der Mehrheitsgesellschaft und den Angehörigen der konstruierten Minderheit aufrechtzuerhalten und somit auch kulturreduktionistische Ansätze zu reproduzieren.

Die Ergebnisse der empirischen Studie, die durch die komparative Analyse und Auswertung narrativ erhobener Lebensgeschichten entstanden sind, möchte ich schlussfolgernd zusammenfassen, indem ich die Ergebnisse in Bezug zum theoretischen Rahmen setzen werde. Daran anschließend möchte ich einen kurzen Ausblick geben, der Rap-Musik in Deutschland in einen globalen Kontext von Mobilität verortet. Die Fremd-Repräsentationen von Rappern mit sogenanntem Migrationshintergrund divergieren sehr stark zu den Selbst-Repräsentationen. Während in den stigmatisierten Zuschreibungen oftmals die vermeintliche ethnische Herkunft in den Vordergrund gerückt wird, nehmen sich die Rapper und Rapperinnen selbst als Musiker und Künstler wahr und distanzieren sich von nationalen oder ethnischen Kategorisierungen. Der Bezug auf ethnische Kategorien dient in diesem Kontext vielmehr dazu, die Zugehörigkeit zu der deutschen Gesellschaft zum Ausdruck zu bringen und ist somit eine politische Forderung nach Anerkennung von Zugehörigkeit und Gleichberechtigung. Der Rückgriff auf ethnische Kategorien geht somit weder im Rap noch im Alltag von den Jugendlichen mit sogenannter Migrationsgeschichte selbst aus, sondern ist immer als interaktionistische Reaktion auf hegemoniale Zuschreibungs-und Stigmatisierungs-Praktiken bezogen und dient letztendlich der Konstruktion einer Solidargemeinschaft, der immer ein individueller Empowerment-Prozess vorausgeht. Die oftmals vertretene These, dass Rap-Musik das adäquate Ausdrucksmedium einer sogenannten migrantischen Unterschicht darstellt, wird von den empirischen Forschungsergebnissen dekonstruiert. Gerade die Rapper und Rapperinnen, die bereits in den 1980er Jahren aktive HipHopper waren, identifizierten sich aufgrund der musikalischen, technischen und künstlerischen Elemente mit der HipHop-Kultur. Die Fokussierung auf marginale Aspekte verstärkt somit den Prozess des *Othering*. Hierbei wird oftmals übersehen, dass die Unterschicht selbst ein Konstrukt ist. Der individuelle Aufstieg im Bildungssystem, so zeigen die Forschungsergebnisse, ändert nicht die strukturellen und institutionellen Formen von Diskriminierung und Exklusion, die insbesondere häufig auf dem Gymnasium zum Ausdruck kommen. Somit wird unabhängig von den Bildungsabschlüssen der Jugendlichen zum Mythos der Angehörigkeit zur Unterschicht beigetragen und eine künstlich erzeugte ethnische Differenz reproduziert.

Wenn in diesem Kontext beispielsweise Rap in der Schule oder im Jugendzentrum als pädagogisches Instrument genutzt wird, Jugendliche aus der sogenannten migrantischen Unterschicht zu fördern oder zu integrieren, so geschieht dies aus einer defizitorientierten Perspektive heraus und hat meistens zur Folge, dass Unterschichtungs-Praktiken reproduziert werden. Anstatt also gesellschaftliche und politische Handlungsfelder zu definieren, die auf Gleichberechtigung und Inklusion zielen, nehmen stattdessen pädagogische Projekte diese Stelle ein. Somit findet keine Verschiebung von Macht statt, sondern die Machtstrukturen bleiben bestehen und erzeugen weiterhin multikulturelle Objekte. Dasselbe trifft auf die Hervorhebung des Geschlechts zu, wenn beispielsweise Frauen durch die Kategorisierung und Reduktion auf ihr Geschlecht stigmatisiert und marginalisiert werden. Hierbei treffen sie als Rapperinnen innerhalb einer konstruierten Männer-Domäne auf patriarchale Muster, die jedoch gesamtgesellschaftlich verankert sind. Strategien, die im Umgang damit entwickelt werden, sind einerseits Formulierungen expliziter Forderungen, demnach die Musik im Vordergrund stehen sollte und nicht das konstruierte Geschlecht. Als Frau zu rappen bedeutet somit nicht zwangsläufig, geschlechterspezifische Inhalte in der Rap-Musik repräsentieren zu müssen.

Ausblick

Rap-Musik, die durch einen starken Beat begleitet wird, schöpft daraus ihre subversive Kraft. Durch das Samplen und Covern anderer Künstler und Musikstücke wird ein kollektives Gemeinschaftsgefühl erzeugt, wodurch eine selbstorganisierte und artikulierte Gegenmacht zum hegemonialen Diskurs praktiziert wird. Die Kombination und Gleichzeitigkeit von Alltäglichem und Politischem, von Spaß und Ernsthaftigkeit, von Negativem und Positivem, von Party feiern und Innehalten machen Rap-Musik so machtvoll. Der Breakbeat, der die Zeit stoppt und eine Repetition erzeugt, ist somit das Auffüllen der Zeit mit subversiven Konzepten. Rap-Musik war, ist und bleibt somit eine Arena für individuelles Empowerment und bietet weiterhin gleichzeitig einen kollektiven Identifizierungscharakter. Damit wird Rap-Musik in Deutschland als Interaktionsmedium urbaner Kämpfe um Anerkennung und Zugehörigkeit weiterhin für Jugendliche eine wichtige Rolle spielen. In einer technologisierten, globalisierten Welt wird Rap somit anschlussfähig bleiben, und dies ist auch einer der Gründe, weshalb die HipHop-Kultur auf globaler Ebene seit nunmehr fast vier Dekaden Bestand hat.

„And I think even if you are a minority group if you are willing to also share other cultures then you'll no longer feel like a minority." (Mc Soom T)

Somit ist Rap mehr als ausschließlich Worte, die sich reimen: Rap ist eine selbst kreierte Arena für Selbstermächtigung und konstruktive Veränderungsprozesse.

Diskografie

Advanced Chemistry: Fremd im eigenen Land. MZEE (EFA), 1992

Afrob: Made in Germany. Four Music, 2001

Ahmet Gündüz II & Sexy Kanake. Alles Frisch. Polygram Records, 1995

Alpagun: Geladen & Entsichert. Sektenmuzik (Groove Attak), 2007

Boogie Down Productions: By All Means Necessary, 1988

Boogie Down Productions: Criminal Minded, 1987

Boogie Down Productions: Edutainment. Jive Records, 1990

Boogie Down Productions: Sex and Violence: Jive Records, 1992

Brothers Keepers: Adriano – letzte Warnung. Warner, 2001

Brothers Keepers: Lightkultur. Warner, 2001.

Cora E. & Marius No.1: Könnt ihr mich Hör'n? Buback Tonträger, 1993

Cora E. & Marius No.1: Nur ein Teil der Kultur. Buback Tonträger, 1994

Cora E.: Schlüsselkind. EMI, 1997

Die Fantastischen Vier: Vier gewinnt. Sony Music, 1992

Erci E: Weil ich´ n Türke bin. Rca Local (Sony Music), 1999

Fler: Deutscha Bad Boy. Aggro Berlin (Universal), 2008

Grandmaster Flash & The Furious Five. The Message. Sugarhill Records, 1982

Grandmaster Flash: The Bridge – Concept Of A Culture. Strut/ K7, 2009

Ice Cube: AmeriKKKa's Most Wanted. Priority Records, 1990

Ice Cube: Death Certificate. Priority Records, 1991

Ice-T: Body Count. Warner Music, 1993

Islamic Force: My Melody / Istanbul. 1st Class Records, 1992

Islamic Force: The Whole World Is Your Home. Juiceful Records, 1992

Jam Rock Massiv & KRS1: Stop the Violence. Massive Records, 1988

Killa Hakan: Rapüstad. Rough Mix Recordings, 2003

Killa Hakan: Kreuzberg City. Rough Mix Recordings, 2007

Killa Hakan: Volume Maximum. Fight 4Music, 2009

Kool Savas: Haus und Boot. EP, 2001

MC Lyte: Ruffneck. Atlantic Records, 1993

Microphone Mafia: Vendetta. Day Glo Records / SPV, 1996

Microphone Mafia: Microphonia. Chlodwig / Sony Music, 1998

Microphone Mafia: Infernalia. Al Dente / Pirate Records, 2002

Microphone Mafia: Lotta Continua. Al Dente / Pirate Records, 2003

Microphone Mafia: Testa Nera. Al Dente / Alive, 2006

Microphone Mafia: Per La Vita. Al Dente / Alive, 2009

Microphone Mafia: Resistance. Al Dente / Alive, 2009

Massiv: Blut gegen Blut. Distributionz (Soulfood), 2006

NWA: Straight outta Compton. Ruthless Records, 1988

NWA: Efil4zaggin. Ruthless Records, Priority Records, 1991

Queen Latifah feat. Monie Love: Ladies First. Tommy Boy, 1989

SALT-N-PEPA: Black's Magic. Next Plateau / Red, 1990

SALT-N-PEPA: Salt With a Deadly Pepa. Mca Special Products, 1992

Samy Deluxe: Weck mich auf. EMI, 2001

SIDO: Mein Block. AGGRO BERLIN, 2004

TCA: NO! / Wanna Be. Day-Glo Records, 1993

The 2 Live Crew: As Nasty As They Wanna Be. Luke Records, 1989

Torch: Blauer Samt. V2 Records (Universal), 2000

Literaturverzeichnis

Abrahams, Roger D. (1962): Playing the dozens. Symposium on Obscenity in Folklore. In: The Journal of American Folklore. University of Illinois Press on behalf of Amerikan Folklore Society, H. 297, 75, S. 209–220.

Adler, Bill (1991): Album notes to Run DMC: Greatest Hits 1983-1991. Profile Records.

Allemann-Ghionda, Cristina; Bukow, Wolf-Dietrich (Hg.) (2011): Orte der Diversität. Formate, Arrangements und Inszenierungen. Wiesbaden: VS Verlag für Sozialwissenschaften

Altinova, Engin (2009): In the Lab. Der deutsche HipHop-Dokumentarfilm. Offenbach am Main: The Filming Engine (Intergroove)

Androutsopoulos, Jannis K. (Hg.) (2003): HipHop. Globale Kultur – lokale Praktiken. Bielefeld: transcript-Verlag.

Apitzsch, Ursula (Hg.) (1999): Migration und Traditionsbildung. Opladen: Westdeutscher Verlag

Aslan, Fikret; Bozay, Kemal (Hg.) (2000): Graue Wölfe heulen wieder. Türkische Faschisten und ihre Vernetzung in der BRD. Münster: Unrast-Verlag.

Auernheimer, Georg (1988): Der sogenannte Kulturkonflikt. Orientierungsprobleme ausländischer Jugendlicher. Frankfurt am Main: Campus-Verlag

Auernheimer, Georg (1995): Einführung in die interkulturelle Erziehung Darmstadt: Wissenschaftliche Buchgesellschaft.

Auernheimer, Georg (Hg.) (2010): Schieflagen im Bildungssystem. Die Benachteiligung der Migrantenkinder. Wiesbaden: VS Verlag für Sozialwissenschaften.

Badawia, Tarek (2002): „Der dritte Stuhl". Eine Grounded-theory-Studie zum kreativen Umgang bildungserfolgreicher Immigrantenjugendlicher mit kultureller Differenz. Frankfurt am Main: IKO-Verlag.

Badawia, Tarek; Hamburger, Franz; Hummrich, Merle (Hg.) (2003): Wider die Ethnisierung einer Generation. Beiträge zur qualitativen Migrationsforschung. Frankfurt am Main: IKO-Verlag.

Badawia, Tarek; Müller, Heinz; Luckas, Helga (Hg.) (2006): Das Soziale gestalten. Wiesbaden: VS Verlag für Sozialwissenschaften.

Balibar, Étienne (1990): Gibt es einen „Neo-Rassismus?“ In: Ders.; Wallerstein, Immanuel Maurice (Hg.): Rasse, Klasse, Nation. Ambivalente Identitäten. Hamburg: Argument-Verlag, S. 5–20.

Banes, Sally (2004): Breaking. In: Forman, Murray; Neal, Mark Anthony (Hg.): That's the joint! The hip-hop studies reader. New York: Routledge, S. 13–21

Bauman, Zygmunt (1991): Moderne und Ambivalenz. In: Bielefeld, Ulrich (Hg.): Das Eigene und das Fremde. Neuer Rassismus in der Alten Welt. Hamburg: Junius-Verlag, S. 23–49.

Beck, Ulrich; Grande, Edgar (Hg.) (2007): Das kosmopolitische Europa. Gesellschaft und Politik in der Zweiten Moderne. Frankfurt am Main: Suhrkamp.

Becker, Howard S. (1981): Außenseiter. Zur Soziologie abweichenden Verhaltens. Frankfurt am Main: Fischer.

Beck-Gernsheim, Elisabeth (2007): Wir und die Anderen. Kopftuch, Zwangsheirat und andere Mißverständnisse. Frankfurt am Main: Suhrkamp.

Beinzger, Dagmar; Kallert, Heide; Kolmer, Christine (Hg.) (1995): „Ich meine, man muß kämpfen können. Gerade als Ausländerin". Ausländische Mädchen und junge Frauen in Heimen und Wohngruppen. Frankfurt am Main: IKO-Verlag.

Benjamin, Walter (2010): Das Kunstwerk im Zeitalter seiner technischen Reproduzierbarkeit. Drei Studien zur Kunstsoziologie. Frankfurt am Main: Suhrkamp.

Berger, Peter A.; Kahlert, Heike (Hg.) (2008): Institutionalisierte Ungleichheiten. Wie das Bildungswesen Chancen blockiert. Weinheim: Juventa-Verlag.

Bernart, Yvonne; KRapp, Stefanie (Hg.) (2005): Das narrative Interview. Ein Leitfaden zur rekonstruktiven Auswertung. Landau: Verlag Empirische Pädagogik.

Bielefeld, Ulrich (Hg.) (1991): Das Eigene und das Fremde. Neuer Rassismus in der Alten Welt. Hamburg: Junius-Verlag.

Blumer, Herbert (1954): What is wrong with Social Theory. In: American Sociological Review, H. Vol. 19, S. 3–10.

Bock, Karin; Meier, Stefan; Süss, Gunter (Hg.) (2007): HipHop meets Academia. Globale Spuren eines lokalen Kulturphänomens. Bielefeld: transcript-Verlag.

Bohnsack, Ralf (Hg.) (1998): Biographieforschung und Kulturanalyse. Transdisziplinäre Zugänge qualitativer Forschung. Opladen: Leske + Budrich.

Boos-Nünning, Ursula; Otyakmaz, Berrin (Hg.) (2000): Multikultiviert oder doppelt benachteiligt? Die Lebenslagen von Mädchen und jungen Frauen aus Arbeitsmigrationsfamilien in Nordrhein-Westfalen. Düsseldorf: Expertise zum 7. Kinder- und Jugendbericht der Landesregierung Nordrhein-Westfalen.

Bourdieu, Pierre (1983): Ökonomisches Kapital, kulturelles Kapital, soziales Kapital. In: Kreckel, Reinhard (Hg.): Soziale Ungleichheiten (Soziale Welt, Sonderband 2), S. 183–199.

Bourdieu, Pierre (1987): Die feinen Unterschiede. Kritik der gesellschaftlichen Urteilskraft. Frankfurt am Main: Suhrkamp

Bozay, Kemal (2009): „... ich bin stolz, Türke zu sein!" Ethnisierung gesellschaftlicher Konflikte im Zeichen der Globalisierung. Schwalbach/Ts.: Wochenschau Verlag.

Brech, Joachim; Vanhue, Laura (Hg.) (1997): Migration. Stadt im Wandel. Darmstadt: Wohnbund.

Bromley, Roger; Kreuzner, Gabriele (Hg.) (1999): Cultural studies. Grundlagentexte zur Einführung. Lüneburg: zu Klampen.

Brothers Keepers (2008): Brothers Keepers und Torch reagieren auf Fler-Albumtitel, 1.02.2008. Online http://klickklack.blog.de/2008/02/01brothers_keepers_und_torch_reagieren_auf~3664095/ zuletzt gprüft am 17.09.2010.

Bruce, H. E.; Davis B. D. (2000): Slam: HipHop meets Poetry – A Strategy for Violence Intervention. A 2000. Curriculum of Peace. In: The English Journal, H. 89, 5, S. 119–127.

Buchkremer, Hansjosef; Bukow, Wolf-Dietrich; Emmerich, Michaela (Hg.) (2000): Die Familie im Spannungsfeld globaler Mobilität. Zur Konstruktion ethnischer Minderheiten im Kontext der Familie. Opladen: Leske + Budrich.

Bukow, Wolf-Dietrich; Yildiz, Erol (2002): Der Wandel von Quartieren in der metropolitanen Gesellschaft am Beispiel Keupstraße in Köln oder: Eine verkannte Entwicklung. In: Bukow, Wolf-Dietrich; Yildiz, Erol (Hg.): Der Umgang mit der Stadtgesellschaft. Ist die multikulturelle Stadt gescheitert oder wird sie zu einem Erfolgsmodell? Opladen: Leske + Budrich, S. 81–111.

Bukow, Wolf-Dietrich (1996): Feindbild: Minderheit. Ethnisierung und ihre Ziele. Opladen: Leske + Budrich.

Bukow, Wolf-Dietrich (Hg.) (1999): Fundamentalismusverdacht. Plädoyer für eine Neuorientierung der Forschung im Umgang mit allochthonen Jugendlichen. Opladen: Leske + Budrich.

Bukow, Wolf-Dietrich (2010): Urbanes Zusammenleben. Zum Umgang mit Migration und Mobilität in europäischen Stadtgesellschaften. Wiesbaden: VS Verlag für Sozialwissenschaften.

Bukow, Wolf-Dietrich; Jünschke, Klaus; Spindler, Susanne, et al. (Hg.) (2003): Ausgegrenzt, eingesperrt und abgeschoben. Migration und Jugendkriminalität. Opladen: Leske + Budrich.

Bukow, Wolf-Dietrich; Llaryora, Roberto (Hg.) (1998): Mitbürger aus der Fremde. Soziogenese ethnischer Minoritäten. Opladen: Westdeutscher Verlag

Bukow, Wolf-Dietrich; Nikodem, Claudia; Schulze, Erika, et al. (Hg.) (2001): Auf dem Weg zur Stadtgesellschaft. Die multikulturelle Stadt zwischen globaler Neuorientierung und Restauration. Opladen: Leske + Budich.

Bukow, Wolf-Dietrich; Nikodem, Claudia; Schulze, Erika, et al. (Hg.) (2001): Die multikulturelle Stadt. Von der Selbstverständlichkeit im städtischen Alltag. Opladen: Leske + Budrich.

Bukow, Wolf-Dietrich; Nikodem, Claudia; Schulze, Erika, et al. (Hg.) (2007): Was heißt hier Parallelgesellschaft. Wiesbaden: VS Verlag für Sozialwissenschaften.

Bukow, Wolf-Dietrich; Spindler, Susanne (Hg.) (2000): Die Demokratie entdeckt ihre Kinder. Politische Partizipation durch Kinder-und Jugendforen. Opladen: Leske + Budrich.

Bukow, Wolf-Dietrich; Yildiz, Erol (Hg.) (2002): Der Umgang mit der Stadtgesellschaft. Ist die multikulturelle Stadt gescheitert oder wird sie zu einem Erfolgsmodell. Opladen: Leske + Budrich.

Bukow, Wolf-Dietrich; Yildiz, Erol; Ottersbach, Markus, et al. (Hg.) (2006): Biographische Konstruktionen im multikulturellen Bildungsprozess. Wiesbaden: VS Verlag für Sozialwissenschaften.

Burgmer, Christoph; Miles, Robert; Said, Edward W., et al. (Hg.) (1999): Rassismus in der Diskussion. Gespräche mit Robert Miles, Edward W. Said, Albert Memmi, Günter Grass, Wolfgang Benz, Wolfgang Wippermann, Birgit Rommelspacher, Teun A. van Dijk, Stuart Hall. Berlin: Elefanten Press.

Butterwegge, Christoph (1992): Der Funktionswandel des Rassismus und die Erfolge des Rechtsextremismus. In: Butterwegge, Christoph; Jäger, Siegfried (Hg.): Rassismus in Europa. Köln: Bund-Verlag, S. 181–199.

Butterwegge, Christoph (2002): Rechtsextremismus. Freiburg im Breisgau: Herder.

Butterwegge, Christoph (Hg.) (2002): Themen der Rechten – Themen der Mitte. Zuwanderung, demografischer Wandel und Nationalbewusstsein. Opladen: Leske + Budrich.

Butterwegge, Christoph; Hentges, Gudrun (Hg.) (2006): Massenmedien, Migration und Integration. Herausforderungen für Journalismus und politische Bildung. Wiesbaden: VS Verlag für Sozialwissenschaften.

Butterwegge, Christoph; Jäger, Siegfried (Hg.) (1992): Rassismus in Europa. Köln: Bund-Verlag

Caglar, Ayse (1998): Verordnete Rebellion. Deutsch-türkischer Rap und türkischer Pop in Berlin. In: Mayer, Ruth; Terkessidis, Mark (Hg.): Globalkolorit. Multikulturalismus und Populärkultur. St. Andrä-Wördern: Hannibal, S. 41–59.

Çaglar, Gazi (2002): Der Mythos vom Krieg der Zivilisationen. Der Westen gegen den Rest der Welt; eine Replik auf Samuel P. Huntingtons „Kampf der Kulturen“. Münster: Unrast-Verlag.

Castro Varela, María do Mar; Dhawan, Nikita (Hg.) (2005): Postkoloniale Theorie. Eine kritische Einführung. Bielefeld: transcript-Verlag.

Çelik, Hidir (Hg.) (1999): Mehrsprachigkeit in Deutschland. Aspekte und Standpunkte. Bonn: Free Pen.

Decker, Jeffrey Louis (1993): The State of Rap 1993 in. Time and Place HipHop Nationalism. In: Social Text. Duke University Press, H. 34, S. 53–84.

Der Spiegel (1973): Ghettos in Deutschland. Hilfe, die Türken kommen – rette sich, wer kann, H. Nr. 31, 30.07.1973.

Der Spiegel (1997): Gefährlich Fremd. Das Scheitern der multikulturellen Gesellschaft., H. 16, 14.04.1997.

Der Spiegel (1998): Zu viele Ausländer. Sprengsatz für Rot-Grün., H. 48, 23.11.1998.

Der Spiegel (2002): Die Rückseite der Republik., H. 10, 04.03.2002.

Der Spiegel (2009): Du kannst dein Leben ändern. Nahaufnahme: Wie ein ehemaliges Kreuzberger Gang-Mitglied seinen Ghetto-Mythos in eine Modemarke verwandelt hat, H. 20, 11.05. 2009.

Der Spiegel (2009): Für immer fremd., H. 05, 26.01.2009.

Der Spiegel Online (2008): Ghetto-Kultur. Poesie aus der Siedlung, 15.01.2008, zuletzt geprüft am 25.10.2011.

Der Spiegel Spezial (2008): Der Spatz aus Sarayköy., H. 06, 30.09.2008.

Der Tagesspiegel (2007): Kaschuba, Wolfgang. Wie Fremde gemacht werden, 14.01.2007.

Der Tagesspiegel (2009): NPD will Sarazzin zum Ausländerbeauftragten machen, 2.10.2009.

Dery, Mark (2004): Public Enemy Confrontation. In: Forman, Murray; Neal, Mark Anthony (Hg.): That's the joint! The hip-hop studies reader. New York: Routledge, S. 407–421.

Deutsches Institut für Menschenrechte: Pressemitteilung: Deutsches Institut für Menschenrechte unterstreicht Kritik des UN-Berichterstatters an zu engem Rassismusbegriff. Pressemitteilung vom 16.06.2010. Online verfügbar unter Pressemitteilung: Deutsches Institut für Menschenrechte unterstreicht Kritik des UN-Berichterstatters an zu engem Rassismusbegriff.

Dimitriadis, Greg (2004): Hip-Hop. From Live-Performance to Mediated Narrative. In: Forman, Murray; Neal, Mark Anthony (Hg.): That's the joint! The hip-hop studies reader. New York: Routledge, S. 421–437.

Dittrich, Eckhard J.; Radtke, Frank-Olaf (Hg.) (1990): Ethnizität. Wissenschaft und Minderheiten. Opladen: Westdeutscher Verlag.

Ecarius, Jutta (1998): Biographie, Lernen und Gesellschaft. Erziehungswissenschaftliche Überlegungen zu biographischem Lernen in sozialen Kontexten In: Bohnsack, Ralf (Hg.): Biographieforschung und Kulturanalyse. Transdisziplinäre Zugänge qualitativer Forschung. Opladen: Leske + Budrich, S. 129–151.

Ehlers, Johanna; Fleischer, Frederike (Hg.) (1997): Mädchen zwischen den Kulturen. Anforderungen an eine interkulturelle Pädagogik ; mit Beiträgen und einer Literaturliste zum Thema Jungenarbeit. Frankfurt am Main: IKO-Verlag.

Elias, Norbert; Scotson, John Lloyd (Hg.) (2002): Etablierte und Außenseiter. Frankfurt am Main: Suhrkamp.

Farin, Klaus (1998): Jugendkulturen zwischen Kommerz und Politik. Musik und Rebellion. Bad Tölz: Tilsner.

Featherstone, Mike (Hg.) (2002): Global modernities. London: Sage.

Fernando, S. H. (1994): The new Beats: Exploring the Music, Culture and Attitudes of Hip-Hop. New York: Anchor Books.

Finzsch, Norbert; Horton, James Oliver; Horton, Lois E. (Hg.) (1999): Von Benin nach Baltimore. Die Geschichte der African Americans. Hamburg: Hamburger Edition.

Flick, Uwe; Kardorff, Ernst von; Steinke, Ines (Hg.) (2003): Qualitative Forschung. Ein Handbuch. Reinbek bei Hamburg: Rowohlt-Taschenbuch-Verlag.

Forman, Murray; Neal, Mark Anthony (Hg.) (2004): That's the joint! The hiphop studies reader. New York: Routledge.

Foucault, Michel (2009): Überwachen und Strafen. Die Geburt des Gefängnisses. Frankfurt am Main: Suhrkamp.

Fuchs-Heinritz, Werner (2005): Biographische Forschung. Eine Einführung in Praxis und Methoden. Wiesbaden: VS Verlag für Sozialwissenschaften.

Gates, Henry Louis (1983): The Blackness of Blackness. A Critique of the Sign and the Signifying Monkey. In: Critical Inquiry. The University of Chicago Press, H. 9,No 4, S. 658–676.

Gates, Henry Louis (1989): The signifying monkey. A theory of African-American literary criticism. New York: Oxford Univ. Press.

Gates, Henry Louis (Hg.) (1990): Black Literature and Literary Theory. New York: Routledge.

Gates, Henry Louis (1990): Criticism in the jungle. In: Gates, Henry Louis (Hg.): Black literature and literary theory. New York: Routledge, S. 1–27.

GdW Bundesverband deutscher Wohnungsunternehmen e.V. (Hg.) (1998): Überforderte Nachbarschaften. Zwei sozialwissenschaftliche Studien über Wohnquartiere in den alten und neuen Bundesländern im Auftrag des GdW. Köln und Berlin.

Geissler, Rainer (2008): Die Metamorphose der Arbeitertochter zum Migrantensohn. Zum Wandel der Chancenstruktur im Bildungssystem nach Schicht, Geschlecht, Ethnie und deren Verknüpfungen. In: Berger, Peter A.; Kahlert, Heike (Hg.): Institutionalisierte Ungleichheiten. Wie das Bildungswesen Chancen blockiert. Weinheim: Juventa-Verlag, S. 71–100.

George, Nelson (Hg.) (1985): Fresh, HipHop don't stop. New York: Random House.

George, Nelson; Man, T. (2002): XXX. Drei Jahrzehnte Hip-Hop. Freiburg im Breisgau: Orange-Press.

Glaser, Barney G.; Strauss, Anselm L. (Hg.) (2008): Grounded theory. Strategien qualitativer Forschung. Bern: Huber.

Goffman, Erving (2010): Asyle. Über die soziale Situation psychiatrischer Patienten und anderer Insassen. Frankfurt am Main: Suhrkamp

Gomolla, Mechthild (2010): Fördern und Fordern allein genügt nicht. Mechanismen institutioneller Diskriminierung von Migrantenkindern im deutschen Schulsystem. In: Auernheimer, Georg (Hg.): Schieflagen im Bildungssystem. Die Benachteiligung der Migrantenkinder. Wiesbaden: VS Verlag für Sozialwissenschaften, S. 87–103.

Granato, Mona (2010): Zunehmende Chancenungleichheiten für junge Menschen mit Migrationshintergrund auch in der beruflichen Bildung. In: Auernheimer, Georg (Hg.): Schieflagen im Bildungssystem. Die Benachteiligung der Migrantenkinder. VS Verlag für Sozialwissenschaften, S. 103–125.

Greve, Martin (2003): Die Musik der imaginären Türkei. Musik und Musikleben im Kontext der Migration aus der Türkei in Deutschland. Stuttgart: Metzler.

Griefhahn, Monika (2007): Für HipHop, aber gegen Gewalt, 26.07.2007. Online verfügbar unter http://www.monika-griefahn.de/inhalt/meinearbeit/meinemeinung/2007/mm070726.php, zuletzt geprüft am 15.09.2011.

Griese, Hartmut M. (1984): Der Gläserne Fremde. Bilanz und Kritik der Gastarbeiterforschung und Ausländerpädagogik. Leverkusen: Leske + Budrich.

Griese, Hartmut M.; Kürsat, Ahlers Elcin Schulte Rainer; Vahedi, Massoud, et al. (Hg.) (2002): Was ist eigentlich das Problem am „Ausländerproblem?" Über die soziale Durchschlagskraft ideologischer Konstrukte. Frankfurt am Main: IKO-Verlag.

Gümen, Sedef (2000): Vergeschlechtlichung und Ethnisierung im Kontext der Familie. Gesellschaftspolitische Dimensionen des Alltäglichen. In: Buchkremer, Hansjosef; Bukow, Wolf-Dietrich; Emmerich, Michaela Hg.): Die Familie im Spannungsfeld globaler Mobilität. Zur Konstruktion ethnischer Minderheiten im Kontext der Familie. Opladen: Leske + Budrich, S. 163–183.

Güngör, Murat; Loh, Hannes (Hg.) (2002): Fear of a Kanak planet. HipHop zwischen Weltkultur und Nazi-Rap. Höfen: Hannibal.

Ha, Kien Nghi (1999): Ethnizität und Migration. Münster: Westfälisches Dampfboot.

Hà, Kiên Nghi (2005): Hype um Hybridität. Kultureller Differenzkonsum und postmoderne Verwertungstechniken im Spätkapitalismus. Bielefeld: transcript-Verlag.

Hà, Kiên Nghòi (Hg.) (2007): Re/visionen. Postkoloniale Perspektiven von People of Color auf Rassismus, Kulturpolitik und Widerstand in Deutschland. Münster: Unrast-Verlag

Hall, Stuart (1994): Rassismus und kulturelle Identität. Hamburg: Argument-Verlag

Hall, Stuart (1999): Kodieren/Dekodieren. In: Bromley, Roger; Kreuzner, Gabriel (Hg.): Cultural studies. Grundlagentexte zur Einführung. Lüneburg: zu Klampen, S. 92–110.

Hall, Stuart (2004): Cultural studies. Ein politisches Theorieprojekt. Hamburg: Argument-Verlag.

Hall, Stuart (2010): Ideologie, Identität, Repräsentation. Hamburg: Argument Verlag.

Hamburger, Franz (2009): Abschied von der interkulturellen Pädagogik. Plädoyer für einen Wandel sozialpädagogischer Konzepte. Weinheim: Juventa-Verlag.

Hamburger Abendblatt (2004): Wie viel Anatolien verträgt Europa, 24.11.2004. Online verfügbar unter http://www.abendblatt.de/politik/deutschland/article290699/Wieviel-Anatolien-vertraegt-Europa.html zuletzt geprüft am 15.07.2010.

Häußermann, Hartmut; Siebel, Walter (2001): Soziale Integration und ethntsche Schichtung. Zusammenhänge zwischen räumlicher und sozialer Integration. Gutachten im Auftrag der Unabhängigen Kommission „Zuwanderung". Berlin. Online verfügbar unter www.schaderstiftung.de/docs/haeussermann_siebel_gutachten., zuletzt aktualisiert am pdf vom 22.06.03., zuletzt geprüft am 18.06.2009.

Heck, Gerda (2008): „Illegale Einwanderung". Eine umkämpfte Konstruktion in Deutschland und den USA. Münster: Unrast-Verlag.

Hegmanns, Dirk (1998): Capoeira – die Kultur des Widerstandes. Ein Lese- und Übungsbuch. Stuttgart: Schmetterling-Verlag

Heinrich, Hans-Jörg (2007): Rapper im Senegal. Die Botschafter der Straße. In: Bock, Karin; Meier, Stefan; Süss, Gunter (Hg.): HipHop meets Academia. Globale Spuren eines lokalen Kulturphänomens. Bielefeld: transcript- Verlag, S. 117–139.

Heitmeyer, Wilhelm (1998): Die bedrängte Toleranz. Ethnisch-kulturelle Konflikte, religiöse Differenzen und die Gefahren politisierter Gewalt. Frankfurt am Main: Suhrkamp.

Heitmeyer, Wilhelm; Dollase, Rainer; Backes, Otto (Hg.) (1999): Die Krise der Städte. Analysen zu den Folgen desintegrativer Stadtentwicklung für das ethnisch-kulturelle Zusammenleben. Frankfurt am Main: Suhrkamp.

Heitmeyer, Wilhelm; Müller, Joachim; Schröder, Helmut (Hg.) (1998): Verlockender Fundamentalismus. Türkische Jugendliche in Deutschland. Frankfurt am Main: Suhrkamp.

Herlyn, Ulfert; Wirth, Louis (Hg.) (1974): Stadt-und Sozialstruktur. Arbeiten zur sozialen Segregation, Ghettobildung und Stadtplanung ; 13 Aufsätze. München: Nymphenburger Verlag-Handlung.

Hildebrand, Bruno (2003): Anselm Strauss. In: Flick, Uwe; Kardorff, Ernst von; Steinke, Ines (Hg.): Qualitative Forschung. Ein Handbuch. Reinbek bei Hamburg: Rowohlt-Taschenbuch-Verlag, S. 32–42.

HipHop Slam; Jam, Billy (2001): Creator of the Scratch: Grand Wizard Theo-dore. Online verfübar unter http://www.hiphopslam.com/articles/int_grandwizardtheo.html.

Holman, Michael (2004): Breaking: The History. In: Forman, Murray; Neal,Mark Anthony (Hg.): That's the joint! The hip-hop studies reader. NewYork: Routledge, S. 31–41.

Hörner, Fernand; Kautny, Oliver (Hg.) (2009): Die Stimme im HipHop. Untersuchungen eines intermedialen Phänomens. Bielefeld: transcript-Verlag.

Hund, Wulf D. (2007): Rassismus. Bielefeld: transcript-Verlag.

Huntington, Samuel P. (2002): Kampf der Kulturen. Die Neugestaltung der Weltpolitik im 21. Jahrhundert. München: Goldmann.

Ice-T; Siegmund, Heidi (Hg.) (1995): Who gives a fuck. München: Droemer Knaur.

Intro (2001): Afrodeutsch und Brothers Keepers. Kurzfilm und Diskussionsforum mit Tyron Ricketts. 5.09.2001. Online verfügbar unter http://www.intro.de/kuenstler/interviews/23012683/afrodeutsch-und-brothers-keepers-kurzfilm-und-diskussionsforum-mit-tyron-ricketts, zuletzt geprüft am 15.10.2011.

Jacob, Günther (1994): Agit-Pop. Schwarze Musik und weisse Hörer ; Texte zu Rassismus und Nationalismus, HipHop und Raggamuffin. Berlin: Edition ID-Archiv.

Jäger, Siegfried; Butterwegge, Christoph (Hg.) (1993): Rassismus in Europa. Köln: Bund-Verlag

Jam, Billy (2001): Creator of the Scratch: Grand Wizard Theodore. HipHop Slam 2001. Online verfügbar unter www.hiphopslam.com/articles/int_grandwizardtheo.html., zuletzt geprüft am 25.02.2008.

Jonuz, Elizabeta (2009): Stigma Ethnizität. Wie zugewanderte Romafamilien der Ethnisierungsfalle begegnen. Opladen: Budrich UniPress.

Jungle World (2003): Killa Hakan: „Ich will keinen Augenkontakt", Nr. 9, 19.03.2003.

Jüttemann, Gerd (Hg.) (1989): Qualitative Forschung in der Psychologie. Grundfragen, Verfahrensweisen, Anwendungsfelder. Heidelberg: Asanger.

Kage, Jan (2002): American Rap. Explicit lyrics: US-HipHop und Identität. 1999 u.d.T.: Kage, Jan: HipHop – diskursive Kultur und die Konstruktion kollektiver afroamerikanischer Identität. Mainz: Ventil-Verlag

Kaschuba, Wolfgang (2006): Einführung in die europäische Ethnologie. München: Beck.

Kaufmann, Jean-Claude (1999): Das verstehende Interview. Theorie und Praxis. Konstanz: UVK.

Kelley, Robin D. G. (1996): Race rebels. Culture, politics, and the black working class. New York: Free Press.

Kelley, Robin D. G. (2004): Looking for the „Real“ Nigga: Social Scientists Construct the Ghetto. In: Forman, Murray; Neal, Mark Anthony (Hg.): That's the joint! The hip-hop studies reader. New York: Routledge, S. 119–137.

Keyes, Cheryl L. (2004): Empowering Self, Making Choices, Creating Spaces. Black Female Identitiy via Rap Music Performance. In: Forman, Murray; Neal, Mark Anthony (Hg.): That's the joint! The hip-hop studies reader. New York: Routledge, S. 265–277.

Kimminich, Eva (Hg.) (2004): Rap: more than words. Frankfurt am Main: Lang.

Kimminich, Eva (Hg.) (2007): Express yourself! Europas kulturelle Kreativität zwischen Markt und Underground. Bielefeld: transcript-Verlag.

Klausegger, Isabella (2009): HipHop als subversive Kraft. Zur Konzeption von Machtverhältnissen und deren Dynamik in den Cultural studies. Wien: Löcker.

Klein, Gabriele; Friedrich, Malte (Hg.) (2008): Is this real. Die Kultur des HipHop. Frankfurt am Main: Suhrkamp.

Kölner Stadt Anzeiger (2006): Das Viertel braucht uns, 27.04.2006.

Kölner Stadt Anzeiger (2011): Graffiti-Sprüher bleibt auf freiem Fuß, 4.11.2011.

Kornmann, Reimer (2010): Die Überrepräsentation ausländischer Kinder und Jugendlicher in Sonderschulen mit dem Schwerpunkt Lernen. In: Auernheimer, Georg (Hg.): Schieflagen im Bildungssystem. Die Benachteiligung der Migrantenkinder. Wiesbaden: VS Verlag für Sozialwissenschaften, S. 71–87.

Kraheck, Nicole (1997): Wer hätte das gedacht, Mädchen sind nicht gleich Mädchen. In: Ehlers, Johanna; Fleischer, Frederike (Hg.): Mädchen zwischen den Kulturen. Anforderungen an eine interkulturelle Pädagogik; mit Beiträgen und einer Literaturliste zum Thema Jungenarbeit. Frankfurt am Main: IKO- Verlag, S. 87–102.

Krämer-Badoni, Thomas (2002): Urbanität und gesellschaftliche Integration. In: Bukow, Wolf-Dietrich; Yildiz, Erol (Hg.): Der Umgang mit der Stadtgesellschaft. Ist die multikulturelle Stadt gescheitert oder wird sie zu einem Erfolgsmodell? Opladen: Leske + Budrich, S. 47–61.

Krämer-Badoni, Thomas (2002): Urbanität, Migration und gesellschaftliche Inegration. In: Löw, Martina (Hg.): Differenzierungen des Städtischen. Opladen: Leske + Budrich, S. 69–86.

Kreckel, Reinhard (Hg.) (1983): Soziale Ungleichheiten (Soziale Welt, Sonderband 2).

Krekow, Sebastian; Steiner, Jens; Taupitz, Mathias (Hg.) (2003): Das neue HipHop Lexikon. Berlin: Schwarzkopf & Schwarzkopf.

Lamnek, Siegfried (1988): Qualitative Sozialforschung Band I.Methodologie Weinheim: Psychologie Verlags Union.

Löw, Martina (Hg.) (2002): Differenzierungen des Städtischen. Opladen: Leske + Budrich.

Lueger, Manfred (2008): Grundlagen qualitativer Feldforschung. Weinheim: Beltz.

Luft, Stefan (2002): Die Dynamik der Desintegration. Zum Stand der Ausländerintegration in deutschen Großstädten. Hans Seidel Stiftung, Akademie für Politik und Zeitgeschehen, Aktuelle Analysen 29, München.

Lüthe, Martin (2008): „We missed a lot of church, so the music is our confessional." Rap and religion. Berlin, Münster, London: Lit-Verlag.

Mattausch, Birgit (2009): Die Bronx im Kopf. Ein Mythos und die Kultur der Urbanität. In: Yildiz, Erol; Mattausch, Birgit (Hg.): Urban Recycling. Migration als Großstadt-Ressource. Basel: Birkhäuser, S. 12–22.

Mayer, Ruth; Terkessidis, Mark (Hg.) (1998): Globalkolorit. Multikulturalismus und Populärkultur. St. Andrä-Wördern: Hannibal.

Mayring, Philipp (2002): Einführung in die qualitative Sozialforschung. Eine Anleitung zu qualitativem Denken. Weinheim: Beltz-Verlag.

Mayring, Philipp (2010): Qualitative Inhaltsanalyse. Grundlagen und Techniken 11., Weinheim: Beltz-Verlag.

Mecheril, Paul; Teo, Thomas (Hg.) (1997): Psychologie und Rassismus. Reinbek bei Hamburg: Rowohlt-Taschenbuch-Verlag.

Meinhardt, Rolf (Hg.) (1984): Türken raus. Oder verteidigt den sozialen Frieden; Beiträge gegen die Ausländerfeindlichkeit. Reinbek bei Hamburg: Rowohlt-Taschenbuch-Verlag.

Menrath, Stefanie (2001): represent what ... Performativität von Identitäten im HipHop. Hamburg: Argument-Verlag.

Miles, Robert (1989): Racism. London: Routledge

Mitchell, Tony (Hg.) (2001): Global noise. Rap and hip-hop outside the USA. Middletown, Conn.: Wesleyan Univ. Press.

Mitchell, Tony (2007): HipHop und die Aborigines. Die Moderne Corroboree. In: Bock, Karin; Meier, Stefan; Süss, Gunter (Hg.): HipHop meets Academia. Globale Spuren eines lokalen Kulturphänomens. Bielefeld: transcript-Verlag, S. 39–59.

Morgan, Joan (1995): Fly-Girls, Bitches and Hoes: Notes of a Hip-Hop Feminist. In: Social Text. Duke University Press, H. 45, S. 151–157.

Morgan, Joan (1999): When chickenheads come home to roost. My life as a hiphop feminist. New York: Simon & Schuster.

Müller, Andrea (1996): Die Fantastischen Vier. Die Megastars des deutschen Rap. Düsseldorf: ECON-Taschenbuch-Verlag.

Müller, Ingrid (1999): Türkische Mädchen auf der Suche nach eigenen Wegen. In: Staatsinstitut für Schulpädagogik und Bildungsforschung (Hg.) (Arbeitsbericht 305), S. 21–26.

Nelson George (2004): Hip-hop's Founding Fathers Speak the Truth. In: Forman, Murray; Neal, Mark Anthony (Hg.): That's the joint! The hip-hop studies reader. New York: Routledge, S. 43–56.

New York Times (1971): Taki 183 Spawns Pen Pals, 21.07.1971. Online verfügbar unter http://gRaphics8.nytimes.com/packages/pdf/arts/taki183.pdf, zuletzt geprüft am 15.10.2011.

New York Times (2011): Gil Scott-Heron, Voice of Black Protest Culture, Dies at 62, 28.05.2011.

Osterkamp, Ute (1997): Institutioneller Rassismus. Problematik und Perspektiven. In: Mecheril, Paul; Teo, Thomas (Hg.): Psychologie und Rassismus. Reinbek bei Hamburg: Rowohlt-Taschenbuch-Verlag.

Ottersbach, Markus (2004): Jugendliche in marginalisierten Quartieren. Ein deutsch-französischer Vergleich. Wiesbaden: VS Verlag für Sozialwissenschaften.

Ottersbach, Markus; Yildiz, Erol (Hg.) (2004): Migration in der metropolitanen Gesellschaft. Zwischen Ethnisierung und globaler Neuorientierung; [Festschrift zum 60. Geburtstag für Wolf-Dietrich Bukow]. Münster: LIT-Verlag.

Ottersbach, Markus; Zitzmann, Thomas (Hg.) (2009): Jugendliche im Abseits. Zur Situation in französischen und deutschen marginalisierten Stadtquartieren. Wiesbaden: VS Verlag für Sozialwissenschaften

Otyakmaz, Berrin (1995): Auf allen Stühlen. Das Selbstverständnis junger türkischer Migrantinnen in Deutschland. Köln, Karlsruhe: ISP.

Pennay, Mark (2001): Rap in Germany. The Birth of a Genre. In: Mitchell, Tony (Hg.): Global noise. Rap and hip-hop outside the USA. Middletown, Conn.: Wesleyan Univ. Press, S. 111–134.

Poschardt, Ulf (2001): DJ-culture. Diskjockeys und Popkultur. Reinbek bei Hamburg: Rowohlt-Taschenbuch-Verlag.

Räthzel, Nora (1992): Zur Bedeutung von Asylpolitik und neuen Rassismen bei der Reorganisierung der nationalen Identität im vereinigten Deutschland. In: Butterwegge, Christoph; Jäger, Siegfried (Hg.): Rassismus in Europa. Köln: Bund-Verlag, S. 213–230.

Räthzel, Nora (1997): Gegenbilder. Nationale Identitäten durch Konstruktion des Anderen. Opladen: Leske + Budrich.

Ratzke, Anne (2010): Skandinavische Bildungssysteme – Schule in Deutschland. Ein provokanter Vergleich. In: Auernheimer, Georg (Hg.): Schieflagen im Bildungssystem. Die Benachteiligung der Migrantenkinder. Wiesbaden: VS Verlag für Sozialwissenschaften, S. 23–33.

Rommelspacher, Birgit (1998): Dominanzkultur. Texte zu Fremdheit und Macht. Berlin: Orlanda-Frauenverlag

Rommelspacher, Birgit (1999): Die multikulturelle Gesellschaft am Ende oder am Anfang. In: Bukow, Wolf-Dietrich (Hg.): Fundamentalismusverdacht.

Plädoyer für eine Neuorientierung der Forschung im Umgang mit allochthonen Jugendlichen. Opladen: Leske + Budrich, S. 21–36.

Rommelspacher, Birgit (1999): Sexismus und Rassismus. In: Burgmer, Christoph (Hg.): Rassismus in der Diskussion. Gespräche mit Robert Miles, Edward W. Said, Albert Memmi, Günter Grass, Wolfgang Benz, Wolfgang Wippermann, Birgit Rommelspacher, Teun A. van Dijk, Stuart Hall. Berlin: Elefanten Press, S. 111–127.

Rose, Tricia (1994): Black noise. Rap music and black culture in contemporary America. Mainz: Wesleyan Univ. Press.

Rose, Tricia (1997): Ein Stil, mit dem keiner klar kommt: HipHop in der postindustriellen Stadt. In: SPoKK (Hg.): Kursbuch JugendKultur: Stile, Szenen und Identitäten vor der Jahrtausendwende. Mannheim: Bollmann, S. 142 – 156.

Rose, Tricia (2008): The HipHop wars. What we talk about when we talk about HipHop – and why it matters. New York: Basic Civitas.

Rosenthal, Gabriele (1999): Migration und Leben in multikulturellen Milieus: Nationale Zugehörigkeit zur Herstellung von familien-und lebensgeschichtlicher Kontinuität. In: Apitzsch, Ursula (Hg.): Migration und Traditionsbildung. Opladen: Westdeutscher Verlag, S. 22–34.

Schäfers, Bernhard (1996): Die Stadt in Deutschland. In: Schäfers, Bernhard; Wewer, Göttrick (Hg.): Die Stadt in Deutschland. Aktuelle Entwicklung und Probleme. Soziale, politische und kulturelle Lebenswelt. Opladen: Leske + Budrich, S. 19–29.

Schischmanjan, Anjela; Wünsch, Michaela (Hg.) (2007): Female hiphop. Realness, Roots und Rap Models. Mainz: Ventil-Verlag

Schulze, Erika; Soja, Eva-Maria (2010): Verschlungene Bildungspfade. Über die Bildungskarrieren von Jugendlichen mit Migrationshintergrund. In: Auernheimer, Georg (Hg.): Schieflagen im Bildungssystem. Die Benachteiligung der Migrantenkinder. Wiesbaden: VS Verlag für Sozial-wissenschaften, S. 193–207.

Sen, Amartya Kumar (2010): Die Identitätsfalle. Warum es keinen Krieg der Kulturen gibt. München: Deutscher Taschenbuch-Verlag

Shusterman, Richard (2004): Pragmatismus, Kunst und Gewalt. Der Fall (des) Rap. In: Kimminich, Eva (Hg.): Rap: more than words. Frankfurt am Main: Lang, S. 5–17.

Siebel, Walter (1997): Die Stadt und die Fremden. In: Brech, Joachim; Vanhue, Laura (Hg.): Migration. Stadt im Wandel. Darmstadt: Wohnbund, S. 33–44.

Sökefeld, Martin (2004): Das Paradigma kultureller Differenz. Zur Forschung und Diskussion über Migranten aus der Tükei in Deutschland. In: Sökefeld, Martin(Hg.): Jenseits des Paradigmas kultureller Differenz. Neue Perspektiven auf Einwanderer aus der Türkei. Bielefeld: transcript-Verlag, S. 9–34.

Sow, Noah (2008): Deutschland Schwarz Weiß. Der alltägliche Rassismus. München: Bertelsmann.

Spindler, Susanne (2006): Corpus delicti. Männlichkeit, Rassismus und Kriminalisierung im Alltag jugendlicher Migranten. Münster: Unrast-Verlag SPoKK (Hg.) (1997): Kursbuch JugendKultur: Stile, Szenen und Identitäten vor der Jahrtausendwende. Mannheim: Bollmann.

Staatsinstitut für Schulpädagogik und Bildungsforschung (Hg.) (1999) (Arbeitsbericht 305). Stadt Köln (Hg.) (1999): Dokumentation Keupstraße. Veränderungsprozesse und Konfliktebenen in der Keupstraße. Köln.

Statistisches Bundesamt (2011): Bevölkerung und Erwerbstätigkeit. Bevölkerung mit Migrationshintergrund. Ergebnisse des Mikrozensus 2009. Online verfügbar unter http://www.destatis.de/jetspeed/portal/cms/Sites/destatis/Internet/DE/Content/Publikationen/Fachveroeffentlichungen/Bevoelkerung/MigrationIntegration/Migrationshintergrund2010220097004,property=file.pdf, zuletzt geprüft am 15.10.2009.

Stern.de (2009): Sozialistische Grüße vom Ex-Gangsta-Rapper. 05.11.2009, zuletzt geprüft am 26.10.2010.

Stone, Chuck (Winter 2002-2003): The Death of Civil Rights. Can HipHop Be the New driving Force behind Increased Racial Integration. In: The Journal Of Blacks In Higher Eduaction, H. 38, S. 64–67.

Strauss, Anselm L.; Corbin, Juliet M. (Hg.) (2010): Grounded theory. Grundlagen qualitativer Sozialforschung. Weinheim: Beltz-Verlag

Strübing, Jörg (2008): Grounded Theory. Zur sozialtheoretischen und epistemologischen Fundierung des Verfahrens der empirisch begründeten Theoriebildung. Wiesbaden: VS Verlag für Sozialwissenschaften.

TAZ (2007): Kein Ruhm für Hirntot-Rapper. 10.07.2007. Online verfügbar unter http://www.TAZ.de/!1705/, zuletzt geprüft am 17.10.2011.

Templeton, Inez H. Templeton (2007): Was ist so Deutsch daran. Kulturelle Identität in der Berliner HipHop-Szene. In: Bock, Karin; Meier, Stefan; Süss, Gunter (Hg.): HipHop meets Academia. Globale Spuren eines lokalen Kulturphänomens. Bielefeld: transcript-Verlag, S. 185–199.

Terkessidis, Mark (2000): Migranten. Hamburg: Europäische Verlagsanstalt/Rotbuch.

Terkessidis, Mark (2004): Die Banalität des Rassismus. Migranten zweiter Generation entwickeln eine neue Perspektive. Bielefeld: transcript-Verlag.

Terkessidis, Mark (2010): Interkultur. Berlin: Suhrkamp.

Tertilt, Hermann (1996): Turkish Power Boys. Ethnographie einer Jugendbande. Frankfurt am Main: Suhrkamp.

The Original HipHop Lyrics Archive. Online verfügbar unter http://www.ohhla.com/, zuletzt geprüft am 10.06.2011.

Toop, David (2000): Rap Attack. African Jive bis Global HipHop. St. Andrä-Wördern: Hannibal.

Treibel, Annette (2008): Migration in modernen Gesellschaften. Soziale Folgen von Einwanderung, Gastarbeit und Flucht. Weinheim: Juventa-Verlag.

Verlan, Sascha (2003): Rap-Texte. Für die Sekundarstufe; Erweitert um: „Rap im neuen Jahrtausend“. Stuttgart: Reclam.

Verlan, Sascha; Loh, Hannes (Hg.) (2002): 20 Jahre HipHop in Deutschland. Höfen: Hannibal.

Verlan, Sascha; Loh, Hannes (Hg.) (2006): 25 Jahre HipHop in Deutschland . Höfen: Hannibal.

Wacquant, Loic J. D. (1999): Drei irreführende Prämissen bei der Untersuchung der amerikanischen Ghettos. In: Heitmeyer, Wilhelm; Dollase, Rainer;Backes, Otto (Hg.): Die Krise der Städte. Analysen zu den Folgen desintegrativer Stadtentwicklung für das ethnisch kulturelle Zusammenleben. Frankfurt am Main: Suhrkamp, S. 194–210.

Wacquant, Loïc J. D. (2000): Elend hinter Gittern. Konstanz: UVK Universitätsverlag.

Wacquant, Loïc J. D. (2009): Bestrafen der Armen. Zur neoliberalen Regierung der sozialen Unsicherheit. Opladen: Leske + Budrich.

Weber, Martina (2003): Heterogenität im Schulalltag. Konstruktion ethnischer und geschlechtlicher Unterschiede. Opladen: Leske + Budrich

Whyte, William (1996): Die Street corner society. Die Sozialstruktur eines Italienerviertels. Berlin: de Gruyter.

Wirth, Louis (1974): Urbanität als Lebensform. In: Herlyn, Ulfert; Wirth, Louis (Hg.): Stadt-und Sozialstruktur. Arbeiten zur sozialen Segregation, Ghettobildung und Stadtplanung; 13 Aufsätze. München: Nymphenburger Verlag-Handlung, S. 42–66.

Witzel, Andreas (1989): Das problemzentrierte Interview. In: Jüttemann, Gerd (Hg.): Qualitative Forschung in der Psychologie. Grundfragen, Verfahrensweisen, Anwendungsfelder. Heidelberg: Asanger, S. 227–256.

Wurm, Maria (2006): Musik in der Migration. Beobachtungen zur kulturellen Artikulation türkischer Jugendlicher in Deutschland. Bielefeld: transcript-Verlag.

Yildiz, Erol; Mattausch, Birgit (Hg.) (2009): Urban Recycling. Migration als Großstadt-Ressource. Basel: Birkhäuser

Kultur und soziale Praxis

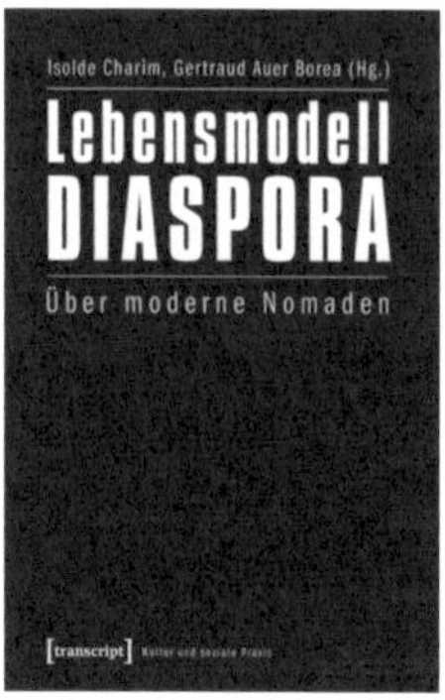

Isolde Charim, Gertraud Auer Borea (Hg.)
Lebensmodell Diaspora
Über moderne Nomaden

März 2012, 280 Seiten, kart., 24,80 €,
ISBN 978-3-8376-1872-3

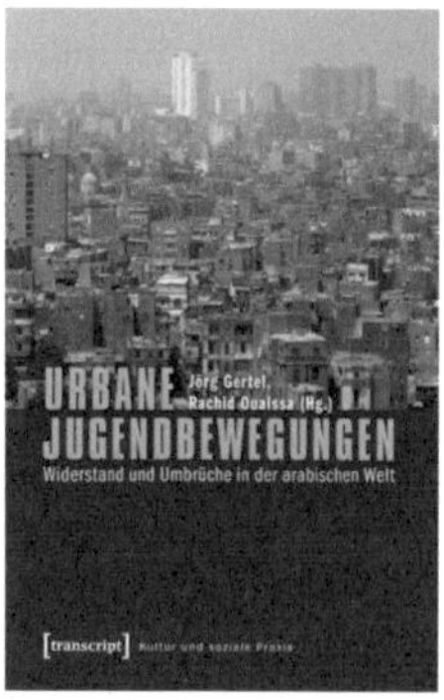

Jörg Gertel, Rachid Ouaissa (Hg.)
Urbane Jugendbewegungen
Widerstand und Umbrüche
in der arabischen Welt

März 2013, ca. 300 Seiten, kart.,
zahlr. z.T. farb. Abb., ca. 19,80 €,
ISBN 978-3-8376-2130-3

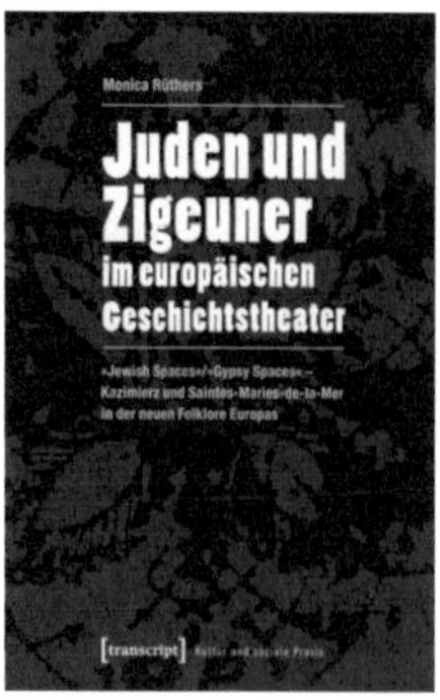

Monica Rüthers
Juden und Zigeuner im europäischen Geschichtstheater
»Jewish Spaces«/»Gypsy Spaces« –
Kazimierz und Saintes-Maries-de-la-Mer
in der neuen Folklore Europas

August 2012, 252 Seiten, kart., 29,80 €,
ISBN 978-3-8376-2062-7

Leseproben, weitere Informationen und Bestellmöglichkeiten finden Sie unter www.transcript-verlag.de

Kultur und soziale Praxis

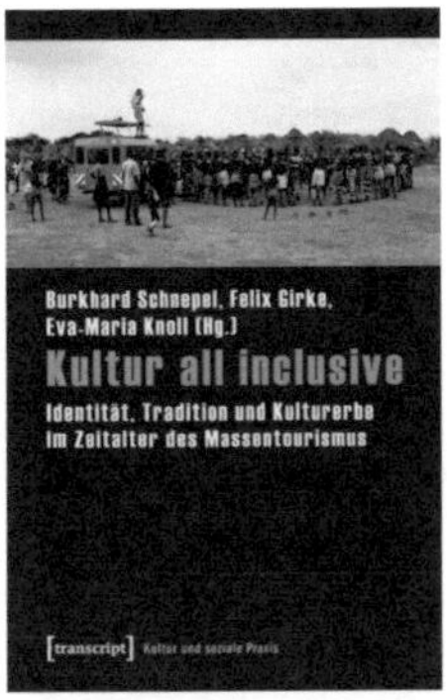

Burkhard Schnepel, Felix Girke,
Eva-Maria Knoll (Hg.)
Kultur all inclusive
Identität, Tradition und Kulturerbe im Zeitalter des Massentourismus

März 2013, ca. 310 Seiten, kart., zahlr. Abb., ca. 29,80 €,
ISBN 978-3-8376-2089-4

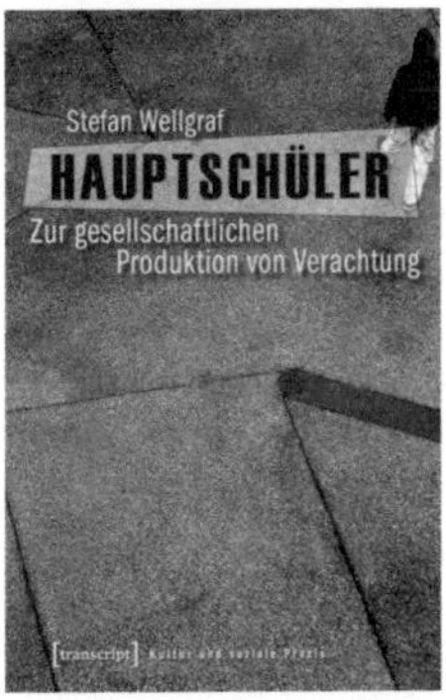

Stefan Wellgraf
Hauptschüler
Zur gesellschaftlichen Produktion von Verachtung

April 2012, 334 Seiten, kart., 24,80 €,
ISBN 978-3-8376-2053-5

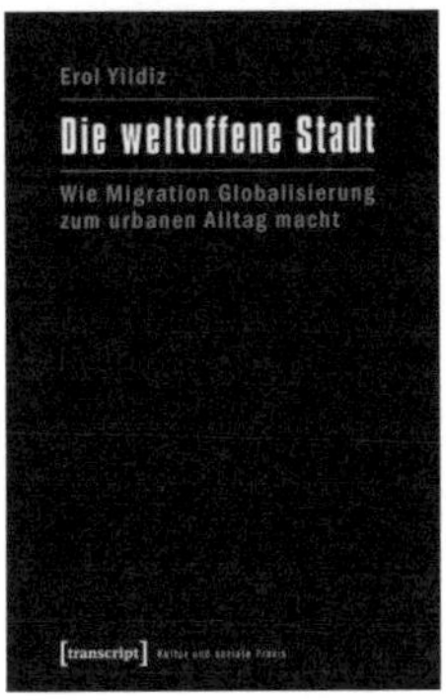

Erol Yildiz
Die weltoffene Stadt
Wie Migration Globalisierung zum urbanen Alltag macht

Februar 2013, ca. 220 Seiten, kart., ca. 26,80 €,
ISBN 978-3-8376-1674-3

Leseproben, weitere Informationen und Bestellmöglichkeiten finden Sie unter www.transcript-verlag.de

Kultur und soziale Praxis

Anil Al-Rebholz
Das Ringen um die Zivilgesellschaft in der Türkei
Intellektuelle Diskurse, oppositionelle Gruppen und Soziale Bewegungen seit 1980
Dezember 2012, 406 Seiten, kart., 33,80 €,
ISBN 978-3-8376-1770-2

Eran Gündüz
Multikulturalismus auf Türkisch?
Debatten um Staatsbürgerschaft, Nation und Minderheiten im Europäisierungsprozess
September 2012, 262 Seiten, kart., 31,80 €,
ISBN 978-3-8376-2109-9

Gundula Müller
Arrangement und Zwang
Zur Reproduktion patriarchaler Strukturen durch türkische Migrantinnen in Deutschland
Dezember 2012, 304 Seiten, kart., zahlr. Abb., 33,80 €,
ISBN 978-3-8376-2218-8

Andrea Nachtigall
Gendering 9/11
Medien, Macht und Geschlecht im Kontext des »War on Terror«
Juli 2012, 478 Seiten, kart., zahlr. Abb., 34,80 €,
ISBN 978-3-8376-2111-2

Alexander-Kenneth Nagel (Hg.)
Diesseits der Parallelgesellschaft
Neuere Studien zu religiösen Migrantengemeinden in Deutschland
Dezember 2012, 274 Seiten, kart., 29,80 €,
ISBN 978-3-8376-2230-0

Ewa Palenga-Möllenbeck
Pendelmigration aus Oberschlesien
Lebensgeschichten in einer transnationalen Region Europas
Februar 2013, ca. 390 Seiten, kart., ca. 31,80 €,
ISBN 978-3-8376-2133-4

Johanna Rolshoven, Maria Maierhofer (Hg.)
Das Figurativ der Vagabondage
Kulturanalysen mobiler Lebensweisen
Oktober 2012, 280 Seiten, kart., 26,80 €,
ISBN 978-3-8376-2057-3

Ariane Sadjed
»Shopping for Freedom« in der Islamischen Republik
Widerstand und Konformismus im Konsumverhalten der iranischen Mittelschicht
Juli 2012, 230 Seiten, kart., zahlr. Abb., 28,80 €,
ISBN 978-3-8376-1982-9

Adelheid Schumann (Hg.)
Interkulturelle Kommunikation in der Hochschule
Zur Integration internationaler Studierender und Förderung Interkultureller Kompetenz
Juli 2012, 262 Seiten, kart., 29,80 €,
ISBN 978-3-8376-1925-6

Irini Siouti
Transnationale Biographien
Eine biographieanalytische Studie über Transmigrationsprozesse bei der Nachfolgegeneration griechischer Arbeitsmigranten
Februar 2013, ca. 250 Seiten, kart., ca. 29,80 €,
ISBN 978-3-8376-2006-1

Noemi Steuer
Krankheit und Ehre
Über HIV und soziale Anerkennung in Mali
Oktober 2012, 286 Seiten, kart., 33,80 €,
ISBN 978-3-8376-2126-6

Leseproben, weitere Informationen und Bestellmöglichkeiten finden Sie unter www.transcript-verlag.de